술술 풀리는 초졸 검정고시

기출문제집

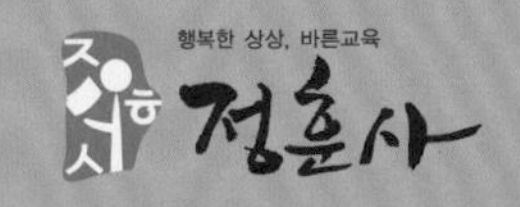

술술 풀리는 ___.

초졸 검정고시

기출문제집

자료출처 : 한국교육과정평가원(http://www.kice.re.kr)
서울특별시 교육청(http://www.sen.go.kr)

'시작이 반이다.'

무엇이든지 시작한다는 것은 매우 중요합니다.

그동안 여러 사정으로 배움의 길에서 멀어졌던 수험생 여러분에게 다시 공부한다는 것은 매우 힘들고 두려울 수도 있습니다. 그러나 앞으로의 자기 발전을 위해서는 지금 시작해야 한다는 결심이 중요합니다.

이에, 학습에 올바른 길을 제시하고, 수험생 여러분의 힘찬 정진의 터를 마련하고자 초졸 검정고시 기출문제집을 출간하게 되었습니다.

첫째, 2019년 제2회부터 2023년 제2회까지 기출문제를 수록하여 수험생들로 하여금 최근 기출문제의 경향과 반복 출제되는 문제를 스스로 파악할 수 있도록 하였습니다.

둘째, 문제에 대한 정확하고 상세한 해설을 실어 기출문제를 풀면서 핵심내용을 한번에 정리할 수 있도록 하였습니다.

셋째, 각 연도별로 역순으로 구성하여 실제 시험을 치르듯이 공부할 수 있도록 편집하였습니다.

기출문제는 다시 출제됩니다. 따라서 기출문제를 철저히 공부하면 시험에 두려움 없이 임할 수 있습니다.

새롭게 시작하는 수험생 여러분에게 이 책이 조금이라도 도움이 되어 합격의 영광이 있기를 바랍니다.

- 편저자 일동

1 고시일정

회 차	공고일	접수일	시험일	합격자 발표
제1회	2월 초순	2월 중순	4월 초 · 중순	5월 초 · 중순
제2회	6월 초순	6월 중순	8월 초 · 중순	8월 하순

2 응시과목(6과목)

① 필수 4과목 : 국어, 수학, 사회, 과학
② 선택 2과목 : 도덕, 체육, 음악, 미술, 실과, 영어

3 응시자격

① 검정고시가 시행되는 해의 전(前)년도를 기준으로 만 11세 이상인 사람으로서 초등학교 교육과정을 이수하지 아니한 사람
② 초등학교(특수학교 포함) 재학생 중 만 11세 이상인 사람으로서 초 · 중등교육법시행령 제29조의 규정에 의하여 학적이 정원 외로 관리되는 사람
③ 보호소년 등의 처우에 관한 법률 시행령 제69조제1호에 해당하는 사람

4 응시자격 제한

① 초등학교(특수학교 포함) 재학 중인 사람
② 공고일 이후 제 ①호의 학교에 재학 중 학적이 정원 외로 관리되는 사람
③ 공고일 기준으로 고시에 관하여 부정행위를 한 사람으로서 처분일부터 응시자격 제한기간이 경과되지 아니한 사람

5 제출서류(현장접수)

① 응시원서(소정서식) 1부

② 동일한 사진 2매(탈모 상반신, 3.5cm×4.5cm, 응시원서 제출 전 3개월 이내 촬영)

③ 본인의 해당 최종학력증명서 1부
- 졸업(졸업예정)증명서(소정서식)
- 초등학교 재학 중 중퇴자는 제적증명서
- 초등학교 및 중학교 의무교육 대상자 중 정원 외 관리대상자는 정원 외 관리증명서
- 초등학교 및 중학교 의무교육 대상자 중 면제자는 면제증명서(소정서식)
- 평생교육법 제40조, 초 · 중등교육법 시행령 제96조제1항제2호 및 제97조제1항제3호에 따른 학력인정 대상자는 학력인정(증명)서
- 합격과목의 시험 면제를 원하는 사람은 과목합격증명서 또는 성적증명서

④ **응시수수료** : 없음

⑤ **신분증** : 주민등록증, 외국인등록증, 운전면허증, 주민등록번호가 포함된 대한민국 여권, 청소년증, 주민등록번호가 포함된 장애인등록증(복지카드) 중 하나

⑥ **추가 제출 서류**
- 장애인 편의제공 대상자는 복지카드 또는 장애인등록증 사본(원본 지참), 장애인 편의제공 신청서, 상이등급 표시된 국가유공자증(국가유공자확인원)
- 과목면제 해당자 중 평생학습계좌제가 평가 인정한 학습과정 중 시험과목에 관련된 과정을 90시간 이상 이수한 사람은 평생학습이력증명서

6 출제형태

① **출제유형** : 객관식 4지 택1형

② **문항수 및 배점** : 각 과목별 20문항, 1문항당 5점

③ **출제범위** : 2015 교육과정

④ **합격점수**
- 전과목 합격 : 100점 만점 기준으로 결시 없이 평균 60점 이상 취득한 사람(과락제 폐지)
- 과목 합격 : 과목당 60점 이상 취득 과목

시험에 관한 자세한 사항은 해당 시 · 도 교육청 홈페이지에서 시험공고문을 확인하시기 바랍니다.

차 례

2024년 2회

초등학교 졸업학력 검정고시 대비 기출문제

2024년 8월 시행

똑 같은 **기 출** 똑 똑 한 **해 설**

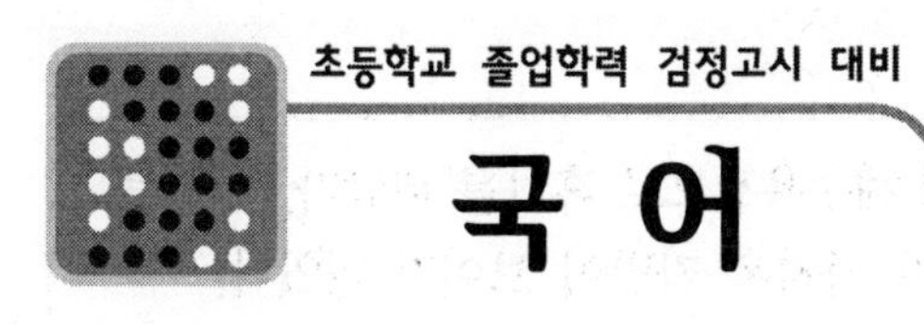

2024년 2회 시행

01 다음 대화에서 재원이가 고쳐야 할 점으로 알맞은 것은?

① 책을 읽으면서 이야기를 들은 것
② 외국어를 지나치게 많이 사용한 것
③ 나와 다른 의견을 존중하지 않은 것
④ 친구의 말을 귀 기울여 듣지 않은 것

해설 ④ 다른 사람의 이야기를 들을 때는 말하는 사람을 보면서 주의를 집중해서 귀 기울여 들어야 한다.

02 밑줄 친 부분의 의미로 가장 적절한 것은?

기다리던 올림픽이 드디어 <u>막을 열었다</u>.

① 행사를 시작하다.
② 사이가 벌어지다.
③ 아는 사람이 많다.
④ 기뻐하고 만족하다.

해설 ① 막을 열다[올리다] : 무대의 공연이나 어떤 행사를 시작하다.

정답 01. ④ 02. ①

[3~4] 다음 글을 읽고 물음에 답하시오.

민성이는 여름 방학이 되어 가족들과 함께 해수욕장으로 휴가를 떠났다. 가족들과 신나게 물놀이를 하고 나왔는데 민성이가 가져온 가방이 보이지 않았다.

03 윗글 다음에 이어질 내용으로 가장 적절한 것은?

① 가족들이 함께 민성이의 가방을 찾았다.
② 가족들이 여행을 위해 공항으로 출발하였다.
③ 민성이가 물놀이를 위해 준비 운동을 하였다.
④ 소방대원들이 출동하여 산불이 번지는 것을 막았다.

해설 제시된 글에서 민성이는 가족들과 함께 휴가를 떠났고, 마지막 문장에 민성이가 가져온 가방이 보이지 않았다고 했으므로 가족과 함께 민성이의 가방을 찾는 것이 다음에 이어질 내용으로 가장 적절하다.

04 윗글의 공간적 배경으로 알맞은 것은?

① 일요일 ② 해수욕장
③ 여름 방학 ④ 할머니 댁

해설 공간적 배경은 이야기가 펼쳐지는 장소를 말한다. 해당 지문의 공간적 배경은 '해수욕장'이다.

05 다음 상황에서 활용 가능한 매체 자료는?

우리 동네 음식점을 조사하여 소개하는 글을 쓰려는 상황

① 직업 선호도 그래프 ② 우리 동네 음식점 지도
③ 우리 반 학예회 동영상 ④ 우리 학교의 옛날 사진

해설 ② 해당 지문에서는 우리 동네 음식점을 조사하여 소개하는 글을 쓰려는 상황으로, 우리 동네 음식점 지도를 활용하는 것이 알맞다.
※ 매체 자료 : 사실이나 정보, 의견을 담아 전하려고 할 때 동영상, 표, 지도, 사진, 그림, 도표, 음악, 소리 등을 활용한다.

정답 03. ① 04. ② 05. ②

06 자료의 적절성을 판단하는 방법으로 알맞은 것은?

① 인터넷 자료는 모두 신뢰한다.
② 자료의 출처는 확인하지 않는다.
③ 글의 내용과 관련 있는지 살펴본다.
④ 전문가보다는 친구의 의견을 더 믿는다.

해 설 ① 가짜뉴스나 자료가 있을 수 있으므로 인터넷 자료를 모두 신뢰해서는 안 된다.
② 자료의 출처는 반드시 밝혀야 한다.
④ 전문가보다 친구의 의견을 더 믿는 것은 자료의 적절성을 판단하는 방법으로 옳지 않다.

07 다음 낱말들을 모두 포함하는 것은?

떡볶이, 만두, 비빔밥, 갈비탕

① 동물
② 운동
③ 음식
④ 학용품

해 설 ③ 해당 지문의 낱말들은 모두 음식에 포함된다.
※ 포함 관계에 있는 낱말 : 한 낱말이 다른 낱말을 포함하는 관계에 있는 낱말

08 ㉠~㉣ 중 사실만 나타낸 문장은?

㉠ 상설 전시실 바로 위에는 '한글 놀이터'와 '한글 배움터'가 있었다. ㉡ 체험과 놀이를 하면서 한글을 이해하도록 만들어 졌다는 점이 흥미로웠다. ㉢ 박물관을 관람하면서 책과 화면으로만 봤던 한글 유물을 직접 볼 수 있어서 신기했다. ㉣ 이번 관람으로 국어 시간에 배웠던 한글을 더 생생하게 배우는 소중한 기회를 얻어서 무척 뿌듯했다.

① ㉠
② ㉡
③ ㉢
④ ㉣

해 설 ㉠ 사실 : 실제로 있었던 일을 말한다. 사실을 나타내는 부분에는 한 일, 본 일, 들은 일 등이 나타나 있다.
㉡, ㉢, ㉣은 의견이다.

정답 06. ③ 07. ③ 08. ①

09 다음 글을 요약한 내용으로 가장 적절한 것은?

> 동물들이 소리를 내는 방식은 다양하다. 개나 닭은 사람처럼 성대를 울려 소리를 낸다. 귀뚜라미는 날개를 비벼 소리를 낸다. 방울뱀은 꼬리를 흔들어 소리를 낸다. 이처럼 동물들은 저마다의 방식으로 소리를 낸다.

① 사람들은 다양한 반려 동물을 기른다.
② 동물들이 소리를 내는 방식은 다양하다.
③ 동물들은 서로 다른 모양의 집을 짓는다.
④ 물고기는 몸속에 있는 부레로 소리를 낸다.

해 설 ② 제시된 글에서는 동물들이 소리를 내는 다양한 방식을 소개하고 있다.

10 다음 중 친구와 대화할 때의 태도로 가장 바람직한 것은?

① 친구의 표정을 살피지 않는다.
② 친구가 처한 상황을 고려하여 말한다.
③ 어떤 상황에서도 커다란 목소리로 말한다.
④ 할 말이 있으면 친구가 말하는 중에 끼어든다.

해 설 ① 친구의 표정을 살핀다.
③ 친구와 대화할 때는 알맞은 목소리로 말한다.
④ 할 말이 있어도 친구가 말할 때에는 끼어들지 않는다.

정답 09. ② 10. ②

11 다음과 같은 글에 대한 설명으로 가장 적절한 것은?

> 나는 제주도에 도착해 택시를 타고 맨 처음 성산 일출봉으로 향했다. 멀리 보이는 성산 일출봉은 가파른 절벽이 바다와 맞닿아 있었다. 일출봉의 서쪽으로는 돌기둥이 보였다. 택시 기사님의 실감 나는 설명이 곁들여지니 성산 일출봉이 더욱 신비롭게 느껴졌다.

① 상상한 것을 표현한 글

② 운율을 살려 짧게 쓴 글

③ 여행하면서 체험한 것을 쓴 글

④ 글을 읽고 자신의 생각이나 느낌을 쓴 글

해설 ③ 해당 지문은 여행을 하면서 보고 듣고 생각하거나 느낀 것을 적은 기행문이다.

[12~13] 다음 글을 읽고 물음에 답하시오.

> 우리는 [㉠] 첫째, 숲이 없으면 홍수와 산사태가 발생하기 쉽다. 둘째, 숲이 파괴되면 동물들은 삶의 터전을 잃게 된다. 셋째, [㉡]

12 ㉠에 들어갈 말로 알맞은 것은?

① 숲을 보호해야 한다.

② 고운 말을 써야 한다.

③ 관광지를 개발해야 한다.

④ 교통 규칙을 지켜야 한다.

해설 제시된 글은 숲이 파괴되었을 때 문제점을 이야기하고 있으므로, '숲을 보호해야 한다.'는 ①의 내용이 알맞다.

정답 11. ③ 12. ①

13 **㉡에 들어갈 근거로 알맞은 것은?**

① 독서는 공부에 도움을 준다.
② 달리기는 건강에 도움이 된다.
③ 숲은 공기를 깨끗하게 해 준다.
④ 음식을 골고루 먹으면 건강해진다.

해 설 주장을 뒷받침하는 근거는 그 주장에 관련된 내용이어야 한다. '숲을 보호해야 한다.'라는 주장의 근거로 ③이 적절하다.

14 **다음 광고에서 전하려는 내용으로 알맞은 것은?**

① 마스크를 잘 쓰자.
② 손을 깨끗하게 씻자.
③ 음식을 남기지 말자.
④ 일회용품 사용을 줄이자.

해 설 ④ 제시된 광고는 '일회용품 사용을 줄이는 것이 환경을 살리는 길'이라는 내용을 전달하려는 것이다.
※ 광고에서 전하고자 하는 내용은 광고의 글과 그림을 살펴보고 광고에서 무엇을 전하려고 하는지 생각하면 파악할 수 있다.

정답 13. ③ 14. ④

15 다음 시에서 '뻥튀기가 날리는 모습'을 표현한 것으로 알맞지 않은 것은?

뻥튀기

고일

"뻥이요, 뻥!"

봄날 꽃잎이 흩날리는 것처럼 아름답게 보였습니다.
아니야, 아니야, 나비가 날아갑니다.
아니야, 아니야, 함박눈이 내리는 거야.

맞아요, 맞아요, 폭죽입니다.

하얀 연기 고소하고요.

가을날 메밀꽃 냄새가 납니다.
아니야, 아니야, 새우 냄새가 납니다.
아니야, 아니야, 멍멍이 냄새가 납니다.
맞아요, 맞아요, 옥수수 냄새입니다.

① 나비가 날아가는 모습
② 낙엽이 떨어지는 모습
③ 함박눈이 내리는 모습
④ 봄날 꽃잎이 흩날리는 모습

해설 제시된 지문은 뻥튀기의 현장을 생동감 있게 그려낸 창작 동화이다.
※ 비유하는 표현 : 어떤 현상이나 사물을 비슷한 현상이나 사물에 빗대어 표현하는 것으로, '뻥튀기가 사방으로 날리는 모습'을 표현한 것은 '봄날 꽃잎, 나비, 함박눈, 폭죽' 등이다.

정답 15. ②

16 ㉠~㉣ 중 문장 성분의 호응 관계가 바르지 않은 것은?

㉠ 나는 어제 가족들과 함께 놀이터에 갔다. 나는 동생과 공놀이를 했다. 내가 장난으로 던진 공이 동생 쪽으로 날아 갔다. ㉡ 동생이 공에 맞았다. 하마터면 동생이 크게 다칠 뻔 했다. ㉢ 아버지께서 나를 꾸짖으셨다. 앞으로는 ㉣ 절대 위험하게 놀아야겠다.

① ㉠ ② ㉡ ③ ㉢ ④ ㉣

해설 ㉣ 절대로 + ~지 않다 : 절대 위험하게 놀아야겠다. → 절대 위험하게 놀지 않아야겠다.

17 밑줄 친 낱말 중 의미가 다른 것은?

① 수건을 반으로 접어 정리했다.
② 읽던 페이지를 접고 책을 덮었다.
③ 신문을 접어 책상 위에 올려 두었다.
④ 이겨야겠다는 마음을 접고 최선을 다했다.

해설 ①, ②, ③ 접다 : (사람이 천이나 종이를) 휘거나 꺾어서 겹치다.
④ 접다 : (사람이 일이나 주장을) 다음으로 미루어 두다.

18 다음 대화에서 의사소통이 잘 이루어지지 않은 까닭은?

① 높임말을 사용해서
② 비속어를 사용해서
③ 외국어를 사용해서
④ 줄임말을 사용해서

해설 대화를 할 때는 듣는 사람과 듣는 상황에 어울리는 적절한 표정, 몸짓, 말투를 사용하여 말해야 한다. 일상생활에서 비속어나 줄임말 보다는 바른 말을 사용하려는 노력이 필요하다.

정답 16. ④ 17. ④ 18. ④

19 다음 글에서 '마타이'가 가장 중요하게 생각한 것은?

> 황폐해진 케냐의 마을 풍경을 보고 깜짝 놀란 마타이는 나무 심기 운동을 벌였다. 나무 심기에만 열중하는 마타이에게 주위 사람들이 나무 심기를 그만두라고 했다. 하지만 마타이는 나무를 심고 키우는 것이 환경을 보호하는 가장 좋은 방법이라고 생각했다. 그래서 마타이는 노년에도 나무 심기 운동에 앞장섰다.

① 돈　　② 건강　　③ 환경　　④ 자존심

해 설 '황폐해진 마을 풍경을 보고 나무를 심고 키우는 것이 환경을 보호하는 가장 좋은 방법'이라는 지문의 내용으로 보아 마타이는 '환경'을 가장 중요하게 생각하였다.

20 ㉠~㉣ 중 해설에 해당하지 않는 것은?

> **토끼의 재판**
>
> ㅇ ㉠ 때 : 옛날 옛적, 호랑이 담배 피우던 때
> ㅇ 곳 : 산속
> ㅇ ㉡ 등장인물 : 호랑이, 사냥꾼 1, 사냥꾼 2, 나그네
>
> ㉢ 막이 열리면 산속 외딴길에 나무가 한 그루 서 있다.
> 커다란 호랑이를 넣은 궤짝이 놓여 있고, 나무 밑에서 사냥꾼들이 땀을 씻으며 이야기를 하고 있다.
>
> 사냥꾼 1 : ㉣ 여보게, 목이 마른데 근처에 샘이 없을까?
> 사냥꾼 2 : 나도 목이 마른데 같이 찾아볼까?

① ㉠　　② ㉡　　③ ㉢　　④ ㉣

해 설 극본의 3요소
- 해설 : 때, 곳, 나오는 사람(등장인물), 무대와 무대가 바뀌는 장면 등을 설명하는 부분
- 대사 : 등장인물이 직접 하는 말
- 지문 : 등장인물의 행동이나 표정, 음향 효과 등을 설명하는 부분으로, (　　) 안에 써서 표현함

정답 19. ③ 20. ④

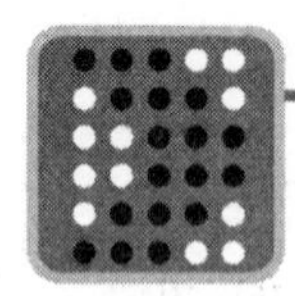

초등학교 졸업학력 검정고시 대비

수 학

2024년 2회 시행

01 **밑줄 친 숫자 3이 나타내는 값은?**

57<u>3</u>20

① 3 ② 30
③ 300 ④ 3000

해설 3은 백의 자리 수로 300을 나타낸다.

02 **그림의 모양을 시계 방향으로 90°만큼 돌린 것은?**

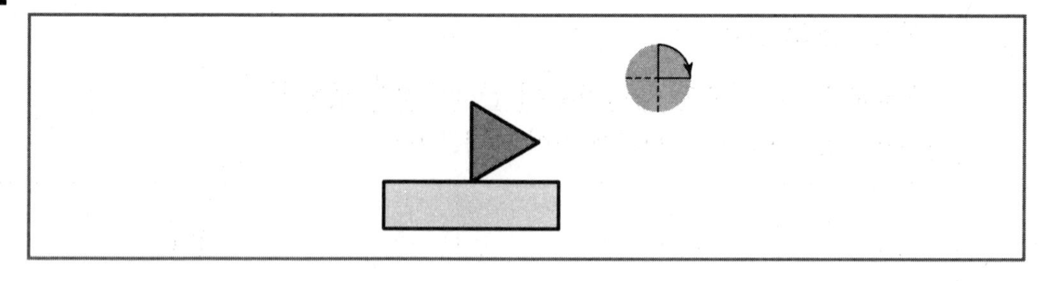

① 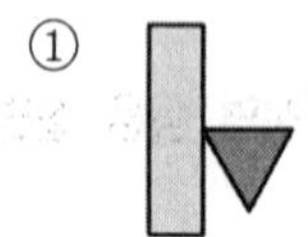 ② 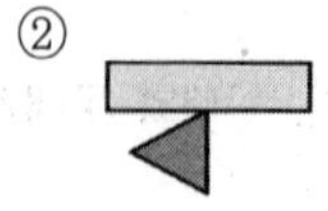 ③ 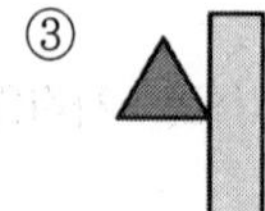 ④ 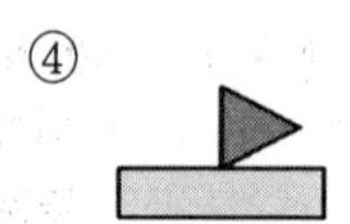

해설 시계 방향으로 90°만큼 돌리면 위쪽 부분이 오른쪽으로 이동한다.

정답 01. ③ 02. ①

03 그래프는 필통 안에 들어 있는 학용품의 수를 나타낸 것이다. 이에 대한 설명으로 옳지 않은 것은?

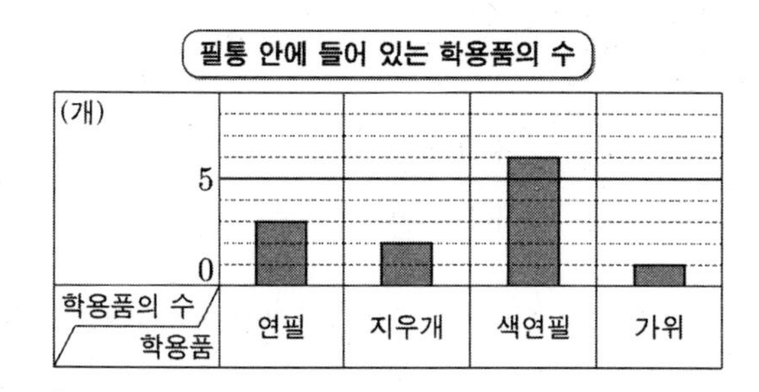

① 연필은 3개이다.
② 지우개는 2개이다.
③ 지우개와 가위의 개수는 같다.
④ 색연필의 개수는 지우개의 개수보다 많다.

해 설 지우개의 개수는 2개, 가위의 개수는 1개로, 지우개의 개수와 가위의 개수는 같지 않다.

04 두 소수의 크기를 비교한 것으로 옳지 않은 것은?

① $1.2 > 0.6$ ② $1.2 > 1.1$
③ $0.98 > 0.9$ ④ $1.58 > 1.85$

해 설 자연수 부분이 같으면 소수 첫째 자리 수의 크기를 비교한다. 소수 첫째 자리 수는 $5 < 8$이므로 $1.58 < 1.85$이다.

05 다음 식에서 가장 먼저 계산해야 하는 것은?

$$7 + (18 - 9) \div 3 - 2$$

① $7 + 18$
② $18 - 9$
③ $9 \div 3$
④ $3 - 2$

해 설 ( )가 있는 식은 ( ) 안을 가장 먼저 계산해야 하므로 가장 먼저 계산해야 하는 것은 $18 - 9$이다.

정답 03. ③ 04. ④ 05. ②

06 표의 대응 관계를 식으로 알맞게 나타낸 것은?

□	1	2	3	4	5	…
△	3	4	5	6	7	…

① □ $+2=$△　　② □ $+3=$△
③ □ $+4=$△　　④ □ $+5=$△

해설 $1+2=3$, $2+2=4$, $3+2=5$, $4+2=6$, $5+2=7$…이므로 □ $+2=$△이다.

07 다음은 $\frac{4}{5}-\frac{3}{7}$을 계산하는 과정이다. □에 공통으로 들어갈 수는?

$$\frac{4}{5}-\frac{3}{7}=\frac{4\times7}{5\times7}-\frac{3\times□}{7\times□}=\frac{28}{35}-\frac{15}{35}=\frac{13}{35}$$

① 2　② 3　③ 4　④ 5

해설 분모의 최소공배수를 공통분모로 하여 통분하여 계산하는 과정으로 5와 7의 최소공배수인 35를 공통분모로 하여 계산하기 위해서 □에 공통으로 들어갈 수는 5이다.

08 다음 중 직사각형의 넓이가 다른 것은?

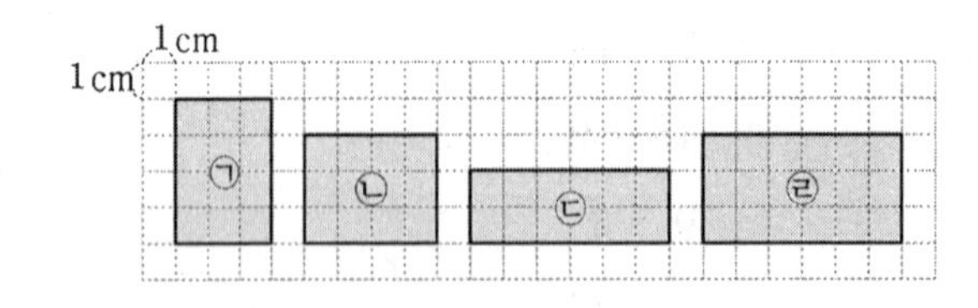

① ㉠
② ㉡
③ ㉢
④ ㉣

해설 직사각형의 넓이는 ㉠ $3\times4=12(cm^2)$, ㉡ $4\times3=12(cm^2)$, ㉢ $6\times2=12(cm^2)$, ㉣ $6\times3=18(cm^2)$로 ㉣의 넓이는 다른 직사각형의 넓이와 다르다.

정답 06. ① 07. ④ 08. ④

09 678을 반올림하여 십의 자리까지 나타낸 수는?

① 600　② 670
③ 680　④ 700

해 설 반올림은 구하려는 자리 아래 자리의 숫자가 0, 1, 2, 3, 4이면 버리고, 5, 6, 7, 8, 9이면 올려서 나타내는 방법으로, 678을 반올림하여 십의 자리까지 나타내면 일의 자리 수인 8을 올려 680이 된다.

10 다음 선대칭도형의 대칭축으로 알맞은 것은?

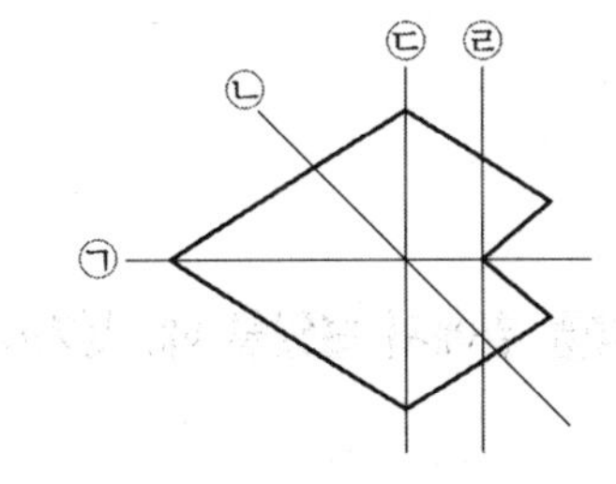

① ㉠
② ㉡
③ ㉢
④ ㉣

해 설 한 직선을 따라 접었을 때 완전히 겹치는 도형을 '선대칭 도형'이라고 하며, 이때 그 직선을 '대칭축'이라고 한다. 따라서 직선 ㉠을 따라 접었을 때 대칭축을 기준으로 위, 아래의 도형이 겹친다.

11 직육면체에 대한 설명으로 옳지 않은 것은?

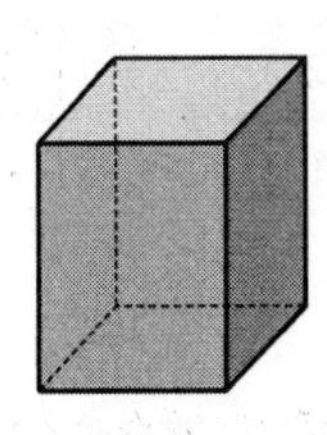

① 면의 수는 6개이다.
② 꼭짓점의 수는 8개이다.
③ 모서리의 수는 11개이다.
④ 마주 보는 면은 모두 3쌍이다.

해 설 직육면체의 모서리의 수는 12개이다.

정답　09. ③　10. ①　11. ③

12 **회전판의 화살을 돌렸을 때, 화살이 색칠한 부분에 멈출 가능성은?**

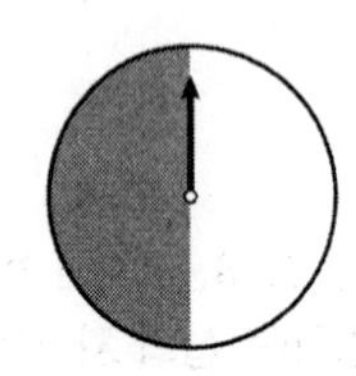

① 불가능하다
② ~아닐 것 같다
③ 반반이다
④ 확실하다

해설 색칠된 부분의 넓이는 원의 넓이의 $\frac{1}{2}$이므로 화살을 돌렸을 때, 화살이 색칠한 부분에 멈출 가능성은 반반이다.

13 **다음은 9개의 쌓기나무로 만든 모양이다. 이 모양을 위에서 보았을 때, 쌓기나무 개수를 바르게 나타낸 것은?**

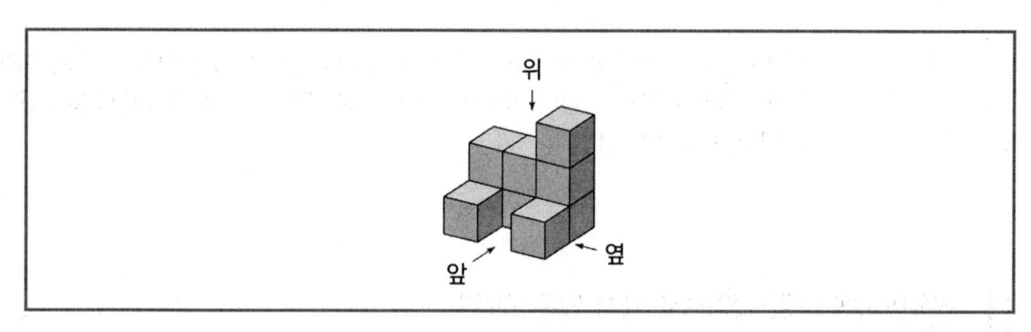

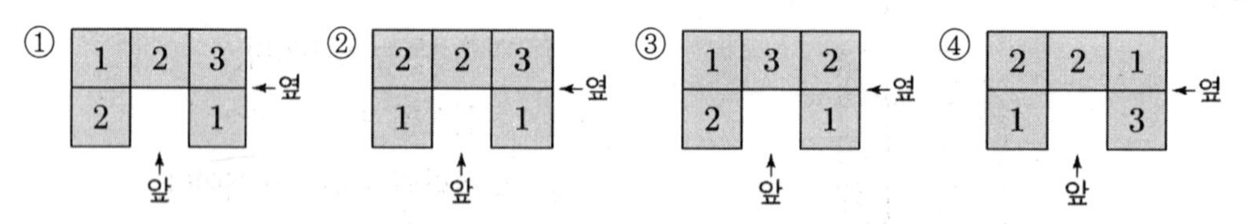

해설 각 칸에 있는 숫자는 그 칸 위에 쌓아 올린 쌓기나무의 개수로, 바르게 나타낸 것은 ②이다.

정답 12. ③ 13. ②

14 **다음 식에서 ㉠에 알맞은 수는?**

$4.5 \div 3 =$ ㉠

① 1.5
② 2.5
③ 3.5
④ 4.5

해설 분수의 나눗셈으로 바꾸어 계산하면, $\frac{45}{10} \div 3 = \frac{45 \div 3}{10} = \frac{15}{10} = 1.5$이다.

15 **다음 직육면체의 부피를 구하는 식으로 옳은 것은?**

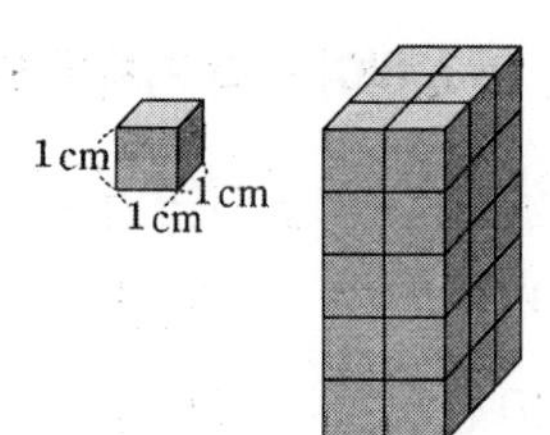

① $2 \times 3 \times 4(\mathrm{cm}^3)$
② $2 \times 3 \times 5(\mathrm{cm}^3)$
③ $3 \times 4 \times 5(\mathrm{cm}^3)$
④ $3 \times 4 \times 6(\mathrm{cm}^3)$

해설 (직육면체의 부피)=(가로)×(세로)×(높이)이므로 직육면체의 부피는 $2 \times 3 \times 5(\mathrm{cm}^3)$이다.

16 **다음은 $\frac{6}{7} \div \frac{2}{7}$의 계산 과정을 설명한 것이다. □에 공통으로 들어갈 수는?**

> $\frac{6}{7}$은 $\frac{1}{7}$이 6개이고, $\frac{2}{7}$는 $\frac{1}{7}$이 2개이다.
>
> $6 \div 2 =$ □이므로 $\frac{6}{7} \div \frac{2}{7} =$ □이다.

① 1　② 2　③ 3　④ 4

해설 $\frac{6}{7} \div \frac{2}{7} = 6 \div 2 = 3$이므로 □에 공통으로 들어갈 수는 3이다.

정답 14. ① 15. ② 16. ③

17 다음 비를 바르게 읽은 것은?

2 : 3

① 3 대 2
② 2와 3의 비
③ 3의 2에 대한 비
④ 2에 대한 3의 비

해설 ①, ③, ④는 모두 3 : 2이다.

18 용돈 1,000원을 누나와 동생이 3 : 7로 나누어 가질 때, 두 사람이 각각 가지게 되는 금액은?

	누나의 용돈	동생의 용돈		누나의 용돈	동생의 용돈
①	200원	800원	②	300원	700원
③	400원	600원	④	500원	500원

해설 1,000원을 3 : 7로 나누면 $1,000 \times \frac{3}{3+7} = 1,000 \times \frac{3}{10} = 300$(원), $1,000 \times \frac{7}{3+7} = 1,000 \times \frac{7}{10} = 700$(원)으로 누나의 용돈은 300원, 동생의 용돈은 700원이다.

19 원에 대한 설명으로 옳은 것만을 〈보기〉에서 모두 고른 것은?

보기

ㄱ. 원의 둘레를 원주라고 한다.
ㄴ. 원의 크기에 따라 원주율이 다르다.
ㄷ. 원의 지름에 대한 원주의 비율을 원주율이라고 한다.

① ㄱ　② ㄴ　③ ㄱ, ㄴ　④ ㄱ, ㄷ

해설 원주율은 원의 지름에 대한 원주의 비율로, 모든 원이 3.14로 같다.

정답 17. ② 18. ② 19. ④

20 그림과 같이 한 직선을 중심으로 직사각형을 한 바퀴 돌려 만들 수 있는 입체도형은?

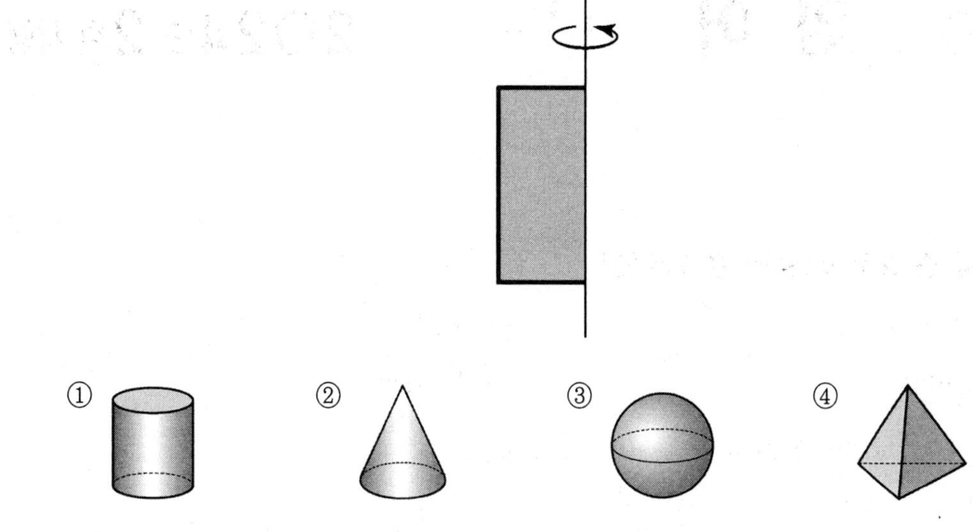

① ② ③ ④

해 설 한 직선을 중심으로 직사각형을 한 바퀴 돌리면 원기둥을 만들 수 있다.

정답 20. ①

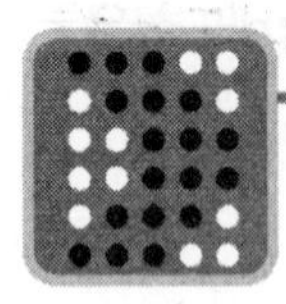

초등학교 졸업학력 검정고시 대비

영 어

2024년 2회 시행

01 다음 중 모두 소문자로 쓴 낱말은?

① Hat　② RED
③ jump　④ Grapes

해 설 모두 소문자로 쓴 낱말은 'jump'이다.

02 □안에 공통으로 들어갈 철자로 알맞은 것은?

① a
② e
③ o
④ u

해 설
- desk : 책상
- ten : 10
- elephant : 코끼리

□안에 공통으로 들어갈 철자는 'e'이다.

정답 01. ③ 02. ②

03 금지 표지판과 지시 내용이 바르게 연결된 것은?

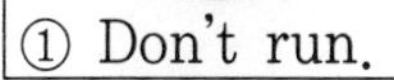
① Don't run.

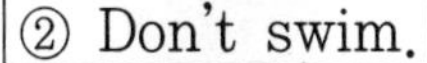
② Don't swim.

③ Don't push.

④ Don't eat.

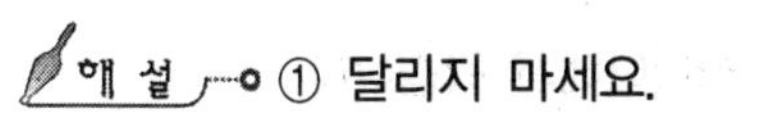
해설 ① 달리지 마세요.
② 수영하지 마세요.
③ 밀지 마세요.
④ 먹지 마세요.
금지 표지판과 지시 내용이 바르게 연결된 것은 ④이다.

04 다음 대화에서 B가 갖고 있는 물건으로 알맞은 것은?

A : Do you have an eraser?
B : Yes, I do.

① 책　　② 연필
③ 지우개　　④ 크레용

해설 A : 지우개가 있나요?
B : 네, 있어요.
대화에서 B가 가지고 있는 것은 지우개이다.

정답 03. ④ 04. ③

05 다음 글의 내용과 일치하지 않는 것은?

Hello, my name is Jina. I'm from Canada. I'm eleven years old. I'm in the fifth grade.

① 나의 이름은 Jina이다.
② 나는 중국에서 왔다.
③ 나는 11살이다.
④ 나는 5학년이다.

해 설 안녕하세요, 내 이름은 지나입니다. 나는 캐나다에서 왔습니다.
나는 11살입니다. 나는 5학년입니다.
지나는 캐나다에서 왔다. 글의 내용과 일치하지 않는 것은 ②이다.
• grade : 학년

06 그림으로 보아 ⓐ에 들어갈 말로 가장 적절한 것은?

I like music.
I play the piano every day.
I want to be a ____ⓐ____.

① doctor　　② pianist
③ scientist　　④ writer

해 설 나는 음악을 좋아한다.
나는 매일 피아노를 친다.
나는 피아니스트가 되고 싶다.
① 의사
③ 과학자
④ 작가

정답 05. ② 06. ②

07 그림으로 보아 빈칸에 들어갈 말로 가장 적절한 것은?

A : Let's go __________.
B : Okay.

① camping ② fishing
③ shopping ④ swimming

해 설 A : 쇼핑하러 가자.
B : 좋아.
① 캠핑 ② 낚시
③ 쇼핑 ④ 수영
그림으로 보아 빈칸에 들어갈 가장 적절한 것은 ③이다.

08 다음 대화에서 B가 어제 한 일은?

A : What did you do yesterday?
B : I visited the museum. It was interesting.

① 박물관을 방문했다.
② 야구 경기를 관람했다.
③ 친구들과 영화를 봤다.
④ 할머니 댁을 방문했다.

해 설 A : 어제 뭐 했어?
B : 나는 박물관을 방문했어. 재미있었어.
대화에서 B는 어제 박물관을 방문했다.
• visit : 방문하다
• interesting : 재미있는

정답 07. ③ 08. ①

09 그림에 대한 설명으로 알맞지 않은 것은?

① There is a cat.

② There is a ball.

③ There are two cups.

④ There are three books.

해설 ① 고양이가 한 마리 있다. ② 공이 한 개 있다.
③ 컵이 두 개 있다. ④ 책이 세 권 있다.
그림에 컵이 한 개 있다.

10 그림으로 보아 Minho의 생일로 알맞은 것은?

A : Minho, when is your birthday?
B : It's ________ 15th.

① February ② August

③ October ④ November

해설 A : 민호야, 너 생일이 언제야?
B : 11월 15일이야.
① 2월
② 8월
③ 10월

정답 09. ③ 10. ④

11 다음 대화에서 B의 응답으로 가장 적절한 것은?

A : What's your favorite subject?
B : ______________. I like drawing pictures.

① I can sing and dance

② I'd like to have fried rice

③ My favorite subject is art

④ My bag is heavier than yours

해 설 A : 네가 가장 좋아하는 과목은 무엇이니?
B : 내가 가장 좋아하는 과목은 미술이야. 나는 그림 그리는 것을 좋아해.
① 나는 노래하고 춤출 수 있어.
② 나는 볶음밥을 먹고 싶어.
④ 내 가방은 네 것보다 더 무거워.

12 그림으로 보아 ⓐ, ⓑ에 들어갈 말로 알맞은 것은?

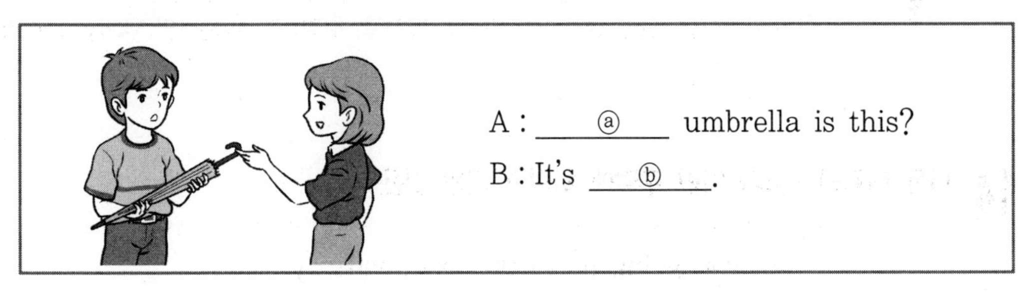

	ⓐ	ⓑ		ⓐ	ⓑ
①	Where	me	②	Where	mine
③	Whose	me	④	Whose	mine

해 설 A : 이거 누구 우산이니?
B : 내 것이야.
어떤 사물이 누구의 것인지 물어볼 때는 'Whose'를 쓴다. '나의 것'이라는 의미가 되어야 하므로 소유대명사 'mine'이 들어가야 한다.

정답 11. ③ 12. ④

13 그림에서 ⓐ에 들어갈 대답으로 가장 적절한 것은?

① I'm happy
② Sounds great
③ Yes, it is
④ Sorry, you can't

해설 아이 : 이거 만져도 되나요?
남자 : <u>미안해요, 만질 수 없어요.</u>
① 나는 행복하다.
② 좋은 생각이다.
③ 네, 그렇습니다.
'Can I~?(제가 ~해도 될까요?)'는 상대방에게 허락을 구할 때 쓴다. 상대방의 요청을 허락한다면 'Yes, you can.'이라고 말하고, 허락하지 않는다면 'Sorry, you can't.'라고 말한다.

14 다음 대화에서 B가 이번 주말에 하려고 하는 것은?

A : What are you going to do this weekend?
B : I'm going to join the science camp.

① 가족들과 등산하기
② 도서관에서 독서하기
③ 과학 캠프에 참여하기
④ 친구들과 음식 만들기

해설 A : 너는 이번 주말에 뭐 할 거니?
B : 나는 과학 캠프에 참여할 거야.
• be going to : ~할 예정이다(이미 확정된 미래의 일을 나타낼 때)
• join : 참여하다

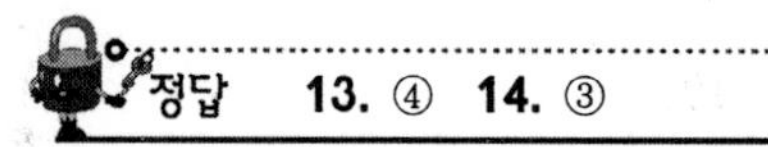
정답 13. ④ 14. ③

15 표의 내용과 일치하는 것은?

〈우리 가족의 생활 습관〉

	아빠	엄마	나	남동생
매일 아침 식사하기		○		○
하루 3번 손 씻기	○			○
주 1회 운동하기		○	○	

① My dad has breakfast every day.

② My mom has breakfast every day.

③ I wash my hands three times a day.

④ My brother exercises once a week.

해 설 ① 우리 아빠는 매일 아침 식사를 한다.
② 우리 엄마는 매일 아침 식사를 한다.
③ 나는 하루에 세 번 손을 씻는다.
④ 내 남동생은 일주일에 한 번 운동을 한다.

16 다음 글이 설명하는 물건은?

Look at these socks. They look good.
They are three thousand won.

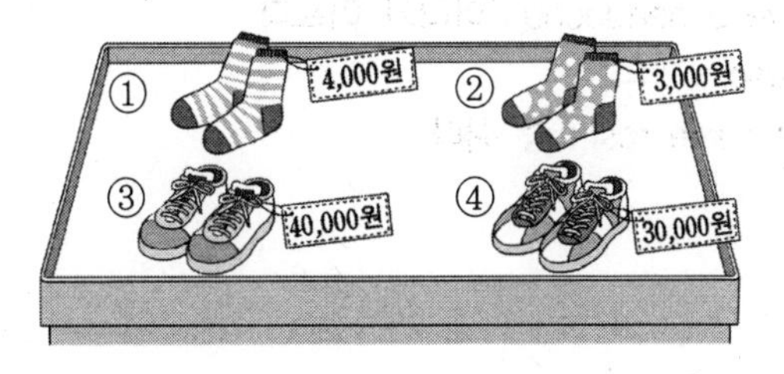

해 설 이 양말을 좀 보세요. 좋아 보여요.
그것들은 3천 원입니다.

① 4,000원 : four thousand won
③ 40,000원 : forty thousand won
④ 30,000원 : thirty thousand won

정답 15. ② 16. ②

17 다음 대화를 순서대로 알맞게 배열한 것은?

ⓐ Thank you
ⓑ I have a headache
ⓒ Take some medicine and get some rest

① ⓐ – ⓑ – ⓒ　　② ⓐ – ⓒ – ⓑ
③ ⓑ – ⓐ – ⓒ　　④ ⓑ – ⓒ – ⓐ

해설 의사 : 어디가 아프니?
아이 : 머리가 아파요.
의사 : 약 먹고 좀 쉬렴.
아이 : 감사합니다.

- have a headache : 머리가 아프다
- medicine : 약
- get some rest : 좀 쉬다

정답 17. ④

18 다음 대화에서 물건의 길이가 짧은 순서대로 나열한 것은?

A : The pencil is shorter than the ruler.
B : How about the eraser?
A : The eraser is shorter than the pencil.

① eraser – pencil – ruler ② eraser – ruler – pencil
③ pencil – eraser – ruler ④ pencil – ruler – eraser

해설 A : 연필은 자보다 더 짧아.
B : 지우개는 어때?
A : 지우개는 연필보다 더 짧아.
지우개가 가장 짧고, '연필 – 자' 순으로 길이가 길다.

19 다음 글의 내용과 일치하지 <u>않는</u> 것은?

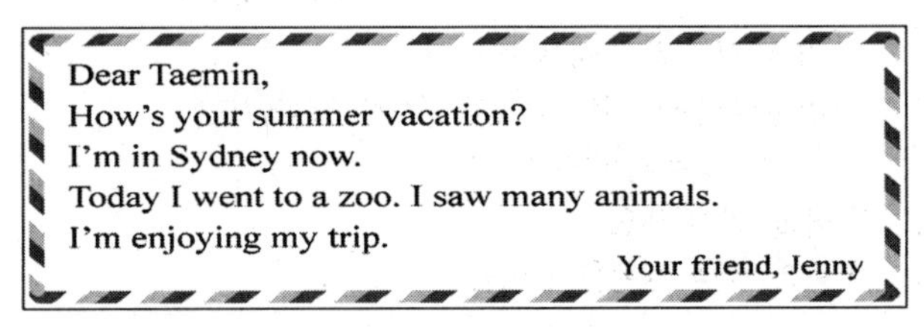
Dear Taemin,
How's your summer vacation?
I'm in Sydney now.
Today I went to a zoo. I saw many animals.
I'm enjoying my trip.
Your friend, Jenny

① Jenny가 Taemin에게 쓴 편지이다.
② Jenny는 겨울 방학에 대해 묻고 있다.
③ Jenny는 많은 동물을 봤다.
④ Jenny는 여행을 즐기고 있다.

해설

태민에게
여름 방학은 어떻게 보내고 있어?
나는 지금 시드니에 있어.
오늘 나는 동물원에 갔어. 나는 많은 동물들을 봤어.
나는 여행을 즐기고 있어.
너의 친구, 제니

제니는 여름 방학에 대해 묻고 있다. 글의 내용과 일치하지 않는 것은 ②이다.
• enjoy : 즐기다 • trip : 여행

정답 18. ① 19. ②

20 다음 글에서 ⓐ에 들어갈 말로 알맞은 것은?

The Earth is sick.

ⓐ ______________________.

What can we do for the Earth?
- Use the stairs.
- Turn off the lights.
- Recycle bottles and cans.

① We should save the Earth

② We should help sick people

③ We should drink warm water

④ We should do English homework

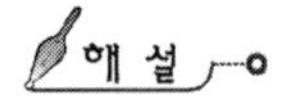

지구가 아파요.

우리는 지구를 구해야 합니다.
우리는 지구를 위해 무엇을 할 수 있을까요?
- 계단을 이용하세요.
- 불을 꺼 주세요.
- 병과 캔을 재활용하세요.

② 우리는 아픈 사람들을 도와야 한다.
③ 우리는 따뜻한 물을 마셔야 한다.
④ 우리는 영어 숙제를 해야 한다.

- recycle : 재활용하다

정답 20. ①

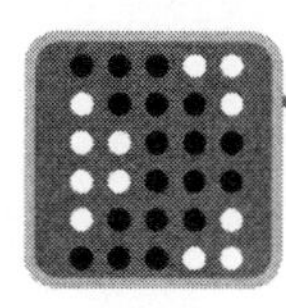

초등학교 졸업학력 검정고시 대비

사 회

2024년 2회 시행

01 **다음에서 땅의 높이가 가장 높은 곳은?**

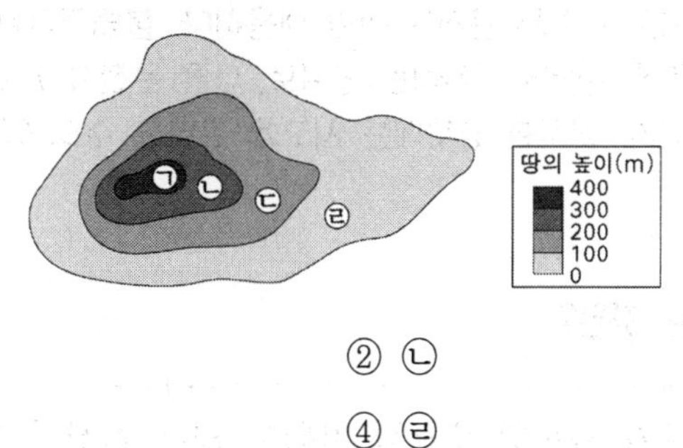

① ㉠ ② ㉡
③ ㉢ ④ ㉣

해 설 등고선의 바깥쪽에서 안쪽으로 갈수록 높은 곳을 나타내는데, 등고선의 간격이 좁을수록 경사가 급하고, 간격이 넓을수록 경사가 완만하다.

02 **다음에서 설명하는 공공 기관은?**

① 도서관 ② 보건소
③ 소방서 ④ 시·도청

해 설 도서관 : 책을 읽고 공부하는 공간을 제공하고, 책 대여도 가능하며 책과 관련 있는 강좌도 개설한다.

정답 01. ① 02. ①

03 **다음 대화와 관련 있는 사회 문제는?**

① 주차 문제　　② 환경 문제
③ 주택 부족 문제　　④ 층간 소음 문제

해설 해당 지문은 주차 문제에 관한 내용이다. 불법주차란 법적으로 주차가 허용되지 않는 구역에 차량을 주차하는 행위로, 다른 운전자나 보행자에게 큰 불편을 초래할 뿐만 아니라, 심각한 경우에는 사고를 유발할 수도 있다.

04 **다음에서 설명하는 것은?**

○ 지식과 정보가 사회의 중요한 자원이 되는 현상이다. ○ 휴대 전화나 인터넷 등을 이용하여 언제 어디서나 쉽고 빠르게 정보를 얻고, 다른 사람들과 소통할 수 있다.

① 고령화　　② 다문화
③ 저출산　　④ 정보화

해설 정보화 사회 : 인간의 모든 활동에 지식과 정보가 매우 중요한 역할을 하는 사회
- 긍정적인 면
  - 유익한 정보를 적은 비용과 노력으로 어디서나 쉽고 빠르게 얻을 수 있다.
  - 인간의 생활을 윤택하고 편리하게 한다.
- 부정적인 면
  - 신뢰할 수 없는 정보를 접하게 된다.
  - 인터넷 게임 중독, 크래킹, 개인 정보 유출 등으로 인해 많은 피해를 입는다.

정답 03. ① 04. ④

05 다음에서 설명하는 지형은?

> ㅇ 바다와 맞닿은 육지 부분이다.
> ㅇ 갯벌이 나타나거나 모래사장이 있는 곳도 있다.

① 논 ② 산지
③ 하천 ④ 해안

해설 해안 : 바다와 맞닿은 육지 부분으로, 갯벌이 나타나거나 모래사장이 있는 곳도 있다.
※ 해안 지역을 이용하는 모습 : 고기잡이, 양식업(김 · 굴 · 조개 · 물고기 등), 항구 건설, 갯벌, 해수욕장, 소금 생산

06 ㉠에 들어갈 자연재해의 종류는?

자연재해 보고서	
종류	㉠
정의	비가 많이 내리면서 하천이 흘러넘쳐 도로나 건물 등이 잠기는 재해
발생 시기	주로 비가 많이 오는 여름철
원인	집중 호우나 지속되는 비로 인해 발생

① 가뭄 ② 한파
③ 홍수 ④ 황사

해설 홍수의 영향
- 다리, 건물, 도로, 운하, 자동차 등의 구조물에 걸쳐 위험이 있을 수 있다.
- 사람과 가축에 피해를 주고, 전염병이나 질병으로 이어질 수 있다.

정답 05. ④ 06. ③

07 다음 대화에서 설명하는 의무는?

① 국방의 의무　　② 근로의 의무
③ 납세의 의무　　④ 환경 보전의 의무

해설 환경 보전의 의무 : 환경 오염과 훼손을 막아 환경을 보호하고 건강하고 쾌적한 상태를 유지·조성하도록 노력해야 한다는 헌법상의 의무이다.

08 다음에서 설명하는 나라는?

○ 온조가 한강 유역에 세운 나라다. ○ 근초고왕 때 고구려를 공격하여 북쪽으로 영토를 넓혔다.

① 가야　　② 백제
③ 신라　　④ 조선

해설 백제

- 온조가 한강 지역에 세운 나라이다.
- 한강 유역의 넓은 평야를 차지하고 있어 농사짓기에 좋았다.
- 황해를 통해 중국의 발전된 문물을 쉽게 받아들일 수 있었다.
- 근초고왕 때 고구려를 공격해 북쪽으로 영토를 넓혔다.
- 지금의 공주시, 부여군, 익산시가 옛 도읍지이다.

정답 07. ④ 08. ②

09 ㉠에 들어갈 문화유산은?

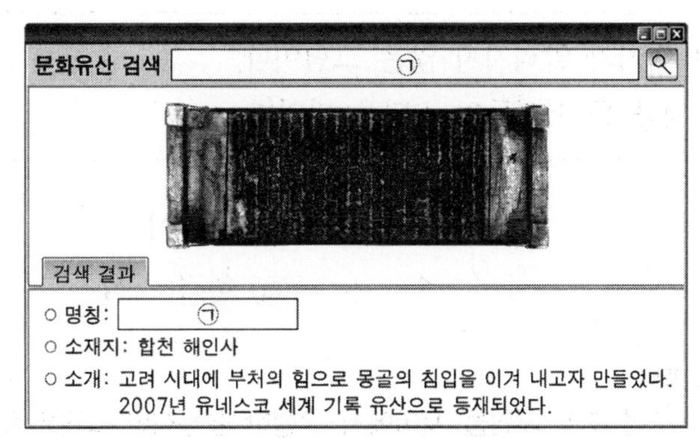

① 난중일기 ② 훈민정음
③ 팔만대장경판 ④ 황룡사 구층 목탑

해 설 팔만대장경

- 몽골의 침입 때 위태로운 나라를 구할 수 있다는 믿음으로 부처님의 말씀을 새긴 팔만대장경을 만들었다.
- 십여 년간 목판 8만여 장에 불경을 새긴 것임에도, 모양이 뒤틀리거나 틀린 글자 없이 고르고 정교하여 고려의 발달된 기술을 보여 준다.
- 현재 유네스코 세계 기록 유산으로 등재되어 있으며, 이를 보관하는 장경판전도 유네스코 세계 기록 유산으로 등재되어 있다.

10 측우기에 대한 설명으로 옳은 것은?

① 비의 양을 측정하는 기구이다.
② 해와 달, 별을 관측하는 기구이다.
③ 스스로 종을 울려 시각을 알려 주는 기구이다.
④ 해의 그림자를 이용해 시각을 알려 주는 기구이다.

해 설 측우기

- 세종대왕 때 만들어진 비 오는 양을 측정한 기구로, 세계 최초로 만들어졌다.
- 조선 시대는 '관상감'이라는 부서에서 비가 온 양을 측정하는 기구인 측우기로 강수량을 측정해서 농사짓기에 이용했다.

정답 09. ③ 10. ①

11 다음에서 설명하는 조선 후기 서민 문화는?

ㅇ 대체로 작가가 알려지지 않은 그림이다. ㅇ 장수, 성공 등 서민들의 소망을 담았다.

① 민화　② 탈놀이
③ 판소리　④ 한글 소설

해설 민화
- 조선 후기 서민들 사이에서 유행한 실용적인 그림으로 대체로 이름이 알려지지 않는 화가들이 많았다.
- 일상생활에서 쉽게 볼 수 있는 해와 달, 나무, 꽃, 동물, 물고기 등을 소재로 하여 행복하게 살고 싶은 서민들의 소망을 표현하였다.
- 작품은 〈작호도〉, 〈화조도〉, 〈백수백복도〉, 〈문자도(효)〉 등이 있다.

12 다음에서 설명하는 인물은?

ㅇ 평민 출신 의병장이다. ㅇ 뛰어난 전술로 '태백산 호랑이'라고 불렸다. ㅇ 경상도와 강원도 일대에서 일본군을 무찔렀다.

① 김정호　② 신돌석
③ 유관순　④ 명성 황후

해설 신돌석
- 구한말 평민 출신 의병장으로 항일 무장투쟁을 이끌었다.
- 뛰어난 전술로 연전연승의 신화를 창조해 '태백산 호랑이'로 불렸다.
- 국권을 회복하고자 수만 명의 의병을 동원하여 강원도, 경상도 일대에 침범한 일본군을 무찔렀다.

정답 11. ① 12. ②

13 다음에서 설명하는 사건은?

> ㅇ 배경 : 전두환을 중심으로 일부 군인들이 정변을 일으켜 권력을 장악했다.
> ㅇ 과정 : 광주에서 대규모 민주화 시위가 일어났다.
> ㅇ 결과 : 계엄군에 의하여 강제 진압되었으나 우리나라 민주화 운동의 밑바탕이 되었다.

① 갑오개혁 ② 병자호란
③ 3・1 운동 ④ 5・18 민주화 운동

해 설 5·18 민주화 운동
1980년 5월 광주에서 일어난 민주화 시위로, 민주주의를 지키기 위해 독재에 항거한 시민 운동이다. 계엄군에 의해 많은 시민이 죽거나 다치는 비극이 발생하였는데 이와 관련된 기록물은 2011년 유네스코 세계 기록 유산으로 등재되었다.

14 다음에서 설명하는 기관은?

> ㅇ 법률이 헌법에 어긋나지 않는지 판단하고 결정한다.
> ㅇ 국가 기관이 국민의 기본권을 침해했는지 판단한다.

① 국회 ② 경찰서
③ 행정부 ④ 헌법 재판소

해 설 헌법 재판소
- 헌법에 관한 분쟁이나 의심스러운 부분을 사법적 절차에 따라 해결하는 특별 재판소로서 9명의 재판관으로 구성되어 있다.
- 법률이 헌법에 어긋나는지를 판단한다.
- 국가가 하는 일들이 국민의 권리를 침해하는지 판단한다.
- 목적이나 활동이 민주적 기본질서에 위배되는 정당을 해산시킨다.
- 국가 기관 간, 국가 기관과 지방 자치 단체 간, 지방 자치 단체 간에 다툼이 있을 때에 이를 해결해 준다.

정답 13. ④ 14. ④

15 **빈부 격차 해결을 위한 노력으로 가장 적절한 것은?**

① 기업에서 친환경 제품을 생산하도록 지원한다.

② 저소득층을 위한 다양한 제도와 정책을 마련한다.

③ 태양광 에너지 같은 신재생 에너지 사용을 권장한다.

④ 일회용품 사용을 줄이는 등 환경 보호 캠페인을 한다.

해설 빈부 격차 문제 해결 노력
- 시민 단체 : 무료 급식소 등 다양한 봉사 활동을 한다.
- 국회 : 복지 정책을 위한 여러 법률을 제정한다.
- 정부 : 양육비, 학비, 생계비 등을 지원한다.

16 **㉠에 들어갈 나라는?**

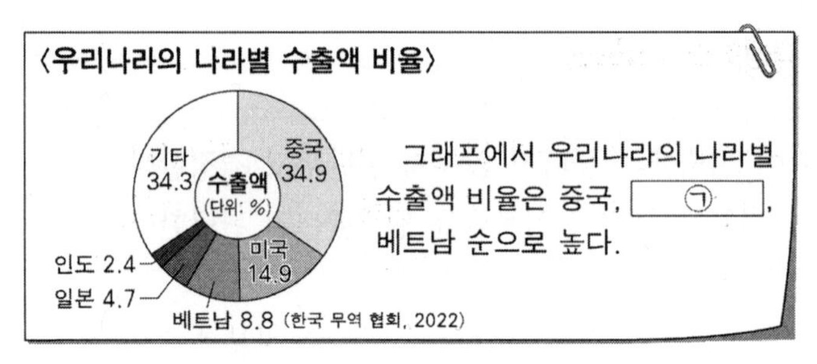

① 네팔　　② 독일

③ 미국　　④ 헝가리

해설 그래프에서 우리나라의 나라별 수출액 비율은 중국(34.9), 미국(14.9), 베트남(8.8), 일본(4.7), 인도(2.4) 순으로 높다.

정답 15. ② 16. ③

17 ㉠ 대륙에 위치하지 않는 나라는?

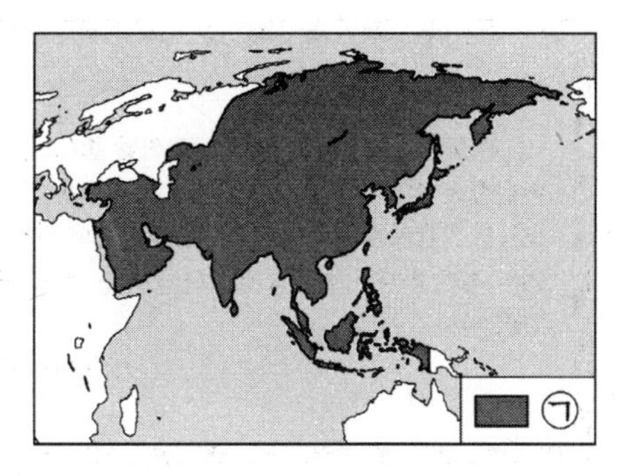

① 몽골　　② 페루
③ 베트남　　④ 대한민국

해 설 ② 페루는 남아메리카에 위치해 있다.
※ 아시아
- 6대륙 중 가장 크며, 세계 육지 넓이의 약 30%를 차지한다.
- 대한민국, 중국, 몽골, 베트남, 인도, 필리핀, 일본 등이 위치한다.

18 ㉠에 해당하는 기후로 가장 적절한 것은?

주제 : ㉠ 의 특징
ㅇ 얼음과 눈으로 덮인 곳이 많다. ㅇ 주로 남극과 북극 주변의 고위도 지역에 나타난다. ㅇ 기온이 계속 영하인 곳도 있고, 기온이 올라가면서 이끼가 자라는 곳도 있다.

① 건조 기후　　② 열대 기후
③ 온대 기후　　④ 한대 기후

해 설 한대 기후
- 사람이 생활하기 어렵고, 1년 중 대부분이 눈과 얼음으로 덮여 있어 식물도 자랄 수 없는 매우 추운 기후이다.
- 얼음이 녹는 짧은 여름 동안 이끼나 풀이 자라는 땅에서 순록을 기르는 유목 생활을 하기도 한다.
- 석유와 천연가스가 풍부해 자원 개발이 활발하다.

정답 17. ② 18. ④

19 다음 편지에서 설명하는 나라는?

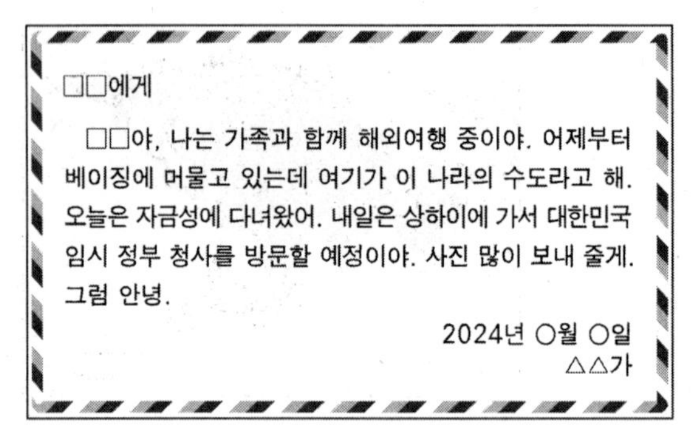
□□에게

□□야, 나는 가족과 함께 해외여행 중이야. 어제부터 베이징에 머물고 있는데 여기가 이 나라의 수도라고 해. 오늘은 자금성에 다녀왔어. 내일은 상하이에 가서 대한민국 임시 정부 청사를 방문할 예정이야. 사진 많이 보내 줄게. 그럼 안녕.

2024년 ○월 ○일
△△가

① 인도 ② 일본
③ 중국 ④ 러시아

해설 중국
- 우리나라의 서쪽에 위치, 우리나라보다 영토가 훨씬 넓다.
- 동부 지역에 인구가 밀집해 있고, 수도는 베이징(북경)이다.
- 세계에서 인구가 가장 많고, 동부 지역 바닷가에 주요 항구와 대도시가 있다.

20 ㉠에 공통으로 들어갈 말은?

> ○ [㉠]은/는 지구촌의 여러 문제를 해결하기 위해 개인이나 민간단체 등이 모여 활동하는 기구이다.
> ○ [㉠](으)로는 그린피스, 해비탯 등이 있고, 이들은 공공의 이익을 위해 활동한다.

① 비정부 기구 ② 국제 노동 기구
③ 국제 원자력 기구 ④ 한국 국제 협력단

해설 비정부 기구(NGO)
- 정부와 관련 없는 민간이 설립하고 운영하며 지역·국가·국제적으로 조직된 자발적인 비영리 시민 단체이다.
- 정치, 인권, 빈곤 추방, 환경, 의료 사업, 성차별 철폐 등 다양한 목적을 위해 활동한다.
- 국경 없는 의사회, 그린피스, 유니세프, 세이브 더 칠드런, 국제 엠네스티, 핵무기 폐기 국제 운동, 해비탯, 지뢰 금지 국제 운동 등이 있다.

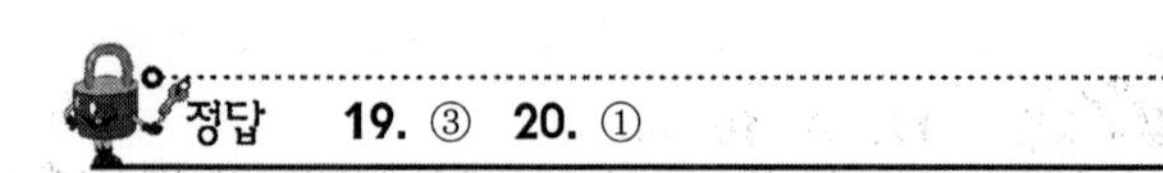
정답 19. ③ 20. ①

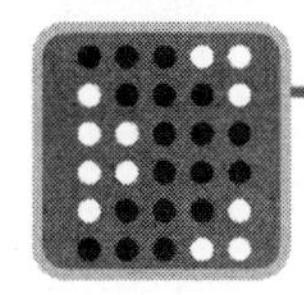

초등학교 졸업학력 검정고시 대비

과 학

2024년 2회 시행

01 **다음 설명에 해당하는 것은?**

오랜 옛날에 살았던 생물의 몸체나 흔적이 지층 속에 남아 있는 것이다.

① 공기
② 용암
③ 화석
④ 화산재

해 설 화석은 과거에 살았던 생물의 몸체나 흔적이 지층 속에 남아 있는 것으로, 화석을 통해 과거에 살았던 다양한 생물의 모습을 알 수 있다.

02 **다음 중 가장 가벼운 것은? (단, 같은 저울을 사용한다.)**

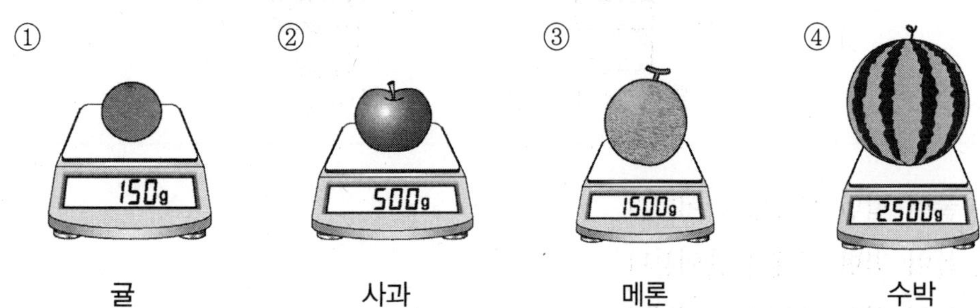

해 설 전자저울에 나타난 숫자가 가장 작은 과일이 가장 가벼우므로 귤이 가장 가볍다.

정답 01. ③ 02. ①

03 **다음 중 스크린에 비친 물체의 그림자에 해당하는 것은?**

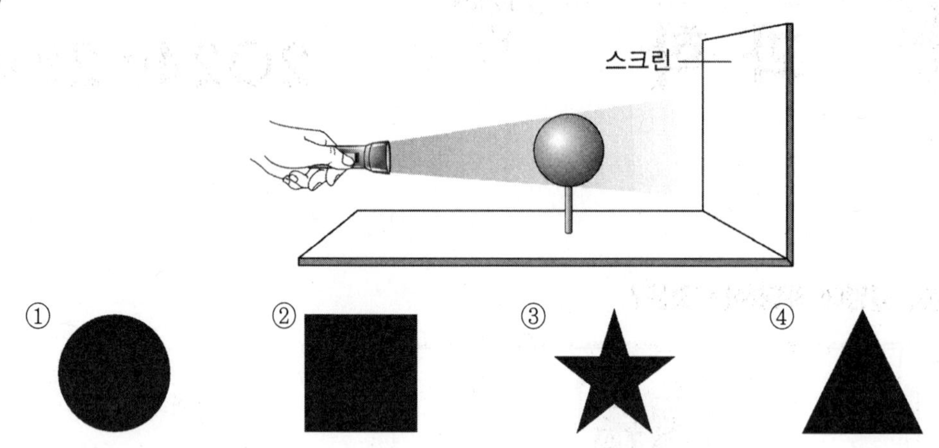

해 설 빛은 직진하는 성질이 있기 때문에 구 모양에 손전등을 비추면, 스크린에 원 모양의 그림자가 생긴다.

04 **그림에서 생수병에 들어 있는 물의 변화를 통해 알 수 있는 것은?**

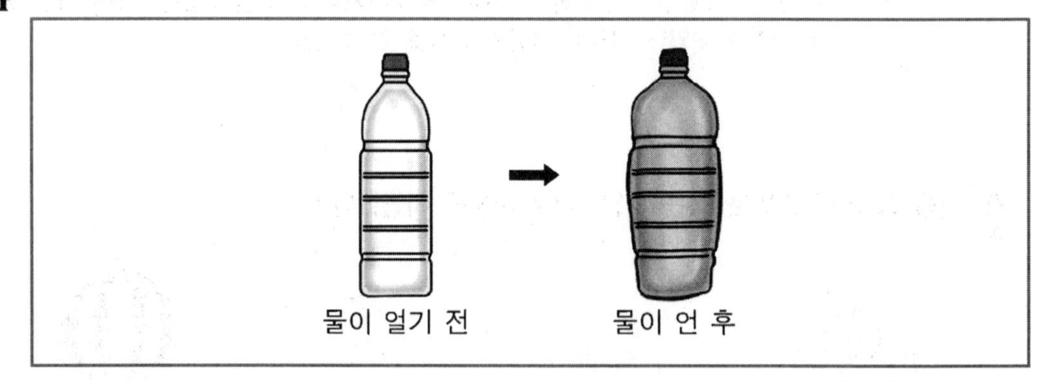

① 물이 얼면 무게가 늘어난다.

② 물이 얼면 무게가 줄어든다.

③ 물이 얼면 부피가 늘어난다.

④ 물이 얼면 부피가 줄어든다.

해 설 물이 얼면 무게는 변하지 않지만, 부피는 늘어난다.

정답 **03.** ① **04.** ③

05 그림에서 열이 가장 빨리 전달되는 막대는? (단, 막대의 두께와 길이는 같다.)

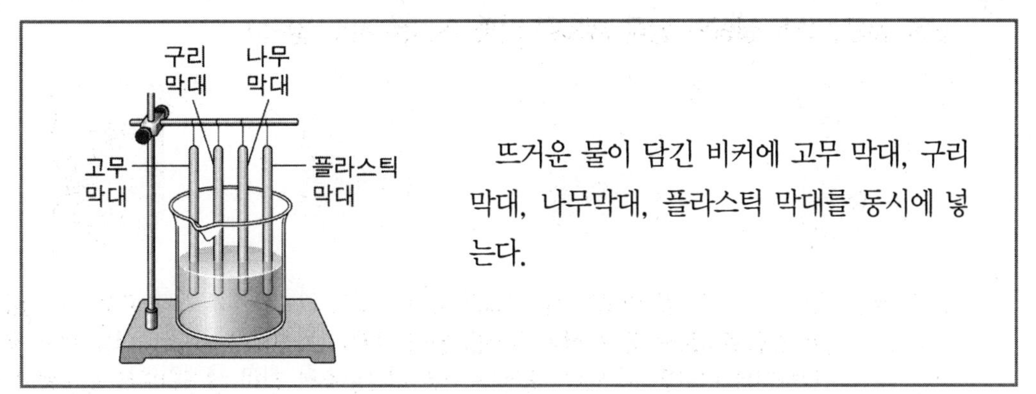

① 고무 막대
② 구리 막대
③ 나무 막대
④ 플라스틱 막대

해설 전도는 고체에서 열이 전달될 때, 온도가 높은 곳에서 낮은 곳으로 열이 전달되는 방법으로, 은, 구리, 철과 같은 금속이 열이 잘 전달된다.

06 다음 설명에 해당하는 것은?

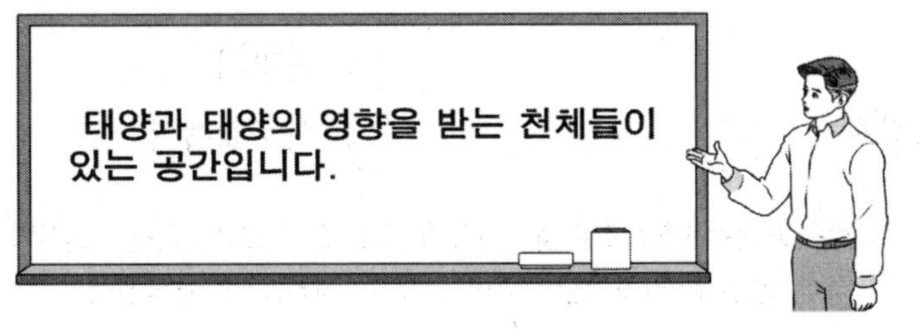

① 생태계
② 온도계
③ 태양계
④ 풍속계

해설 태양계는 태양과 태양 주위에 있는 것들이 운동하는 공간으로, 태양계의 중심에는 태양이 있으며, 8개의 행성, 위성, 소행성, 혜성이 태양 주위에 있다.

정답 05. ② 06. ③

07 **다음은 방울토마토를 띄워 설탕물의 진하기를 비교한 실험이다. 설탕물의 진하기가 가장 진한 것은? (단, 설탕의 양을 제외한 다른 조건은 모두 같다.)**

①  ② 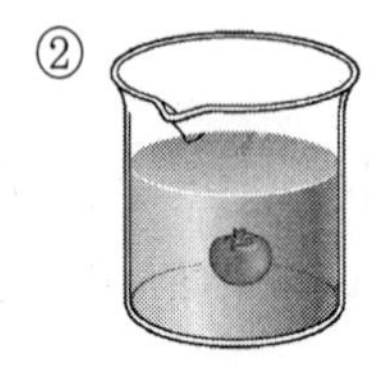 ③ 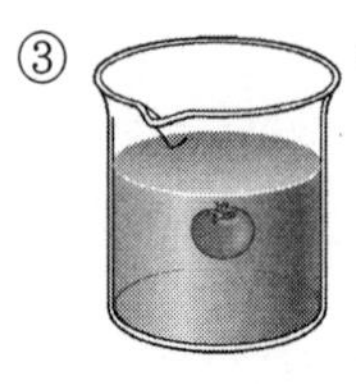 ④ 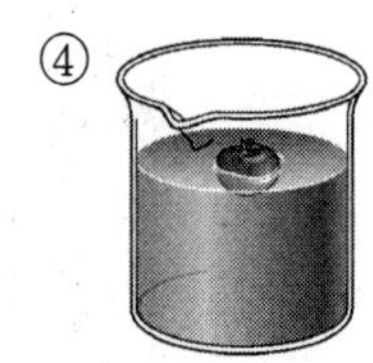

해설 용액의 진하기를 비교할 때, 백설탕 용액과 같이 색으로 진하기를 구분할 수 없는 경우 방울토마토와 같은 작은 물체를 넣어 물체가 뜨거나 가라앉는 것을 보고 용액의 진하기를 비교할 수 있다. 물체가 위로 떠오를수록 진한 용액이므로 설탕물의 진하기가 가장 진한 것은 ④이다.

08 **다음 설명에 해당하는 원생생물은?**

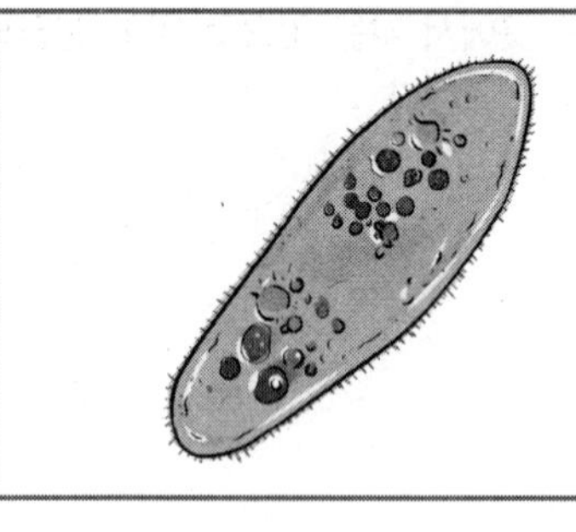

짚신 모양이며, 물이 고인 곳이나 물살이 느린 하천에 산다.

① 파리 ② 다람쥐
③ 짚신벌레 ④ 장수풍뎅이

해설 짚신벌레는 맨눈으로 볼 수 없을 정도로 작으며, 짚신 모양이다. 광합성을 하지 못해 다른 생물을 먹고 살아가며, 스스로 헤엄치며 움직인다.

09 **다음 중 양분을 얻는 방법이 나머지와 다른 생물은?**

① 곰 ② 사자 ③ 소나무 ④ 호랑이

해설 식물은 햇빛을 받아 광합성을 하여 영양분을 만들고, 동물들은 식물을 먹이로 하여 살아가므로 식물인 소나무는 양분을 얻는 방법이 동물인 곰, 사자, 호랑이와 다르다.

정답 07. ④ 08. ③ 09. ③

10 다음 중 ㉠에 들어갈 말은?

(㉠) 차이로 인해 공기가 이동하는 것을 바람이라고 한다.

① 기압 ② 냄새 ③ 색깔 ④ 세균

해 설 공기는 기압이 높은 곳에서 낮은 곳으로 이동하므로 바람은 고기압에서 저기압으로 분다.

11 그림에서 운동한 물체에 해당하는 것은?

① 우체통 ② 자전거 ③ 표지판 ④ 약국 건물

해 설 운동은 시간에 따라 물체의 위치가 변하는 것으로, 위치가 변한 자전거가 운동한 물체에 해당한다.

12 다음 설명에 해당하는 것은?

• 공기를 차단하여 불을 끈다.
• 초기 화재 진압 단계에서 주로 사용한다.

① 소화기 ② 전열기 ③ 점화기 ④ 충전기

해 설 소화기는 각종 소화제를 분사하여 화재를 진압하기 위해 사용하는 도구로, 공기(산소)를 차단하여 불을 끈다.

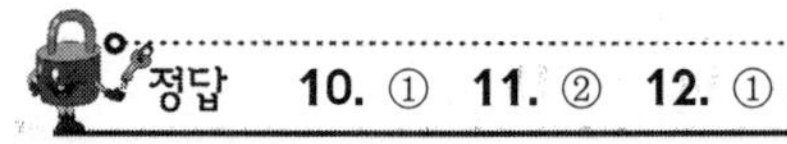

정답 10. ① 11. ② 12. ①

13 다음 대화에서 설명하고 있는 용액은?

이 용액은 붉은색 리트머스 종이를 푸른색으로 변하게 해.

페놀프탈레인 용액의 색깔을 붉은색으로 변하게 해.

① 식초 ② 레몬즙
③ 사이다 ④ 빨랫비누 물

해 설 산성 용액은 푸른색 리트머스 종이를 붉게 변화시키고 페놀프탈레인 용액을 넣으면 색깔이 변하지 않지만, 염기성 용액은 붉은색 리트머스 종이를 푸르게 변화시키고 페놀프탈레인 용액을 넣으면 색깔이 붉게 변한다. 따라서 대화에서 설명하고 있는 용액은 염기성 용액인 빨랫비누 물이다.

14 다음 중 이산화 탄소의 성질에 해당하는 것은?

① 색깔이 있다. ② 고소한 냄새가 난다.
③ 다른 물질을 잘 타게 돕는다. ④ 석회수를 뿌옇게 변화시킨다.

해 설 이산화 탄소는 색과 냄새가 없고, 불을 타지 못하게 하며, 자신도 타지 않는다. 또한 석회수를 뿌옇게 변화시킨다(석회수+이산화 탄소 → 탄산칼슘+물).

15 다음 중 ㉠에 공통으로 들어갈 말은?

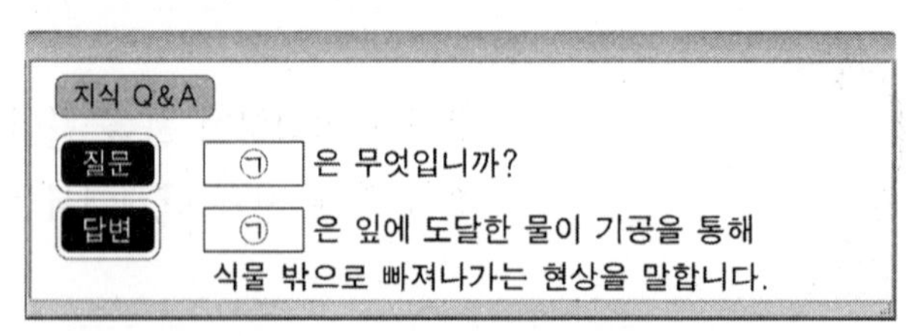

① 운반 작용 ② 증산 작용 ③ 침식 작용 ④ 퇴적 작용

해 설 증산 작용은 식물의 잎에서 물이 수증기가 되어 빠져나가는 현상을 말한다.

정답 13. ④ 14. ④ 15. ②

16 그림에서 학생들이 보고 있는 달은?

① 그믐달
② 보름달
③ 상현달
④ 하현달

해 설 보름달은 음력 15일 무렵에 뜨는 동그란 달이다.
① 그믐달 : 음력 27일경에 뜨는 왼쪽이 둥근 눈썹 모양의 달
③ 상현달 : 음력 8일 무렵에 뜨는 오른쪽이 둥근 반달
④ 하현달 : 음력 22~23일 무렵에 뜨는 왼쪽이 둥근 반달

17 다음 중 전구에 불이 켜지도록 연결한 것은?

① 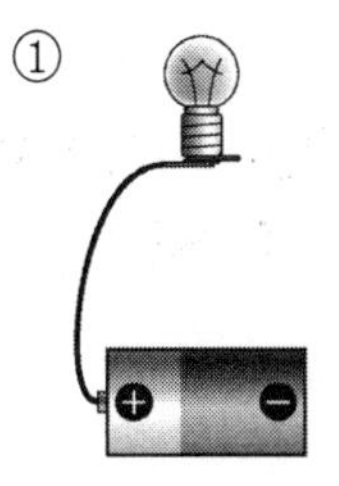
② 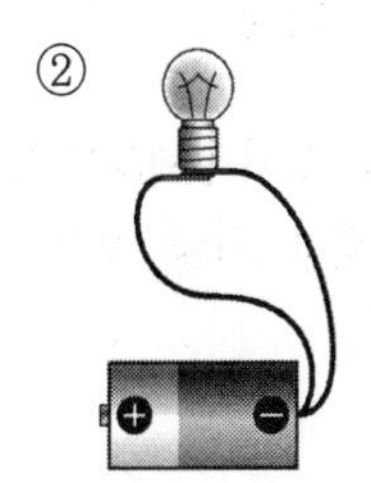
③ 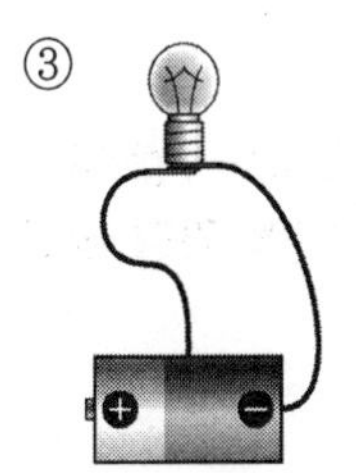
④ 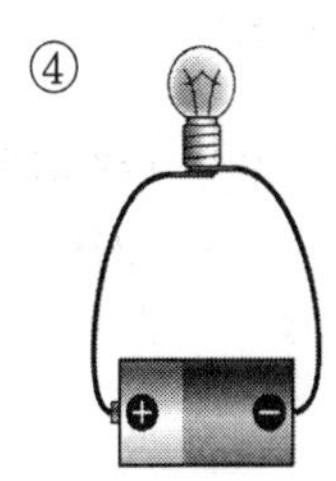

해 설 전구에 불이 켜지려면 전지의 (+)극이 전구의 꼭지(꼭지쇠)에, 전지의 (−)극이 전구의 꼭지쇠(꼭지)에 연결되어야 한다.

18 다음 중 볼록 렌즈 역할을 할 수 있는 것은?

① 헝겊
② 종이컵
③ 나무 책상
④ 물이 담긴 투명한 둥근 어항

해 설 물이 담긴 투명한 둥근 어항은 물체가 확대되어 보이는 볼록 렌즈의 특성이 있다.

정답 16. ② 17. ④ 18. ④

19 **다음 설명에 해당하는 기관은?**

> • 숨을 들이마실 때 산소를 받아들인다.
> • 몸 안에서 생긴 이산화 탄소를 몸 밖으로 내보낸다.

① 간　　② 폐
③ 콩팥　　④ 큰창자

해설 폐는 가슴 속 좌우에 한 쌍이 있고 갈비뼈와 횡격막으로 둘러싸여 있으며, 공기 중의 산소를 흡수하고, 몸에서 생긴 이산화 탄소를 폐포로 배출하여 몸 밖으로 내보낸다.

20 **다음 우리나라의 사계절 중 태양의 남중 고도가 높아 낮이 가장 긴 계절은?**

① 봄　　② 여름
③ 가을　　④ 겨울

해설 태양의 남중 고도는 1월부터 점차 높아져서 6월(하지)에 가장 높고, 다시 점차 낮아져서 12월(동지)에 가장 낮으므로 여름에 가장 높고, 겨울에 가장 낮다.

정답 19. ② 20. ②

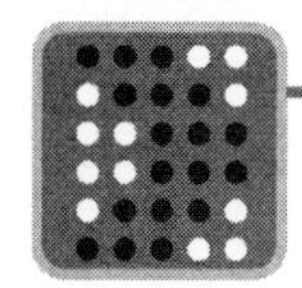

초등학교 졸업학력 검정고시 대비

도 덕

2024년 2회 시행

01 **다음 사례를 통해 알 수 있는 남북한의 노력은?**

> * 남북 공동 만화 영화 제작
> * 평창 올림픽 남북한 선수 공동 입장

① 무력　　② 억압　　③ 편견　　④ 협력

해 설 남한과 북한은 원래 하나의 민족이 하나의 나라를 이루고 살던 것이 분단된 것이므로, 문제의 사례인 '남북 공동 만화 영화 제작, 평창 올림픽 남북한 선수 공동 입장' 등 서로 협력하며 도와야 한다.

02 **다음 그림과 관련 있는 덕목으로 가장 적절한 것은?**

〈모내기〉

〈벼 베기〉

① 거짓　　② 위법　　③ 조롱　　④ 협동

해 설 협동은 여러 사람이 힘과 마음을 합쳐 서로 돕는 것으로, '나'보다는 '우리'라는 마음가짐으로 서로 돕는 상태를 말한다. 문제의 예시처럼 '모내기, 벼 베기' 등 서로 협동하여 어렵거나 힘든 일을 극복할 수 있다.

정답 01. ④ 02. ④

03 사이버 예절로 옳은 것을 〈보기〉에서 고른 것은?

보 기
ㄱ. 상대방이 올린 글에 선플 달기 ㄴ. 상대방을 존중하는 언어 사용하기 ㄷ. 상대에 대한 근거 없는 소문 퍼뜨리기 ㄹ. 상대를 기분 나쁘게 놀리고 욕설 사용하기

① ㄱ, ㄴ　② ㄱ, ㄹ　③ ㄴ, ㄷ　④ ㄷ, ㄹ

해 설 사이버 예절
- 예의에 어긋나는 행동은 하지 않는다.
- 바이러스 유포나 해킹 등을 하지 않는다.
- 저속한 은어나 비어 등을 사용하지 않는다.
- 상대방이 올린 글에 악플을 달지 않는다.
- 불건전한 정보나 개인 정보를 함부로 퍼뜨리지 않는다.
- 사이버 공간에서도 다른 사람을 존중한다.

04 다음 상황에서 한국 학생이 지녀야 할 자세로 가장 적절한 것은?

① 낯선 문화는 무시한다.　② 우리나라 인사법을 강요한다.
③ 다른 문화를 이해하고 존중한다.　④ 어색한 표정으로 뒤돌아서 외면한다.

해 설 자신과 다른 문화를 폭넓게 이해하고, 다른 문화를 인정하고 존중하는 태도를 가져야 한다.

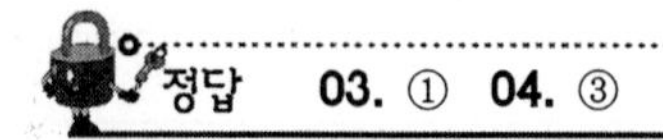
정답 03. ① 04. ③

05 ㉠에 공통으로 들어갈 말로 가장 적절한 것은?

> (㉠)(이)란 자신의 삶에서 스스로 주인이 되는 것입니다. 그래서 (㉠)적인 사람은 스스로 판단하고 결정하며 자율적으로 실천합니다.

① 수동　② 자주　③ 포용　④ 폭력

해설 자주란 자신의 삶에서 스스로 주인이 되는 것으로, 자주적인 사람은 남에게 의존하지 않고, 스스로의 판단·선택·능력으로 맡은 일을 훌륭하게 해낸다.

06 ㉠에 들어갈 말로 가장 적절한 것은?

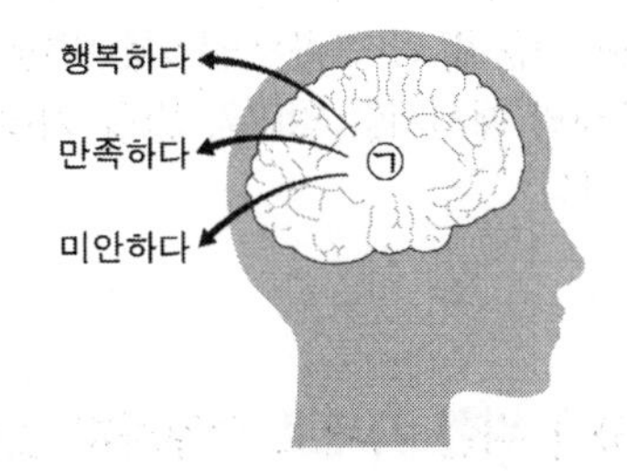

① 감정　② 무지　③ 오감　④ 에너지

해설 감정 : 어떤 현상이나 일이 일어났을 때 드는 마음이나 기분이다.

- 긍정적인 감정 : 행복하다, 신난다, 즐겁다, 사랑스럽다, 편안하다, 만족한다, 짜릿하다, 유쾌하다, 뿌듯하다, 감사하다, 상쾌하다 등
- 부정적인 감정 : 귀찮다, 부끄럽다, 서럽다, 우울하다, 억울하다, 미안하다, 걱정된다, 섭섭하다, 불쾌하다, 불안하다, 후회된다 등

07 다음 중 자신에게 하는 긍정적인 말로 적절하지 않은 것은?

① 나는 스스로를 존중한다.　② 나는 가진 것에 감사한다.
③ 나는 잘하는 것이 전혀 없다.　④ 나는 항상 어려움을 극복한다.

해설 힘든 일이 있어도 '나는 잘할 수 있어'라고 생각하며 스스로 어려움을 극복하려고 노력하는 긍정적인 태도를 취한다.

정답 05. ② 06. ① 07. ③

08 다음 대화에 나타난 덕목은?

① 불평 ② 예절
③ 절약 ④ 참견

해설 예의는 인사를 잘하는 것처럼 마땅히 지켜야 할 바른 마음가짐과 몸가짐을 뜻하고, '예절은 그러한 마음을 나타내는 행동을 말한다. 예절에는 식사 예절, 인사 예절 등이 있는데, 문제의 예시처럼 엄마가 밥을 차려 주시면 "감사히 잘 먹겠습니다."라고 인사를 해야 한다.

09 층간 소음 갈등을 해결하기 위한 자세로 적절하지 않은 것은?

① 위협적인 말로 대화하기
② 상대방을 배려하며 대화하기
③ 상대방을 공감하며 대화하기
④ 상대방의 말을 경청하며 대화하기

해설 층간 소음은 정신적인 피해뿐만 아니라 신체에도 악영향을 끼칠 수 있다. 층간 소음으로 인한 갈등을 해결하기 위해서는 상대방을 배려하고, 상대방의 말을 경청하며 대화하도록 해야 한다.

정답 08. ② 09. ①

10 친구의 인권을 존중하는 태도로 옳은 것을 〈보기〉에서 고른 것은?

보 기
ㄱ. 친구를 때리고 협박하기 ㄴ. 친구끼리 차별하지 않고 같이 놀기 ㄷ. 친구의 외모를 가지고 놀리지 않기 ㄹ. 친구의 돈을 빼앗고 집단으로 따돌리기

① ㄱ, ㄷ ② ㄱ, ㄹ

③ ㄴ, ㄷ ④ ㄴ, ㄹ

해 설 친구의 인권을 존중하는 태도는 친구끼리 상대방의 마음을 잘 이해하고, 성적이나 외모 때문에 차별하는 일이 없어야 하며, 서로의 다름을 인정하며 배려하는 마음을 갖는 것이다.

11 ㉠에 들어갈 공감하는 말로 가장 적절한 것은?

① 그게 뭐 어때서?

② 아주 잘됐다. 축하해.

③ 정말 힘들고 속상했겠구나.

④ 혼자서 다 하다니, 너는 정말 욕심쟁이구나.

해 설 공감이란 상대를 알고 이해하거나, 상대가 느끼는 상황이나 기분을 비슷하게 느끼는 현상을 말하는데, 상대방의 말에 집중하고 귀 기울여 들으며 따뜻한 말을 건네는 것이 공감하는 태도이다.

정답 10. ③ 11. ③

12 ㉠에 들어갈 말로 가장 적절한 것은?

나의 [㉠] 실천 계획

- 나만의 좌우명 만들어 보기
- 하루를 돌아보고 반성 일기 쓰기
- 도덕적 지혜가 담긴 위인들의 가르침 찾기

① 비난　② 성찰　③ 차별　④ 포기

해설 성찰이란 도덕적 기준을 자기 생활에 비추어 반성하며, 자신의 삶을 객관적인 입장에서 바라보고 바람직한 삶을 살기 위해서 구체적인 방법을 찾는 것이다.
※ 도덕적 성찰 방법 : 좌우명 실천하기, 문학 작품 활용하기, 성찰 일기 쓰기, 속담이나 격언 활용

13 다음과 관련 있는 내용으로 적절한 것은?

○ 다른 사람에게 거짓말하지 않기
○ 길에서 주은 돈을 주인에게 찾아 주기

① 교만　② 부패　③ 정직　④ 청결

해설 정직이란 사람이나 사람의 성품, 마음 따위가 거짓이 없고, 바르고 곧은 것을 말한다. 정직한 행동으로는 '다른 사람에게 거짓말을 하지 않고 솔직하게 말하기, 길에서 주은 돈을 주인에게 찾아 주기, 교통질서 등 각종 규칙을 잘 지키기' 등이 있다.

14 학교에서 실천할 수 있는 나눔과 봉사로 적절하지 않은 것은?

① 화단에 쓰레기 버리기　② 후배에게 학교생활 안내하기
③ 내가 가진 재능을 친구와 나누기　④ 학교 폭력 예방 홍보 활동 참여하기

해설 봉사는 배려하는 마음을 바탕으로 다른 사람을 돕는 행동을 말한다. 학교는 도덕성을 길러 주고 지식과 기능을 익혀 훌륭한 사람이 되게 도와주는 곳이므로 쓰레기를 버리는 행동을 하지 말아야 하며 잘 가꾸고 보호해야 한다.

정답 12. ② 13. ③ 14. ①

15 ㉠에 들어갈 내용으로 가장 적절한 것은?

① 개인 정보를 마음대로 공유하자!

② 음악 파일을 불법으로 내려받지 말자!

③ 학급 누리집에 친구가 올린 과제를 베끼자!

④ 친구의 아이디와 비밀번호를 허락 없이 사용하자!

해 설 사이버 공간에서 권리를 보호하기 위해서는 불법으로 음악 파일을 내려 받으면 안 된다.

16 ㉠에 들어갈 내용으로 가장 적절한 것은?

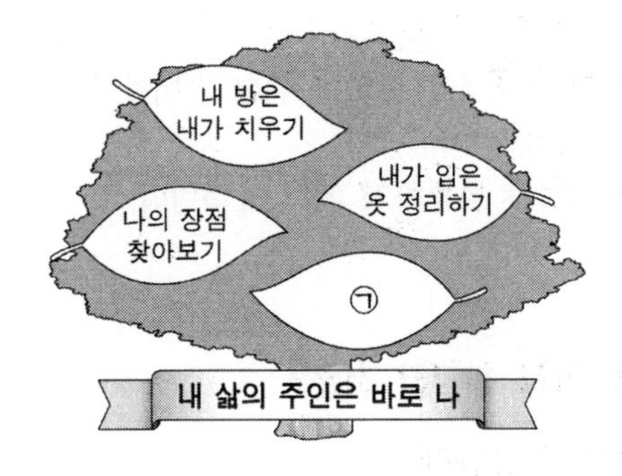

① 나의 단점을 찾아 보완하기 ② 부모님이 하라는 일만 하기

③ 어려운 일은 무조건 포기하기 ④ 내 숙제를 동생에게 대신 시키기

해 설 ② 부모님이 시키는 일만 하지 않고 할 일을 스스로 찾아서 하도록 한다.
③ 어려운 일이라고 쉽게 포기하지 않는다.
④ 내가 할 일을 남에게 시키지 않고 맡은 일을 훌륭하게 해낸다.

정답 15. ② 16. ①

17 평화 통일 이후에 기대되는 한국의 모습으로 가장 적절한 것은?

① 우수한 전통문화가 사라진다.

② 우리나라의 국토가 작아진다.

③ 우리말 대신 다른 언어를 사용한다.

④ 아시아와 유럽 대륙을 육로로 이동할 수 있다.

해설 평화 통일이 되면 남북 간의 전쟁 위험이 사라지며 헤어졌던 이산가족이 다시 만나 함께 살 수 있고, 남북한 주민이 자유롭게 왕래할 수 있다.

18 다양한 지구촌 문제를 해결하려는 자세로 적절하지 않은 것은?

① 인종 차별을 하지 않기

② 국제 구호 단체에 기부하기

③ 나와 다른 종교를 존중하기

④ 환경 문제에 관심을 가지지 않기

해설 지구촌 문제를 해결하려는 자세

- 상호존중과 공존의 태도를 취한다.
- 인종 차별을 하지 않는다.
- 문화 교류, 체육 교류 등을 활성화한다.
- 나와 다른 종교를 존중한다.
- 전쟁을 위한 준비보다 평화를 위한 준비를 위해 노력한다.
- 국제 구호 단체에 기부한다.
- 환경과 동식물을 보호하기 위해 노력한다.

19 다음 중 공정한 생활로 가장 적절한 것은?

① 공연장에 새치기하며 입장한다.

② 학급 회의 시간에 골고루 발표 기회를 준다.

③ 체육 시간에 심판이 무조건 여학생 편만 든다.

④ 피구 경기에서 나와 친한 친구에게만 공을 준다.

해설 ① 공공장소에서 새치기를 하지 않는다.
③ 심판은 차별을 하지 않고 공정하게 심판을 해야 한다.
④ 친한 친구에게만 공을 주지 않고, 다른 친구들에게도 동등한 기회를 주어야 한다.

정답 17. ④ 18. ④ 19. ②

20 **㉠에 들어갈 내용으로 가장 적절한 것은?**

> 20○○년 ○○월 ○○일(○요일) 날씨:☀
>
> **오늘의 반성**
>
> 나는 철수가 싫어하는 행동을 지속적으로 하였다. 그래서 철수에게 진심을 담아 사과하고 싶다.
>
> "철수야, 미안해. 앞으로 내가 (㉠)."

① 너를 괴롭히는 친구를 때려 줄게

② 다른 친구의 용돈을 빼앗아 너에게 줄게

③ 학급 누리집에 너의 단점을 계속 퍼뜨릴게

④ 네가 싫어하는 행동은 하지 않도록 약속할게

해 설 친구끼리는 친구의 잘못을 용서해 주고, 내가 잘못한 일이 있다면 진심으로 먼저 사과해야 한다.

정답 20. ④

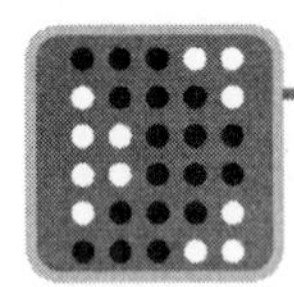

초등학교 졸업학력 검정고시 대비

실 과

2024년 2회 시행

01 그림에 해당하는 가족 형태는?

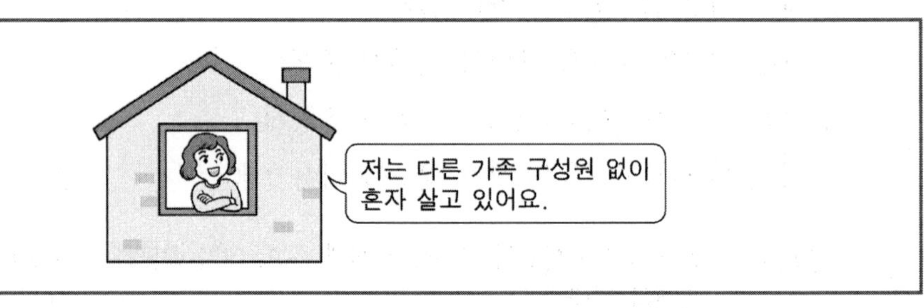

① 1인 가족　② 조손 가족
③ 확대 가족　④ 한 부모 가족

해 설 ② 조손 가족 : 부모 세대 없이 조부모인 1세대와 손자녀인 3세대로 이루어진 가족 형태
③ 확대 가족 : 자녀가 결혼 후에도 부모, 조부모와 함께 사는 가족 형태
④ 한 부모 가족 : 혼자서 자녀를 키우며 부모 역할을 담당하는 한 부모와 자녀로 구성된 가족 형태

02 다음 중 여성에게만 나타나는 성적 발달은?

① 몽정을 경험한다.　② 어깨가 넓어진다.
③ 월경이 시작된다.　④ 목소리가 굵어진다.

해 설 성적 발달이란 아동 후기가 끝나기 직전에서부터 아동의 신체적 발달상에 성적인 변화가 일어나는 것으로, ①·②·④는 남성에게만 나타나는 성적 발달의 특성이다.

정답 01. ① 02. ③

03 그림에 해당하는 감각은?

① 시각　　② 청각
③ 촉각　　④ 후각

해설 ② 청각 : 귀를 이야기하고, 소리를 듣는 것의 감각이다.
③ 촉각 : 손과 발, 모든 피부에 닿는 것의 감각이다.
④ 후각 : 코를 이야기하고, 냄새를 맡는 것의 감각이다.

04 다음 중 옷의 기능으로 적절하지 않은 것은?

① 신체를 보호해 준다.
② 청결을 유지해 준다.
③ 체온을 조절해 준다.
④ 영양소를 공급해 준다.

해설 옷의 기능
- 보호적 기능 : 겉옷은 외부 환경의 오염 물질로부터 몸을 보호해 주고, 추위와 더위를 막아 체온을 유지한다. 또한, 몸을 다치지 않게 보호하고, 청결의 유지 및 능률을 향상시키는 역할을 한다. 예 내복, 스키복, 소방복, 안전모, 양말, 속옷, 수영복, 야구복 등
- 표현적 기능 : 표현의 기능은, 옷을 입음으로써 직업과 신분, 예의 표현, 개성 등을 나타낸다. 예 교복, 군복, 경찰복, 모자, 한복, 양복 등

정답 03. ① 04. ④

05 **다음은 방울토마토 가꾸기 과정이다. 순서대로 바르게 배열한 것은?**

ㄱ. 방울토마토 모종을 심는다.
ㄴ. 방울토마토가 익으면 수확한다.
ㄷ. 심은 모종에 주기적으로 물을 준다.

① ㄱ - ㄴ - ㄷ　　② ㄱ - ㄷ - ㄴ
③ ㄷ - ㄱ - ㄴ　　④ ㄷ - ㄴ - ㄱ

해설 방울토마토 가꾸기 과정
① 방울토마토 모종을 심는다.
② 심은 모종에 주기적으로 물을 준다.
③ 방울토마토의 가지치기를 하고, 지지대를 설치한다.
④ 방울토마토가 익으면 수확한다.

06 **다음 설명에 해당하는 옷 관리 방법은?**

손상된 옷을 손질한다.

① 보관하기　② 분류하기　③ 세탁하기　④ 수선하기

해설 옷이 손상되거나 낡았을 때, 단추가 떨어지거나 솔기가 뜯어졌을 때 간단한 방법으로 수선하여 입으면 옷의 수명을 연장할 수 있다.

07 **㉠에 공통으로 들어갈 말로 알맞은 것은?**

○ (㉠)은/는 자유롭게 쓸 수 있는 돈이다.
○ (㉠) 기입장을 작성하여 자신의 소비 습관을 파악한다.

① 용돈　② 전기　③ 청소　④ 환경

해설 용돈은 개인이 사용하기 위해 가지고 있는, 특별한 이유가 없는 이상 자기 마음대로 쓸 수 있는 돈이다. 용돈을 언제, 어떤 곳에, 얼마만큼의 돈을 사용했는지 기록하면 수입과 지출을 쉽게 파악하여 낭비를 줄이고, 계획적인 소비 생활을 하는 데 도움이 된다.

정답 05. ② 06. ④ 07. ①

08 다음 설명에 해당하는 자원은?

> ㅇ 다양하고 풍부한 먹을거리를 제공한다.
> ㅇ 곡식, 과일, 채소, 고기 등이 있다.

① 시간 자원　② 식량 자원　③ 인적 자원　④ 지식 자원

해설
- 인적 자원 : 시간, 지식, 기술, 건강, 언어, 문화 등 눈에 보이지 않는 개인적 특성이나 능력
- 물적 자원 : 광물, 나무 등의 천연자원과 공간, 공공시설, 물품, 동력, 돈 등과 같이 형태가 있는 자원

09 ㉠에 공통으로 들어갈 말로 알맞은 것은?

> ㅇ (㉠)은/는 사람이나 물건 등을 원하는 장소까지 이동시켜 주는 일이다.
> ㅇ (㉠) 수단의 기본 요소에는 구동, 조향, 제동장치가 있다.

① 건강　② 수송　③ 안전　④ 정비

해설 수송 수단의 기본적인 요소
- 구동장치 : 수송 수단을 움직이게 하는 기술이나 장치이다.
- 조향장치 : 수송 수단의 방향을 제어하는 장치이다.
- 제동장치 : 수송 수단을 감속하거나 정지시키는 기술이나 장치이다.

10 다음 설명에 해당하는 동물 기르기 방법은?

> 주기적으로 목욕을 시킨다.

① 분양받기　② 먹이 주기　③ 산책 시키기　④ 청결 유지하기

해설 ① 분양받기 : 동물 전문점에서 구매하거나 가까운 사람에게 분양받는다.
② 먹이 주기 : 시간과 횟수를 정하여 먹이를 준다.
③ 산책 시키기 : 동물의 건강을 위해 알맞은 운동을 시킨다.

정답 08. ② 09. ② 10. ④

11 그림에서 안전 점검이 필요한 자전거의 구성 요소는?

① 안장　　② 반사경
③ 프레임　　④ 브레이크

해설 ① 안장 : 운전자가 앉는 조정석 역할을 한다.
② 반사경 : 자전거 후방, 페달, 측면에 부착돼 어두운 곳에서 빛을 반사해 자전거의 방향을 알려주는 역할을 한다.
③ 프레임 : 자전거가 충격에 의해 파손되지 않도록 단단한 구조로 되어 있다.

12 다음 행동으로 예방할 수 있는 것은?

길을 건널 때에는 횡단보도를 이용하고, 휴대 전화를 사용하지 않는다.

① 식중독　　② 전염병
③ 교통사고　　④ 약물 중독

해설 교통사고를 예방하기 위해서는 횡단보도를 이용하고, 신호를 지키며, 도로를 횡단할 때는 좌우를 잘 살펴야 한다.

정답 11. ④ 12. ③

13 그림에 해당하는 옷 만들기 과정은?

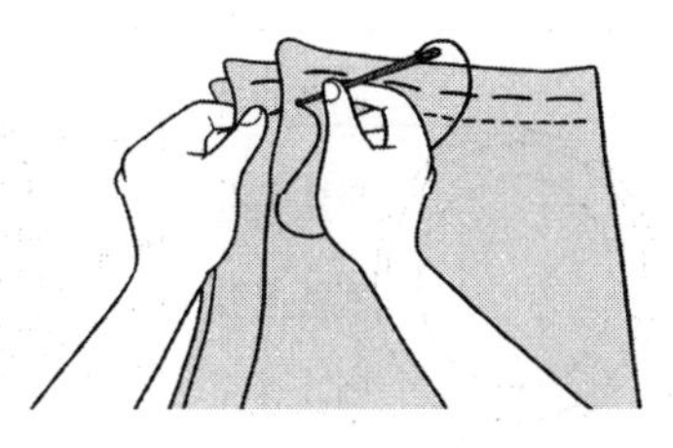

① 본뜨기 ② 치수 재기
③ 마름질하기 ④ 바느질하기

해 설 ④ 바느질하기 : 한 땀, 한 땀 바느질하여 완성한다.
① 본뜨기 : 종이에 원하는 모양을 그리고 자른다.
② 치수 재기 : 자로 정확하게 치수를 잰다.
③ 마름질하기 : 천에 초크로 원하는 모양과 크기로 그림을 그려 가위로 자른다.

14 다음의 썰기 방법을 적용한 것으로 적절한 것은?

○ 통썰기 또는 통째썰기라고 한다. ○ 호박, 무 같은 둥근 채소를 가로로 놓고 둥근 모양대로 써는 방법이다.

①  ②  ③ 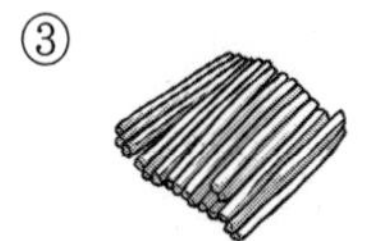 ④ 

해 설 통썰기는 오이, 무, 당근, 연근, 고구마와 같은 채소를 가로로 놓고 평행하게 내려 써는 것으로 두께는 재료나 조리 방법에 따라 다르게 조절한다.

정답 13. ④ 14. ①

15 그림의 기능을 가진 전자 제품은?

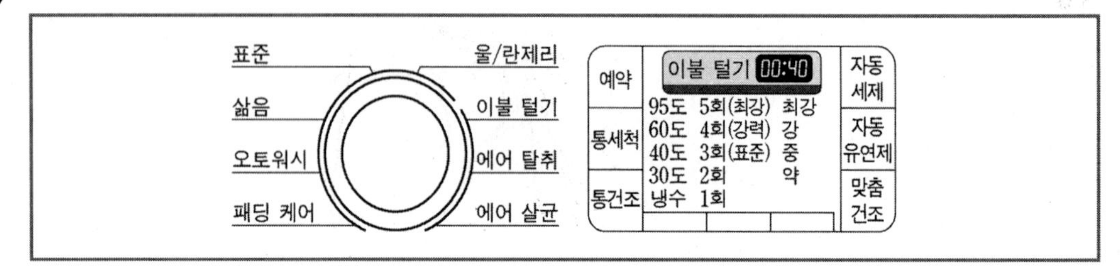

① 선풍기　　② 세탁기
③ 전기밥솥　　④ 전자레인지

해설 세탁기는 의복, 이불, 담요, 수건, 인형 등 섬유품을 깨끗하게 해주는 기계다.

16 다음 설명에 해당하는 발명 기법은?

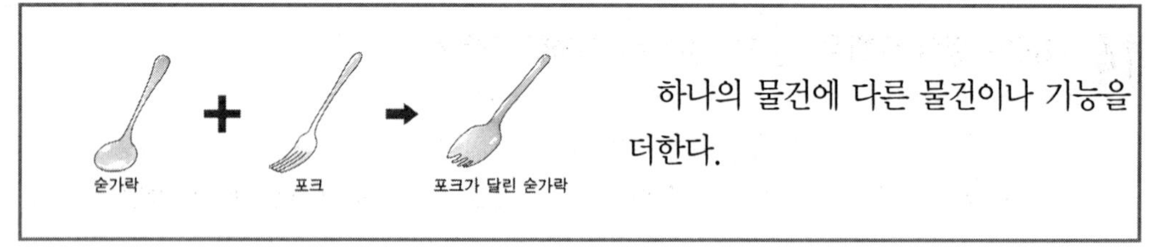

① 빼기　　② 더하기
③ 반대로 하기　　④ 재료 바꾸기

해설 ① 빼기 : 기존의 물건에서 특정 부분을 없애거나 빼버리는 것으로 새로운 물건이 되도록 하는 기법이다. 예 선이 있는 헤드폰에서 선을 제거하여 만든 무선 헤드폰
③ 반대로 하기 : 기존 물건의 모양이나 크기, 방향 등을 반대로 하여 새로운 발명품을 만드는 기법이다. 예 손가락 장갑에서 벙어리 장갑으로 만들기
④ 재료 바꾸기 : 물건을 만드는 재료를 다른 것으로 바꾸어 새로운 것을 만들거나 다른 용도로 사용하는 기법이다. 예 연탄재로 만든 벽돌

정답 15. ② 16. ②

17 다음 설명에 해당하는 것으로 가장 적절한 것은?

> 글, 그림, 사진, 음악 등 지적 활동으로 만들어진 창작물 중 사회적 · 경제적 가치가 있는 것이다.

① 식습관 ② 정보 윤리 ③ 지식 재산 ④ 사이버 중독

해 설 지식 재산이란 무형의 지식, 즉 교육, 연구, 문화, 예술, 기술 등 지적 활동으로 인하여 발생하는 모든 재산을 말한다.

18 다음 설명에 해당하는 로봇은?

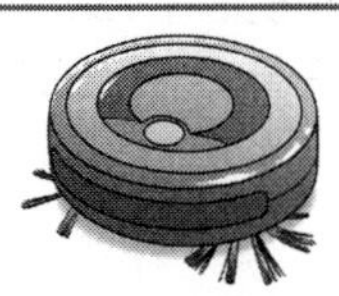

> 집 안의 더러운 곳을 청소해 준다.

① 교육 로봇 ② 수술 로봇 ③ 애완 로봇 ④ 청소 로봇

해 설 ① 교육 로봇 : 가정이나 학교 등에서 교육의 보조 수단을 제공하는 로봇이다.
② 수술 로봇 : 수술 등에서 집도의를 도와 수술을 보조해 주는 로봇이다.
③ 애완 로봇 : 애완동물처럼 가까이에 두고 가지고 놀 수 있도록 만든 로봇이다.

19 ㉠에 공통으로 들어갈 말로 알맞은 것은?

> ㅇ (㉠)은/는 로봇에서 인체의 감각 기관과 같은 역할을 한다.
> ㅇ 대표적인 종류로 빛 (㉠), 소리 (㉠) 등이 있다.

① 바퀴 ② 센서 ③ 체인 ④ 페달

해 설 ① 바퀴 : 자전거나 자동차를 지지하고 굴러가도록 해준다.
③ 체인 : 페달과 바퀴를 연결하는 역할을 하는데 페달을 밟으면 자전거 체인이 회전한다.
④ 페달 : 자전거를 밟아 움직이는 데 사용되는 부분이다.

정답 17. ③ 18. ④ 19. ②

20 **다음 설명에 해당하는 직업은?**

자동차를 검사하고 정비한다.

① 의사 ② 사회 복지사
③ 자동차 정비사 ④ 항공기 정비사

해설
① 의사 : 일정한 자격을 가지고 의술과 약으로 병을 진찰・치료하는 직업이다.
② 사회 복지사 : 아동, 청소년, 노인, 장애인 등 다양한 사회적 보호가 필요한 사람들에게 사회복지제도를 활용하여 사회에 잘 적응할 수 있도록 돕는 직업이다.
④ 항공기 정비사 : 항공기를 제대로 운항할 수 있도록 유지・보수를 하는 직업이다.

정답 20. ③

2024년 1회

초등학교 졸업학력 검정고시 대비 기출문제

2024년 4월 시행

똑 같은 **기 출** 똑 똑 한 **해 설**

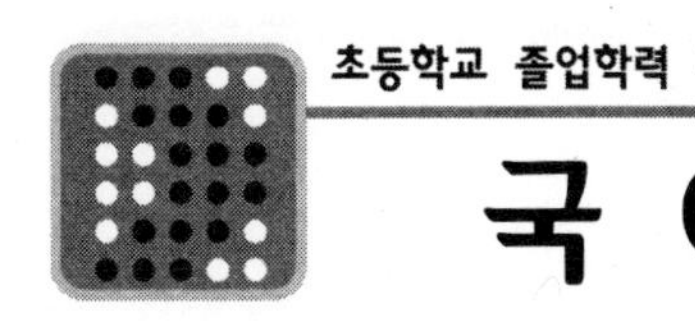

초등학교 졸업학력 검정고시 대비

국 어

2024년 1회 시행

01 수지에게 해 줄 수 있는 공감하는 말로 가장 적절한 것은?

① 지금 바쁘니까 나중에 얘기하자.
② 나는 어제 그림 대회에서 상을 받았어.
③ 열심히 썼는데 뽑히지 않아 아쉬웠겠다.
④ 그러니까 평소에 더 열심히 준비했어야지.

해설 글짓기 대회에서 상을 받지 못해 속상하다고 말하고 있으므로, 상대의 마음을 이해하고, 상대가 느끼는 감정과 같이 느끼며, 귀를 기울여 듣고 상대를 배려하며 말하는 대화로 ③이 가장 적절하다.

02 다음 중 낱말의 짜임이 다른 것은?

① 겨울 ② 덧신
③ 모래 ④ 바위

해설 ② 덧신(덧-＋신)은 복합어로, 뜻을 더해 주는 말과 뜻이 있는 낱말을 합한 낱말이다.
①, ③, ④ 단일어 : 나누면 본디의 뜻이 없어져 더는 나눌 수 없는 낱말이다.

정답 01. ③ 02. ②

03 책을 읽는 태도로 적절하지 않은 것은?

① 자신의 경험과 지식을 떠올리며 읽는다.
② 궁금한 점이 있으면 스스로 질문하며 읽는다.
③ 책의 내용은 무조건 옳다고 생각하며 읽는다.
④ 글에 나타난 주제가 무엇인지 생각하며 읽는다.

해설 ③ 책을 읽을 때는 책에 대한 선입견이나 책의 내용이 과장·왜곡이 있을 수 있으므로 비판하며 읽는 태도를 가지도록 한다.

[4~5] 다음 글을 읽고 물음에 답하시오.

> 아침 일찍, ㉠ 아빠께서 공원에 가자며 나를 깨우셨다. ㉡ 아빠께서는 물통을 들고 걸어가셨다. ㉢ 나는 아빠를 따라 맨손 체조를 했다. ㉣ 아빠와 함께 아침 운동을 하니 기분이 참 상쾌했다.

04 윗글에 나타난 시간적 배경으로 알맞은 것은?

① 공원　　② 우리 집
③ 아침 일찍　　④ 여름 방학

해설 ③ 시간적 배경은 일이 일어난 시간인데, 해당 지문에는 '아침'이라는 단어가 반복되어 나옴을 알 수 있다.

05 ㉠~㉣ 중 글쓴이의 느낌이 드러난 것은?

① ㉠　　② ㉡
③ ㉢　　④ ㉣

해설 해당 지문에서 ㉠, ㉡, ㉢은 글쓴이가 실제로 겪었던 '사실'을 말하는 것이고, 글쓴이의 생각이나 느낌이 나타난 부분은 '㉣ 기분이 참 상쾌했다.'이다.

정답 03. ③ 04. ③ 05. ④

06 토론할 때 지켜야 할 태도로 적절하지 않은 것은?

① 토론 주제와 관련된 이야기를 한다.

② 상대편의 주장을 주의 깊게 끝까지 듣는다.

③ 자신의 주장을 구체적이고 분명하게 말한다.

④ 상대편을 설득하기 위해 부정확한 자료도 사용한다.

해 설 토론은 어떤 문제에 대하여 찬성편과 반대편으로 나뉘어 찬성하거나 반대하는 의견을 내어 상대편을 설득하는 말하기이다. 토론자는 근거를 들어 자신의 주장을 말하고, 근거로 든 자료는 정확해야 한다.

[7~8] 다음 글을 읽고 물음에 답하시오.

풀잎과 바람

정완영

나는 풀잎이 좋아, ㉠ 풀잎 같은 친구 좋아
바람하고 엉켰다가 풀 줄 아는 풀잎처럼
헤질* 때 또 만나자고 손 흔드는 친구 좋아.

나는 바람이 좋아, 바람 같은 친구 좋아
㉡ 풀잎하고 헤졌다가 되찾아 온 바람처럼
만나면 얼싸안는 바람, 바람 같은 친구 좋아.

* 헤지다 : '헤어지다'의 준말

07 ㉠과 같은 비유적 표현 방법을 사용한 것은?

① 방긋 웃는 장미꽃

② 사과처럼 예쁜 얼굴

③ 밤하늘에 빛나는 별

④ 졸졸 흐르는 시냇물

해 설 ② 직유법 : '마치 ~같다', '~인 양', '~같은', '~처럼', '~듯이'와 같은 말을 써서 두 대상을 직접 견주어 표현하는 방법이다.

정답 06. ④ 07. ②

08 ㉡에 해당하는 인물로 가장 적절한 것은?

① 동생에게 축구를 가르쳐 준 친구

② 주운 돈을 경찰서에 가져다준 친구

③ 전학 갔다가 나를 다시 만나러 온 친구

④ 무거운 짐을 들고 가시는 할머니를 도와드린 친구

해설 ㉡은 친구와 헤어졌다가 다시 만나는 모습을 풀잎과 바람에 빗대어 표현한 것으로, 보기 중 '③ 전학 갔다가 나를 다시 만나러 온 친구'가 가장 적절한 인물이다.

09 ㉠~㉣ 중 글쓴이의 의견을 나타낸 문장은?

> ㉠ 지난 방학 때 나는 가족과 함께 독도를 다녀왔다. ㉡ 독도는 화산섬이라서 식물이 잘 자라기 힘든 곳이다. ㉢ 이런 환경에서도 괭이밥, 쇠비름 같은 풀이 잘 자란다고 한다. ㉣ 우리는 독도의 자연 생태계를 보전하려고 노력해야 한다.

① ㉠ ② ㉡

③ ㉢ ④ ㉣

해설 ㉠, ㉡, ㉢은 사실을 나타낸 문장이다.
의견은 글쓴이 또는 인물이 어떤 일이나 대상에 대한 느낌이나 생각을 말한다. ㉣에는 '독도의 자연 생태계를 보전하려고 노력해야 한다.'는 글쓴이의 의견이 나타나 있다.

정답 08. ③ 09. ④

10 ㉠에 들어갈 말로 가장 적절한 것은?

> ㅇ 주장 : (　　　㉠　　　)
> ㅇ 근거 :
> – 거친 말은 상대방의 기분을 상하게 한다.
> – 줄임말을 쓰면 상대방이 잘 이해하지 못할 수 있다.
> – 상황에 맞게 높임말을 사용하면 예의를 지킬 수 있다.

① 마스크를 착용하자.
② 교통 규칙을 지키자.
③ 공기 정화 식물을 기르자.
④ 올바른 언어 습관을 기르자.

해 설 주장을 뒷받침하는 근거를 볼 때 '올바른 언어 습관을 기르자.'가 주장으로 적절하다.
• 주장 : 어떤 문제에 대하여 내세우는 글쓴이의 생각
• 근거 : 주장을 뒷받침하는 내용

11 다음 글에 나타난 글쓴이의 의견을 실천하기 위한 방법으로 적절하지 않은 것은?

> 어린이 보행 중 교통사고는 심각한 사회 문제가 되었다. 어린이 보행 안전은 더 이상 남에게 미룰 수도 없고, 남이 대신해 줄 수도 없다. 우리 모두 노력해 어린이 보행 중 교통사고가 일어나지 않도록 하자.

① 보행 중 핸드폰 사용을 권장해야 한다.
② 다양한 보행 안전시설을 설치해야 한다.
③ 어린이에게 교통안전 교육을 실시해야 한다.
④ 어린이 보호 구역에서 안전 속도를 지켜야 한다.

해 설 해당 지문은 어린이 보행 안전에 대한 내용으로, 이를 실천하기 위한 방법으로 보행 중 핸드폰 사용은 금지해야 한다.

정답 10. ④ 11. ①

12 **다음의 밑줄 친 낱말과 같은 의미로 사용된 것은?**

어머니께서 맛있는 <u>배</u>를 사 오셨다.

① 나는 <u>배</u>가 많이 아팠다.

② 나는 동생과 함께 <u>배</u>를 먹었다.

③ 나는 <u>배</u>를 타고 제주도에 갔다.

④ 나는 동생보다 연필이 두 <u>배</u> 많다.

해설 어머니께서 맛있는 <u>배</u>를 사 오셨다. → 배나무의 열매
② 나는 동생과 함께 <u>배</u>를 먹었다. → 배나무의 열매
① 나는 <u>배</u>가 많이 아팠다. → 사람이나 동물의 몸에서 가슴과 다리 사이의 부위
③ 나는 <u>배</u>를 타고 제주도에 갔다. → 사람이나 물건을 싣고 물 위를 떠다니도록 만든 물건
④ 나는 동생보다 연필이 두 <u>배</u> 많다. → 수 관형사 뒤에서 의존적 용법으로 쓰여, 그 수만큼 거듭됨을 이르는 말

13 **문장 성분의 호응 관계가 올바르지 <u>않은</u> 것은?**

① 누나가 술래에게 잡혔다.

② 내일 동생은 동화책을 읽었다.

③ 어머니께서 떡볶이를 해 주셨다.

④ 나는 축구를 별로 좋아하지 않는다.

해설 시간을 나타내는 말에 따라 서술어가 달라진다. 즉, 과거를 나타낼 때에는 서술어에 '–었–'을 쓰고, 현재를 나타낼 때에는 '–는–'을 쓴다. 또 미래를 나타낼 때에는 '–겠–(–을 것–)'을 쓴다.
② 내일 동생은 동화책을 읽었다. → 내일 동생은 동화책을 읽을 것이다.

정답 12. ② 13. ②

14 다음 글에서 대상을 설명하기 위해 사용한 방법으로 가장 적절한 것은?

> 세계 여러 도시에는 유명한 탑이 있습니다. 예를 들어 이탈리아 토스카나주에는 피사의 사탑이 있고, 프랑스 파리에는 에펠 탑이 있습니다. 그리고 중국 상하이에는 동방명주 탑이 있습니다.

① 나열하여 설명하기　　② 대조하여 설명하기
③ 분석하여 설명하기　　④ 상상하여 설명하기

해 설 열거 : 설명하려는 대상의 특징을 나열해 설명하는 방법을 열거라고 하는데, 표현하려는 대상이나 내용을 구체적으로 알려주는 데 좋은 방법이다.

15 다음의 밑줄 친 문장에 어울리는 속담으로 가장 적절한 것은?

> ㅇ 민수 : 어제 자전거를 타다가 넘어져서 다쳤어.
> ㅇ 수빈 : 많이 다쳤어? 자전거를 정말 잘 타는 사람도 넘어질 수가 있어. 그러니 항상 조심해.

① 원숭이도 나무에서 떨어진다.
② 사공이 많으면 배가 산으로 간다.
③ 낮말은 새가 듣고 밤말은 쥐가 듣는다.
④ 콩 심은 데 콩 나고 팥 심은 데 팥 난다.

해 설 속담 : 예로부터 전해 내려오는 쉽고 짧으면서도 소중한 교훈을 담고 있는 말로, 옛사람의 생각이나 지혜, 해학, 교훈이 담겨 있다.
① 원숭이도 나무에서 떨어진다. : 아무리 잘하는 사람이라도 간혹 실수할 때가 있다는 뜻
② 사공이 많으면 배가 산으로 간다. : 여러 사람이 저마다 자기 주장대로 하려 들면 일이 제대로 되기 어렵다는 뜻
③ 낮말은 새가 듣고 밤말은 쥐가 듣는다. : 주위에 듣는 사람이 아무도 없는 것 같아도 늘 조심해야 한다는 뜻
④ 콩 심은 데 콩 나고 팥 심은 데 팥 난다. : 모든 일은 원인에 따라서 결과가 생긴다는 뜻

정답 14. ① 15. ①

16 **토의할 때 의견을 조정하면 좋은 점으로 적절하지 않은 것은?**

① 토의를 원활하게 진행할 수 있다.

② 내 의견만 끝까지 주장할 수 있다.

③ 문제를 합리적으로 해결할 수 있다.

④ 토의에 참여하는 사람들의 갈등을 줄일 수 있다.

해설 토의는 어떤 문제에 대하여 여러 사람이 협력하여 가장 적절한 해결 방안을 찾는 방법으로, 의견을 조정하면 토의를 원활하게 진행하여 문제를 합리적으로 해결할 수 있으며, 토의에 참여하는 사람들의 갈등을 줄일 수 있다.

17 **다음의 짜임에 해당하는 문장으로 적절한 것은?**

무엇이 어떠하다.

① 감은 과일이다.

② 나는 학생이다.

③ 하늘이 파랗다.

④ 친구가 노래를 부른다.

해설 문장의 짜임에서 '어떠하다'는 대부분 상태를 나타내고, '어찌하다'는 동작을 나타낸다.
'③ 하늘이 파랗다.'는 하늘의 상태를 표현한 것이다.

18 **'고양이 기르기'라는 제목으로 글을 쓰려고 할 때 자료를 찾는 방법으로 적절하지 않은 것은?**

① 고양이의 종류를 식물도감에서 찾는다.

② 고양이의 특성을 백과사전에서 조사한다.

③ 고양이와 놀아 주는 방법을 동영상으로 살펴본다.

④ 고양이의 집을 꾸미는 사례를 인터넷에서 검색한다.

해설 ① 식물도감은 식물에 대하여 자세히 설명한 사전으로, '고양이 기르기'라는 제목의 글을 쓰기 위한 자료를 찾기에 적절하지 않다.

정답 16. ② 17. ③ 18. ①

[19~20] 다음 글을 읽고 물음에 답하시오.

배낭을 멘 노인

- ㉠ 때 : 어느 가을날
- 곳 : 어느 한적한 마을
- ㉡ 나오는 사람 : 노인, 식당 주인

노인이 식당 구석진 자리에 앉는다. 배낭을 벗지 않은 채 엉거주춤 위태롭게 앉는다.

(중략)

식당 주인 : ㉢ (배낭을 벗겨 주려고 배낭을 들면서) 무거운데, 이거는 벗어 놓고 드세요.

노인 : (놀란 듯이 황급히 배낭끈을 잡아 쥐면서) ㉣ 놔둬요.

19 위와 같은 글에 대한 설명으로 가장 적절한 것은?

① 운율을 살려 쓴 글
② 근거를 내세워 주장하는 글
③ 대상의 특징을 설명하는 글
④ 무대에서 공연하기 위해 쓴 글

해설 ① 시 : 운율을 살려 생각이나 느낌을 함축적으로 나타낸 글이다.
② 주장하는 글 : 근거를 내세워 주장하는 글이다.
③ 설명하는 글 : 대상의 특징을 설명하는 글이다.

20 ㉠~㉣ 중 다음 설명에 해당하는 것은?

지문 : 인물의 동작, 표정, 심리, 말투 따위를 지시하거나 서술함.

① ㉠
② ㉡
③ ㉢
④ ㉣

해설 지문은 인물의 행동이나 표정, 음향 효과 등을 설명하는 부분으로, 괄호 안에 써서 나타낸다.

정답 19. ④ 20. ③

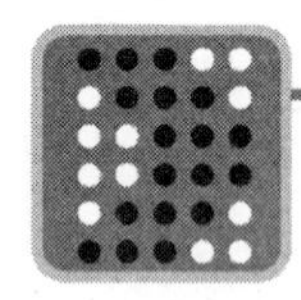

초등학교 졸업학력 검정고시 대비

수 학

2024년 1회 시행

01 다음 중 가장 큰 수는?

① 204717　　② 258501

③ 264011　　④ 280476

해 설 십만 자리의 숫자가 2로 같으므로 만의 자리 숫자를 비교하면, ①이 0, ②가 5, ③이 6, ④가 8이므로 280476이 가장 큰 수이다.

02 다음 마름모에서 □ 안에 알맞은 수는?

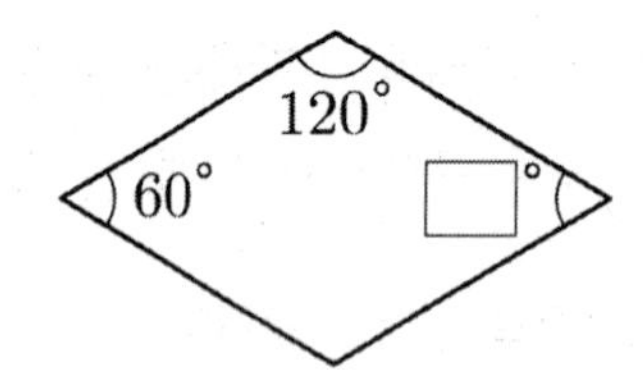

① 40

② 60

③ 80

④ 100

해 설 마름모는 마주 보는 두 각의 크기가 같으므로 □ 안에 알맞은 수는 60이다.

03 삼각형의 세 각의 크기의 합을 알아보는 과정이다. ㉠에 알맞은 각도는?

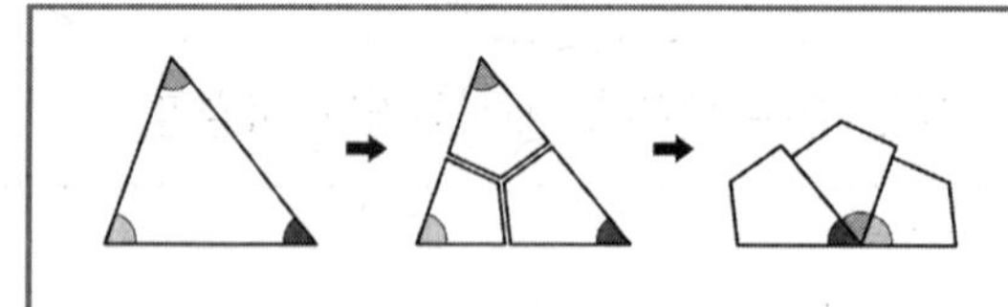

삼각형을 잘라서 세 꼭짓점이 한 점에 모이도록 이어 붙였더니 삼각형의 세 각의 크기의 합이 ㉠ 가 되네.

① 90°　　② 180°　　③ 270°　　④ 360°

해 설 삼각형을 잘라서 세 꼭짓점이 한 점에 모이도록 이어 붙이면 한 직선 위에 맞춰진다. 한 직선이 이루는 각의 크기는 180°이므로 ㉠에 알맞은 각도는 180°이다.

정답 01. ④ 02. ② 03. ②

04 다음 삼각형 안의 수 배열에는 일정한 규칙이 있다. ㉠에 알맞은 수는?

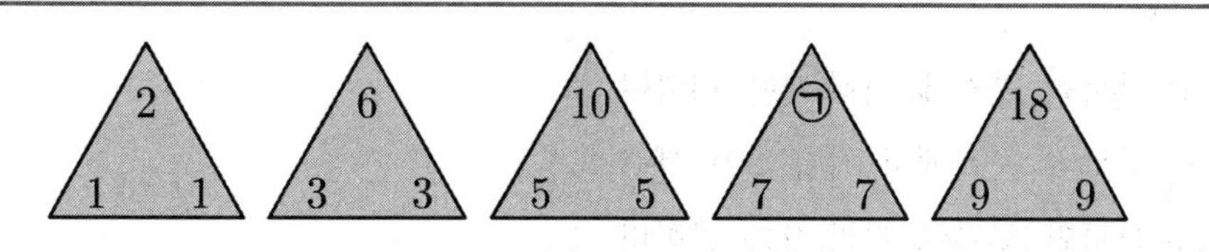

① 12　② 14　③ 18　④ 22

해설 삼각형 안의 위쪽에 있는 수는 아래쪽에 있는 두 수의 합과 같다. 이 규칙에 따라 ㉠은 $7+7=14$이다.

05 다음 식의 계산 결과는?

$$25-5\times3$$

① 10　② 20
③ 30　④ 40

해설 뺄셈, 곱셈이 섞여 있는 식은 곱셈을 먼저 계산한다.
따라서 $25-5\times3=25-15=10$이다.

06 $\frac{2}{3}+\frac{1}{4}$을 계산하는 과정이다. □에 알맞은 수는?

$$\frac{2}{3}+\frac{1}{4}=\frac{2\times4}{3\times\square}+\frac{1\times3}{4\times3}=\frac{8}{12}+\frac{3}{12}=\frac{11}{12}$$

① 4　② 5
③ 8　④ 9

해설 분모가 다른 진분수의 덧셈은 분모의 곱을 공통분모로 하여 통분한다.
따라서 □ 안에 알맞은 수는 4이다.

정답 04. ② 05. ① 06. ①

07 $\frac{6}{24}$**과 크기가 같은 분수를 만드는 방법으로 옳은 것은?**

① 분모와 분자에 각각 2를 더한다.

② 분모와 분자에서 각각 2를 뺀다.

③ 분모와 분자에 각각 2를 곱한다.

④ 분자는 그대로 두고 분모만 4로 나눈다.

해설 분모와 분자에 각각 0이 아닌 같은 수를 곱하거나 분모와 분자를 각각 0이 아닌 같은 수로 나누면 크기가 같은 분수가 된다.

따라서 $\frac{6}{24}$의 분모와 분자에 각각 2를 곱하거나 분모와 분자를 2로 나누면 $\frac{6}{24}$과 크기가 같은 분수가 된다.

08 $\frac{8}{9} \div 4$**의 몫을 구하려고 할 때, ㉠에 알맞은 수는?**

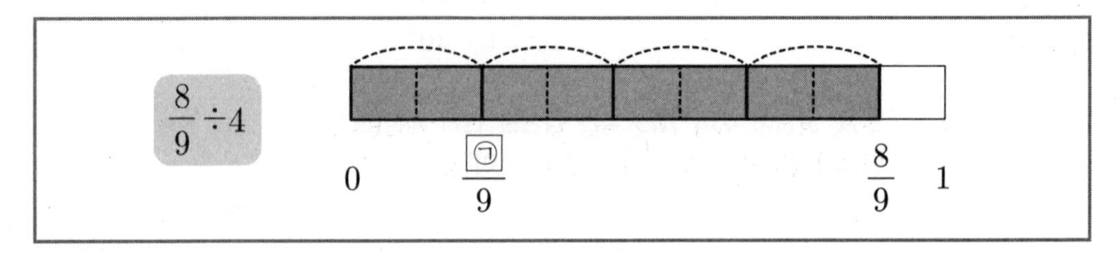

① 1 ② 2

③ 3 ④ 4

해설 (분수)÷(자연수)에서 분자가 자연수의 배수일 때는 분자를 자연수로 나눈다.

$\frac{8}{9} \div 4 = \frac{8 \div 4}{9} = \frac{2}{9}$

따라서 ㉠은 2이다.

정답 07. ③ 08. ②

09 □ 안에 공통으로 들어갈 수는?

$$0.3\times0.2=\frac{3}{\square}\times\frac{2}{\square}=\frac{6}{100}=0.06$$

① 10 ② 100 ③ 1000 ④ 10000

해설 (소수)×(소수)는 분수의 곱셈으로 계산할 수 있다. 0.3과 0.2는 각각 분수로 나타내면 $\frac{3}{10}$과 $\frac{2}{10}$이므로 □ 안에 공통으로 들어갈 수는 10이다.

10 다음 점대칭도형에서 변 ㄱㄴ의 대응변과 그 길이가 알맞게 짝지어진 것은?

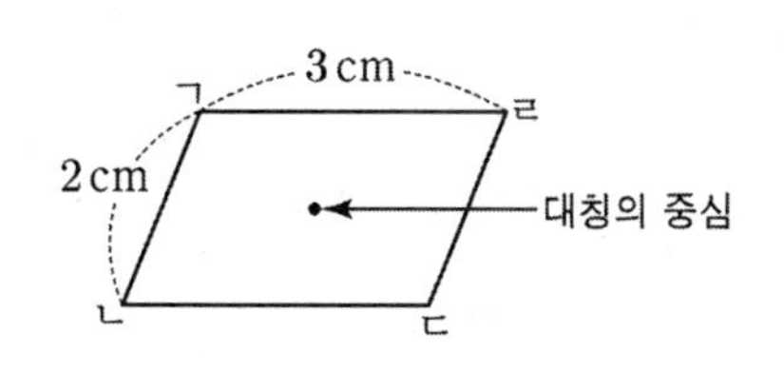

	대응변	길이
①	변 ㄱㄹ	2cm
②	변 ㄱㄹ	3cm
③	변 ㄷㄹ	2cm
④	변 ㄷㄹ	3cm

해설 대칭의 중심을 중심으로 180° 돌렸을 때 겹치는 변을 '대응변'이라고 하며, 각각의 대응변의 길이는 서로 같다.
따라서 변 ㄱㄴ의 대응변은 변 ㄷㄹ이고, 길이는 변 ㄱㄴ의 길이와 같은 2cm이다.

11 다음은 직육면체에 대한 설명이다. ㉠에 알맞은 수는?

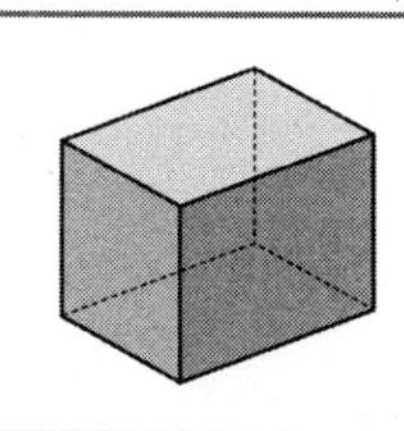

직육면체에서 서로 평행한 면은 모두 ㉠ 쌍이야.

① 1 ② 2 ③ 3 ④ 4

해설 직육면체에서 서로 평행한 면은 모두 3쌍이므로 ㉠에 알맞은 수는 3이다.

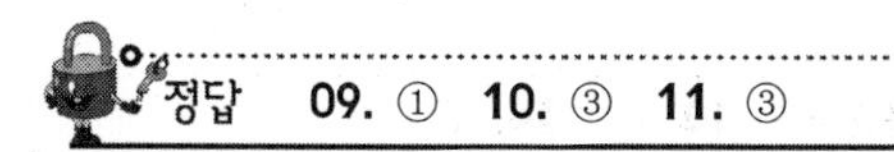
정답 09. ① 10. ③ 11. ③

12 다음 원기둥의 전개도에서 □ 안에 알맞은 수는?

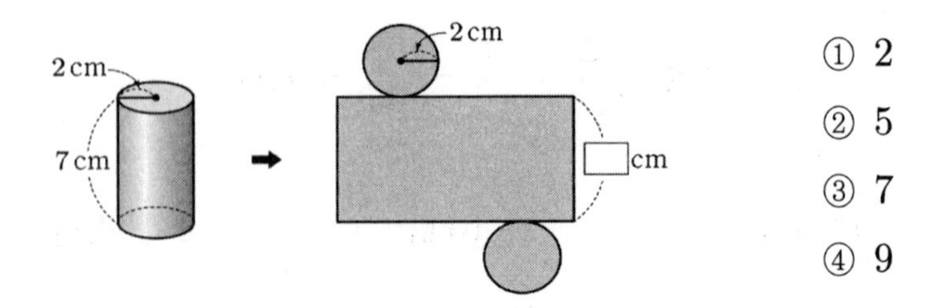

① 2
② 5
③ 7
④ 9

해 설 원기둥을 잘라서 펼쳐 놓은 그림을 원기둥의 전개도라고 한다. 원기둥에서 두 밑면에 수직인 선분의 길이인 원기둥의 높이는 전개도에서 옆면의 세로 길이와 같으므로 □ 안에 알맞은 수는 7이다.

13 그림과 똑같이 쌓을 때, 필요한 쌓기나무의 개수는?

① 7개
② 8개
③ 9개
④ 10개

해 설 각 층에 쌓은 쌓기나무의 개수를 구한 후 더하면 필요한 쌓기나무의 개수를 구할 수 있다. 맨 아래 1층의 쌓기나무 개수는 5개, 2층과 3층의 쌓기나무 개수는 각각 1개이므로 필요한 쌓기나무의 개수는 $5+1+1=7$개이다.

14 그림의 지하 도로를 통과할 수 <u>없는</u> 높이는?

① 1.9m
② 2.2m
③ 2.5m
④ 3.5m

해 설 3.0 초과인 수는 3.0보다 큰 수이므로 지하 도로를 통과할 수 없는 높이는 3.5m이다.

정답 12. ③ 13. ① 14. ④

15 **다음 정다각형은 모두 한 변의 길이가 3cm이다. 둘레가 가장 짧은 것은?**

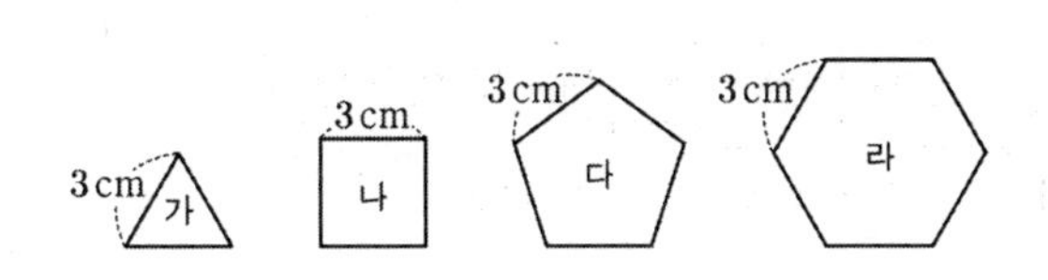

① 가
② 나
③ 다
④ 라

해 설 (정다각형의 둘레)=(한 변의 길이)×(변의 수)이므로 변의 수가 적을수록 둘레가 짧으므로 삼각형인 '가'의 둘레가 가장 짧다.

16 **다음 원의 넓이는? (원주율 : 3)**

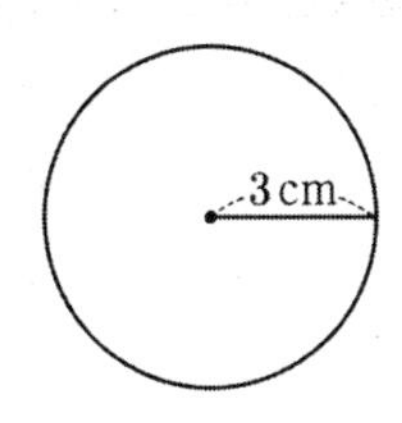

① $5cm^2$
② $10cm^2$
③ $15cm^2$
④ $27cm^2$

해 설 (원의 넓이)=(반지름)×(반지름)×(원주율)이므로 원의 넓이는 $3\times3\times3=27cm^2$이다.

17 **다음 직육면체의 부피를 구하는 과정이다. ㉠에 알맞은 식은?**

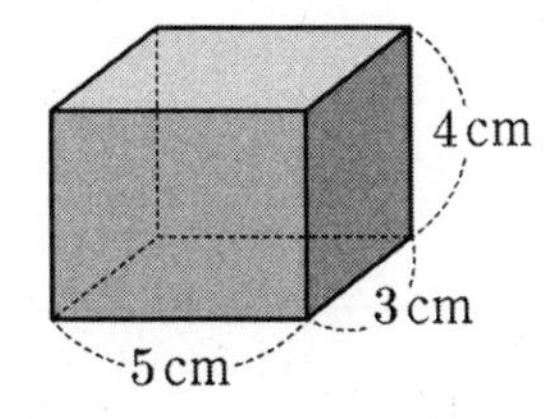

(직육면체의 부피)
= (가로)×(세로)×(높이)
= [㉠] = $60(cm^3)$

① $2\times3\times4$
② $3\times3\times4$
③ $4\times3\times4$
④ $5\times3\times4$

해 설 (직육면체의 부피)=(가로)×(세로)×(높이)에서 가로는 5cm, 세로는 3cm, 높이는 4cm이므로 ㉠에 알맞은 식은 $5\times3\times4$이다.

정답 **15.** ① **16.** ④ **17.** ④

18 **슬기와 연수가 빵 10개를 3 : 2로 나누어 가지려고 할 때, □ 안에 공통으로 들어갈 알맞은 식은?**

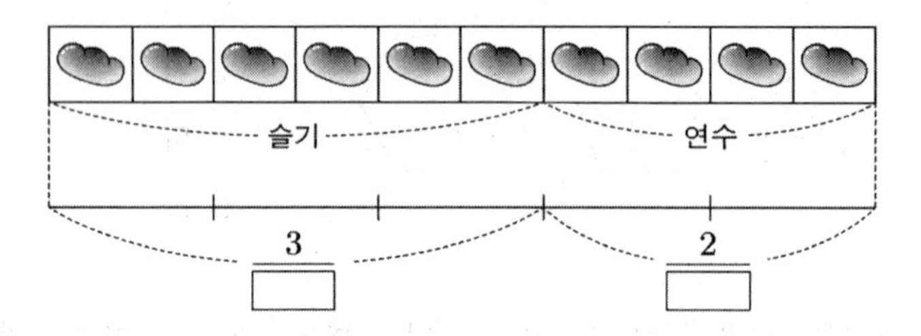

① $1+1$　　② $2+1$
③ $2+2$　　④ $3+2$

해설 빵 10개를 3 : 2로 나누면 슬기는 $10\times\frac{3}{3+2}=6$개, 연수는 $10\times\frac{2}{3+2}=4$개를 가진다. 따라서 □ 안에 공통으로 들어갈 알맞은 식은 $3+2$이다.

19 **표는 은서네 모둠 학생 4명이 한 달 동안 대출한 도서 수를 나타낸 것이다. 한 달 동안 은서네 모둠 학생 4명이 대출한 도서 수의 평균을 구하는 식으로 알맞은 것은?**

〈대출한 도서 수〉

이름	은서	수일	지혜	도영
도서 수(권)	6	4	6	8

① $6+4+6+8$　　② $6\times4\times6\times8$
③ $(6+4+6+8)\div4$　　④ $(6\times4\times6\times8)\div5$

해설 (평균)=(자료의 합계)÷(자료의 개수)이므로 평균을 구하는 식은 $(6+4+6+8)\div4$이다.

정답 18. ④ 19. ③

20 **다음은 학생들이 좋아하는 간식을 조사하여 막대그래프로 나타낸 것이다. 그래프에서 알 수 있는 사실로 옳은 것은?**

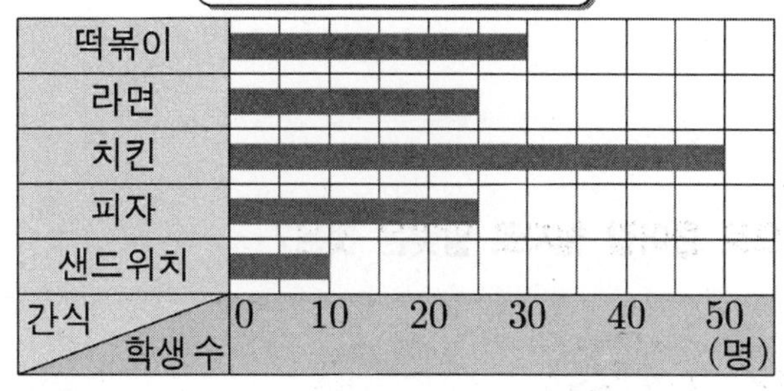

① 라면을 좋아하는 학생의 수는 30명이다.

② 학생들이 가장 좋아하는 간식은 치킨이다.

③ 피자를 좋아하는 학생은 떡볶이를 좋아하는 학생보다 많다.

④ 떡볶이를 좋아하는 학생의 수는 샌드위치를 좋아하는 학생의 수의 2배이다.

해 설 막대그래프는 조사한 자료를 막대 모양으로 나타낸 그래프이다. 치킨의 막대가 가장 길기 때문에 학생들이 가장 좋아하는 간식은 치킨이다.
① 라면을 좋아하는 학생의 수는 25명이다.
③ 피자를 좋아하는 학생은 떡볶이를 좋아하는 학생보다 적다.
④ 떡볶이를 좋아하는 학생의 수는 샌드위치를 좋아하는 학생의 수의 3배이다.

정답 20. ②

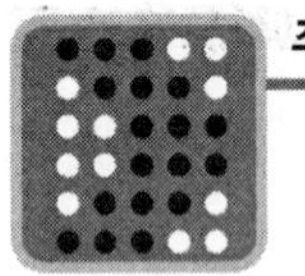

초등학교 졸업학력 검정고시 대비

영 어

2024년 1회 시행

01 □안에 공통으로 들어갈 철자로 알맞은 것은?

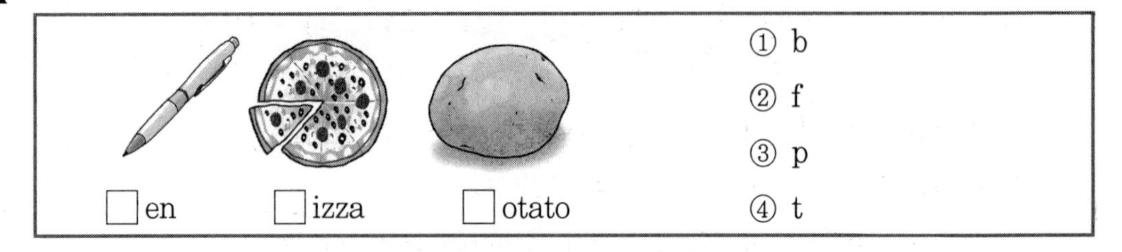

① b
② f
③ p
④ t

해 설 • pen : 펜 • pizza : 피자 • potato : 감자
□안에 공통으로 들어갈 철자는 'p'이다.

02 그림에서 책상 위에 놓여 있지 않은 것은?

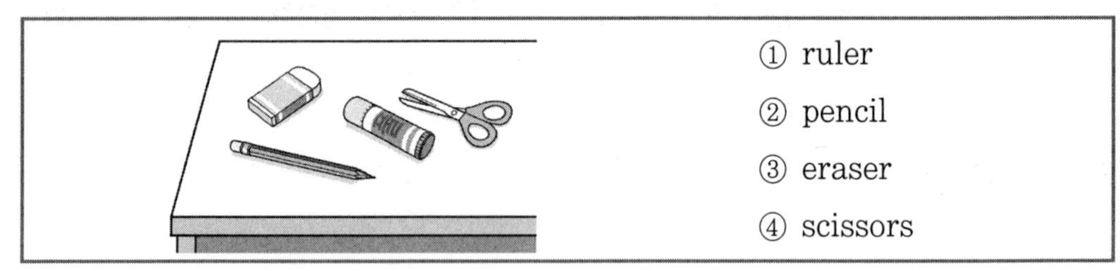

① ruler
② pencil
③ eraser
④ scissors

해 설 책상 위에 놓여 있지 않은 것은 'ruler(자)'이다.
• pencil : 연필
• eraser : 지우개
• scissors : 가위

정답 01. ③ 02. ①

03 다음 대화에서 설명하는 날씨를 표현한 그림은?

> A : How's the weather?
> B : It's sunny.

②

③

④

해 설 A : 날씨가 어때요?
B : 화창해요.

04 다음 대화의 빈칸에 들어갈 말로 가장 적절한 것은?

> A : ______ old are you?
> B : I'm eleven years old.

① Can ② How
③ Who ④ What

해 설 A : 너는 몇 살이니?
B : 나는 11살이야.
'How old are you?'는 나이를 물어볼 때 사용하는 표현이다.

정답 03. ④ 04. ②

05 그림으로 보아 Junho가 어제 한 일은?

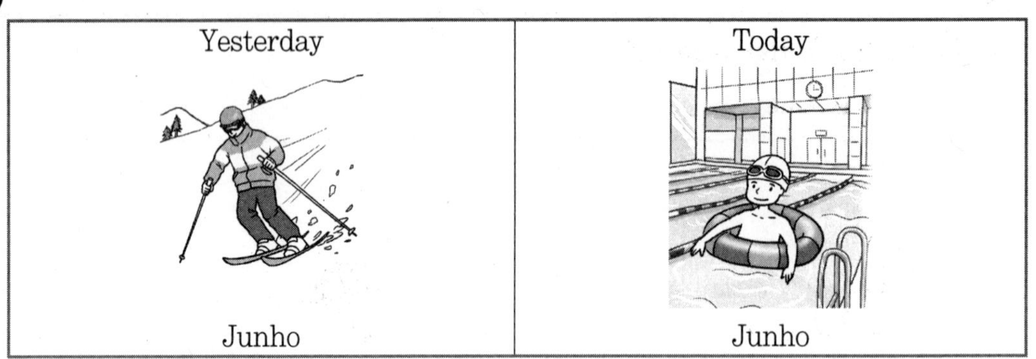

① I went skiing.
② I made a robot.
③ I swam at the pool.
④ I ate delicious food.

해설 준호는 어제 스키를 탔다.
① 나는 스키를 탔다.
② 나는 로봇을 만들었다.
③ 나는 수영장에서 수영했다.
④ 나는 맛있는 음식을 먹었다.

06 다음 대화에서 Jenny의 출신 국가는?

A : Hello, I'm Jenny.
B : Hello, my name is Tony. Where are you from?
A : I'm from France. How about you?
B : I'm from Canada.

① 미국
② 영국
③ 캐나다
④ 프랑스

해설 A : 안녕, 나는 제니야.
B : 안녕, 나는 토니야. 너는 어디에서 왔니?
A : 나는 프랑스에서 왔어. 너는?
B : 나는 캐나다에서 왔어.

정답 05. ① 06. ④

07 다음 글에서 설명하는 Ben의 모습으로 알맞은 것은?

> This is my friend, Ben.
> He has short curly hair.
> He is wearing glasses.

해 설

> 여기는 내 친구 벤입니다.
> 그는 짧은 곱슬머리를 가지고 있습니다.
> 그는 안경을 쓰고 있습니다.

• curly : 곱슬곱슬한 • wear glasses : 안경을 쓰다

08 다음 글에서 Minho가 8시에 하는 일은?

> **Minho의 일과표**
>
> I get up at six.
> I have breakfast at seven.
> I go to school at eight.

① 일어나기
② 축구 하기
③ 학교 가기
④ 아침 식사하기

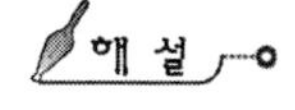

> 민호의 일과표
>
> 나는 6시에 일어난다.
> 나는 7시에 아침을 먹는다.
> 나는 8시에 학교에 간다.

정답 07. ① 08. ③

09 다음 대화의 내용으로 보아 ⓐ에 들어갈 가격으로 알맞은 것은?

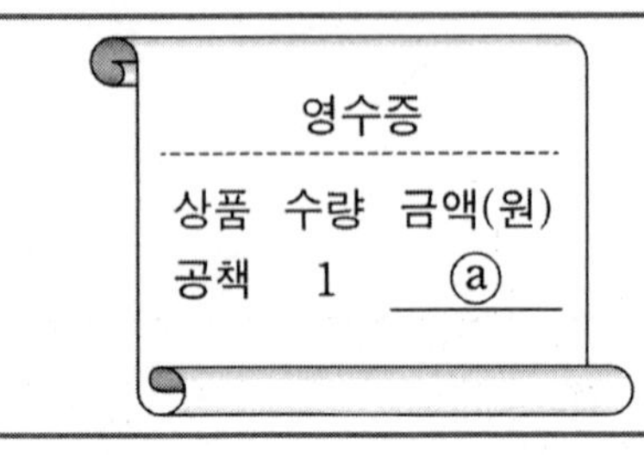
영수증

상품	수량	금액(원)
공책	1	ⓐ

A : How much is this notebook?
B : It's nine hundred won.
A : Okay. I'll take it.

① 700원 ② 900원
③ 7,000원 ④ 9,000원

해설 A : 이 공책은 얼마입니까?
B : 900원이에요.
A : 좋아요. 이것을 사겠습니다.
① 700원 : seven hundred won
③ 7,000원 : seven thousand won
④ 9,000원 : nine thousand won
공책 한 권은 900원이다.

10 다음 대화에서 물건과 주인이 바르게 연결된 것은?

A : Tom, is this your ball?
B : No, it's Peter's.
A : Whose umbrella is this?
B : It's Anna's.

① 공 – Anna ② 공 – Tom
③ 우산 – Anna ④ 우산 – Peter

해설 A : 탐, 이거 네 공이야?
B : 아니, 피터 거야.
A : 이 우산은 누구 거야?
B : 안나 거야.
공은 피터, 우산은 안나의 것이다.

정답 09. ② 10. ③

11 다음 글에서 학교 축제가 열리는 날은?

> **School Festival**
> The school festival is on May 2nd.
> We can sing, dance, and do some magic.

① 2월 5일　　② 3월 2일
③ 5월 2일　　④ 5월 12일

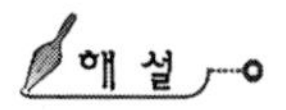

> 학교 축제
> 학교 축제는 5월 2일이다.
> 우리는 노래하고, 춤추고, 약간의 마술을 할 수 있다.

① February 5th　② March 2nd　④ May 12th

12 그림으로 보아 빈칸에 들어갈 말로 가장 적절한 것은?

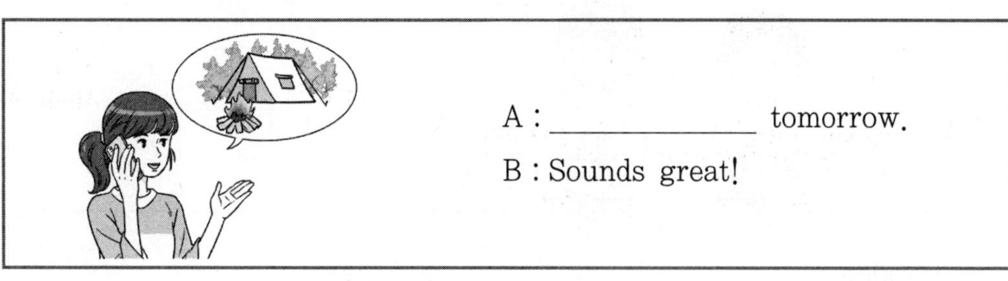

① I'll take a shower　　② I'm in the fifth grade
③ I'm going to go to the bank　　④ Let's go camping together

해설 A : 내일 같이 캠핑 가자.
B : 좋은 생각이야!
① 나는 샤워할 것이다.
② 나는 5학년이다.
③ 나는 은행에 갈 것이다.

정답 **11.** ③ **12.** ④

13 **다음 대화에서 A의 질문으로 가장 적절한 것은?**

A : ____________?
B : It's on October 21st.

① What time is it
② When is your birthday
③ What will you do this weekend
④ How was your summer vacation

해설 A : 생일이 언제니?
B : 10월 21일이야.
① 몇 시야?
③ 이번 주말에 뭐 할 거야?
④ 여름방학은 어땠어?

14 **그림으로 보아 빈칸에 들어갈 말로 알맞은 것은?**

Kevin is ____________ than John.

① older ② faster
③ longer ④ slower

해설 케빈은 존보다 나이가 많다.
① 더 나이가 많은 ② 더 빠른
③ 더 긴 ④ 더 느린
케빈은 13살이고, 존은 11살이다.
• 비교급 + than + 비교 대상 : ~보다 더 …한

정답 13. ② 14. ①

15 그림으로 보아 빈칸에 들어갈 말로 가장 적절한 것은?

A : ______________________?

B : I have a fever.

① What's wrong　　② What color is it

③ What do you want to be　　④ What are you going to do

해 설 A : 어디가 아프니?

B : 열이 나요.

② 그것은 무슨 색인가요?

③ 당신은 무엇이 되고 싶나요?

④ 당신은 무엇을 할 것인가요?

'What's wrong?'은 "왜 그래요? 무슨 일이에요? 무슨 문제 있어요?"의 의미이다. 상대방의 상태(기분)를 걱정하는 마음으로 물어볼 때 쓰는 표현으로, 어딘가 아픈 곳이 있는지 물어볼 때 자주 쓰인다.

• have a fever : 열이 나다

16 다음 Ted의 자기소개에서 알 수 있는 것은?

Hello, I'm Ted.
I play baseball very well.
I like to listen to music.
I want to be a pianist.

① 사는 곳

② 장래 희망

③ 좋아하는 색깔

④ 좋아하는 음식

해 설

안녕하세요, 나는 테드입니다.
나는 야구를 아주 잘합니다.
나는 음악 듣는 것을 좋아합니다.
나는 피아니스트가 되고 싶습니다.

정답 15. ① 16. ②

17 다음 대화에서 B가 제안한 교통수단은?

A : How can I get to the post office?
B : You can get there by bus.

① 기차 ② 버스
③ 택시 ④ 비행기

해 설 A : 우체국에 어떻게 갈 수 있나요?
B : 버스를 타고 갈 수 있습니다.
대화에서 B가 제안한 교통수단은 '버스'이다.
• by bys : 버스로(버스를 타고)

18 다음 문장에서 대 · 소문자를 바르게 고쳐 쓴 것은?

my favorite subject is english.

① my Favorite Subject is english.
② my favorite Subject is English.
③ My favorite subject is english.
④ My favorite subject is English.

해 설 내가 가장 좋아하는 과목은 영어이다.
문장의 시작은 대문자로 쓰고, 과목명은 대문자로 쓴다.

정답 17. ② 18. ④

19 그림으로 보아 빈칸에 들어갈 말로 가장 적절한 것은?

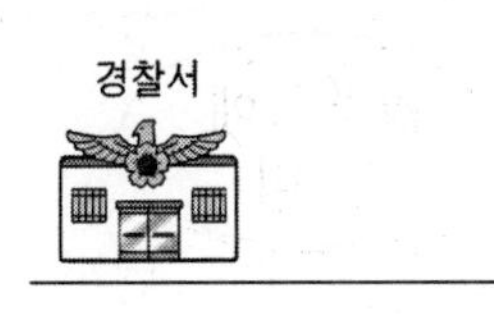

A : Where is the library?
B : Go straight one block and turn right.
__________________________.

① It's on your left
② It's on your right
③ Go straight two blocks
④ It's next to the museum

해설 A : 도서관은 어디에 있습니까?
B : 한 블록 직진하고 우회전하세요.
<u>당신의 왼쪽에 있습니다</u>.
② 당신의 오른쪽에 있습니다.
③ 두 블록 직진하세요.
④ 박물관 옆에 있습니다.

- library : 도서관
- go straight : 곧장 가다, 직진하다
- turn right : 오른쪽으로 돌다
- on your left(right) : 당신의 왼쪽에(오른쪽에)
- next to : ~옆에

정답 19. ①

20 **그림으로 알 수 있는 Seho의 생활 습관은?**

① I exercise once a week.

② I play soccer four times a week.

③ I clean my room twice a week.

④ I read books three times a week.

해 설 ① 나는 일주일에 한 번 운동한다.
② 나는 일주일에 네 번 축구를 한다.
③ 나는 일주일에 두 번 방을 청소한다.
④ 나는 일주일에 세 번 책을 읽는다.

정답 20. ③

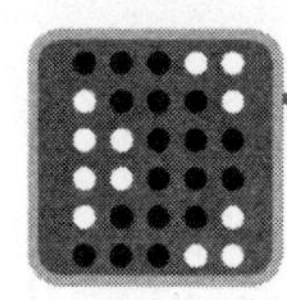
초등학교 졸업학력 검정고시 대비

사 회

2024년 1회 시행

01 다음에서 설명하는 공공 기관은?

ㅇ 편지와 물건을 배달한다.
ㅇ 은행처럼 돈을 맡아 주기도 한다.

① 경찰서　　② 교육청
③ 소방서　　④ 우체국

해설 공공 기관 : 고장 사람들이 편리한 생활을 할 수 있도록 도와주고, 살기 좋은 고장을 만드는 일을 한다. 예 구청, 소방서, 경찰서, 우체국, 교육청, 도서관, 법원, 세무서, 농협, 수협, 박물관, 미술관 등

※ 우체국의 업무

- 편지나 소포 같은 우편물을 전해 주는 일을 한다.
- 돈을 맡아 주거나 빌려 주는 예금 및 출금 업무, 송금 업무를 한다.
- 세금이나 공과금도 받으며, 상해보험이나 생명보험 등 보험 업무를 한다.
- 각 고장의 특산물을 주문해서 살 수 있다.

정답 01. ④

02 다음에서 설명하는 것은?

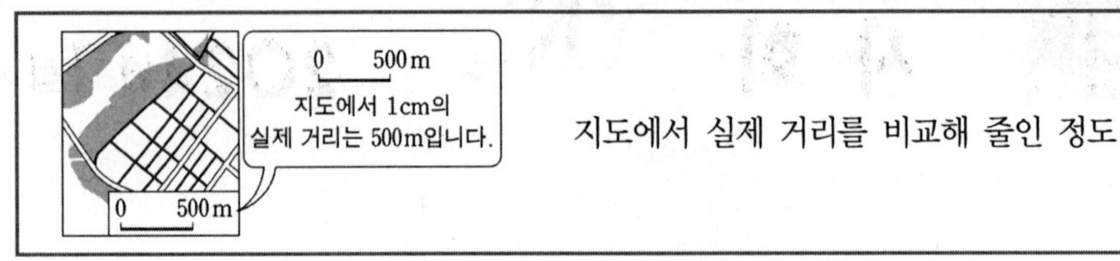

① 축척 ② 등고선
③ 방위표 ④ 해안선

해설 ① 축척은 지도에서 실제 거리를 비교해 줄인 정도를 말하는 것으로, 실제 거리는 지도에서 두 지점 간의 거리와 축척을 알면 구할 수 있다.

03 다음 대화와 관련 있는 지역 문제는?

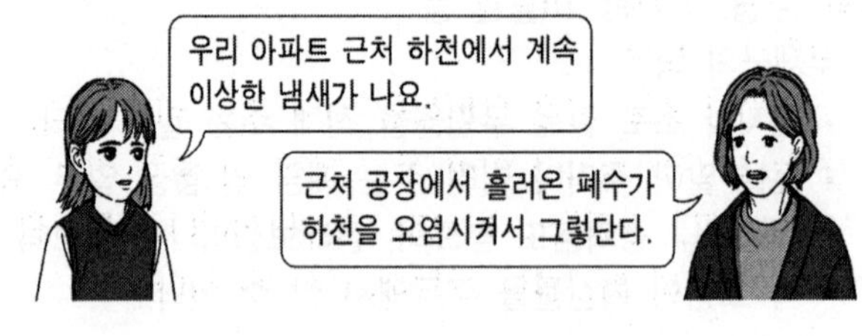

① 소음 문제 ② 주차 문제
③ 교통 혼잡 문제 ④ 환경 오염 문제

해설 환경 오염 문제 : 자동차 배기가스, 공장의 매연과 폐수, 생활 하수 등으로 인해 대기 오염과 물 오염 문제 등이 발생한다.

※ 해결 방안 : 하수 처리 시설 확대, 쓰레기 처리 시설 확충, 쓰레기 분류 배출하기, 재생 가능한 에너지와 천연가스 사용

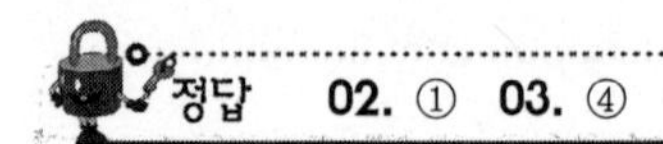
정답 02. ① 03. ④

04 **다음에서 설명하는 경제 활동으로 가장 적절한 것은?**

> ㅇ 벼농사를 짓는다.
> ㅇ 공장에서 과자를 만든다.

① 무역　　② 생산
③ 소비　　④ 저축

해 설 생산 : 사람들의 생활에 필요한 물건이나 서비스를 만들어 내는 것이다. 예 벼농사, 물고기 잡기, 건물 짓기, 자동차 만들기, 공연하기, 물건 배달하기 등

05 **㉠에 공통으로 들어갈 자연재해는?**

> 필리핀 앞바다에서 발생한 7호 ㉠ 이/가 한반도로 접근하고 있습니다. 이번 7호 ㉠ 은/는 강한 바람과 많은 비를 동반하여 심한 피해가 예상되므로 대비가 필요합니다.

① 가뭄　　② 태풍
③ 폭설　　④ 황사

해 설 태풍은 여름철에서 이른 가을 사이에 발생하며 많은 비와 강한 바람으로 인해 사람들에게 큰 피해를 입힌다.

정답 04. ② 05. ②

06 **민주 선거의 원칙과 가장 거리가 먼 것은?**

① 자신이 직접 투표해야 한다.

② 누구에게 투표했는지 다른 사람이 알 수 없다.

③ 일정 나이가 되면 국민 누구나 투표할 수 있다.

④ 나이가 많으면 투표할 수 있는 표의 수가 많다.

해설 ④ 나이가 많다고 투표 수가 많아지는 것은 아니다(평등 선거 : 신분이나 재산, 성별, 학력 등 조건에 관계없이 한 사람이 한 표씩 투표하는 것).
① 자신이 직접 투표해야 한다. – 직접 선거
② 누구에게 투표했는지 다른 사람이 알 수 없다. – 비밀 선거
③ 일정 나이가 되면 국민 누구나 투표할 수 있다. – 보통 선거

07 **다음에서 설명하는 기본권은?**

헌법 제26조 제1항 모든 국민은 법률이 정하는 바에 의하여 국가 기관에 문서로 청원할 권리를 가진다.

국민이 국가에 어떤 일을 해 달라고 요구할 수 있는 권리

① 자유권 ② 참정권

③ 청구권 ④ 평등권

해설 청구권 : 기본권이 침해되었을 때 국가에 대하여 일정한 요구를 할 수 있는 권리 예 재판 청구권, 청원권
- 제26조 제1항 : 모든 국민은 법률이 정하는 바에 의하여 국가 기관에 문서로 청원할 권리를 가진다.
- 제27조 제1항 : 모든 국민은 헌법과 법률이 정한 법관에 의하여 법률에 의한 재판을 받을 권리를 가진다.

정답 06. ④ 07. ③

08 다음 설명에 해당하는 법은?

어린이 보호 구역에서는 시속 30km 이내로 운행해야 합니다.

① 도로 교통법　　② 식품 위생법
③ 소비자 기본법　　④ 폐기물 관리법

해 설 도로 교통법 : 도로에서 일어나는 교통상의 모든 위험과 장해를 방지·제거하여 안전하고 원활한 교통을 확보하기 위하여 제정된 법률이다.

09 다음에서 설명하는 나라는?

- 주몽이 세운 나라이다.
- 광개토 대왕은 요동과 한강 지역까지 진출하였다.
- 장수왕은 아버지 광개토 대왕의 업적을 기념하기 위해 큰 비석을 세웠다.

① 가야　　② 백제
③ 신라　　④ 고구려

해 설 고구려 : 부여에서 이주한 주몽 집단과 압록강 유역의 토착 세력과 연합하여 세운 나라로, 수도는 국내성(중국 지린성 지안)이였다.
- 건국 : 주몽(기원전 37년)
- 전성기
  - 광개토 대왕(5세기) : 서쪽으로는 요동 지역 확보, 남쪽으로는 한강 지역 차지
  - 장수왕(5세기) : 광개토 대왕릉비 세움, 평양 지역으로 수도를 옮김

정답 08. ① 09. ④

10 다음에서 설명하는 문화유산은?

- ㅇ 고려 시대를 대표하는 예술품이다.
- ㅇ 상감 기법이 활용되면서 독창적으로 발전하였다.
- ㅇ 당시 귀족들의 화려한 문화를 엿볼 수 있다.

① 측우기　② 고려청자
③ 훈민정음　④ 대동여지도

해설 고려청자
- 고려의 대표적 예술품으로, 신비한 푸른빛을 띠고 문양이 아름답다.
- 고려 초기에는 단순한 색의 청자가 만들어지다 기술이 발달하면서 비취색(비색)의 청자가 만들어지고 이후에 상감청자가 만들어졌다.
- 사치를 좋아하는 귀족들에게 인기가 있다 보니 점점 화려한 예술품으로 발전하였다.

11 다음과 관련된 인물은?

① 서희　② 이순신
③ 정몽주　④ 신사임당

해설 이순신 장군은 임진왜란 때 뛰어난 전술로 활약하였다. 거북선, 화포 등의 무기로 옥포 해전, 한산도 대첩, 명량 대첩 등 일본 수군과의 해상 전투를 승리로 이끌면서 조선군에 용기와 희망을 주고 전세를 역전시켰다.

정답 10. ② 11. ②

12 ㉠에 들어갈 조선의 왕은?

① 견훤 ② 왕건
③ 정조 ④ 대조영

해 설 정조의 개혁 정책
- 영조의 탕평책을 이어받아 능력에 따른 인재를 고루 등용하고, 서얼도 벼슬을 할 수 있는 기회를 주었다.
- 현재의 수원에 계획 도시인 화성을 건설하여 군사와 상업의 중심지로 만들고자 하였다.
- 왕실 도서관인 규장각을 설치하여 새로운 인재들이 나랏일을 연구하도록 하였다.

13 다음에서 설명하는 사건은?

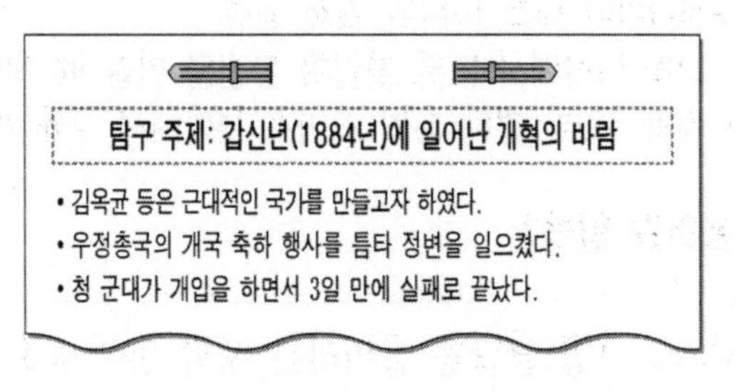

① 갑신정변 ② 임진왜란
③ 위화도 회군 ④ 청산리 대첩

해 설 갑신정변(1884년)
- 청나라의 간섭이 심해지면서 뜻을 펴기 어려워진 개화파들(김옥균 등)은 일본의 힘을 빌려 자신들의 주장을 이루고자 하였다.
- 14개조의 개혁안을 내세웠다.
- 청군의 반격을 받게 되고 일본이 철수하면서 3일 만에 실패로 끝났다.

정답 12. ③ 13. ①

14 **다음에서 설명하는 것은?**

ㅇ 외국에 대해 우리나라를 대표한다. ㅇ 행정부의 최고 책임자로서 국가의 중요한 일을 결정한다.

① 대통령　② 국방부 장관　③ 법무부 장관　④ 환경부 장관

해설 대통령(임기 5년)
우리나라를 대표하는 지도자, 행정부의 최고 책임자로서 정부를 통솔하여 국가의 중요한 일을 결정한다.

15 **다른 나라와의 경제 교류 사례에 해당하지 않는 것은?**

① 외국에서 가구를 수입한다.
② 외국으로 우리나라의 전자 제품을 수출한다.
③ 국내에서 생산된 제철 과일을 맛있게 먹는다.
④ 외국인들이 우리나라에 찾아와 일자리를 구한다.

해설 무역(다른 나라와의 경제 교류) : 국가 간에 서로의 경제적 이익을 위하여 재화나 서비스를 사고파는 것이다.
※ 우리나라와 다른 나라의 경제 교류
- 다른 나라에서 만든 물건과 물건을 만들 때 필요한 원료 등을 교류한다.
- 게임, 의료, 영화 등의 서비스 분야에서 교류한다.

16 **㉠에 공통으로 들어갈 말은?**

ㅇ [㉠] 은/는 가정 살림을 같이하는 생활 공동체를 말한다. ㅇ [㉠] 은/는 생산 활동에 참여한 대가로 소득을 얻는 경제 주체이다.

① 가계　② 국회　③ 법원　④ 시장

해설 가계 : 가정 살림을 같이하는 생활 공동체를 의미한다.
- 기업의 생산 활동에 참여하고, 기업에서 만든 물건을 구입한다.
- 생산 활동의 대가로 소득을 얻는다.
- 소득으로 필요한 물건을 구입한다.

정답 14. ① 15. ③ 16. ①

17 다음에서 설명하는 대륙은?

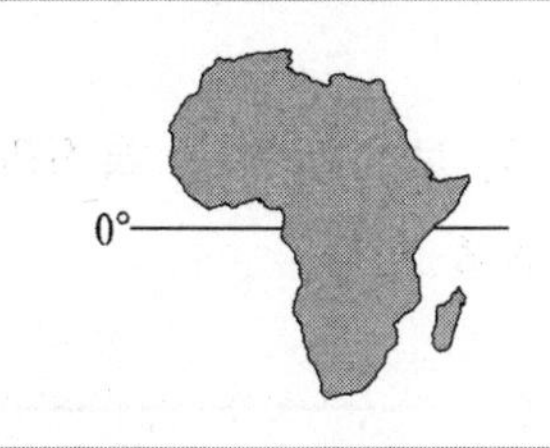

ㅇ 북반구와 남반구에 걸쳐 있다.
ㅇ 사하라 사막, 나일강 등이 있다.
ㅇ 이집트, 케냐 등의 나라가 있다.

① 유럽　② 아프리카
③ 북아메리카　④ 오세아니아

해설 아프리카
- 아시아 다음으로 큰 대륙이다.
- 아프리카의 북부 지역은 대체로 사막과 초원이 나타나는 건조 기후 지역이고, 사하라 사막 이남 지역은 대부분 열대 기후 지역이다.
- 소말리아, 케냐, 이집트, 탄자니아 등이 위치한다.

18 온대 기후와 관련된 설명으로 가장 거리가 먼 것은?

① 주로 중위도 지역에 나타난다.
② 사계절의 변화가 비교적 뚜렷하다.
③ 주로 극지방에서 나타나며 평균 기온이 매우 낮다.
④ 기후가 온화하여 인구가 많고 여러 산업이 발달했다.

해설 온대 기후
- 사계절의 변화가 뚜렷하며, 우리나라의 기후는 온대 기후에 속한다.
- 기후가 온화하여 농사를 짓고 사람이 살기에 적합하다.
- 인구가 많고 여러 산업이 발달했다.

정답 17. ② 18. ③

19 다음에서 설명하는 국제기구는?

아동의 질병 예방, 교육, 보호 등 아동 복지와 권리 향상을 위한 다양한 활동을 한다.

① 세계 무역 기구
② 국제 원자력 기구
③ 국제 올림픽 위원회
④ 국제 연합 아동 기금

해설 유니세프(UNICEF, 국제 연합 아동 기금) : 세계 여러 지역 어린이들의 질병 예방, 생활, 교육, 보호 등 아동 복지와 권리 향상을 위한 국제 연합 기구

20 문화적 편견과 차별을 해결하기 위한 노력으로 가장 거리가 먼 것은?

① 다양성을 존중하는 교육을 한다.
② 편견과 차별을 해결하기 위한 캠페인을 진행한다.
③ 다른 나라 사람들에게 우리나라 문화만을 따르게 한다.
④ 지구촌의 다양한 문화를 체험할 수 있는 기회를 제공한다.

해설 ③ 인권 교육 활동으로 다른 나라 사람들에 대한 편견을 없애고, 차별하지 않도록 문화의 다양성을 존중하도록 한다.

정답 19. ④ 20. ③

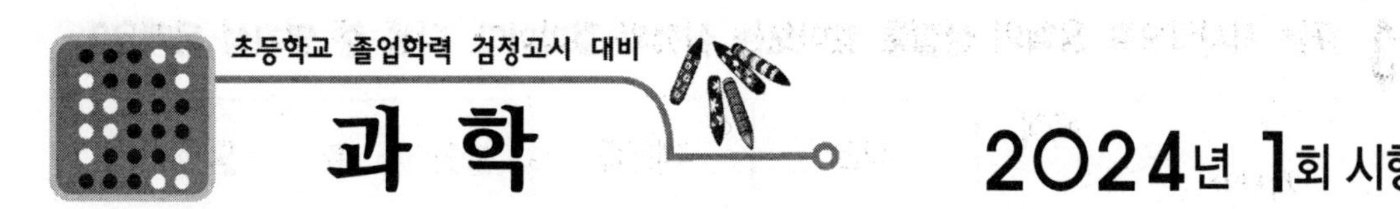

2024년 1회 시행

01 **양팔저울로 물체의 무게를 비교하는 실험이다. 가장 무거운 물체는?**

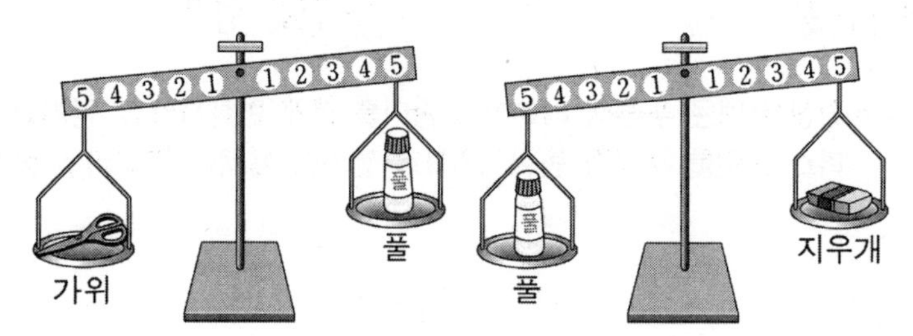

① 풀 ② 가위
③ 지우개 ④ 무게가 모두 같다.

해 설 양팔저울 양 접시에 물건을 올려놓았을 때 기울어진 쪽이 더 무거운 물체이다. 따라서 물체의 무게는 '가위 > 풀 > 지우개'이므로 가위가 가장 무겁다.

02 **공기 중의 수증기가 응결되는 현상을 관찰하는 실험이다. ㉠에 가장 적절한 것은?**

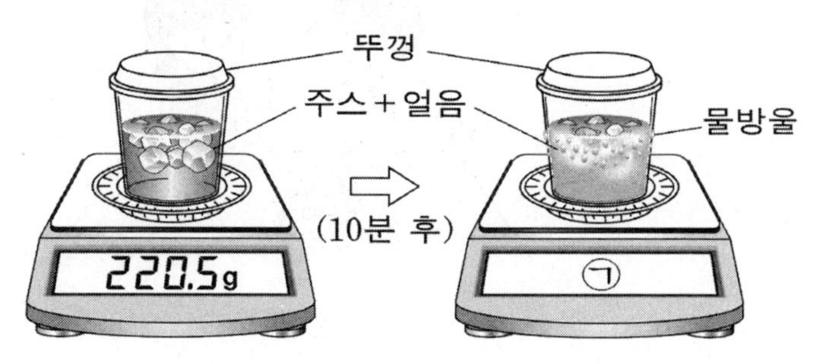

① 210.5g ② 215.7g ③ 220.2g ④ 221.2g

해 설 얼음은 물과 비교했을 때 부피 대비 더 가볍기 때문에 얼음을 같은 양의 물과 비교했을 때 더 가볍다. 실험에서 10분 동안 얼음이 녹으면서 물로 변하기 때문에 처음보다 무게가 무거워진다.

정답 01. ② 02. ④

03 표는 지시약으로 용액의 성질을 알아보는 실험의 결과이다. 다음 중 염기성 용액은?

지시약 \ 용액	식초	레몬즙	빨랫비누 물	묽은 염산
푸른색 리트머스 종이	붉은색	붉은색	변화 없음	붉은색
붉은색 리트머스 종이	변화 없음	변화 없음	푸른색	변화 없음

① 식초
② 레몬즙
③ 빨랫비누 물
④ 묽은 염산

해설 산성 용액은 푸른색 리트머스 종이를 붉게 변화시키고, 염기성 용액은 붉은색 리트머스 종이를 푸르게 변화시키므로 염기성 용액은 빨랫비누 물이다.

04 그림의 대화에 해당하는 현상은?

① 단열
② 전도
③ 소화
④ 연소

해설 뜨거운 액체에 담겨있던 숟가락의 손잡이가 뜨거워지는 현상은 고체에서 온도가 높은 곳에서 낮은 곳으로 열이 전달되는 현상인 전도에 해당한다.

정답 03. ③ 04. ②

05 **그림은 투명한 플라스틱 원통에 물을 넣은 후 자갈, 모래, 진흙을 차례대로 넣어 만든 지층 모형이다. 이것이 실제 지층이라면 가장 먼저 만들어진 층은?**

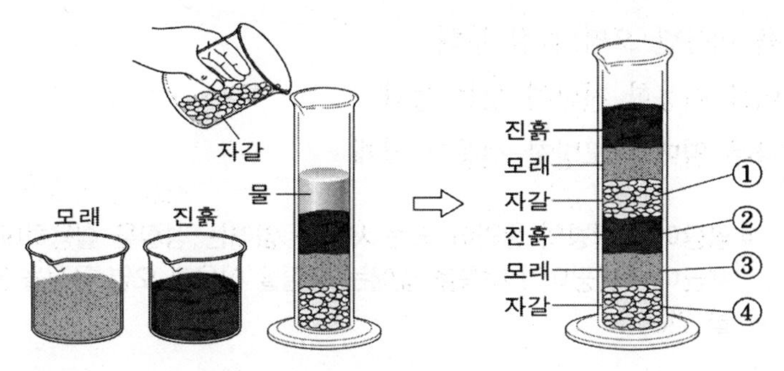

해 설 지층에는 나란한 줄무늬 모양의 층리가 있고, 아래에 있는 층이 위에 있는 층보다 먼저 쌓인 것이므로 가장 먼저 만들어진 층은 ④이다.

06 **물 100g에 소금 10g을 완전히 녹이는 실험이다. 이 실험과 관련된 설명으로 옳지 <u>않은</u> 것은?**

① 소금물은 용액이다.

② 소금물의 무게는 100g이 된다.

③ 소금은 물속에 골고루 섞여 있다.

④ 소금은 매우 작게 변하여 보이지 않는다.

해 설 소금을 물에 녹였을 때 소금물의 무게는 물의 무게에 녹인 소금의 무게를 더한 값과 같으므로 소금물의 무게는 110g이다.

07 **다음 설명에 해당하는 식물은?**

• 연못이나 호수에 산다.
• 물에 젖지 않는 잎 표면의 특징을 모방하여 방수 제품을 만들 수 있다.

① 연꽃 ② 민들레 ③ 선인장 ④ 사과나무

해 설 연꽃은 연못이나 호수에 살며, 뿌리는 물속 땅 밑에 있고 잎이나 꽃이 물 위에 떠 있다.

정답 05. ④ 06. ② 07. ①

08 균류와 세균을 우리 생활에 이용한 예가 아닌 것은?

① 곰팡이를 이용한 질병 치료
② 세균을 이용한 오염 물질 분해
③ 곰팡이를 이용한 친환경 생물 농약
④ 단풍나무 열매를 모방한 선풍기 날개

해 설 곰팡이가 질병의 원인이 되는 세균을 없애는 성질을 활용하여 질병을 치료하거나, 세균이나 곰팡이가 해충을 없애는 성질을 이용해 오염 물질을 분해하거나 생물 농약을 만든다.

09 그림에 해당하는 별자리는?

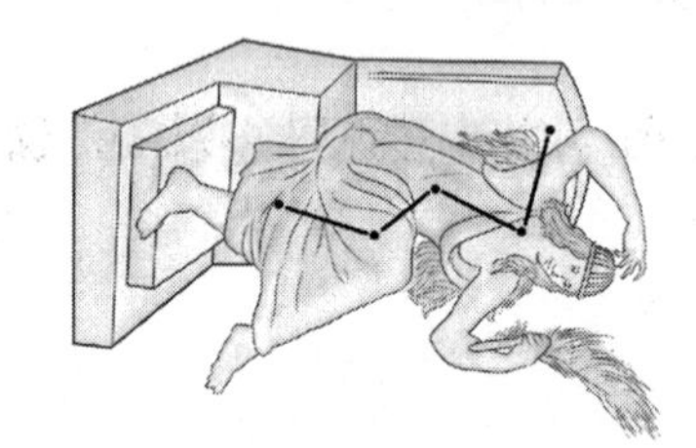

① 북두칠성
② 사자자리
③ 작은곰자리
④ 카시오페이아자리

해 설 카시오페이아자리는 북쪽 하늘의 별자리로, 사계절 내내 관측이 가능하다. 알파벳 W(M)자 모양으로, 그리스 로마신화의 카시오페이아가 의자에 앉은 채 매달려 있는 모습이다.
① 북두칠성 : 국자 모양으로, 큰곰자리의 꼬리 부분에 해당한다.
② 사자자리 : 큰곰자리와 처녀자리 사이에 있는 별자리이다.
③ 작은곰자리 : 북극성이 속한 별자리로, 1년 내내 북쪽 하늘에서 볼 수 있다.

10 다음 현상이 나타나는 까닭은?

- 낮과 밤이 하루에 한 번씩 번갈아 나타난다.
- 하루 동안 태양이 동쪽 하늘에서 남쪽 하늘을 지나 서쪽 하늘로 움직이는 것처럼 보인다.

① 지구의 자전 ② 지구의 공전 ③ 지구의 크기 ④ 태양의 남중 고도

해 설 지구의 자전으로 한 지역에서 낮과 밤이 규칙적으로 변하게 되며, 태양이 동쪽에서 떠서 서쪽으로 지는 것처럼 보인다.

정답 08. ④ 09. ④ 10. ①

11 3시간 동안 여러 교통수단이 이동한 거리를 나타낸 것이다. 가장 빠른 교통수단은?

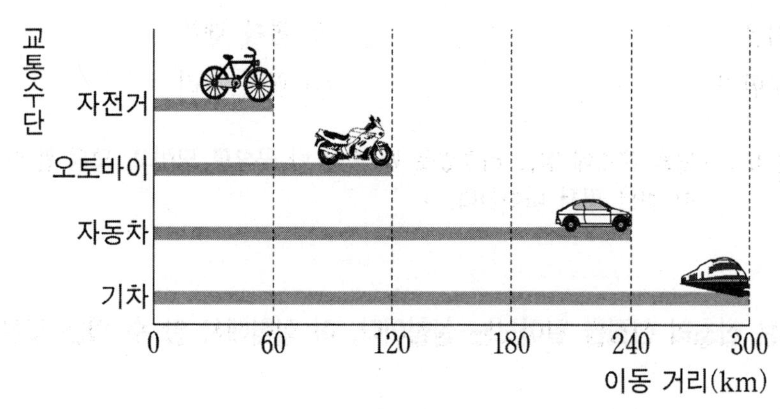

① 기차　　② 자동차
③ 자전거　　④ 오토바이

해설 일정한 시간 동안 이동한 거리가 멀수록 빠르므로 기차가 가장 빠른 교통수단이다.

12 다음 설명에 해당하는 공기 덩어리의 성질은?

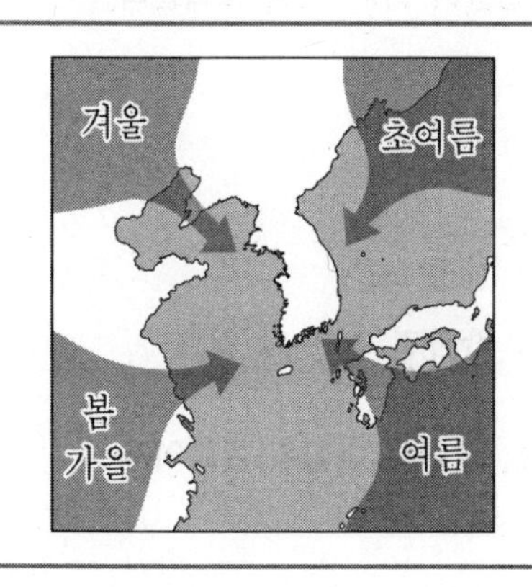

- 우리나라 남동쪽 바다에 위치한다.
- 우리나라 여름 날씨에 주로 영향을 준다.

① 차갑고 습하다.　　② 차갑고 건조하다.
③ 따뜻하고 습하다.　　④ 따뜻하고 건조하다.

해설 여름에는 따뜻하고 습한 공기 덩어리가 해양으로부터 우리나라로 불어오고, 겨울에는 차갑고 건조한 대륙의 공기 덩어리가 우리나라로 불어온다.

정답 11. ① 12. ③

13 **빛을 굴절시켜 한 곳에 모을 수 있는 실험 기구는?**

① 거울　　② 볼록 렌즈

③ 보안경　　④ 평면 유리

해설 볼록 렌즈에 빛을 비추었을 때 빛은 한 곳으로 모이고, 오목 렌즈에 빛을 비추었을 때 빛은 퍼져 나아간다.

14 **그림은 산소의 성질을 알아보는 실험이다. 이 실험에서 알 수 있는 것은?**

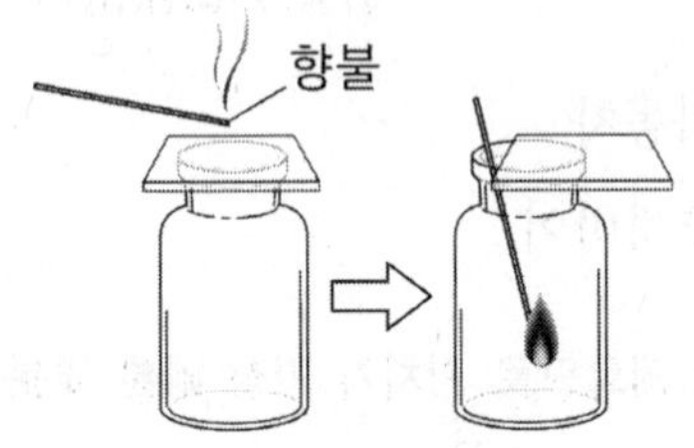

〈산소가 들어 있는 집기병〉

① 산소는 색깔이 있다.
② 산소는 공간을 차지하지 않는다.
③ 집기병에 향불을 넣으면 불꽃이 더 커진다.
④ 산소는 불을 끄는 성질이 있다.

해설 산소는 스스로 타지 않지만, 다른 물질들이 타는 것을 도와준다.

15 **연소의 조건이 아닌 것은?**

① 모래　　② 산소

③ 탈 물질　　④ 발화점 이상의 온도

해설 연소의 세 가지 조건은 탈 물질, 산소, 발화점 이상의 온도이다.

16 **전기 회로에서 전구에 불을 켤 때 필요하지 않은 것은?**

① 전구　　② 전선

③ 전지　　④ 나침반

해설 전기 회로는 전지, 전선, 전구, 스위치 등의 여러 가지 전기 부품을 연결한 것이다.

정답 13. ② 14. ③ 15. ① 16. ④

17 사람의 소화 기관에서 음식물이 이동하는 순서이다. ㉠에 들어갈 기관의 이름은?

입 → 식도 → (㉠) → 작은창자 → 큰창자 → 항문

① 위　　② 방광
③ 혈관　　④ 기관지

해설 음식물이 이동하는 순서는 입 → 식도 → 위 → 작은창자 → 큰창자 → 항문이다. 위는 작은 주머니 모양으로, 내부에 주름이 있으며, 위액은 단백질을 분해하고 음식물과 함께 들어온 세균을 죽인다.

18 식물이 잎에서 빛, 이산화 탄소와 물을 이용하여 스스로 양분을 만드는 과정은?

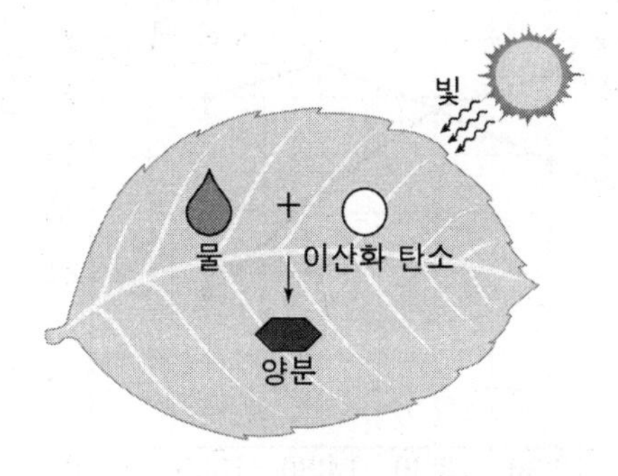

① 증산
② 흡수
③ 광합성
④ 꽃가루받이

해설 광합성은 잎에 있는 엽록체라는 색소에서 빛과 뿌리에서 흡수한 물을 이용하여 영양분을 스스로 만드는 작용이다.
① 증산 : 식물의 잎에서 물이 수증기가 되어 빠져나가는 현상이다.
④ 꽃가루받이(수분) : 꽃밥에서 만들어진 꽃가루가 다양한 방법으로 암술머리로 옮겨지는 것이다.

정답 17. ① 18. ③

19 **다음 설명에 해당하는 것은?**

- 기름 유출로 인한 해양 오염
- 쓰레기 매립으로 인한 토양 오염
- 자동차의 매연으로 인한 대기 오염

① 자연재해 ② 먹이 사슬
③ 환경 오염 ④ 생태계 평형

해 설 환경 오염은 인간의 각종 활동으로 배출되는 물질들이 생활 환경을 오염시켜 인간 또는 생물의 건강 · 생존 · 활동에 장애를 주는 오염현상이다. 대기 오염, 토양 오염, 해양 오염 등 다양한 환경 오염으로 인해 생태계 파괴가 발생하고 있다.
② 먹이 사슬 : 생물 사이의 먹고 먹히는 관계가 마치 사슬처럼 연결되어 있는 것
④ 생태계 평형 : 어떤 지역에서 생물의 종류와 수가 먹고 먹히는 관계를 통하여 일정하게 유지되는 것

20 **하루 동안 태양 고도와 기온을 측정한 그래프이다. 태양 고도가 가장 높은 때와 기온이 가장 높은 때의 시간 차이는?**

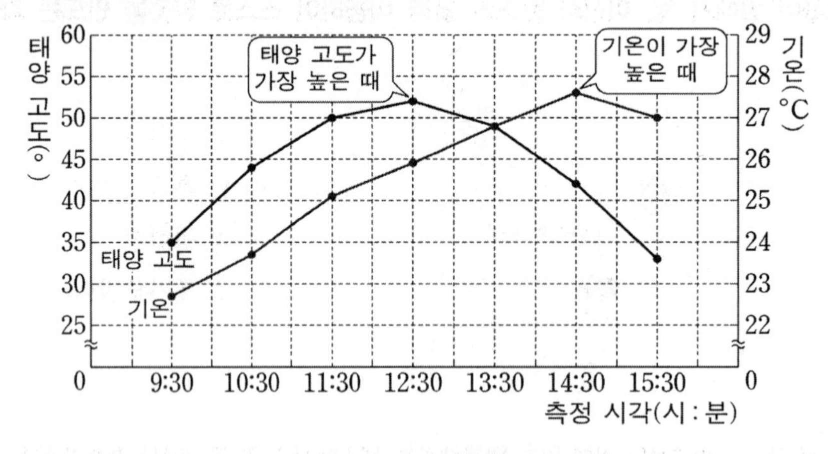

① 1시간 ② 2시간
③ 3시간 ④ 4시간

해 설 태양 고도가 가장 높은 때는 12:30이고, 기온이 가장 높은 때는 14:30으로 시간 차이는 2시간이다.

정답 19. ③ 20. ②

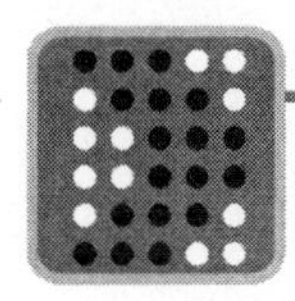

초등학교 졸업학력 검정고시 대비

도 덕

2024년 1회 시행

01 **㉠에 공통으로 들어갈 말로 적절한 것은?**

> (㉠)(이)란 사람이 살아가는 다양한 생활 방식을 말합니다. 우리와 다른 (㉠)을/를 가진 사람을 이해하고 존중하는 것은 아름다운 일입니다.

① 갈등　　② 문화
③ 욕심　　④ 선입견

해설 문화는 어떤 사회의 구성원에 의하여 습득·공유·전달되는 생활 양식으로서 의식주, 언어, 풍습, 종교, 학문 등이 포함된다. 세계의 다양한 문화의 특성을 이해하고 인정하는 태도가 필요하다.

02 **다음 내용과 가장 관련 있는 덕목은?**

> 나는 남을 속이지 않고, 나 자신도 속이지 않는다.

① 정직　　② 무지
③ 겸소　　④ 자만

해설 정직이란 남을 속이지 않는 것뿐만 아니라 자기 자신을 속이지 않는 것이다. 정직한 사람은 사실대로 말할 수 있는 용기가 있으며, 책임감이 있고, 약속을 잘 지키는 성실한 사람이다.

정답　01. ②　02. ①

03 다음 중 협동을 해야 하는 상황으로 가장 적절한 것은?

① 혼자 숙제할 때
② 혼자 달리기 연습할 때
③ 나만의 고민을 일기장에 쓸 때
④ 친구들과 함께 교실을 청소할 때

해설 협동이란 서로 마음과 힘을 합친다는 사전적 의미를 지니고 있으며 공동체 생활에서 꼭 필요하다. 협동은 '나 하나쯤이야.'하는 생각을 버리고, 함께 목표를 달성하기 위해 노력하며 모두 참여할 수 있도록 역할을 나눈다.

04 ㉠에 들어갈 내용으로 적절한 것은?

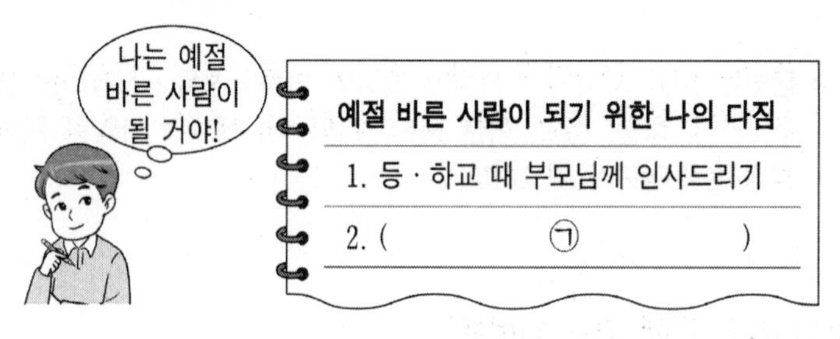

① 복도에서 뛰어다니기
② 친구에게 거친 말 하기
③ 선생님께 높임말 사용하기
④ 공공장소에서 큰 소리로 떠들기

해설 '예의'가 다른 사람을 소중하게 대하는 마음이라면 '예절'은 그러한 마음을 나타내는 행동으로, 바른 말투나 몸가짐에 관한 모든 절차나 질서를 말한다. 올바른 예절이란 상대방의 입장에서 먼저 생각하고 존중하고 배려하는 마음을 태도로 드러내는 것을 의미한다.

정답 03. ④ 04. ③

05 다음 중 사이버 공간의 특징으로 적절하지 않은 것은?

① 다양한 정보가 있다.

② 인터넷으로 연결된 가상 공간이다.

③ 온라인 중독의 위험성이 존재한다.

④ 직접 만나야만 의사소통을 할 수 있다.

해설 사이버 공간의 특징
- 익명성 : 자신의 신분을 감추거나 나타내지 않는다.
- 평등성 : 나이나 지위에 따라 차별받지 않는다.
- 광역성 : 국경이나 인종, 언어를 초월하여 넓은 지역까지 영향을 미친다.
- 개방성 : 누구나 정보를 찾아볼 수 있다.
- 자율성 : 직접적인 통제나 간섭을 받지 않는다.
- 비동시성 : 시간에 구애받지 않고 일을 처리할 수 있다.
- 신속성 : 정보 전달 속도가 빠르게 퍼져 나간다.

06 ㉠에 들어갈 말로 가장 적절한 것은?

○○초등학교 (㉠) 선언문
• 내 권리가 소중한 만큼 친구의 권리도 소중하다. • 우리 모두는 자유롭고, 존엄하며, 평등하다.

① 인권 ② 청렴

③ 금연 ④ 절약

해설 인권
- 태어나면서부터 가지는 권리로 성별, 국적, 피부색, 언어, 신분, 종교 등에 상관없이 존중 받으며 사람으로서 마땅히 누려야 할 기본적 권리이다.
- 타인이 함부로 빼앗을 수 없고 남에게 넘겨 줄 수 없으며, 자연적으로 주어진다.
- 어떤 이유로도 인간답게 살 권리를 침해당해서는 안 된다.

정답 05. ④ 06. ①

07 **다음 중 도덕적 문제 상황에서 올바른 선택을 하기 위한 방법으로 적절하지 않은 것은?**

① 결과 예상해 보기
② 양심에 비추어 보기
③ 나의 손해만 집중적으로 따져 보기
④ 주변 사람들의 입장에서 생각해 보기

해설 도덕적 문제 상황에서 남보다 자기 자신만 생각하는 이기적인 행동은 세상이 혼란하고 어수선해질 수 있으므로 올바른 선택이 아니다.

08 **다음에서 전달하고자 하는 가치로 적절한 것은?**

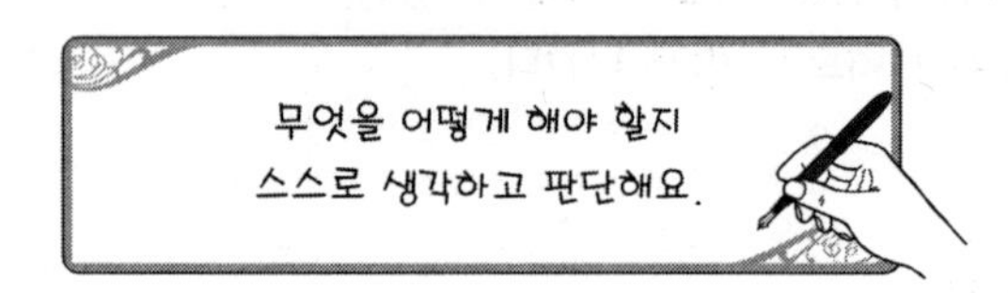

① 모방
② 자주
③ 질투
④ 차별

해설 자주란 남의 도움이나 간섭을 받지 않고 스스로 자기 일을 처리하는 것으로, 자주적인 사람은 남에게 의존하지 않고, 스스로의 판단・선택・능력으로 맡은 일을 훌륭하게 해낸다.

09 **다음 중 학교에서 할 수 있는 봉사 활동으로 적절한 것은?**

① 체육관 운동 기구 부수기
② 교통안전 캠페인 활동하기
③ 친구 물건 함부로 사용하기
④ 운동장에 쓰레기 몰래 버리기

해설 봉사는 국가나 사회 또는 남을 위해 자신을 돌보지 않고 힘을 다해 애쓰는 것을 말한다. 학교에서 교통안전 캠페인 활동을 하거나 집앞 골목길을 청소하고, 노인들에게 음식을 대접하는 것 등도 봉사 활동이다.

정답 07. ③ 08. ② 09. ②

10 ㉠에 들어갈 긍정적인 말로 가장 적절한 것은?

① 그냥 포기해.

② 그것도 못하니?

③ 해도 안 될 것 같은데?

④ 꾸준히 연습하면 할 수 있어.

해 설 긍정적인 태도는 어려움 속에서도 자신감과 희망을 가지고 꾸준히 노력하는 것이다. "모두 잘 될 거야, 실수해도 괜찮아, 나는 잘할 수 있어, 너는 지금도 충분히 잘하고 있어" 등은 긍정적인 말이다.

11 다음 중 저작물을 올바르게 사용하지 않은 사람은?

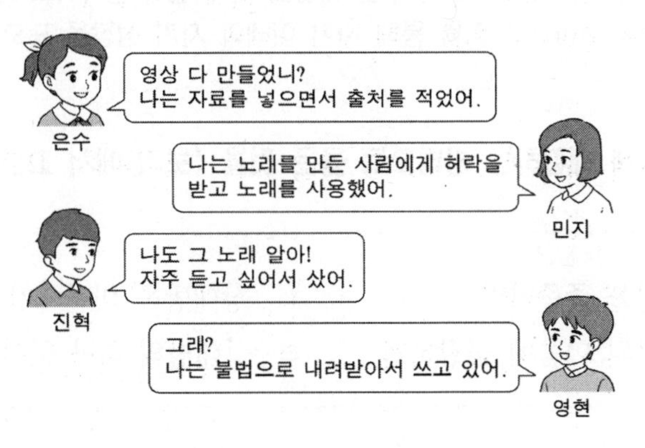

① 은수　　② 민지

③ 진혁　　④ 영현

해 설 저작물이란 인간의 사상 또는 감정을 표현한 창작물로 저작권의 보호를 받는 것으로, 불법 내려받기는 저작권을 침해하는 행동이다.

정답 10. ④ 11. ④

12 다음 중 가족의 인권을 존중하는 방법으로 적절한 것은?

① 가장 어린 동생의 말은 듣지 않는다.

② 누나의 방은 항상 노크 없이 들어간다.

③ 가족회의를 통해서 중요한 일을 결정한다.

④ 부모의 생각대로 자녀에게 공부를 강요한다.

해설 ① 어린 동생이라도 존중하고 이야기를 잘 들어준다.
② 가족이어도 방에 들어갈 때는 노크를 하고 들어간다.
④ 자녀가 원하지 않으면 부모의 생각대로 자녀에게 공부를 강요해서는 안 된다.

13 다음과 관련 있는 것으로 적절한 것은?

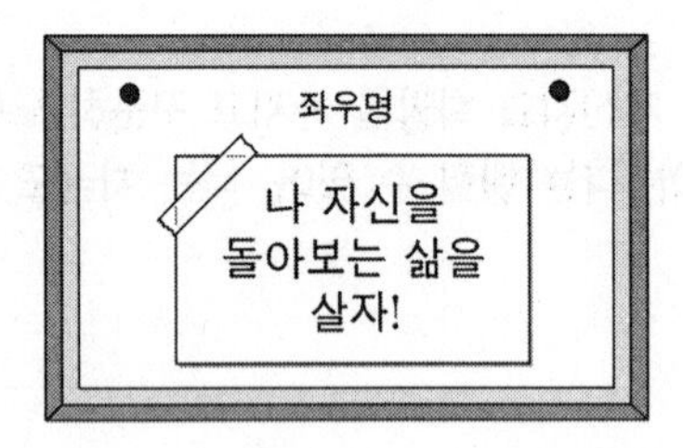

① 성찰

② 차별

③ 타율

④ 통일

해설 성찰이란 자기 자신과 주변 환경에 대해 깊이 생각하고 반성하는 것으로, 자신의 내면을 돌아보고 이를 통해 자기 이해와 자기 성장을 도모할 수 있다.

14 갈등을 평화롭게 해결하는 방법으로 옳은 것을 〈보기〉에서 고른 것은?

보 기

ㄱ. 상대방을 존중하기
ㄴ. 상대방을 비난하기
ㄷ. 상대방의 마음에 공감하기
ㄹ. 상대방의 허락 없이 대화 도중 끼어들기

① ㄱ, ㄴ　② ㄱ, ㄷ

③ ㄴ, ㄷ　④ ㄴ, ㄹ

해설 ㄴ. 상대방의 입장을 이해·공감하고 존중한다.
ㄹ. 내가 말하고 싶더라도 상대방이 말하는 것을 끝까지 경청한다.

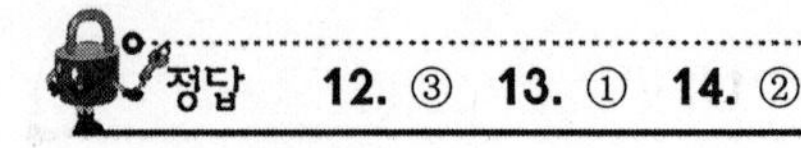
정답 12. ③ 13. ① 14. ②

15 다음 중 남북한이 평화 통일을 위해서 노력해야 할 점으로 적절하지 않은 것은?

① 경제 협력을 위한 제도를 만든다.

② 무기를 개발하여 서로를 위협한다.

③ 달라진 언어문화 차이를 이해하고 인정한다.

④ 예술 단체가 교류할 수 있는 기구를 운영한다.

해 설 평화 통일을 위해서 노력해야 할 점
- 남북한은 신뢰를 바탕으로 서로의 차이를 인정하고 존중해야 한다.
- 다양한 문화 교류와 대화를 통해 서로를 이해하는 노력이 필요하다.
- 남북한의 경제 협력은 서로에게 큰 이익을 줄 수 있으며 이를 통해 경제적 안정과 발전을 이룰 수 있다.

16 다음에서 전달하고자 하는 내용으로 가장 적절한 것은?

① 공정한 세상을 만들자.

② 부패한 세상을 만들자.

③ 경쟁하는 세상을 만들자.

④ 불성실한 세상을 만들자.

해 설 공정이란 각자의 존재를 인정하고, 차별없이 대하며 다른 사람을 차별하지 않도록 적극적으로 노력하는 것이다.

정답 15. ② 16. ①

17 **도덕적 삶의 아름다움을 실천하는 방법으로 적절하지 않은 것은?**

① 친구 배려하기　　② 재능 기부하기
③ 다른 사람 무시하기　　④ 바르고 고운 말 쓰기

해 설 도덕적 삶의 아름다움을 실천하는 방법은 다른 사람을 무시하지 않고 존중하기, 바른말 고운말 쓰기, 양보하기, 재능 기부하기, 친구 배려하기 등이다.

18 **다음에 해당하는 지구촌 문제로 가장 적절한 것은?**

〈녹고 있는 빙하〉

〈높아지는 해수면〉

① 층간 소음　　② 교통 체증
③ 빈부 격차　　④ 지구 온난화

해 설 지구 온난화는 인간 활동으로 인해 발생하는 온실가스 증가로 인해 지구 평균 기온이 상승하는 현상이다. 이러한 온난화는 빙하를 녹이고 해수면을 상승시키는 주요 원인으로, 북극에 사는 북극곰과 같은 생물들이 서식지를 잃고 있다.

19 **두 사람이 실천한 삶의 태도로 적절한 것은?**

○ 형편이 어려운 학생들을 무료로 가르치는 교사
○ 어르신들의 머리카락을 무료로 잘라 주는 이발사

① 언어 파괴　　② 종교 갈등
③ 나눔과 봉사　　④ 생태계 오염

해 설 봉사는 배려하는 마음을 바탕으로 자신에게 이익이 돌아오지 않더라도 다른 사람을 돕는 행동을 말한다. 나눔과 봉사를 실천하면 소외되는 이웃이 점차 줄어들 것이다.

정답 17. ③ 18. ④ 19. ③

20 **㉠에 들어갈 내용으로 가장 적절한 것은?**

〈마음 신호등 3단계〉

신호	단계	활동	내용
빨강	1단계	멈추기	㉠
노랑	2단계	생각하기	감정과 욕구대로 행동하면 어떤 일이 벌어질지 생각하기
초록	3단계	표현하기	상대방의 입장을 존중하며 내 입장을 성숙하게 표현하기

① 상대 약 올리기

② 상대 탓으로 돌리기

③ 화나는 대로 행동하기

④ 감정 가라앉히고 진정하기

해 설 감정과 욕구를 조절하는 방법(마음 신호등 3단계)

- 1단계(멈추기) : 감정과 욕구를 그대로 표현하면 상대방에게 상처를 줄 수 있으므로, 감정과 욕구를 일단 가라앉히고 진정한다.
- 2단계(생각하기) : 감정과 욕구대로 행동하면 어떤 일이 벌어질지 먼저 생각해 보고 상대방과 입장을 바꾸어 다시 한 번 생각한다.
- 3단계(표현하기) : 상대방의 입장을 존중하며 나의 마음을 성숙하게 표현한다.

정답 20. ④

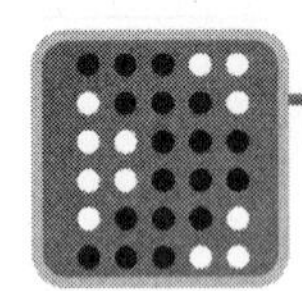

초등학교 졸업학력 검정고시 대비

실 과

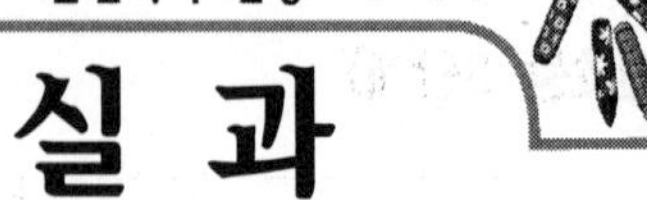

2024년 1회 시행

01 **다음 중 아동기 신체적 발달을 위한 노력으로 가장 적절한 것은?**

① 좋은 책을 꾸준히 읽는다.

② 깊이 생각하는 습관을 기른다.

③ 다른 사람의 입장을 생각한다.

④ 골고루 먹고 규칙적으로 운동한다.

해설 아동기는 남녀의 신체적 특징이 뚜렷해지는데, 키가 자라고 몸무게가 늘어나며 운동 능력이 향상되기 때문에 골고루 먹고 규칙적으로 운동해야 한다.

02 **다음 중 식량 자원에 해당하는 것은?**

① 튤립 ② 백일홍

③ 옥수수 ④ 산세비에리아

해설 식량은 인간 생활에 꼭 필요한 에너지원으로 예로부터 주요 식량은 식물을 길러서 얻어냈다. 쌀, 보리, 콩, 밀, 옥수수 등이 대표적인 식량 자원으로 기후와 지형적 특징에 따라 다르게 재배된다.

정답 01. ④ 02. ③

03 다음 중 해상 수송 수단이 아닌 것은?

① 자전거

② 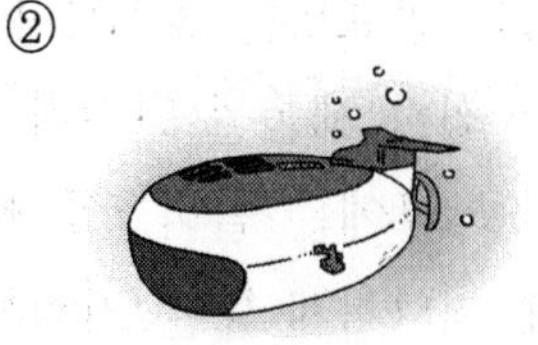
잠수함

③ 
어선

④ 
여객선

해 설 해상 수송 수단 : 바다에서 사람이나 화물을 운송하는 것으로 대표적인 수송 수단은 여객선, 유조선, 잠수함, 어획선, 굴착선 등이 있다.

04 다음 설명에 해당하는 것은?

종이, 플라스틱, 유리, 금속 등 다시 사용 가능한 쓰레기를 이르는 말

① 음식물 쓰레기　② 재활용 쓰레기
③ 폐기용 쓰레기　④ 폐형광등 쓰레기

해 설 종이, 플라스틱, 유리, 금속 등 다시 사용 가능한 재활용 쓰레기는 분리수거해야 한다.
※ 생활 쓰레기의 분리 · 처리 방법
- 음식물 쓰레기 : 물기를 빼고 음식물 쓰레기 수거함이나 전용 봉투에 넣어 버린다.
- 폐기용 쓰레기 : 쓰레기 종량제 봉투에 넣어 정해진 시간과 장소에 버린다.
- 폐형광등, 폐건전지 쓰레기 : 주민센터 등 주요 거점에 있는 수거함에 버린다.
- 플라스틱류 : 재활용이 가능한지 확인한 후 내용물을 비우고 상표를 떼어 배출한다.
- 종이류 : 스프링이나 비닐 코팅을 제거한 후 끈으로 묶어 배출한다.
- 유리 : 병뚜껑을 제거한 후 색깔별로 모아 배출한다.
- 캔류 : 내용물을 비운 후 납작하게 압축하고, 부탄가스는 구멍을 뚫어 배출한다.
- 폐의약품 : 보건소나 약국에 있는 폐의약품 수거함에 버린다.

정답 03. ① 04. ②

05 다음 중 전기 안전사고를 예방하는 방법으로 적절하지 않은 것은?

① 사용하지 않는 콘센트는 덮개로 막는다.
② 젖은 손으로 전기 제품을 만지지 않는다.
③ 가전제품 사용 후에는 플러그를 빼 놓는다.
④ 한 콘센트에 지나치게 많은 가전제품을 연결한다.

해설 전기 안전사고를 예방하기 위해서는 과부하가 발생하지 않도록 너무 다양한 기기들을 한 콘센트에 연결하지 않아야 한다.

06 다음 중 밥을 이용한 한 그릇 음식은?

① 냉면　　② 미역국
③ 비빔밥　　④ 배추김치

해설 ③ 보기 중에서 밥을 이용한 한 그릇 음식은 비빔밥이다.
※ 한 그릇 음식 : 별다른 반찬 등이 없이 그릇 하나에 음식을 조화 있게 담아 한 끼를 해결할 수 있는 음식이다. 요리가 간단하면서도 한 끼에 필요한 영양소가 빠짐없이 들어가 있고, 반복해서 먹어도 쉽게 질리지 않는 특징이 있다. 예 국수, 돈가스, 카레라이스, 볶음밥, 비빔밥 등

07 다음 설명에 해당하는 직업은?

○ 환자에게 주사를 놓아 준다.
○ 병원에서 환자를 돌보는 일을 한다.

① 약사　　② 간호사
③ 소방관　　④ 아나운서

해설 간호사의 업무
- 환자에게 주사를 놔주고, 내원 환자를 안내한다.
- 의사의 진료를 돕고 의사의 처방이나 규정된 간호 기술에 따라 치료를 행한다.
- 환자의 상태를 점검·기록하고 환자나 가족들에게 치료·질병 예방에 대한 설명을 해준다.

정답 05. ④ 06. ③ 07. ②

08 다음 중 환경을 고려하여 옷을 관리하는 방법으로 적절하지 않은 것은?

① 옷을 깨끗하게 입고 꼭 필요한 옷만 산다.

② 유행이 지난 옷은 바로 버리고 새 옷을 산다.

③ 옷이 상하지 않게 종류와 용도에 따라 보관한다.

④ 입지 않는 옷은 필요한 사람에게 주거나 재활용한다.

해 설 ② 버려진 옷의 상당 부분은 쓰레기 매립지로 가서 부패하기 때문에 이때 발생한 온실가스로 인해 환경 피해가 발생한다. 그러므로 유행이 지난 옷은 버리지 말고 수선해 모자・가방 등으로 '새활용'하는 것도 환경을 보호하는 일이다.

09 다음 설명에 해당하는 것은?

인터넷, 온라인 게임 등을 지나치게 이용하여 일상생활에 문제를 겪는 상태

① 개인 정보

② 정보 윤리

③ 사이버 중독

④ 지식 재산 보호

해 설 사이버 중독이란 인터넷 등의 통신망을 통한 가상의 세계에 지나치게 빠져있어 정상적인 일상생활의 유지가 힘든 상태를 말한다. 사이버 중독을 예방하기 위해서는 자신에게 적절한 인터넷 시간을 설정하고 일상생활과의 균형을 유지하는 것이 좋다.

정답 08. ② 09. ③

10 그림에 해당하는 발명 기법은?

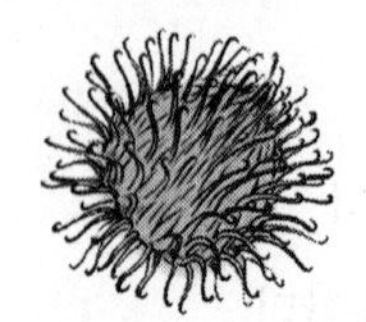
우엉 열매의 갈고리

⇨

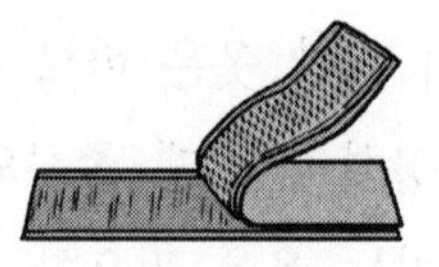
벨크로

자연물을 관찰하고 특징을 적용하여 새로운 물건을 만드는 기법

① 빼기
② 더하기
③ 반대로 하기
④ 자연물 본뜨기

해설
① 빼기 : 한 가지 사물에서 불편한 것을 빼는 방법 예 유선 전화기에서 선을 빼 무선 전화기로 바꿈
② 더하기 : 하나의 물건에 다른 물건이나 기능을 더하는 방법 예 연필에 지우개를 더해 지우개 달린 연필로 바꿈
③ 반대로 하기 : 제품의 모양, 방향, 기능, 수를 반대로 사용함 예 손에 끼는 장갑을 발에 끼는 발가락 양말로 변화시킴

11 ㉠에 들어갈 자전거의 구성 요소는?

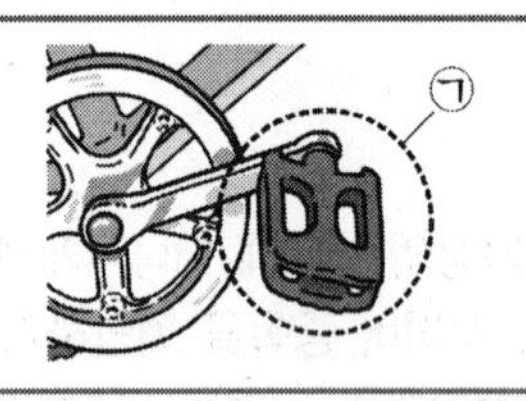

(㉠)을/를 밟으면 체인이 돌아가고 자전거가 움직인다.

① 페달
② 경음기
③ 전조등
④ 브레이크

해설
② 경음기 : 자동차, 자전거 등에서 경고음이나 알림 소리를 내기 위해 사용되는 장치이다.
③ 전조등 : 자동차나 자전거 등의 앞에 부착되어, 밤에 주행할 때 앞을 환하게 비추기 위해 설치된 전등이다.
④ 브레이크 : 자전거 운행을 정지시키거나 속력을 떨어뜨리는 장치이다.

정답 10. ④ 11. ①

12 서로 배려하고 돌보는 가족이 되기 위한 노력으로 적절하지 않은 것은?

① 갈등이 발생하면 대화로 해결한다.

② 건강한 생활을 위해 보살피고 도와준다.

③ 도움이 필요할 때는 함께 해결하고 도와준다.

④ 나의 입장만 생각하고 가족의 의견은 무시한다.

해 설 ④ 가족의 의견은 무시하고 나의 입장만 생각하면 가족 간에 갈등이 발생할 수 있다.
※ 건강 가정을 위한 가족 구성원의 역할 : 열린 마음으로 대화하기, 시간을 같이 보내기, 가족이 함께 자원봉사하기, 집안일에 적극적으로 참여하기, 지지하기

13 다음 설명에 해당하는 것은?

사람의 피부처럼 물체가 접촉했는지 감지하는 센서

① 빛 센서　② 색깔 센서

③ 접촉 센서　④ 이미지 센서

해 설 ① 빛 센서 : 주변의 밝기를 감지하는 센서이다.
② 색깔 센서 : 색상을 감지할 수 있는 센서이다.
④ 이미지 센서 : 카메라의 핵심 부품으로, 빛을 받아들여 디지털 신호로 변환하는 역할을 한다.

14 다음 중 가정일의 종류와 하는 일이 가장 적절하게 연결된 것은?

① 식생활 – 상 차리기　② 식생활 – 빨래하기

③ 의생활 – 설거지하기　④ 의생활 – 은행 업무 보기

해 설
- 식생활 : 생명의 유지 및 신체 활동에 필요한 영양분을 얻기 위해 섭취하는 음식과 관련된 생활 예 식사 준비하기, 상 차리기, 상 치우기, 설거지하기, 음식물 처리하기 등
- 의생활 : 몸을 보호하거나 멋을 내기 위해 옷을 입거나 마련하는 것과 관련된 모든 것 예 빨래하고 널기, 빨래 개기, 다림질하기, 옷 보관하기, 해진 옷 수선하기 등

정답 12. ④ 13. ③ 14. ①

15 그림을 보고 학생 A에게 해 줄 수 있는 말로 적절하지 않은 것은?

① 선생님과 면담을 해 보자.
② 남이 시키는 대로만 해 보자.
③ 꿈과 관련된 서적을 찾아보자.
④ 커리어넷 진로심리검사를 해 보자.

해 설 꿈을 찾고자 한다면 정말 하고 싶은 게 뭔지 생각해보고, 진로심리검사를 해 보는 것도 좋은 방법이다. 또한 선생님이나 부모님과 면담을 하거나 관련된 책을 읽어 보도록 한다.

16 다음 설명에 해당하는 바느질 도구는?

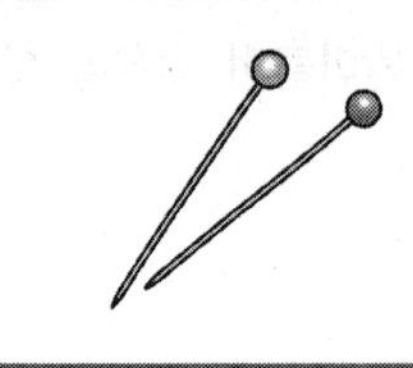

- 옷감을 고정할 때 사용한다.
- 바늘꽂이에 꽂아 보관한다.

① 실
② 가위
③ 줄자
④ 시침 핀

해 설 ① 실 : 바늘에 끼워 옷 따위를 꿰매는 데 쓴다.
② 가위 : 두 개의 날을 교차시켜 천이나 실을 자를 수 있도록 만들어진 도구이다.
③ 줄자 : 인체의 치수, 옷감 또는 의복이나 원형의 직 · 곡선 길이를 잴 때 사용하는 자이다.

정답 15. ② 16. ④

17 〈보기〉 중 용돈 기입장에서 수입에 해당하는 것은?

보 기

ㄱ. 부모님께서 주신 용돈
ㄴ. 할머니께서 주신 세뱃돈
ㄷ. 간식을 구입하는 데 쓴 돈
ㄹ. 공책을 구입하는 데 쓴 돈

① ㄱ, ㄴ ② ㄱ, ㄷ
③ ㄴ, ㄹ ④ ㄷ, ㄹ

해설 용돈 기입장을 쓰면 돈이 들어오고 나간 것을 정확히 알 수 있어 내가 꼭 필요한 곳에 돈을 사용했는지, 계획적인 소비를 했는지 알 수 있다. 들어온 돈은 수입 칸에, 쓴 돈은 지출 칸에 적고, 잔액 칸에는 들어온 돈에서 쓰고 남은 돈을 적는다.

18 다음 소프트웨어의 기능을 가진 것은?

도로의 교통 상황 정보를 파악하여 자동으로 운행할 수 있는 기능

① 나룻배 ② 손수레
③ 스케이트 ④ 자율 주행 자동차

해설 자율 주행 자동차는 운전자가 차량을 조작하지 않아도 자동차 스스로 운행이 가능한 자동차를 말한다.

정답 17. ① 18. ④

19 그림의 식품에 포함된 주된 영양소와 그 설명이 가장 적절하게 연결된 것은?

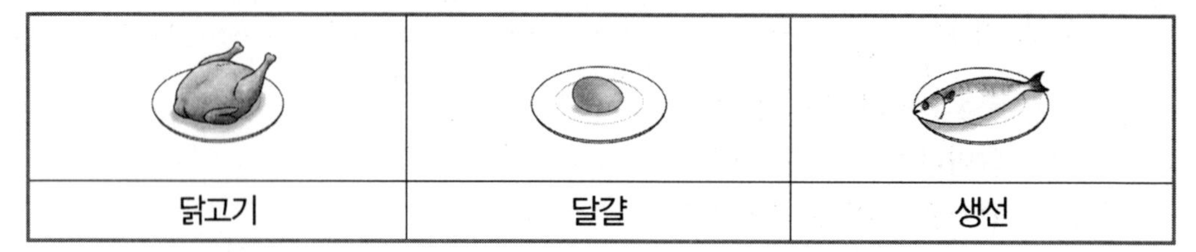

닭고기	달걀	생선

① 비타민 – 뼈를 구성한다.

② 단백질 – 근육을 구성한다.

③ 탄수화물 – 몸의 기능을 조절한다.

④ 무기질 – 활동에 필요한 에너지를 만든다.

해설 ① 비타민 : 신체 조직의 성장 · 유지 및 회복뿐만 아니라 면역 체계 강화, 에너지 대사, 세포 보호 등의 역할을 한다.
③ 탄수화물 : 일상적인 활동과 운동을 위한 에너지를 만든다.
④ 무기질 : 신체의 구조적 요소를 형성하고, 신경 자극 전달, 효소의 활성화, 근육 수축 등을 조절한다.

20 ㉠에 공통으로 들어갈 말로 알맞은 것은?

ㅇ (㉠)은 화학 비료와 농약을 적게 사용하여 안전한 먹거리를 생산하는 방법이다.
ㅇ (㉠)은 물, 토양 등의 오염을 줄여 환경을 보전한다.

① 동물 자원
② 원예 작물
③ 친환경 농업
④ 어린이 기호 식품

해설 친환경 농업 : 농약이나 비료와 같은 화학 제품 사용을 최소한으로 사용하여 물, 토양 등의 오염을 줄여 환경을 보전하고 안전한 농산물을 지속적으로 생산하는 농업이다.

정답 19. ② 20. ③

2023년 2회

초등학교 졸업학력 검정고시 대비 기출문제

2023년 8월 시행

똑같은 **기출** 똑똑한 **해설**

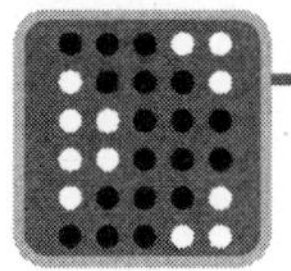

초등학교 졸업학력 검정고시 대비

국 어

2023년 2회 시행

01 ㉠에 들어갈 속담으로 적절한 것은?

피아노를 배우다 그만두고,
태권도도 배우다 그만두고,
이제 수영을 배우려고 해.

이번에는 수영을 꾸준히 배우면
좋겠어. " ㉠ "
라는 말도 있잖아.

① 백지장도 맞들면 낫다.
② 돌다리도 두들겨 보고 건너라.
③ 우물을 파도 한 우물을 파라.
④ 낮말은 새가 듣고 밤말은 쥐가 듣는다.

해 설 우물을 파도 한 우물을 파라 : 어떤 일이든 한 가지 일을 꾸준히 계속해야 성공할 수 있다는 말이다.

02 다음 글의 공간적 배경으로 알맞은 것은?

어느 날 아침, 한음이 오성의 집에 놀러 왔습니다. 오성의 집 마당에 있는 큰 감나무에는 빨간 감이 탐스럽게 열려 있었습니다. 이 감나무 가지는 담 너머 옆집인 권판서 댁까지 뻗어 있었습니다.

"야, 저 감 참 맛있겠다!"

① 오성의 집
② 한음의 집
③ 어느 날 아침
④ 어느 날 저녁

해 설 배경이란 이야기에서 일이 일어난 시간과 장소를 말한다.
- 시간적 배경 : 일이 일어난 시간
- 공간적 배경 : 일이 일어난 장소

정답 01. ③ 02. ①

03 상대에게 조언하는 방법으로 적절하지 않은 것은?

① 진심이 전해지도록 말한다.

② 도움이 되는 내용을 말한다.

③ 나의 의견이 옳다고 강요한다.

④ 상대의 입장이나 상황을 고려하며 말한다.

해 설 상대에게 조언하는 방법
- 상대에게 고민을 말하도록 강요하지 않는다.
- 상대의 고민을 잘 들어준다.
- 상대에게 도움이 되는 내용을 말한다.
- 상대에게 나의 의견이 옳다고 강요하지 않는다.
- 상대에게 진심이 전해지도록 말한다.

04 다음 글에서 대상을 설명하기 위해 사용한 방법으로 가장 적절한 것은?

> 다보탑과 석가탑은 공통점이 있습니다. 두 탑은 모두 통일 신라 시대에 만든 탑으로서 불국사 대웅전 앞뜰에 나란히 서 있습니다.
> 두 탑의 모습은 매우 다릅니다. 다보탑은 장식이 많고 화려합니다. 십자 모양의 받침 주변에 돌계단을 만들고 그 위에 사각・팔각・원 모양의 돌을 쌓아 올렸습니다. 반면 석가탑은 단순하면서도 세련된 멋이 있습니다. 사각 평면 받침 위에 돌을 삼 층으로 쌓아 올려 매우 균형 있는 모습을 자랑합니다.

① 다른 대상에 빗대어 설명한다.

② 일이 일어난 순서대로 설명한다.

③ 그림과 그래프를 활용하여 설명한다.

④ 대상의 공통점과 차이점을 찾아 설명한다.

해 설 여러 가지 설명 방법
- 비교 : 두 가지 이상의 대상에서 공통점을 찾아 설명하는 방법 예 다보탑과 석가탑은 모두 통일 신라 시대에 만든 탑으로서 불국사 대웅전 앞뜰에 나란히 서 있습니다.
- 대조 : 두 가지 이상의 대상에서 차이점을 찾아 설명하는 방법 예 다보탑은 장식이 많고 화려합니다. 반면 석가탑은 단순하면서도 세련된 멋이 있습니다.
- 열거 : 설명하려는 대상의 특징을 나열하여 설명하는 방법

정답 03. ③ 04. ④

[5~6] 다음 글을 읽고 물음에 답하시오.

> ㉠
>
> 첫째, 학교 근처의 어린이 보호 구역을 현재보다 더 넓혀 어린이들이 안전하게 다닐 수 있게 한다. 둘째, 과속 방지턱을 만들어 안전사고가 ㉡ 일어나지 않도록 한다.

05 ㉠에 들어갈 중심 문장으로 적절한 것은?

① 학교 폭력 예방 캠페인을 해야 한다.
② 어린이는 눈에 잘 띄는 옷을 입어야 한다.
③ 어린이는 스스로 교통 규칙을 잘 지켜야 한다.
④ 어린이를 위한 보행 안전 환경을 개선해야 한다.

해설 중심 문장이란 문단 내용을 대표하는 문장으로, 그 문단의 주제와 중심 내용이 들어 있다. 문제의 글은 어린이 보호 구역을 넓혀 어린이들이 안전하게 다닐 수 있게 하고, 과속 방지턱을 만들어 안전사고가 일어나지 않도록 해야 한다는 '④ 어린이를 위한 보행 안전 환경을 개선해야 한다'는 문장이 적절하다.

06 ㉡과 의미가 같은 것은?

① 옷에 보풀이 일어나다.
② 동네에 사건이 일어나다.
③ 잠시 누웠다가 일어나다.
④ 운동장에 먼지가 일어나다.

해설 ㉡ 일어나다 : (사건이나 증상이 일정한 장소에서) 어떤 원인으로 말미암아 나타나다.
① 옷에 보풀이 일어나다 : (보풀이나 거품이) 겉으로 부풀거나 위로 솟다.
③ 잠시 누웠다가 일어나다 : (사람이 일정한 자리에서) 누웠다가 앉거나 앉았다가 서다.
④ 운동장에 먼지가 일어나다 : (파도나 연기가) 위로 솟거나 부풀어오르다.

정답 05. ④ 06. ②

07 조사한 내용을 발표할 때 ㉠에 들어갈 자료로 가장 적절한 것은?

- 말할 내용 : 봉산 탈춤
- 활용할 자료 : [㉠]
- 자료 선정 이유 : 탈춤의 동작을 생생하게 보여 줄 수 있고, 탈춤에 사용된 음악을 들려줄 수 있다.

① 표　② 도표　③ 동영상　④ 관광 지도

해설 공식적인 상황에서 활용할 수 있는 자료에는 표, 사진, 도표, 동영상 등이 있는데, 동영상을 자료로 이용하면 좀 더 청중을 집중시키고 효과적으로 메시지를 전달할 수 있다.

08 문장 성분의 호응 관계가 바르지 않은 것은?

① 내일 도서관에 갔다.

② 도둑이 경찰에게 잡혔다.

③ 할머니께서 맛있는 떡을 주셨다.

④ 나는 어제 재미있는 동화책을 읽었다.

해설 미래를 나타낼 때에는 '-겠-(-을 것-)'을 쓴다.
① 내일 도서관에 갔다. → 갈 것이다.

09 ㉠, ㉡에 들어갈 말이 알맞게 짝 지어진 것은?

의견이 적절한지 평가하는 방법

- 글쓴이의 의견이 [㉠]와/과 관련이 있는지 살펴본다.
- 뒷받침 내용이 [㉡]이고, 믿을 만한지 확인한다.

	㉠	㉡		㉠	㉡
①	의견	사실	②	주제	사실
③	주제	의견	④	사실	문제 상황

정답 07. ③ 08. ① 09. ②

해 설 글쓴이의 의견이 적절한지 평가하는 방법
• 글쓴이의 의견이 주제와 관련이 있는지 살펴본다.
• 의견을 뒷받침하는 내용이 사실이고, 믿을 만한지 확인한다.

10 토의할 때 가져야 할 태도로 적절하지 않은 것은?

① 상대방이 말할 때 끼어든다.
② 다른 사람의 의견을 경청한다.
③ 토의 주제와 관련된 의견을 말한다.
④ 나와 다른 의견도 존중하며 대화한다.

해 설 토의를 할 때는 다른 사람의 의견을 끝까지 귀 기울여 듣고, 다른 사람의 의견을 존중하면서 자신의 의견을 말한다.

11 다음 글에서 '이순신'이 중요하게 생각하는 것으로 가장 적절한 것은?

> "우리는 모든 것이 적다. 무기도 적고, 군사도 적고, 배도 적다. 적은 것을 갑자기 늘릴 방법은 없다. 그러나 많아 보이게 할 수는 있을 것이다."
> 이순신은 우선 고기잡이배와 피난 가는 배들을 판옥선처럼 꾸미게 하고 백성들에게는 바다가 보이는 육지의 산봉우리에서 계속 돌아다니게 했습니다. 마치 우리 군사의 수가 많은 것처럼 보이도록 한 것입니다.
> 이순신은 부하들에게 말했습니다.
> "죽으려 하면 살고, 살려 하면 죽는다. 오늘 우리는 이 말처럼 죽기를 각오하고 싸워야 한다."

① 힘든 일은 남에게 미룬다.
② 자신 없는 일은 도전하지 않는다.
③ 어떤 어려움이 와도 포기하지 않는다.
④ 국가의 평화보다는 개인의 행복이 중요하다.

해 설 이순신 장군은 숱한 고뇌와 번민을 하고, 누가 봐도 승리를 장담하기 어려운 상황에서 결코 포기하거나 피하지 않고 책임을 다했다. 이순신 장군의 인내심은 우리 모두에게 귀감이 되며, 포기하지 않으면 어떤 어려움도 극복할 수 있다는 것을 보여준다.

정답 10. ① 11. ③

12 다음 시에서 ㉠이 비유하는 것은?

봄비

비 온다
봄비 온다
새싹들이 ㉠ 젖 달라고 쪽쪽쪽
꽃들이 젖 달라고 짭짭짭
하느님이 젖 준다
주룩주룩 젖 준다
아 배불러,
통통통 통통통통
부른 배에 젖 내린다

– 김시민, 「아빠 얼굴이 더 빨갛다」

① 비　② 새싹　③ 꽃　④ 배

해설 시에서 비유는 어떤 현상이나 사물을 직접 설명하지 않고 비슷한 현상이나 사물에 빗대어 표현하는 것으로, 문제의 시에서 '㉠ 젖'은 '비'를 비유한 것이다.

13 ㉠에 들어갈 내용으로 적절한 것은?

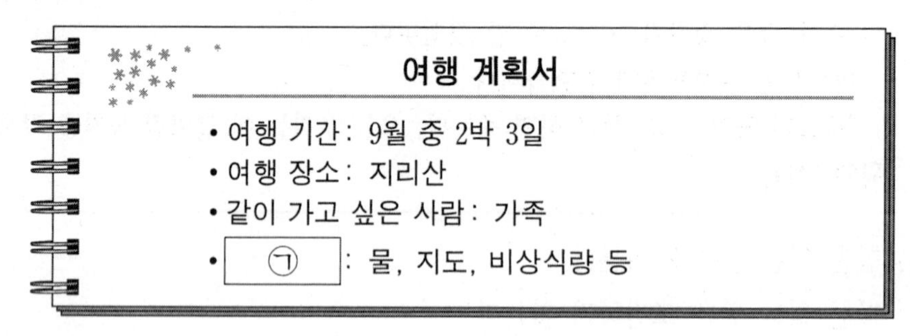

여행 계획서

- 여행 기간 : 9월 중 2박 3일
- 여행 장소 : 지리산
- 같이 가고 싶은 사람 : 가족
- ㉠ : 물, 지도, 비상식량 등

① 여행 일정　② 여행 준비물
③ 여행 총비용　④ 여행 다녀온 소감

해설 여행 계획서에서 ㉠에 들어가는 '물, 지도, 비상식량 등'은 여행에 필요한 준비물이다. 그밖에 의약품, 여행지의 기온과 날씨에 맞는 옷, 신발, 개인 위생용품 등을 챙기는 것이 좋다.

정답 12. ① 13. ②

14 ㉠에 들어갈 근거로 적절한 것은?

주장 : 스마트폰 사용 시간을 줄이자.
근거 : • 스마트폰 게임 중독을 예방할 수 있다.
• [㉠]

① 눈 건강을 지킬 수 있다. ② 수질 오염을 막을 수 있다.
③ 식중독의 위험을 낮출 수 있다. ④ 일회용품 사용을 줄일 수 있다.

해 설 스마트폰 과다 사용의 문제점
- 스마트폰 게임에 중독될 수 있다.
- 전자파의 영향으로 건강에 해로울 수 있다.
- 수면 시간이 지연되어 수면 부족이나 다음날 일상에 지장을 줄 수도 있다.
- 학교 성적이 떨어질 수 있다.

15 '누가/무엇이 + 어떠하다'의 짜임이 아닌 것은?

① 하늘이 푸르다. ② 날씨가 따뜻하다.
③ 아이들이 달린다. ④ 장미꽃이 예쁘다.

해 설 문장의 짜임
- '누가/무엇이+어떠하다'의 짜임 : 대상의 상태나 성질을 나타낸다. 예 하늘이 푸르다. 날씨가 따뜻하다. 장미꽃이 예쁘다.
- '누가/무엇이+어찌하다'의 짜임 : 대상의 동작을 나타낸다. 예 아이들이 달린다.

16 고쳐쓰기 단계에서 할 활동으로 적절하지 않은 것은?

① 필요 없는 문장 삭제하기 ② 쓸 내용 자세히 떠올리기
③ 알맞지 않은 낱말 수정하기 ④ 제목과 내용이 어울리는지 확인하기

해 설 ① 중심 문장의 내용과 관련 없는 문장이 있는지 살펴보고 삭제한다.
③ 뜻에 맞지 않게 사용된 어색한 낱말을 고쳐 쓴다.
④ 글의 내용에 알맞은 제목으로 고쳐 쓴다.

정답 14. ① 15. ③ 16. ②

[17~18] 다음 글을 읽고 물음에 답하시오.

여러 종류의 책을 읽는 습관을 가져야 합니다. ㉠ 여러 종류의 책을 읽으면 어휘력이 풍부해집니다. ㉡ 그리고 여러 종류의 책을 읽으면 배경지식이 많아집니다. ㉢ 또한 생각하는 힘이 커집니다. ㉣ 따라서 여러 종류의 책을 읽는 습관을 길러야 합니다.

17 ㉠~㉣ 중 의견을 뒷받침하는 문장이 아닌 것은?

① ㉠ ② ㉡ ③ ㉢ ④ ㉣

해설 ㉣ 중심 문장은 문단 내용을 대표하는 문장으로, 본론을 요약하고 주장을 다시 한번 강조하는 중심 내용이 들어 있다.
㉠, ㉡, ㉢은 뒷받침 문장이다.

18 위와 같은 글을 쓸 때 표현 방법으로 적절한 것은?

① '아마도, 적당히'와 같은 모호한 표현을 쓴다.
② 외국어 등 이해하기 어려운 낱말로 표현한다.
③ '반드시, 절대로'와 같은 단정적인 표현을 사용한다.
④ '내 생각은 ~인 것 같다'라는 주관적인 표현은 사용하지 않는다.

해설 제시한 근거에 알맞은 낱말이나 표현을 사용했는지 살펴본다. 모호한 표현(아마도, 적당히), 이해하기 어려운 낱말(외국어 등), 단정하는 표현(반드시, 절대로), 주관적인 표현(내 생각은 ~인 것 같다)을 쓰지 않았는지 살펴본다.

정답 17. ④ 18. ④

[19~20] 다음 글을 읽고 물음에 답하시오.

버들잎 편지

• (㉠) : 이른 봄
• (㉡) : 서울 영이의 집
• (㉢) : 영이, 할아버지, 복순

막이 열리면 복순이 콧노래를 부르며 방을 청소하고 있다. 조금 뒤, 창가로 가서 밖을 향하여 소리친다.

(㉣) : 할아버지!
할아버지 : (소리만) 오냐.
복순 : 다 됐어요?
할아버지 : (소리만) 오냐, 다 되어 간다.
복순 : 어머! 웬 사람들이 저렇게 쏟아져 나왔을까?
㉮ (시계를 보며) 그런데 영이는 왜 여태 안 올까?

– 주평, 「등대섬 아이들」

19 ㉠~㉣에 들어갈 말이 알맞게 짝 지어진 것은?

① ㉠ – 때 ② ㉡ – 등장인물
③ ㉢ – 곳 ④ ㉣ – 해설

해설 ① ㉠ – 때 : 이른 봄
② ㉡ – 등장인물 : 영이, 할아버지, 복순
③ ㉢ – 곳 : 서울 영이의 집
④ ㉣ – 해설 : 막이 열리면 복순이 콧노래를 부르며 방을 청소하고 있다. 조금 뒤, 창가로 가서 밖을 향하여 소리친다.

20 ㉮에 대한 설명으로 적절한 것은?

① 인물이 하는 말을 나타낸다. ② 막이 오르는 시간을 나타낸다.
③ 작품의 배경 음악을 나타낸다. ④ 인물의 표정이나 동작을 나타낸다.

해설 ④ 지문은 인물의 행동이나 표정, 음향 효과 등을 설명하는 부분으로, 괄호 안에 써서 나타낸다.

정답 19. ① 20. ④

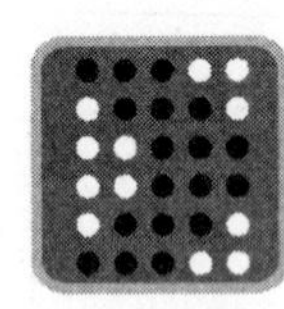

초등학교 졸업학력 검정고시 대비

수 학

2023년 2회 시행

01 **그림은 전체 크기가 1인 정사각형을 크기가 같은 100개의 부분으로 나눈 것이다. 색칠한 부분의 크기를 소수로 알맞게 나타낸 것은?**

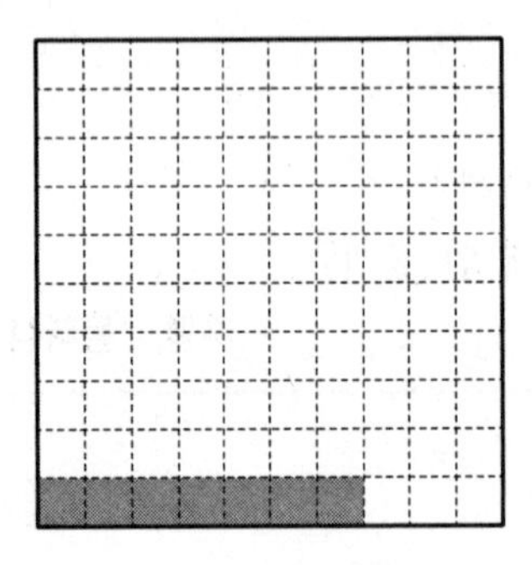

① 0.06
② 0.07
③ 0.08
④ 0.09

해설 100개의 칸 중 7개의 칸이 색칠되어 있으므로 $\frac{7}{100}=0.07$이다.

02 **다음은 정삼각형이다. 세 변의 길이의 합은?**

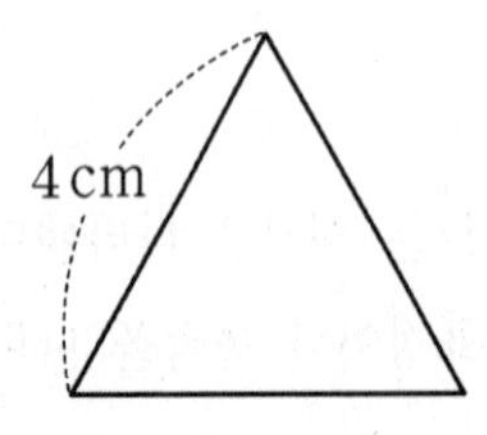

① 8cm
② 12cm
③ 16cm
④ 20cm

해설 정삼각형은 세 변의 길이가 같으므로 세 변의 길이의 합은 $4+4+4=12$cm이다.

정답 01. ② 02. ②

03 **다음 나눗셈의 몫을 반올림하여 소수 둘째 자리까지 알맞게 나타낸 것은?**

$$18 \div 7 = 2.571\cdots$$

① 2.54 ② 2.55
③ 2.56 ④ 2.57

해설 반올림은 구하려는 자리의 한 자리 아래 숫자가 0, 1, 2, 3, 4이면 버리고, 5, 6, 7, 8, 9이면 윗자리에 1을 더하여 어림하는 것이다. 2.571은 소수 셋째 자리의 숫자가 1이므로 반올림하여 소수 둘째 자리까지 나타내면 2.57이다.

04 **다음은 수의 범위를 수직선에 나타낸 것이다. ㉠에 알맞은 것은?**

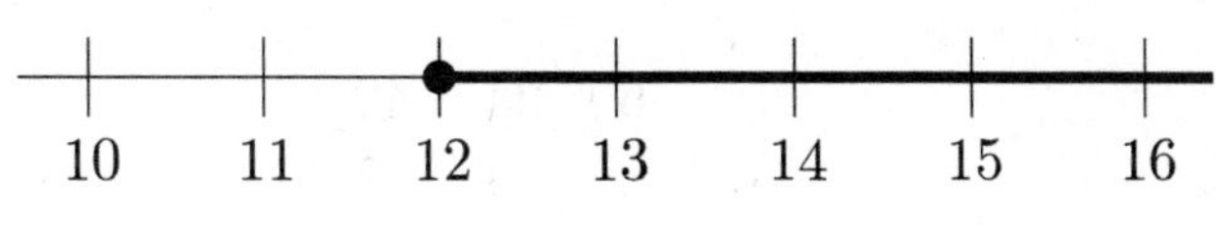

12 ㉠ 인 수

① 이상 ② 이하
③ 초과 ④ 미만

해설 ● : 이상, ○ : 이하
그러므로 ㉠은 '이상'이다.

정답 03. ④ 04. ①

05 **그래프는 학생 4명의 줄넘기 기록을 나타낸 것이다. 이에 대한 설명으로 알맞은 것은?**

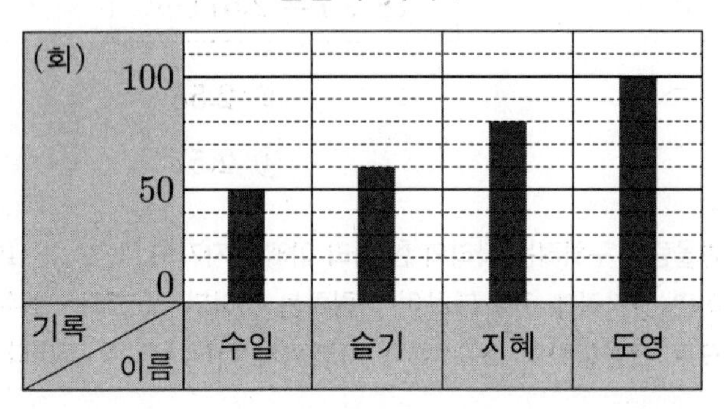

① 꺾은선그래프이다.
② 슬기의 기록이 가장 높다.
③ 지혜의 기록이 가장 낮다.
④ 도영이의 기록은 100회이다.

해설 ① 막대그래프이다.
② 도영이의 기록이 가장 높다.
③ 수일이의 기록이 가장 낮다.

06 **다음은 24와 42의 최소공배수를 구하는 과정이다. 최소공배수를 구하는 식으로 알맞은 것은?**

$$\begin{array}{r|rr} 6 & 24 & 42 \\ \hline & 4 & 7 \end{array}$$

① $6+4=10$
② $6\times4=24$
③ $6+4+7=17$
④ $6\times4\times7=168$

해설 최소공배수는 공배수 가운데 최소의 값이다. 24와 42를 공통적으로 나눌 수 있는 최대공약수 6과 몫 4, 7을 모두 곱하여 $6\times4\times7=168$로 최소공배수를 구할 수 있다.

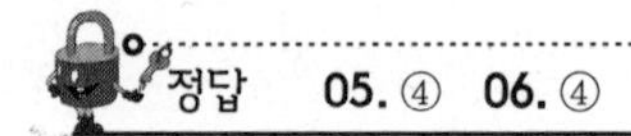
정답 05. ④ 06. ④

07 **쌓기나무 6개를 〈보기〉와 같이 쌓았을 때, 위에서 본 모양으로 알맞은 것은?**

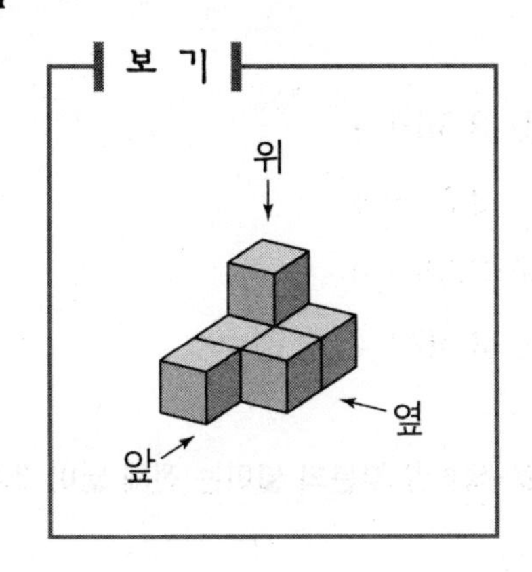

① 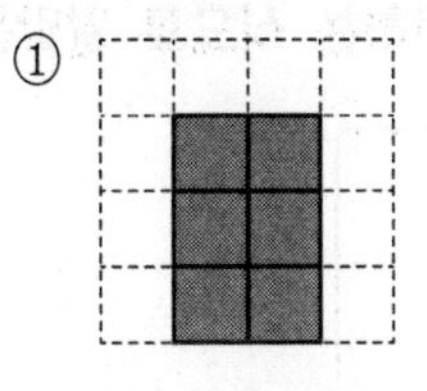

② 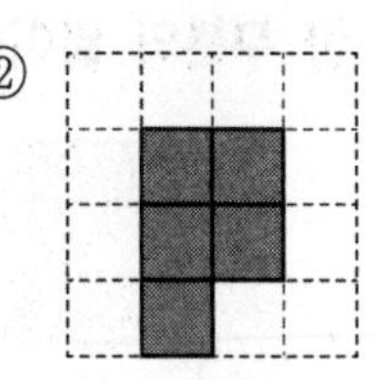

③ 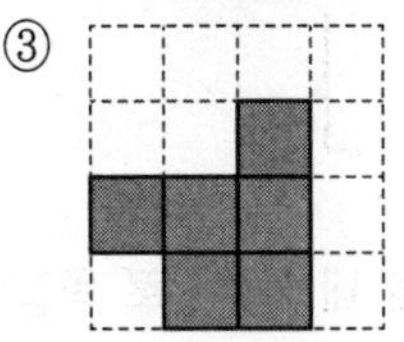

④ 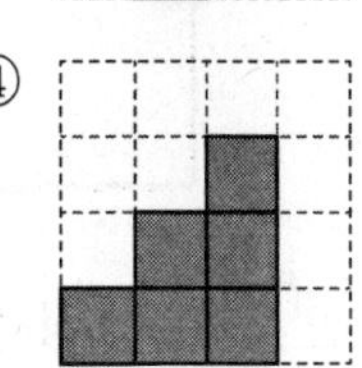

해 설 쌓기나무를 위에서 본 모양은 1층에 쌓은 쌓기나무 모양과 같다.

08 **다음은 $\frac{7}{10}-\frac{2}{5}$의 계산 과정을 나타낸 것이다. □에 알맞은 수는?**

$$\frac{7}{10}-\frac{2}{5}=\frac{7}{10}-\frac{4}{10}=\square$$

① $\frac{1}{10}$

② $\frac{2}{10}$

③ $\frac{3}{10}$

④ $\frac{4}{10}$

해 설 분모가 다른 분수의 뺄셈은 통분하여 분모를 같게 만든 다음 계산한다.

$$\frac{7}{10}-\frac{4}{10}=\frac{7-4}{10}=\frac{3}{10}$$

정답 07. ② 08. ③

09 **넓이가 3.56m^2인 정사각형을 네 부분으로 똑같이 나누어 그림과 같이 색칠하였다. 색칠한 부분의 넓이를 구하는 식으로 알맞은 것은?**

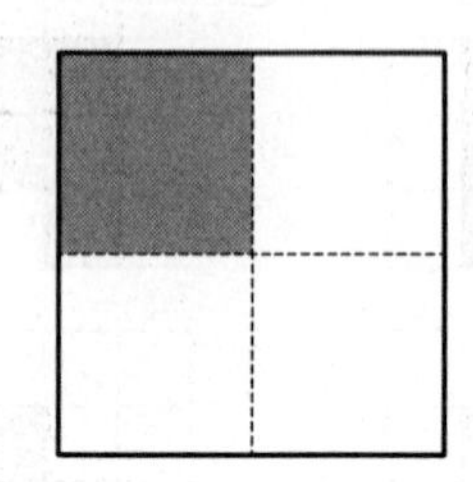

① $3.56+4$

② $3.56-4$

③ 3.56×4

④ $3.56\div4$

해설 정사각형을 네 부분으로 똑같이 나누었으므로 색칠한 부분의 넓이는 전체 넓이 3.56을 4로 나누어 구할 수 있다.

10 **다음 중 다각형이 <u>아닌</u> 것은?**

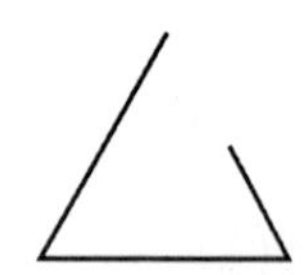

② 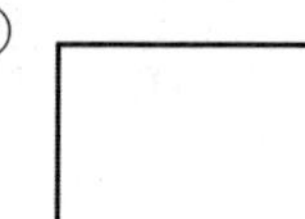

③ 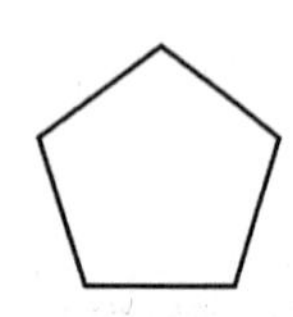

④ 

해설 다각형은 여러 개의 선분으로 둘러싸인 평면도형이다. ①은 선분이 이어지지 않으므로 다각형이 아니다.

정답 09. ④ 10. ①

11 **다음과 같이 소수의 나눗셈을 분수의 나눗셈으로 나타내어 계산하려고 한다. □에 알맞은 수는?**

$$3.64 \div 0.52 = \frac{364}{100} \div \frac{\square}{100}$$

① 0.52　　② 5.2
③ 52　　④ 520

해 설 0.52를 분수로 나타내면 $\frac{52}{100}$이다. 그러므로 □에 알맞은 수는 52이다.

12 **다음 두 삼각형은 서로 합동이다. □에 알맞은 수는?**

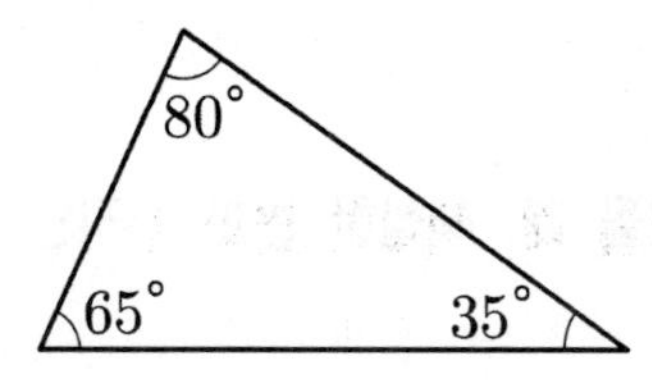

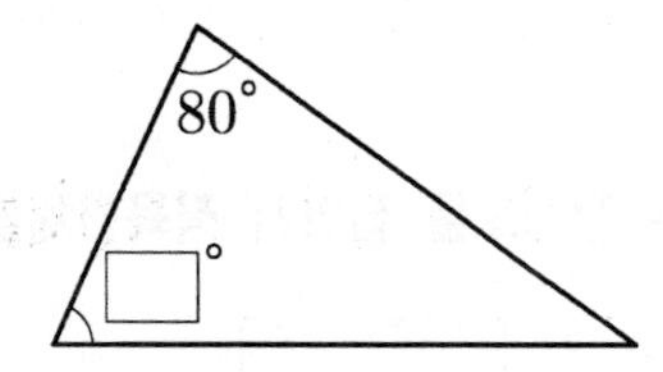

① 45　　② 55
③ 65　　④ 75

해 설 한 도형을 모양이나 크기를 바꾸지 않고 옮겨서 다른 도형에 완전히 포갤 수 있을 때, 이 두 도형을 서로 합동이라고 한다. 따라서 삼각형을 이루는 세 각의 크기도 각각 같으므로, □에 알맞은 수는 65이다.

정답 **11.** ③ **12.** ③

13 **다음은 $\frac{1}{4}$과 크기가 같은 분수를 알아보는 과정이다. □에 알맞은 수는?**

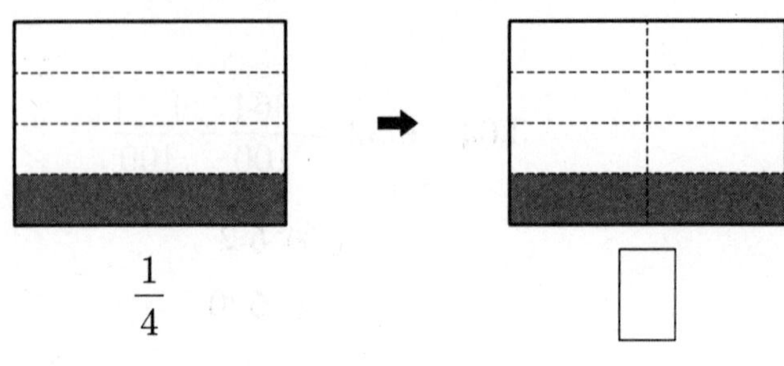

① $\frac{1}{8}$ ② $\frac{2}{8}$ ③ $\frac{3}{8}$ ④ $\frac{4}{8}$

해 설 오른쪽 그림은 8개의 칸 중 2개의 칸이 색칠되어 있으므로 분수로 나타내면 $\frac{2}{8}$이다. 이를 약분하면 $\frac{1}{4}$과 같다.

14 **다음은 전개도를 접어서 직육면체를 만들었을 때, 색칠한 면과 수직인 면의 개수는?**

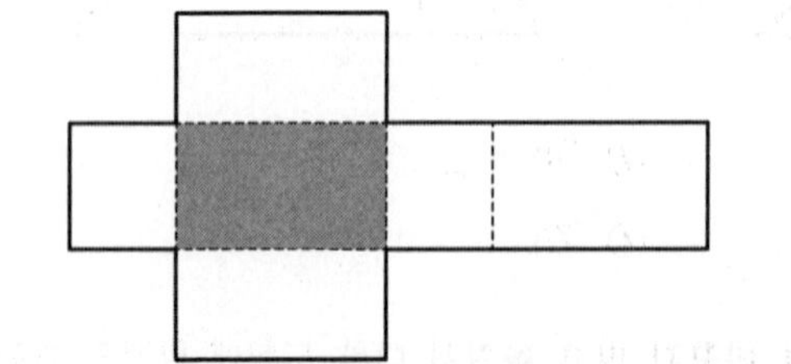

① 3개
② 4개
③ 5개
④ 6개

해 설 직육면체를 만들었을 때, 색칠된 밑면과 수직인 면은 옆면으로 4개이다.

정답 13. ② 14. ②

15 **원 모양의 케이크 1개를 남김없이 4명이 똑같이 나누어 먹으려고 한다. 한 사람이 먹을 수 있는 양만큼 알맞게 색칠한 것은?**

해설 케이크 1개를 남김없이 4명이 똑같이 나누어 먹으므로 4등분을 한 후, 한 사람이 먹을 수 있는 양인 한 칸에 색칠을 해야 한다.

16 **다음은 원뿔이다. 원뿔의 꼭짓점은?**

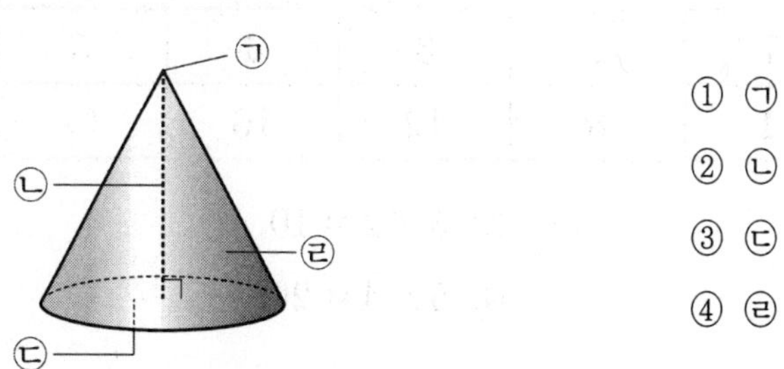

① ㉠
② ㉡
③ ㉢
④ ㉣

해설 ㉠ : 꼭짓점, ㉡ : 높이, ㉢ : 밑면, ㉣ : 옆면

정답 **15.** ③ **16.** ①

17 **다음 원의 넓이를 구하는 식으로 알맞은 것은? (원주율 : 3.14)**

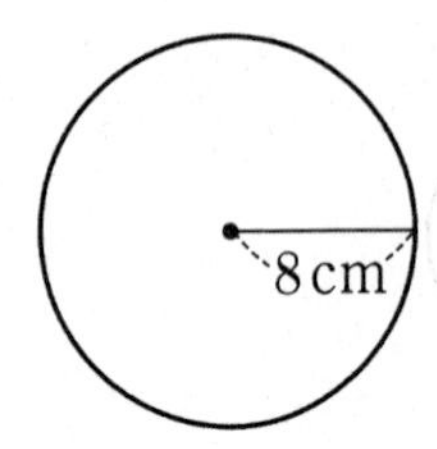

① 8×3.14

② $2\times8\times3.14$

③ $8\times8\times3.14$

④ $16\times16\times3.14$

해 설 (원의 넓이)=(반지름)×(반지름)×(원주율)$=8\times8\times3.14$

18 **표는 자동차의 수와 바퀴의 수 사이의 대응 관계를 나타낸 것이다. ㉠에 들어갈 수를 구하는 식으로 알맞은 것은?**

자동차의 수(대)	1	2	3	4	5	…
바퀴의 수(개)	4	8	12	16	㉠	…

① $5\times1=5$

② $5\times2=10$

③ $5\times3=15$

④ $5\times4=20$

해 설 (자동차의 수)$\times4=$(바퀴의 수)

$5\times4=20$(㉠)

정답 17. ③ 18. ④

19 **다음은 가위의 수와 풀의 수의 비를 알아보는 과정이다. □에 알맞은 것은?**

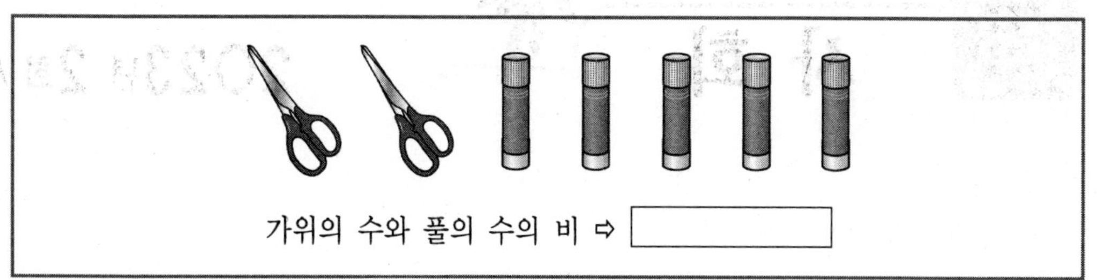

① 2 : 5 ② 2 : 7
③ 3 : 5 ④ 3 : 7

해 설 가위의 수는 2, 풀의 수는 5이므로 가위의 수와 풀의 수의 비는 2 : 5이다.

20 **다음은 슬기네 반 전체 학생들이 좋아하는 운동을 조사하여 표와 원그래프로 나타낸 것이다. ㉠에 알맞은 수는?**

학생들이 좋아하는 운동

운동	피구	축구	야구	기타	합계
학생 수(명)	8	6	3	3	20
백분율(%)	㉠	30	15	15	100

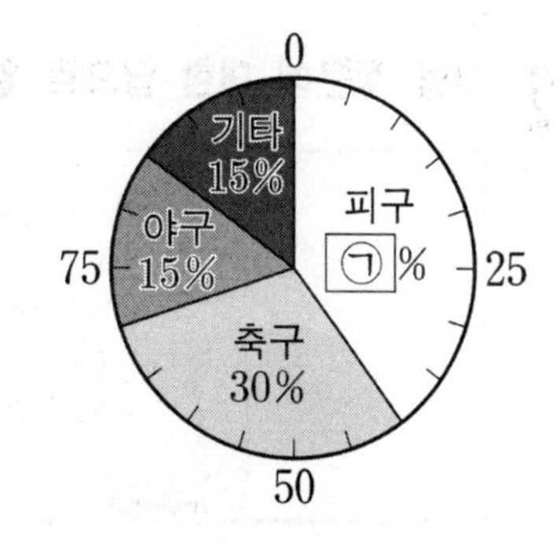

① 10 ② 20 ③ 30 ④ 40

해 설 백분율은 기준량을 100으로 할 때의 비율로, 기호 %(퍼센트)를 사용해서 나타낸다.
㉠+30+15+15=100%이므로 ㉠은 40이다.

정답 19. ① 20. ④

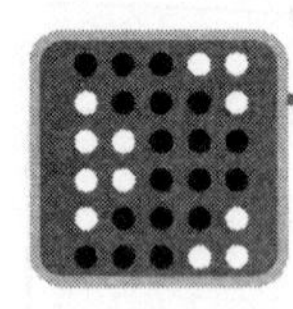

초등학교 졸업학력 검정고시 대비

사 회

2023년 2회 시행

01 다음에서 설명하는 것은?

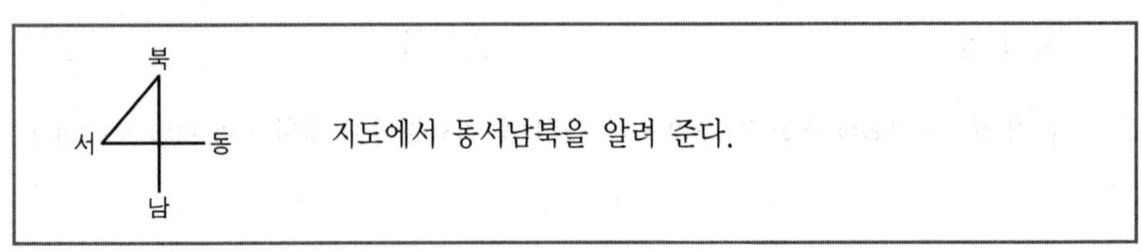

① 경도 ② 축척 ③ 등고선 ④ 방위표

해설 방위표는 지도에서 동서남북을 알려 준다. 방위표가 없으면 지도의 위쪽이 북쪽, 아래쪽이 남쪽, 오른쪽이 동쪽, 왼쪽이 서쪽이다.

02 다음 질문에 대한 답으로 알맞은 것은?

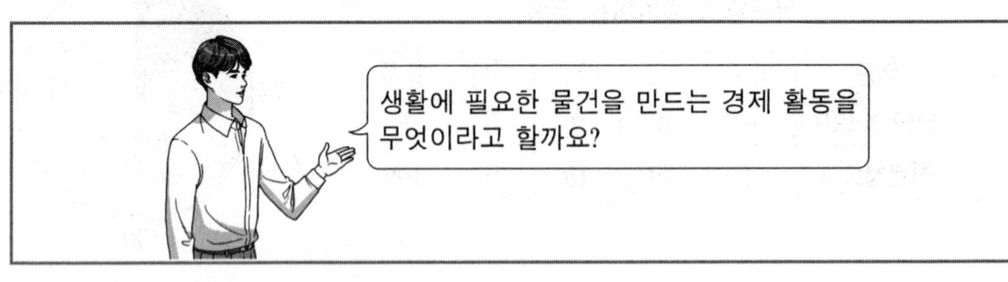

① 배려 ② 생산 ③ 소비 ④ 저축

해설 생활에 필요한 물건을 만들거나 사람들이 필요한 것을 제공하는 것을 생산이라고 하고, 생산한 것을 쓰는 것을 소비라고 한다.

정답 01. ④ 02. ②

03 **지역 문제를 해결하기 위한 방법으로 적절하지 않은 것은?**

① 소수의 의견만을 따른다.

② 지역 문제의 원인을 찾아본다.

③ 대화와 타협으로 의견을 조정한다.

④ 해결 방안들의 장단점을 비교해 본다.

해 설 지역 문제를 해결하기 위한 방법
- 지역 문제의 원인을 찾아본다.
- 소수의 의견을 존중한다.
- 서로 타협하며 해결 방법을 찾는다.
- 다수결의 원칙에 따라 투표를 한다.
- 해결 방안들의 장단점을 비교해 본다.

04 **다음에서 설명하는 것은?**

- 국민 모두가 갖는 권리이다.
- 국민이 한 나라의 주인으로서 나라의 중요한 일을 스스로 결정하는 권리이다.

① 문화 ② 주권

③ 양보 ④ 봉사

해 설 주권 : 민주 정치의 원리 중 하나로 국민 모두가 갖는 권리이다. 국민이 한 나라의 주인으로서 나라의 중요한 일을 스스로 결정하는 권리를 말한다.

정답 03. ① 04. ②

05 ㉠과 ㉡에 들어갈 내용으로 알맞게 짝 지어진 것은?

- ㉠ : 높이 솟은 산들이 모여 이루어진 지형이다.
- ㉡ : 넓고 평탄한 땅으로 이루어진 지형이다.

	㉠	㉡		㉠	㉡
①	산지	평야	②	평야	산지
③	해안	산지	④	해안	평야

해설 • 산지 : 평지보다 높이 솟아오른 땅을 '산'이라고 하며, 산이 여러 개 줄기처럼 이어지면 '산맥', 산들이 모여 있는 곳을 산지라고 한다.
• 평야 : 하천 주변의 넓고 평탄한 땅, 농사짓기가 좋아서 많은 사람들이 모여 산다.

06 ㉠에 들어갈 내용으로 알맞은 것은?

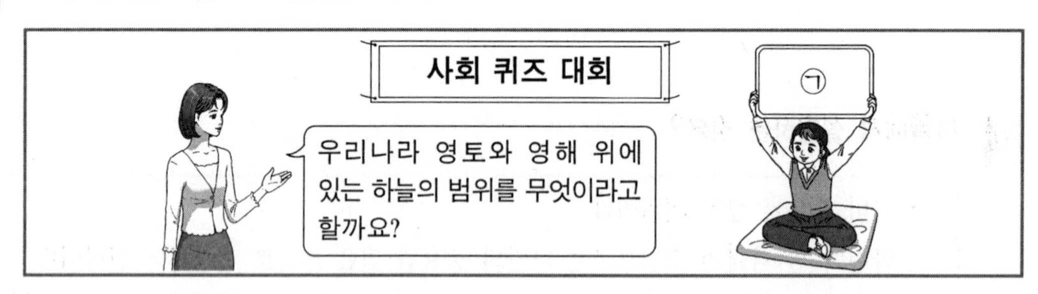

① 도시
② 영공
③ 인구
④ 장마

해설 영공 : 우리나라의 주권이 미치는 하늘의 범위로서, 영토(땅)와 영해(바다)의 상공을 말한다.

정답 05. ① 06. ②

07 다음에서 설명하는 나라는?

> • 고구려 유민인 대조영이 세웠다.
> • 고구려를 계승하였음을 내세웠다.
> • '해동성국'이라고 불렸다.

① 가야 ② 백제
③ 신라 ④ 발해

해 설 발해
• 대조영은 고구려 유민을 이끌고 동모산에서 발해를 건국하였다.
• 고구려 문화를 바탕으로 다른 나라의 문화를 받아들여 독특한 문화를 만들었다.
• 발해는 선왕 때 전성기를 이루어 중국으로부터 '해동성국'이라고 불렸다.

08 ㉠에 들어갈 인물로 알맞은 것은?

> [㉠]은/는 거란의 침입에 맞서 거란 장군 소손녕과 담판을 벌였다. 그 결과 고려는 강동 6주를 차지하게 되었다.

① 서희 ② 김유신
③ 이성계 ④ 정약용

해 설 서희의 외교 담판(993년) : 거란이 청천강까지 공격해 오자 서희가 거란 장수와 담판을 벌였다. 서희의 담판으로 고려는 여진족을 몰아내고 강동 6주에 성을 쌓아 영토를 압록강까지 넓혔다.
※ 서희의 주장 : 고려는 고구려를 계승한 나라이므로, 고구려 땅에 살고 있는 거란이 도리어 땅을 내놓아야 한다.

정답 07. ④ 08. ①

09 ㉠에 들어갈 내용으로 알맞은 것은?

〈세종의 업적〉

- 집현전 개편
- 농사직설 편찬
- ㉠

① 삼국 통일
② 단발령 시행
③ 척화비 건립
④ 훈민정음 창제

해 설 세종 대에 이루어진 발전

≪삼강행실도≫ 편찬, 집현전 설치, 훈민정음 창제, ≪농사직설≫ 편찬, 앙부일구(해시계) 등 과학 기술 발전, 천문 서적 편찬, 인쇄 기술의 발전, 국방 강화 등

① 삼국 통일 : 문무왕
② 단발령 시행 : 고종32, 김홍집 내각
③ 척화비 건립 : 흥선 대원군

10 다음에서 설명하는 것은?

- 일본을 통일한 도요토미 히데요시가 군사를 보내 조선을 침략하였다.
- 바다에서는 이순신, 육지에서는 권율 등이 활약하여 일본군을 물리쳤다.

① 병인양요　　② 임진왜란
③ 귀주 대첩　　④ 6·25 전쟁

해 설 임진왜란의 발생

- 1592년 4월, 일본군은 명나라로 가는 길을 내어 달라는 구실로 약 20만 명의 군사를 이끌고 조선을 침략하였다.
- 바다에서는 이순신, 육지에서는 권율 등이 활약하여 일본군을 물리쳤다.

※ 임진왜란 : 1592년부터 1598년까지 두 차례에 걸쳐 일어난 일본과의 전쟁

정답 09. ④ 10. ②

11 다음에서 설명하는 자연재해는?

> 많은 눈이 한꺼번에 내리는 현상이다. 많은 눈이 도로에 쌓일 때를 대비하여 제설 장비를 준비해야 한다.

① 가뭄　　② 태풍

③ 폭설　　④ 황사

해 설 폭설
- 많은 눈이 한꺼번에 내리는 현상으로 겨울철에 발생한다.
- 교통을 마비시키고 눈사태를 일으킨다.
- 비닐하우스를 주저앉게 하여 농작물에 피해를 입힌다.

12 다음 편지에서 설명하는 나라는?

> □□에게
>
> □□야, 나는 가족과 함께 해외여행 중이야. 나는 지금 이 나라의 수도인 도쿄에 와 있어. 여기서는 한자를 변형해서 만든 '가나'라는 문자를 사용해. 또 연락할게. 그럼 안녕.
>
> 2023년 ○월 ○일
> △△가

① 일본　　② 중국

③ 러시아　　④ 베트남

해 설 일본
- 해안가에 인구가 많이 밀집해 있고, 수도는 도쿄이다.
- 중국의 한자와 한자의 일부를 변형한 '가나' 문자를 사용한다.
- 생선 요리가 많아 가시를 편하게 바를 수 있도록 끝이 뾰족한 젓가락을 사용한다.

정답 11. ③ 12. ①

13 **㉠에 들어갈 제도로 알맞은 것은?**

> 1990년대 우리나라에서는 [㉠]가 본격적으로 실시되었다. 이에 따라 지역 주민이 직접 지방 의회 의원과 지방 자치 단체장을 선출하였다.

① 과거제　　② 신분제
③ 중앙 집권제　　④ 지방 자치제

해설 지방 자치제
- 국가의 주인은 국민이고 국가와 그 권력은 국민으로부터 나온다는 민주주의의 가장 근본적인 원리로부터 나온 제도이다.
- 1990년대 우리나라에서는 지방 자치제가 본격적으로 실시되었으며, 이에 따라 지역 주민이 직접 지방 의회 의원과 지방 자치 단체장을 선출하고 있다.

14 **㉠에 들어갈 내용으로 알맞은 것은?**

> [㉠]은/는 세계 여러 나라들이 교류하고 가까워지는 현상이다.

① 고령화　　② 다수결
③ 세계화　　④ 저출산

해설 세계화의 의미
국제 사회에서 상호 의존성이 증가함에 따라 세계가 하나의 체계로 나아가고 있는 현상이다. → 국가 간 경계가 약화되고 세계 사회가 경제와 문화를 중심으로 통합해 가는 현상

정답 13. ④ 14. ③

15 다음 기사에 나타난 불공정한 경제 활동은?

□□신문 ○○○○년 ○○월 ○○일

취재 결과 ○○회사는 건강식품을 판매하면서 제품의 효능이 없음에도 불구하고, 효과가 아주 뛰어난 것처럼 허위로 광고하였다는 사실이 드러났다.

① 공정 무역 ② 문화 교류
③ 인권 보장 ④ 허위·과장 광고

해설 바람직한 경제 활동 : 불공정한 경제활동(담합, 과장, 허위광고, 독과점) 방지를 위한 정부와 시민단체의 감시와 해결을 위한 노력이 필요하다.

16 다음 활동을 하는 기관은?

① 국회 ② 학교 ③ 경찰서 ④ 우체국

해설 국회가 하는 일
- 국민 생활에 필요한 법을 만들거나 고치는 일을 한다.
- 정부가 국민을 위해 정책을 잘 집행하고 있는지 살펴보고 잘못된 부분이 있으면 고치도록 한다.
- 국민들이 낸 세금이 국민 전체를 위해 올바르게 사용될 것인지 살펴본다.
- 국회의원이 형사의 위치에서 행정부를 필두로 한 국가기관들의 행보에 대한 감사와 감찰을 진행하고 사회적인 문제 등에 대해서 비판하는 국정 감사를 실시한다.

정답 15. ④ 16. ①

17 **㉠에 들어갈 내용으로 알맞은 것은?**

> 1970년대 우리나라는 경제 개발 계획에 따라 철강, 선박, 자동차 등의 제품을 생산하는 [㉠]을 육성하였다.

① 관광 산업　　② 의류 산업
③ 생명 공학　　④ 중화학 공업

해설 중화학 공업 : 철, 배, 자동차 등 무거운 제품이나 플라스틱, 고무 제품, 화학 섬유 제품을 생산하는 산업

18 **다음 설명에 해당하는 기후는?**

> • 적도 주변의 저위도 지역에 나타난다.
> • 일 년 내내 덥고 비가 많이 내린다.

① 건조 기후　　② 냉대 기후
③ 열대 기후　　④ 한대 기후

해설 열대 기후
- 일 년 내내 무덥고 비가 많이 내린다.
- 적도 주변의 저위도 지역에 널리 나타난다.
- 지구 생물의 반 이상이 열대 기후 지역에 살고 있다.
- 주로 농사를 짓거나 사냥 혹은 열매를 채집하며 생활한다.

정답 17. ④ 18. ③

19 다음에서 설명하는 것은?

모든 국민은 정해진 법에 따라 세금을 낼 의무가 있다.

① 선거권 ② 참정권
③ 납세의 의무 ④ 환경 보전의 의무

해 설 납세의 의무 : 세금을 성실하게 내야 하는 의무로, 국가는 국민이 낸 세금으로 나라 살림을 한다.

20 환경 문제를 해결하기 위한 노력으로 가장 적절한 것은?

① 재활용품을 분리배출한다.
② 환경 문제에 관심을 갖지 않는다.
③ 사람이 없을 때도 전등을 켜 둔다.
④ 개인 물컵 대신 종이컵을 사용한다.

해 설 ② 환경 문제에 관심을 갖는다.
③ 사람이 없을 때는 전등을 끈다.
④ 종이컵 대신 개인 물컵을 사용한다.

정답 19. ③ 20. ①

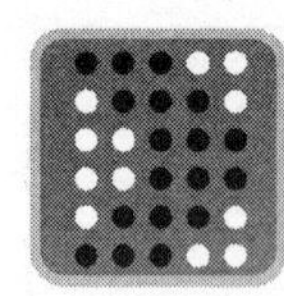

초등학교 졸업학력 검정고시 대비

과 학

2023년 2회 시행

01 **표는 물의 세 가지 상태를 나타낸 것이다. ㉠에 해당하는 것은?**

고체	액체	기체
㉠	물	수증기

① 바람
② 습도
③ 얼음
④ 온도

해설 물의 3가지 상태 : 고체(얼음), 액체(물), 기체(수증기)

02 **그림은 손전등으로 물체를 비추었을 때 그림자가 스크린에 생기는 모습을 나타낸 것이다. 다음 중 그림자의 크기를 더 크게 하는 방법은?**

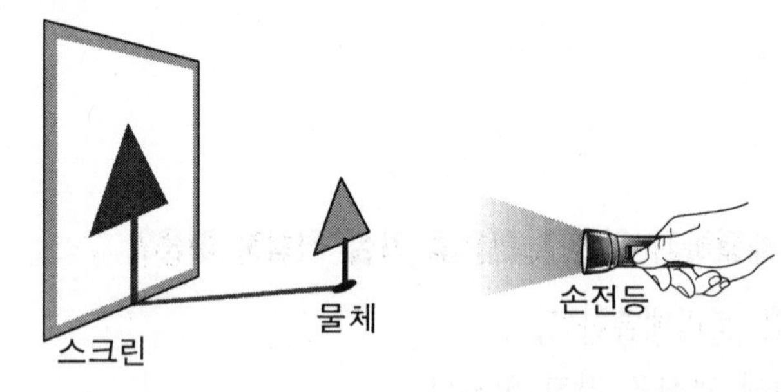

① 물체를 거꾸로 뒤집는다.
② 스크린의 크기를 크게 한다.
③ 물체를 스크린 쪽으로 이동한다.
④ 물체를 손전등 쪽으로 이동한다.

해설 빛의 직진은 빛이 한 종류의 물질 내에서 곧게 나아가는 현상으로, 직진하던 빛이 물체에 막혀 생기는 것이 그림자이다. 물체를 손전등에 가깝게 하면 그림자의 크기는 커지고, 손전등에서 멀게 하면 그림자의 크기는 작아진다.

정답 01. ③ 02. ④

03 **그림은 달의 모양 변화를 나타낸 것이다. 다음 중 음력 27~28일 무렵에 볼 수 있는 달은?**

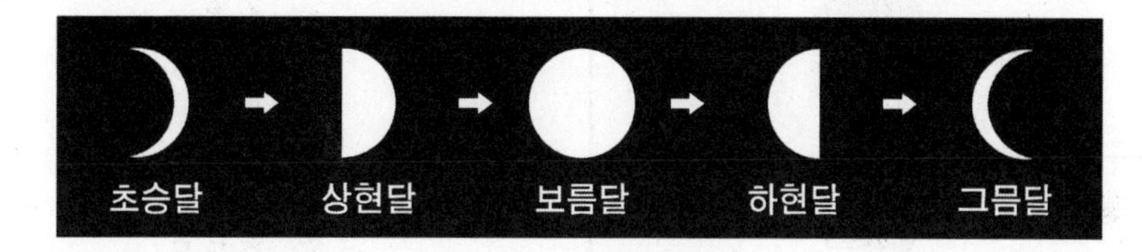

① 초승달　　② 상현달
③ 보름달　　④ 그믐달

해 설 초승달은 음력 3~4일, 상현달은 음력 7~8일, 보름달은 음력 15일, 하현달은 음력 22~23일, 그믐달은 음력 27~28일 무렵에 볼 수 있다.

04 **다음 설명에 공통으로 해당하는 것은?**

- 응급 환자의 호흡 장치에 이용된다.
- 철이나 구리와 같은 금속을 녹슬게 한다.
- 폐를 통해 흡수되어 몸속 기관이 일을 하는 데 사용된다.

① 산소　　② 수소
③ 질소　　④ 이산화 탄소

해 설 산소는 철, 구리, 알루미늄과 같은 금속에 녹이 슬게 하고, 응급 환자들의 호흡 장치에 이용된다. 전체 공기의 약 $\frac{1}{5}$을 차지하며, 생명체가 살아가는 데 없어서는 안 될 중요한 기체이다.

정답 03. ④ 04. ①

05 그림은 꽃의 구조를 나타낸 것이다. 꽃잎을 받치고 보호하는 역할을 하는 것은?

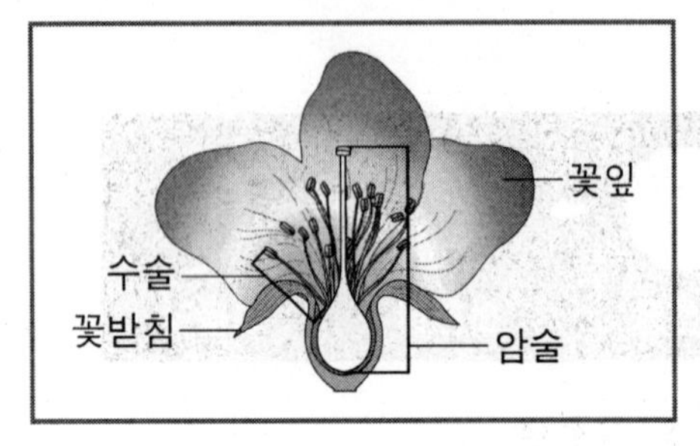

① 수술
② 암술
③ 열매
④ 꽃받침

해설 꽃은 기본적으로 암술, 수술, 꽃잎, 꽃받침으로 구성된다. 꽃잎은 암술과 수술을 보호하며, 꽃받침은 꽃잎을 받치고 보호하는 역할을 한다.

06 다음 설명에 공통으로 해당하는 것은?

- 유리나 플라스틱 등으로 만든 투명한 삼각기둥 모양의 기구이다.
- 햇빛을 이 기구에 통과시키면 다양한 색을 관찰할 수 있다.

① 프리즘 ② 막자사발 ③ 약숟가락 ④ 증발 접시

해설 ② 막자사발 : 약을 갈아서 가루로 만드는 데 쓰는 사기나 유리로 만든 그릇
③ 약숟가락 : 고체 가루를 다른 시험기구로 옮길 때 사용하는 숟가락 형태의 기구
④ 증발 접시 : 물질을 건조시킬 때 쓰는 접시

07 그림의 전기 회로에서 전지의 연결 방법은?

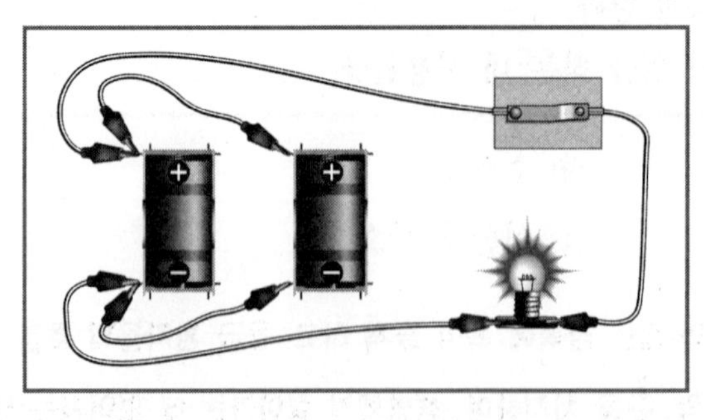

① 대류
② 전도
③ 병렬연결
④ 직렬연결

해설 직렬연결은 전지 여러 개를 서로 다른 극끼리 1개의 길로 연결하는 방법이고, 병렬연결은 전지 여러 개를 2개 이상의 길로 연결하는 방법이다.

정답 05. ④ 06. ① 07. ③

08 **그림은 우리나라에서 계절별 태양의 위치 변화를 나타낸 것이다. 이에 대한 설명으로 옳은 것은?**

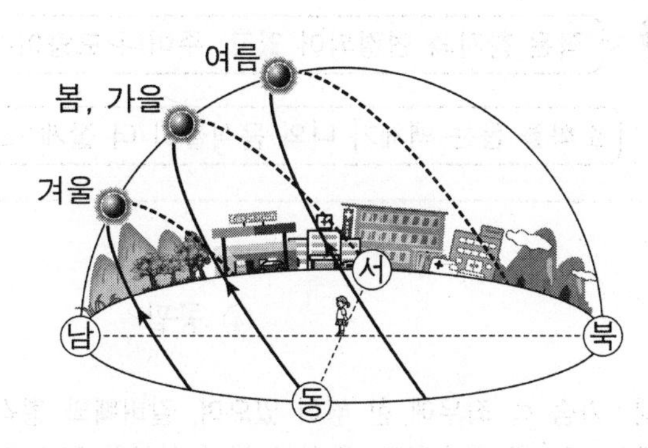

① 태양은 항상 서쪽에서 뜬다.

② 여름철 태양의 남중고도가 가장 높다.

③ 낮의 길이가 가장 긴 계절은 겨울이다.

④ 계절에 따른 달의 움직임을 나타낸 것이다.

해설 ① 태양은 항상 동쪽에서 뜬다.
③ 낮의 길이가 가장 긴 계절은 여름이다.
④ 계절에 따른 태양의 움직임을 나타낸 것이다.

09 **다음 중 지층에 관한 설명으로 옳지 <u>않은</u> 것은?**

① 지층에는 줄무늬가 보인다.

② 모든 지층은 수평 모양이다.

③ 지층의 두께나 색깔은 다양하다.

④ 지층은 만들어지는 데 오랜 시간이 걸린다.

해설 지층은 암석이 여러 층으로 쌓여 있는 것으로, 지층에는 나란한 줄무늬 모양의 층리가 있고, 아래에 있는 층이 위에 있는 층보다 먼저 쌓인 것이다. 지층은 아래에서부터 수평하게 쌓이나 오랜 시간이 지나면서 지구 내부에서 여러 가지 힘을 받아 지층의 모양이 변하기도 한다.

정답 08. ② 09. ②

10 다음 대화에서 설명하는 소화 기관은?

작은 창자와 연결되어 있고, 주머니 모양이야.

소화를 돕는 액체가 나와 음식물이 더 잘게 쪼개져.

① 위　　② 폐
③ 심장　　④ 콩팥

해설 ② 폐 : 가슴 속 좌우에 한 쌍이 있으며, 갈비뼈와 횡격막으로 둘러싸여 있다. 공기 중의 산소를 흡수하고, 몸에서 생긴 이산화 탄소를 폐포로 배출하여 몸 밖으로 내보낸다.
③ 심장 : 가슴의 중앙에서 약간 왼쪽으로 치우쳐 있는 자기 주먹만한 크기인 혈액 순환의 중심 기관으로, 펌프 작용을 통해 혈액을 온몸으로 순환시킨다.
④ 콩팥 : 강낭콩 모양으로, 등쪽 허리의 양쪽에 2개가 있으며, 아래쪽으로 오줌관을 통해 방광과 연결되어 있다.

11 그림에서 ㉠에 해당하는 것은?

① 뿌리　　② 씨앗
③ 잎자루　　④ 꼬투리

해설 잎은 잎몸, 잎자루, 잎맥으로 구성된다.

정답 10. ① 11. ③

12 **표는 지구의 크기를 1로 하여 태양계 행성의 상대적인 크기를 나타낸 것이다. 다음 중 지구와 크기가 가장 비슷한 행성은?**

행성	수성	금성	지구	화성	목성
상대적인 크기	0.4	0.9	1.0	0.5	11.2

① 수성 ② 금성
③ 화성 ④ 목성

해 설 상대적인 크기가 0.9인 금성이 지구의 크기 1과 차이가 가장 작으므로 지구와 크기가 가장 비슷하다.

13 **다음 중 생태계 보전 방법으로 적절하지 않은 것은?**

① 산에 나무심기
② 생물의 서식지 보호하기
③ 일회용품 많이 사용하기
④ 자동차 대신 자전거 이용하기

해 설 생태계를 보전하기 위해서는 일회용품의 사용을 줄이고, 생활용품을 재활용하여 사용해야 한다.

정답 12. ② 13. ③

14 **그림은 소금을 물에 녹이는 실험을 나타낸 것이다. 이 실험에 대한 설명으로 옳은 것은?**

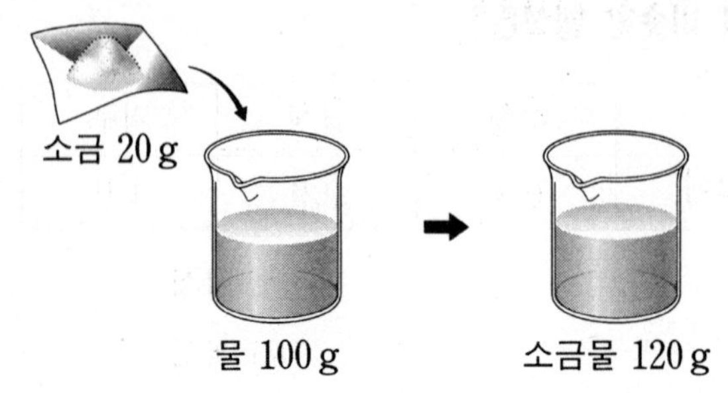

① 소금은 용매이다.

② 소금은 물에 녹지 않는다.

③ 소금은 물의 양이 적을수록 잘 녹는다.

④ 소금물의 무게는 소금과 물의 무게를 합한 것과 같다.

해설 ① 소금은 용질, 물은 용매, 소금물은 용액이다.
② 소금은 물에 녹는다.
③ 소금은 물의 양이 많을수록 잘 녹는다.

15 **다음 설명에 공통으로 해당하는 생물은?**

- 균류에 속한다.
- 몸은 균사로 이루어져 있다.

① 토끼 ② 곰팡이

③ 강아지풀 ④ 부레옥잠

해설 곰팡이는 균류에 속하고, 가늘고 긴 균사로 이루어져 있으며, 포자로 번식한다.

정답 14. ④ 15. ②

16 다음 중 이슬과 안개의 공통점은?

① 모두 기체이다. ② 낮에만 나타난다.
③ 수증기가 응결하여 생성된다. ④ 산불을 일으키는 원인이다.

해 설 이슬은 새벽에 차가워진 나뭇가지나 풀잎 등에 수증기가 응결하여 이루어진 작은 물방울이고, 안개는 공기 중의 수증기가 지표면 근처에서 응결하여 공기 중에 떠 있는 것으로, 이슬과 안개 모두 수증기가 응결하여 생성된다.

17 표는 학생 (가)~(라)가 같은 시간 동안 각각 이동한 거리를 나타낸 것이다. 가장 느리게 이동한 학생은?

학생	(가)	(나)	(다)	(라)
이동한 거리	30m	50m	70m	90m

① (가) ② (나)
③ (다) ④ (라)

해 설 속력은 물체의 빠르기를 나타내며, 물체의 이동 거리를 걸린 시간으로 나누어 구한다. 걸린 시간이 모두 같으므로 이동 거리가 가장 짧은 학생 (가)가 가장 느리다.

18 그림은 뚜껑을 덮어서 알코올램프의 불을 끄는 모습을 나타낸 것이다. 뚜껑을 덮었을 때, 알코올램프의 불이 꺼지는 이유로 옳은 것은?

알코올램프 뚜껑 덮기

① 온도가 높아져서
② 주변이 어두워져서
③ 탈 물질이 공급되어서
④ 산소 공급이 차단되어서

해 설 소화기를 사용하거나 알코올램프의 뚜껑을 덮어 산소 공급을 차단시켜 불을 끈다.

정답 16. ③ 17. ① 18. ④

19 **다음 중 우리 생활에서 산과 염기의 성질을 이용한 예로 옳은 것은?**

① 햇볕에 빨래 말리기

② 설탕을 물에 녹이기

③ 물을 냉동실에 넣어 얼리기

④ 생선을 손질한 도마를 식초로 닦기

해설 생선에서 나는 비린내는 염기성을 띠는 물질인데, 이러한 비린내를 없애기 위해서 산성을 띠는 식초를 뿌린다.

20 **다음 설명에서 ㉠에 해당하는 것은?**

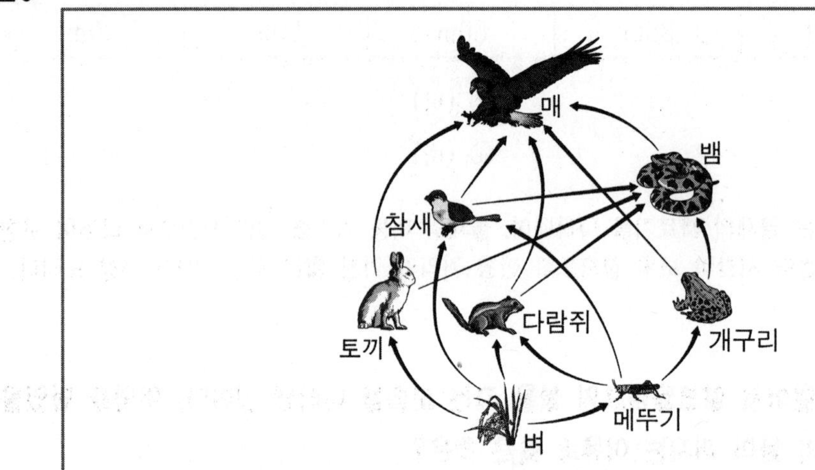

생태계에서 여러 개의 먹이 사슬이 얽혀 그물처럼 연결되어 있는 것을 (㉠) (이)라고 한다.

① 분해자 ② 먹이 그물

③ 환경 오염 ④ 비생물 요소

해설 먹이 사슬은 생물 사이의 먹고 먹히는 관계가 마치 사슬처럼 연결되어 있는 것을 말한다. 먹이 사슬 여러 개가 서로 얽혀서 그물처럼 보이는 것을 먹이 그물(㉠)이라고 한다.

정답 19. ④ 20. ②

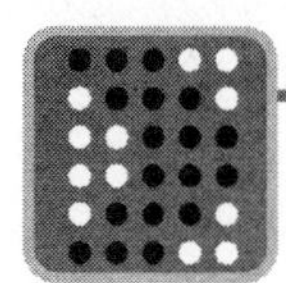
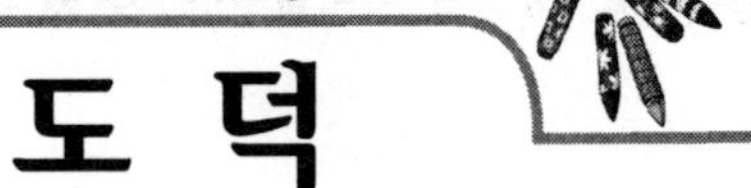

초등학교 졸업학력 검정고시 대비

도 덕

2023년 2회 시행

01 도덕 공부가 필요한 이유로 적절하지 않은 것은?

① 도덕적 삶을 살기 위해서이다.

② 제멋대로 행동하기 위해서이다.

③ 올바른 마음을 기르기 위해서이다.

④ 바르게 판단하고 결정하기 위해서이다.

해설 도덕 공부의 목적

- 사람으로서의 올바른 도리와 가치의 습득 및 바른 인격을 갖출 수 있다.
- 도덕 공부를 하면서 바람직한 가치를 찾고 삶의 목적으로 삼아 바람직한 삶을 살아갈 수 있다.
- 도덕 공부를 바탕으로 삶의 의미를 찾을 수 있다.
- 도덕의 실천을 통해 행복을 실현할 수 있기 때문이다.
- 도덕을 지키지 않으면 질서가 엉망이 되기 때문이다.
- 도덕적으로 바르게 행동하고 바른 마음을 지니는 것은 저절로 생기지 않고, 노력을 통해 기를 수 있다.

02 그림에서 공통으로 나타난 마음가짐으로 적절한 것은?

〈무거운 물건을 친구와 함께 들기〉

〈역할을 나누어 함께 공연하기〉

① 교만　　② 불신　　③ 질투　　④ 협동

정답 01. ② 02. ④

해설 협동 : 서로 마음과 힘을 합친다는 사전적 의미를 지니고 있으며 공동체 생활에서 꼭 필요하다.

03 서로 다른 문화를 존중하는 자세로 적절한 것을 〈보기〉에서 고른 것은?

보기

ㄱ. 나와 다른 문화는 무조건 멀리한다.
ㄴ. 나와 종교가 다른 사람에게 편견을 갖는다.
ㄷ. 생김새나 생활 방식이 다른 사람을 이해한다.
ㄹ. 우리 주위에 다양한 문화가 존재함을 받아들인다.

① ㄱ, ㄴ ② ㄱ, ㄷ ③ ㄴ, ㄹ ④ ㄷ, ㄹ

해설 서로 다른 문화를 존중하는 자세
- 자신과 생김새와 모습이 달라도 차별하지 않는다.
- 편견 없이 상대방을 이해하는 태도를 갖는다.
- 우리 주위에 다양한 문화가 존재함을 받아들인다.
- 인간 존중, 사랑, 평등 등 인류의 보편적 가치를 추구한다.

04 내면적으로 아름다운 사람이 되기 위한 행동으로 적절하지 않은 것은?

① 위인들의 본받을 점을 찾아본다.
② 매일 일기를 쓰며 나를 되돌아본다.
③ 나와 생각이 다른 친구의 의견을 무시한다.
④ 꿈을 이루는 데 도움이 되는 책을 꾸준히 읽는다.

해설 ③ 나와 생각이 다른 친구의 의견도 무시하지 않고 존중한다.
내면적 아름다움
눈에 보이지는 않지만 참된 것, 가치 있는 것 등을 접할 때 마음에 감동을 받으며 아름답다고 느끼게 된다. 이처럼 고귀하고 사랑스러운 것을 통해 느끼는 아름다움을 내면적 아름다움이라고 한다.

정답 03. ④ 04. ③

05 **㉠에 들어갈 말로 가장 적절한 것은?**

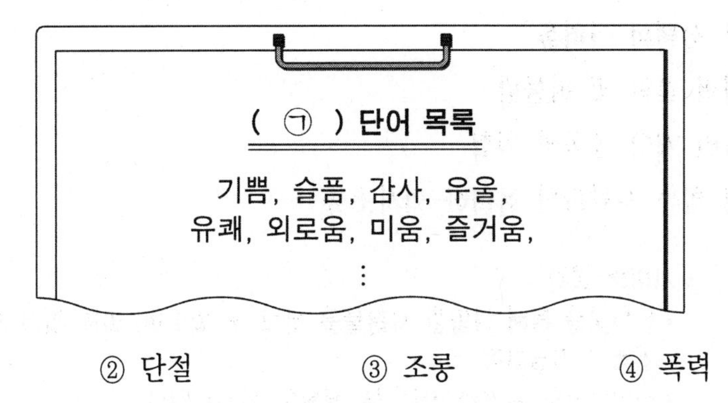

① 감정 ② 단절 ③ 조롱 ④ 폭력

해 설 감정 : 어떤 현상이나 일이 일어났을 때 드는 마음이나 기분이다. 예 행복하다, 만족한다, 짜릿하다, 신난다, 유쾌하다, 뿌듯하다, 즐겁다, 감사하다, 상쾌하다, 사랑스럽다, 편안하다 등

06 **다음 일기의 밑줄 친 부분과 가장 관련 있는 덕목은?**

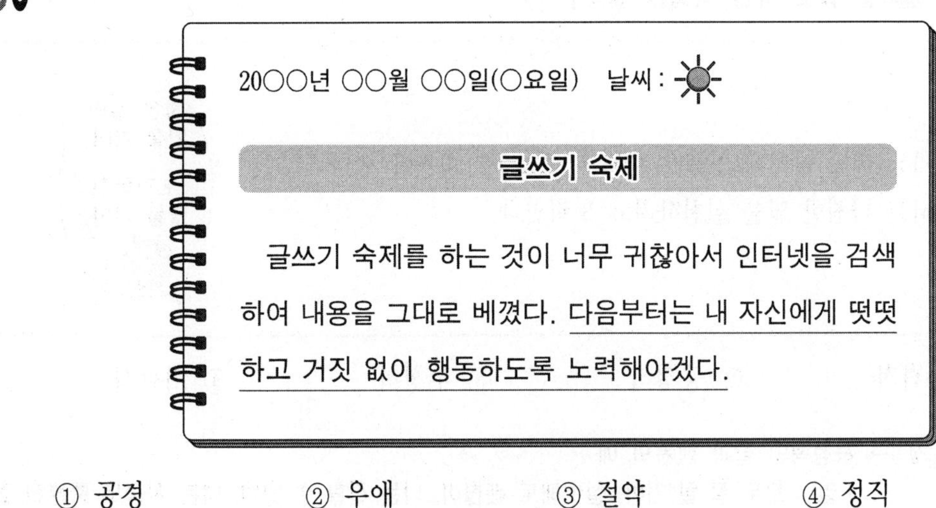

① 공경 ② 우애 ③ 절약 ④ 정직

해 설 정직 : 사람이나 사람의 성품, 마음 따위가 거짓이 없고, 바르고 곧은 것으로 남을 속이지 않는 것뿐만 아니라 자기 자신을 속이지 않는 것이다.

정답 05. ① 06. ④

07 **사이버 공간의 긍정적인 면으로 적절한 것은?**

① 정보 선택의 어려움

② 사이버 폭력 및 따돌림

③ 온라인 게임 중독의 위험

④ 멀리 있는 사람과의 편리한 의사소통

해 설 사이버 공간

- 인터넷을 통해 다양한 사람들을 만날 수 있으며, 멀리 있는 사람과의 편리한 의사소통이 가능하다.
- 인터넷으로 물건을 사는 등 생활이 편리해졌다.
- 인터넷을 통해 은행 업무나 민원을 처리할 수 있다.

08 **㉠에 들어갈 말로 가장 적절한 것은?**

- 나는 매일 아침에 거울을 보며 (㉠)인 다짐을 한다.
- 나는 다짐한 말을 실천하려고 노력한다.

① 공격적　　② 긍정적　　③ 부정적　　④ 비관적

해 설 긍정적인 말과 행동의 예

- 말 : 모두 잘 될 거야, 실수해도 괜찮아, 나는 잘할 수 있어, 너는 지금도 충분히 잘하고 있어 등
- 행동 : 실패해도 좌절하지 않고 끝까지 최선을 다하기, 자신감 갖고 도전하기 등

※ 긍정적인 태도 : 어려움 속에서도 자신감과 희망을 가지고 꾸준히 노력하는 것이다.

정답 07. ④ 08. ②

09 다음에서 설명하고 있는 것은?

남북한 분단과 전쟁 때문에 가족과 헤어져서 만나지 못하는 사람들을 말한다.

① 대가족 ② 핵가족
③ 이산가족 ④ 확대 가족

해 설 이산가족의 고통
우리나라는 6·25 전쟁 이후 남북의 개인적인 왕래가 금지되어 있다. 이에 따라 하나의 나라로 자유롭게 왕래하던 남과 북의 많은 가족들이 서로 만나지 못하고 오랜 시간 동안 가족을 그리워하며 슬픔 속에 살아가고 있다.

10 공정한 행동에 해당하는 것은?

① 규칙을 지켜 축구하기
② 급식을 받을 때 순서를 무시하고 끼어들기
③ 내가 하기 싫은 일을 다른 친구에게 시키기
④ 학급 회의에서 친한 친구에게만 발표 기회 주기

해 설 공정한 생활 : 어떤 일을 할 때에 일부 사람이 특별히 억울한 일을 당하거나 부당하게 이익을 얻지 않도록 올바르게 판단하고, 이를 실천에 옮기는 생활이다.

정답 09. ③ 10. ①

11 다음에서 설명하고 있는 것은?

- 스스로를 격려한다.
- 나를 사랑하는 법을 배운다.
- 내 마음의 소리에 귀를 기울인다.

① 경고 ② 무시
③ 준법 ④ 자아 존중

해 설 자아 존중
- 자신을 스스로 가치 있는 존재로 인식하고 격려한다.
- 자신이 사랑받을 만한 가치가 있는 소중한 존재이고 어떤 성과를 이루어낼 만한 유능한 사람이라고 믿는다.
- 내 마음의 소리에 귀를 기울인다.

12 지구촌이 겪고 있는 문제점이 아닌 것은?

① 전쟁과 난민
② 전염성 강한 질병
③ 국제 구호 단체 활동
④ 지구 온난화로 인한 이상 기후

해 설 지구촌 문제 : 전쟁, 기아, 환경 파괴, 인종이나 민족, 종교 간의 갈등, 가뭄, 질병

정답 11. ④ 12. ③

13 그림의 대화에 나타난 갈등 해결 방법은?

네가 내 말을 안 들어줘서 속상했어.

그랬구나. 미안해. 앞으로 네 말을 귀 기울여 들을게.

① 경청하기　　② 명령하기

③ 반항하기　　④ 윽박지르기

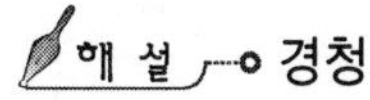
경청
- 남의 말을 귀기울여 주의깊게 듣는다.
- 상대방의 말 중간에 끼어들거나 끊지 않는다.
- 상대방의 말을 간섭하거나 판단하지 않는다.

14 진정한 봉사 활동에 해당하지 <u>않는</u> 것은?

① 공원에 있는 쓰레기 줍기

② 보상을 바라고 교실 청소하기

③ 동전을 모아 어려운 이웃 돕기

④ 재해가 일어난 곳에 도움 주기

해 설 봉사의 의미
- 배려하는 마음을 바탕으로 다른 사람을 돕는 행동이다.
- 보상을 바라지 않으며, 자신에게 이익이 돌아오지 않더라도 남에게 도움을 베푸는 것이다.

정답 13. ① 14. ②

15 ㉠에 공통으로 들어갈 말로 가장 적절한 것은?

> **우리 반 (㉠)왕**
>
> 이름 : ○○○
>
> 위 학생은 평소 자신의 생각이나 행동에 잘못된 점은 없는지 스스로 반성하고 올바른 사람이 되기 위해 노력하기에 우리 반 (㉠)왕으로 임명합니다.
>
> 20○○년 ○○월 ○○일

① 비리　　② 사치
③ 성찰　　④ 소비

해설 성찰이란 자기 자신과 주변 환경에 대해 깊이 생각하고 반성하는 것뿐만 아니라, 올바른 삶을 사는 구체적인 방법을 찾는 것을 말한다.

16 다음에서 설명하고 있는 것은?

> • 늘 가까이에 두고 생활의 길잡이로 삼는 말
> • 항상 잊지 않고 자신의 생활을 이끌어 가는 격언

① 무관심　　② 좌우명
③ 좌절감　　④ 친밀감

해설 좌우명
• 늘 생각하고 되새기며 가르침으로 삼는 말이다.
• 좌우명을 마음속에 새기고 사는 사람은 힘든 일이 닥쳐도 좌우명에 따라 행동하고 헤쳐 나갈 수 있다.

정답 15. ③ 16. ②

17 ㉠에 들어갈 말로 가장 적절한 것은?

제목 : ㉠

〈실천할 일〉

- ○ 아침에 스스로 일어나기
- ○ 스스로 책상 정리하기
- ○ 스스로 공부 계획 세우기

① 통일로 가는 길 ② 환경 보호는 나부터
③ 내 삶의 주인공은 나 ④ 내가 지키는 교통안전

해설 내가 주인이 되는 삶
일이나 행동을 선택하고 실천할 때에 내가 스스로 주인이 되어 판단하고 선택에 스스로 책임을 지는 생활을 말한다.

18 다음 글에 나타난 문제로 가장 적절한 것은?

점심시간에 친구들과 함께 운동장에서 줄넘기 연습을 했다. 그런데 내가 줄넘기 줄에 자꾸 걸리자 한 친구가 “여자라면 몰라도 남자는 운동을 잘해야지.”라며 놀렸다.
‘남자는 운동을 무조건 잘해야 하는 건가?’
그 이후로는 운동할 때 자신감이 떨어지고 친구들의 눈치를 보게 되었다.

① 성차별 ② 외모 차별
③ 인종 차별 ④ 종교 차별

해설 성차별은 성이 다르다는 이유만으로 이성에 대해 차별하는 것을 의미한다.

정답 17. ③ 18. ①

19 다음에서 설명하고 있는 것은?

> • 인간으로서 당연히 가지는 기본적인 권리이다.
> • 인간은 누구나 평등하게 태어났으며 모든 사람은 존엄하게 대우받을 권리가 있다.

① 법 ② 국가
③ 규범 ④ 인권

해설 인권의 의미
성별, 국적, 피부색, 언어, 신분, 종교 등에 상관없이 존중 받으며 사람으로서 마땅히 누려야 할 기본적 권리이다.

20 그림에서 ㉠에 들어갈 말로 적절한 것은?

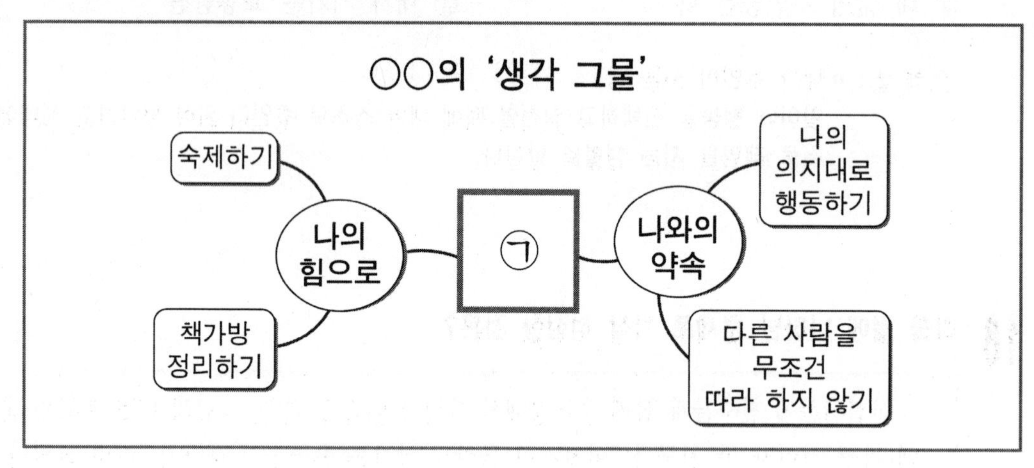

① 자주 ② 타율 ③ 인류애 ④ 통일 의지

해설 자주적인 사람의 특징
• 어려움을 스스로 헤쳐 나간다.
• 책임감이 있다.
• 쉽게 포기하지 않는다.
• 해야 할 일을 미루지 않는다.
• 남에게 의지하지 않고 스스로 판단하고 선택하고 실천한다.

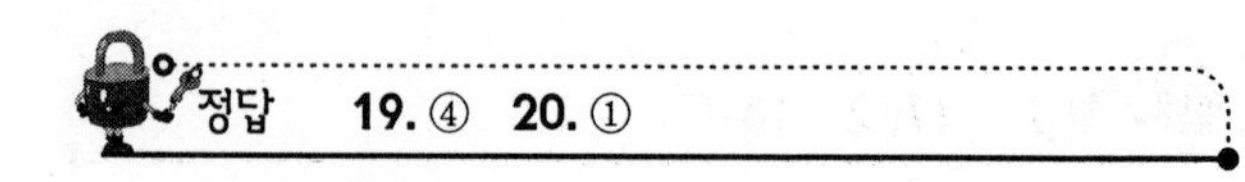
정답 19. ④ 20. ①

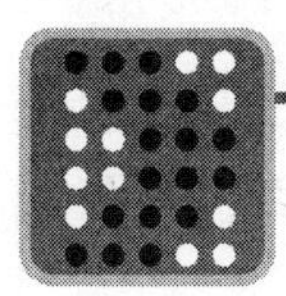

초등학교 졸업학력 검정고시 대비

실 과

2023년 2회 시행

01 그림에 해당하는 아동기 발달의 특징은?

① 사회적 발달

② 신체적 발달

③ 인지적 발달

④ 정서적 발달

해 설 아동기 신체적 발달의 특징
- 키가 자라고 몸무게가 늘어난다.
- 운동 능력이 향상된다.
- 남녀의 신체적 특징이 뚜렷해진다.

02 다음 설명에 해당하는 환경 요소는?

식물 내에서 물질을 운반하고 온도를 조절해 준다.

① 물　　② 공기

③ 토양　　④ 햇빛

해 설 물은 식물 내에서 물질을 운반하고 온도를 조절해 준다.

정답　01. ②　02. ①

03 ㉠에 들어갈 말로 알맞은 것은?

(㉠)은 생활에 필요한 것을 얻거나 경제적 소득을 얻기 위해 기르는 동물이다.

① 반려동물 ② 애완동물
③ 경제 동물 ④ 특수 동물

해설 경제 동물
인간 생활에 도움을 주는 경제적으로 가치가 있는 동물이다. 미적 가치, 가축 등 식품이나 부산물로서의 가치, 탐지견 등 노동을 통한 가치 등을 창출할 수 있다.
예 소, 닭, 돼지 등

04 가정에서의 올바른 식사 예절로 적절하지 않은 것은?

① 반찬 투정을 하지 않는다.
② 식사 준비에 함께 참여한다.
③ 식사 후에 식탁을 깨끗하게 정리한다.
④ 식사 중에 입을 벌려 내용물을 보여 준다.

해설 올바른 식사 예절
- 식사 전에는 손을 깨끗이 씻는다.
- 음식물을 입에 넣고 말하지 않는다.
- 식사에 방해되지 않도록 조용히 이야기한다.
- 반찬을 뒤적이지 않는다.
- 숟가락과 젓가락을 함께 들지 않고 그릇에 걸쳐 놓지 않는다.
- 어른이 식사를 시작하고 난 다음 식사한다.
- 음식을 남기지 않고 먹은 후 깨끗이 정리한다.
- 식사를 준비해 주신 분께 감사의 말을 전한다.

정답 03. ③ 04. ④

05 ㉠과 ㉡에 해당하는 식품군으로 알맞은 것은?

식품군	㉠	㉡
식품	치즈, 요구르트	감자, 옥수수

	㉠	㉡
①	과일류	곡류
②	과일류	채소류
③	우유·유제품류	곡류
④	우유·유제품류	채소류

해설 • 우유·유제품류 : 치즈, 요구르트, 크림, 버터 등
• 곡류 : 감자, 옥수수, 고구마 등

06 다음 설명에 해당하는 발명품은?

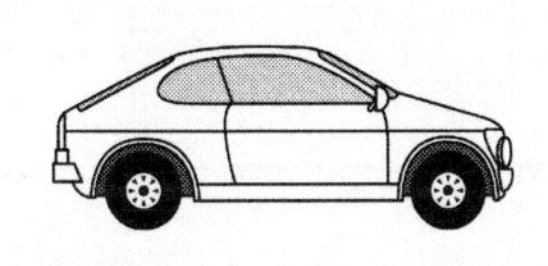

원하는 곳으로 빠르고 편리하게 갈 수 있다.

① 냉장고 ② 보일러
③ 자동차 ④ 진공청소기

해설 바퀴는 약 5000년 전 발명된 것으로 추측하고 있는데, 오늘날에는 자동차, 기차, 비행기 등 선박을 제외한 거의 모든 교통수단이 바퀴를 이용해 원하는 곳으로 빠르고 편리하게 갈 수 있다.

정답 05. ③ 06. ③

07 동물을 돌보고 기를 때의 태도로 알맞지 않은 것은?

① 정기적으로 건강 검진을 한다.

② 산책을 할 때 목줄을 풀고 다닌다.

③ 동물의 보금자리를 깨끗이 청소한다.

④ 기르고 있는 동물에 대해 자세히 알아본다.

해설 동물을 돌보고 기를 때의 태도
- 애완동물의 전염병은 사람에게 피해를 줄 수 있으므로 예방 접종을 하고 청결을 유지한다.
- 기르기 시작한 애완동물은 끝까지 책임져야 한다.
- 애완동물의 소음이나 배설물로 인해 다른 사람에게 피해를 주지 않도록 한다.
- 애완동물 출입이 금지된 곳에는 애완동물을 데리고 가지 않는다.
- 애완동물과 산책할 때에는 반드시 목줄을 매야 한다.

08 다음 설명에 해당하는 바느질 도구는?

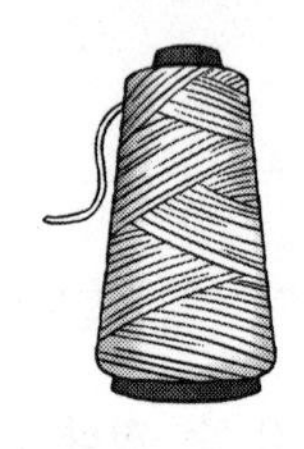

바늘에 꿰어 천을 잇는 데 사용한다.

① 실　　② 골무

③ 쪽가위　　④ 시침 핀

해설 ② 골무 : 바느질할 때 바늘을 눌러 밀거나 손끝이 찔리는 것을 막기 위하여 둘째손가락 끝에 끼우는 바느질 도구

③ 쪽가위 : 실 따위를 자르는 데 쓰는 족집게처럼 생긴 작은 가위

④ 시침 핀 : 바느질할 때 천을 여러 겹 맞대어 듬성듬성 성기게 꿰매기 위하여 옷감을 고정하는 핀

정답 07. ② 08. ①

09 ㉠에 해당하는 수송 수단의 기본 요소는?

> 자전거의 (㉠)은/는 수송 수단이 움직이도록 하는 장치로 페달과 체인 등이 있다.

① 프레임　　② 구동 장치
③ 제동 장치　　④ 조향 장치

해 설 자전거의 구동 장치는 수송 수단이 움직이도록 하는 장치로 페달, 체인 등이 있는데, 페달을 밟고 돌리면 이 힘을 체인이 뒷바퀴에 전달하여 뒷바퀴가 회전한다.

10 다음 설명에 해당하는 직업은?

> 승객이나 화물을 운반하기 위해 여객기, 화물 수송기 등을 조종한다.

① 교사　　② 은행원
③ 사회 복지사　　④ 항공기 조종사

해 설 항공기 조종사 : 여객 및 화물을 목적지까지 운송하기 위하여 여객기, 화물 수송기 등을 조종하는 사람이다.

11 가족에 대한 설명으로 적절하지 <u>않은</u> 것은?

① 우리 주변에는 다양한 형태의 가족이 있다.
② 결혼, 혈연, 입양 등으로 맺어진 공동체이다.
③ 상황에 따라 가족 구성원의 역할은 다를 수 있다.
④ 조부모와 함께 사는 가족을 1인 가족이라고 한다.

해 설 ④ 조부모와 함께 사는 가족을 조손 가족이라고 하며, 1인 가족은 혼자서 생활하는 가구이다. 조손 가족은 부모의 취업이나 자녀의 학업 또는 부모의 이혼, 재혼, 사별 등의 이유로 인해 조부모와 손자, 손녀가 살아가는 가족의 형태이다.

정답 09. ② 10. ④ 11. ④

12 다음 설명에 해당하는 조리 도구는?

- 음식을 조리할 때 쓰는 가열기구이다.
- 불의 세기를 조절할 수 있다.

① 도마 ② 뒤집개
③ 젓가락 ④ 가스레인지

해설 가스레인지는 음식을 조리할 때 쓰는 가열 기구로 불의 세기를 조절할 수 있으며, 조리 도구 및 용기에 제한이 없다.

13 의생활에 해당하는 것을 〈보기〉에서 고른 것은?

보 기

ㄱ. 빨래하기 ㄴ. 요리하기
ㄷ. 다림질하기 ㄹ. 은행 업무 보기

① ㄱ, ㄴ ② ㄱ, ㄷ
③ ㄴ, ㄹ ④ ㄷ, ㄹ

해설 의생활 : 옷의 정리와 관리, 빨래하기, 빨래 널기, 옷 개기, 다림질하기, 옷걸이에 걸기 등

정답 12. ④ 13. ②

14 **㉠에 들어갈 말로 가장 적절한 것은?**

① 교육 로봇 ② 수술 로봇

③ 청소 로봇 ④ 탐사 로봇

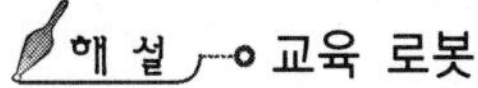 교육 로봇

인터넷 또는 프로그램에 의해 교육을 하는 로봇 자체에 내장된 자료 또는 네트워크로 전송받은 자료로서 지식 및 정보 전달과 교육에 사용되는 로봇이다.

15 **㉠에 들어갈 말로 가장 적절한 것은?**

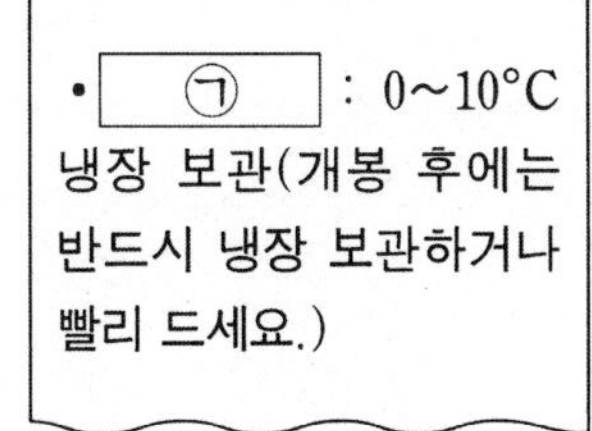

① 원재료명

② 보관 방법

③ 영양 정보

④ 식품 인증 표시

해설 식품의 적당한 보관 온도를 알고 구분하여 보관하여야 하는데 식품의 특성 및 냉장고 위치별 온도 등을 고려하여 적절한 위치에 넣어야 식품의 신선도를 최대한 유지할 수 있다.

정답 14. ① 15. ②

16 ㉠과 ㉡에 들어갈 옷의 기능으로 알맞은 것은?

> • 자신의 개성을 (㉠)한다.
> • 외부의 위험으로부터 몸을 (㉡)한다.

	㉠	㉡
①	구성	보호
②	구성	선택
③	표현	보호
④	표현	선택

해 설 옷의 기능

- 표현적 기능 : 옷차림을 통해 직업, 사회적 역할, 신분 등을 알 수 있으며, 개성을 표현한다.
- 보호적 기능 : 겉옷은 햇빛, 먼지, 외부 환경의 오염 물질로부터 몸을 보호해 주고, 추위와 더위를 막아 체온을 유지하여 준다. 또한, 속옷은 땀과 피지 등의 분비물을 흡수하여 피부를 청결하게 해 준다. 운동복은 신체 활동을 자유롭게 해 주고 몸을 다치지 않게 보호해 준다.

17 건강한 가정생활의 모습으로 적절하지 않은 것은?

① 서로의 의견을 존중하지 않는다.

② 가족의 행복을 위해 함께 노력한다.

③ 가정일을 서로 미루지 않고 함께한다.

④ 가족에게 어려운 일이 생겼을 때 도와준다.

해 설 가족은 누구보다 가까운 관계이지만 서로 예의를 지키지 않거나 의사소통이 잘 안 되면 갈등이 생길 수 있다. 따라서 건강한 가족과 가정생활을 위해서는 서로에 대한 배려와 원활한 의사소통이 필요하다.

정답 16. ③ 17. ①

18 **그림이 공통으로 나타내는 것은?**

① 친환경 인증 표시 ② 항생제 사용 표시
③ 합성 농약 사용 표시 ④ 화학 비료 사용 표시

해 설 친환경 인증 표시
정부가 친환경 인증 제도하에서 친환경으로 인정받은 농산물, 축산물, 수산물에 부여하는 인증 표시이다. 친환경 농축산물은 종류와 생산 과정에 따라 유기 농산물(임산물 포함), 유기 축산물, 무농약 농산물, 무항생제 축산물로 나뉜다.

19 **재활용 쓰레기를 분리배출하는 방법으로 적절하지 않은 것은?**

① 유리병은 잘게 깬다.
② 종이 팩은 물로 헹군 후 펼친다.
③ 음료수 캔은 내용물을 비우고 납작하게 누른다.
④ 플라스틱 생수 통은 부착 상표 등을 뗀 후 찌그러뜨린다.

해 설 ① 유리는 병뚜껑을 제거한 후 색깔별로 모아 배출한다.

정답 18. ① 19. ①

20 **㉠에 들어갈 말로 알맞은 것은?**

> 문제를 해결하기 위해 컴퓨터가 이해할 수 있는 언어를 사용하여 프로그램으로 만드는 과정을 (㉠)(이)라고 한다.

① 하드웨어　　② 프로그래밍
③ 사이버 중독　　④ 개인 정보 보호

해 설 프로그래밍이란 컴퓨터에 명령을 내리는 것으로, 문제를 해결하기 위해 컴퓨터가 이해할 수 있는 언어를 사용하여 프로그램으로 만드는 과정을 말한다.

정답 20. ②

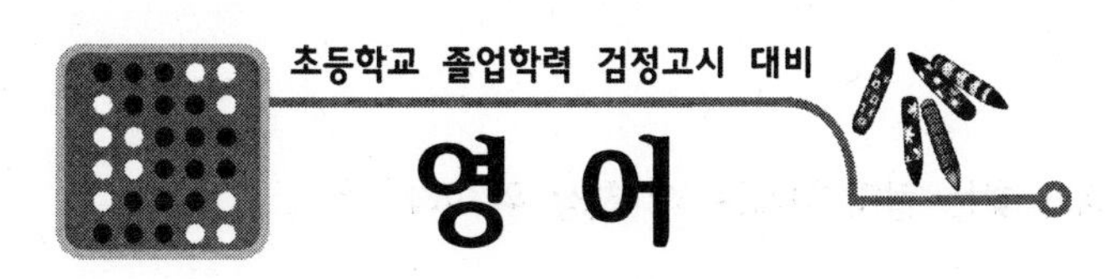

2023년 2회 시행

01 □ 안에 공통으로 들어갈 철자로 알맞은 것은?

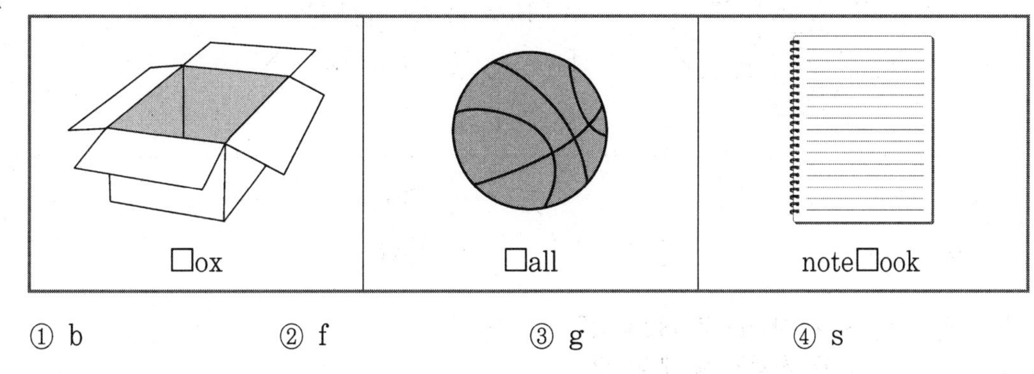

① b ② f ③ g ④ s

해설 '[b]ox(상자), [b]all(공), note[b]ook(공책)'이므로 □ 안에 공통으로 들어갈 철자는 'b'이다.

02 다음에서 A가 찾는 물건의 위치는?

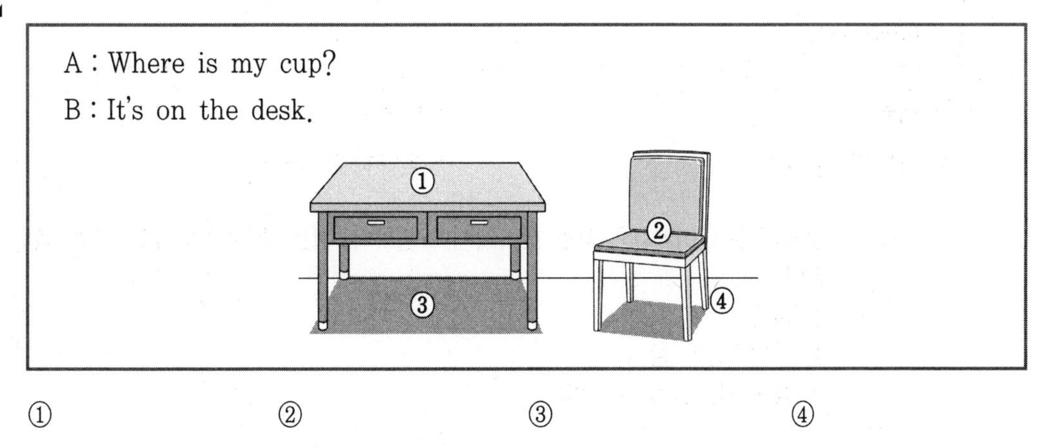

① ② ③ ④

정답 01. ① 02. ①

해 설 A : 내 컵 어딨어?
B : 책상 위에 있어요.
대화의 내용으로 보아 A가 찾는 컵의 위치는 '① 책상 위'이다.

03 그림으로 보아 빈칸에 들어갈 말로 알맞은 것은?

A : How many apples?
B : ________ apples.

① Two ② Three
③ Four ④ Five

해 설 A : 사과는 몇 개입니까?
B : 사과는 세 개입니다.
그림의 사과는 세 개(Three)다.

04 다음 글의 내용에서 알 수 없는 것은?

My name is Uju. I am from Korea. I am twelve years old. I like *bibimbap*.

① 이름 ② 나이
③ 가입한 동아리 ④ 좋아하는 음식

해 설 제 이름은 Uju입니다. 저는 한국에서 왔습니다. 저는 열두 살이에요. 저는 비빔밥을 좋아해요.
① 이름 : 우주
② 나이 : 열두 살
④ 좋아하는 음식 : 비빔밥

정답 03. ② 04. ③

05 다음 대화에서 A의 질문으로 가장 적절한 것은?

> A : Hello, I'm Minho.
> B : Hi, I'm Ann.
> A : ____________________?
> B : A - N - N.

① How are you ② What are you doing
③ What would you like ④ How do you spell your name

해설 A : 안녕하세요, Minho라고 해요.
B : 안녕하세요, Ann이에요.
A : 이름 철자가 어떻게 되나요?
B : A - N - N.
① How are you? : 안녕하세요?
② What are you doing? : 무슨 일 하세요?
③ What would you like? : 무엇을 원하세요?

06 ⓐ, ⓑ에 해당하는 말로 알맞은 것은?

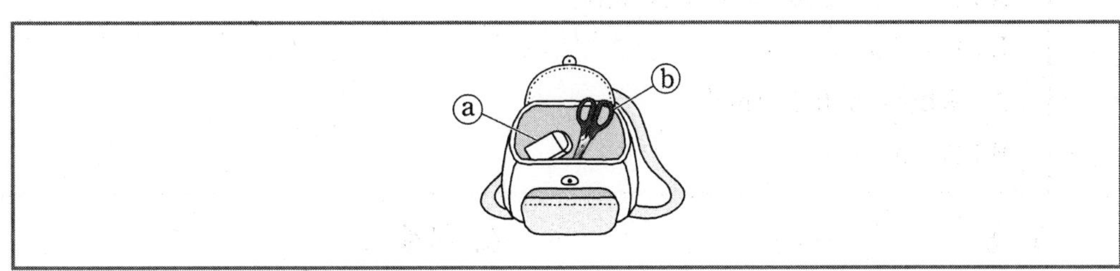

	ⓐ	ⓑ
①	eraser	robot
②	eraser	scissors
③	ruler	robot
④	ruler	scissors

해설 ⓐ eraser : 지우개, ⓑ scissors : 가위

정답 05. ④ 06. ②

07 **다음 대화에서 Lucy가 이번 주말에 하려고 하는 것은?**

A : What will you do this weekend, Lucy?
B : I will fly a kite.

① 연날리기 ② 청소하기
③ 영화 보기 ④ 음식 만들기

해설 A : 이번 주말에 뭐 할 거야, Lucy?
B : 연을 날릴 거야.
대화로 보아 Lucy는 주말에 연을 날릴 것이다.
• weekend : 주말
• kite : 연

08 **다음 대화에서 Kevin의 물건으로 알맞은 것은?**

A : Kevin, whose watch is this?
B : It's Jina's.
A : Whose doll is this?
B : It's mine.

① 공 ② 시계
③ 안경 ④ 인형

해설 A : Kevin, 이건 누구 시계야?
B : Jina 거야.
A : 이건 누구 인형이야?
B : 내 거야.
Kevin이 인형이 자기 것이라고 했으므로, 인형은 Kevin의 물건이다.
• watch : 시계, 보다
• doll : 인형

정답 07. ① 08. ④

09 ⓐ, ⓑ에 들어갈 말로 알맞은 것은?

2월	–	4월	–	6월	–	8월
February	–	(ⓐ)	–	June	–	(ⓑ)

	ⓐ	ⓑ
①	March	July
②	April	July
③	April	August
④	May	August

해 설 4월 : April, 8월 : August

10 다음 대화에서 A가 할 행동으로 가장 적절한 것은?

A : I have a fever.
B : How about taking some medicine?
A : OK, I will.

① 약 먹기 ② 일찍 자기
③ 충분히 쉬기 ④ 물 많이 마시기

해 설 A : 열이 나.
B : 약 좀 먹으면 어때?
A : 알았어, 그럴게.
• fever : 열, 흥분
• how about~ : ~은 어떻습니까?, ~에 대해서 어떻게 생각합니까?
• medicine : 의학, 약

정답 09. ③ 10. ①

11 **다음 설명에 해당하는 장소로 가장 적절한 것은?**

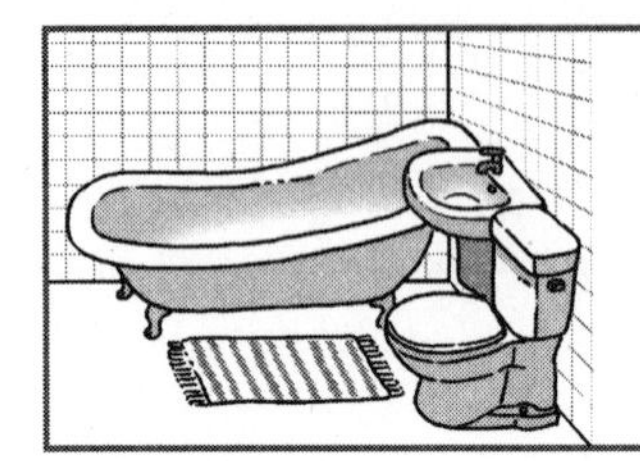

There is a bath.
There is a toilet.

① kitchen ② bedroom
③ bathroom ④ living room

해설 욕조가 있습니다.
화장실이 있습니다.
① kitchen : 주방
② bedroom : 침실
③ bathroom : 욕실
④ living room : 거실
욕조와 화장실로 보아 그림의 장소는 욕실이다.

12 **다음 대화에서 B의 대답으로 가장 적절한 것은?**

A : Can I watch TV?
B : ______________. It's 10 o'clock. It's time for bed.
A : OK. Good night, mom.

① I'm Paul ② It's sunny
③ It's white ④ No, you can't

해설 A : TV를 봐도 되나요?
B : 아니, 안 돼. 10시야. 잘 시간이야.
A : 네. 안녕히 주무세요, 엄마.
① I'm Paul. : 저는 Paul이에요.
② It's sunny. : 날씨가 맑아요.
③ It's white. : 흰색이에요.
④ No, you can't. : 안 돼요.

정답 11. ③ 12. ④

13 다음 대화에서 A가 구매한 물건의 총금액으로 알맞은 것은?

A : How much is this cookie?
B : It's two thousand won.
A : I'll take four cookies. Here is eight thousand won.
B : Thank you.

① 2,000원 ② 4,000원
③ 6,000원 ④ 8,000원

해 설 A : 이 쿠키는 얼마입니까?
B : 2천 원입니다.
A : 쿠키 4개 주세요. 여기 8천 원입니다.
B : 감사합니다.
대화로 보아 A는 개당 2천 원인 쿠키 4개를 구매했으므로, 총금액은 8천 원이다.

14 다음에서 설명하는 Alex의 교실로 알맞은 것은?

A : What grade are you in, Alex?
B : I'm in the fifth grade.

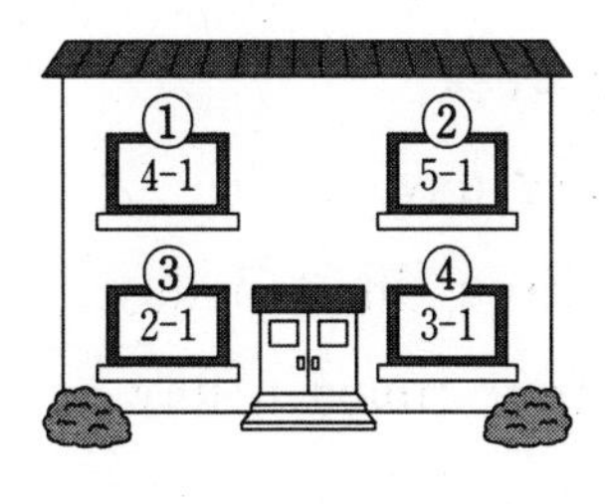

① ② ③ ④

해 설 A : Alex, 몇 학년이니?
B : 저는 5학년입니다.
• grade : 학년, 성적

정답 13. ④ 14. ②

15 다음 글의 내용과 일치하는 것은?

A : Who drew this picture? It looks good.
B : I did. My favorite subject is art.
I want to be an artist.

① A는 그릇을 만들었다.
② A는 그림이 별로라고 말했다.
③ B가 제일 좋아하는 과목은 미술이다.
④ B는 의사가 되고 싶어 한다.

해설 A : 이 그림은 누가 그렸나요? 보기 좋네요.
B : 제가 그렸어요. 제가 좋아하는 과목은 미술입니다.
저는 예술가가 되고 싶습니다.
• subject : 주제, 과목
• want to+동사 : ~하고 싶어 하다

16 그림을 알맞게 표현한 문장은?

① I work out once a week.
② I eat breakfast every day.
③ I brush my teeth three times a day.
④ I wash my hands four times a day.

해설 ① 저는 일주일에 한 번 운동을 합니다.
② 저는 매일 아침을 먹습니다.
③ 저는 하루에 세 번 이를 닦습니다.
④ 저는 하루에 네 번 손을 씻습니다.
• work out : 되다, 운동하다
• brush : 양치, 붓, 닦다

정답 15. ③ 16. ④

17 **다음 대화에서 A의 생일 파티 날짜로 알맞은 것은?**

> A : Can you come to my birthday party?
> B : Sure! When is it?
> A : It's tomorrow. March 8th.
> B : OK. See you tomorrow.

① 3월 8일 ② 5월 8일
③ 8월 3일 ④ 10월 3일

해설 A : 제 생일 파티에 오실 수 있나요?
B : 물론이죠! 언제죠?
A : 내일입니다. 3월 8일입니다.
B : 네. 내일 뵙겠습니다.

18 **다음 글에서 Amy에 관한 설명과 일치하지 않는 것은?**

> This is Amy. She is my cousin. She is older than me. She likes to sing. She goes to Daehan Elementary School.

① 내 사촌이다. ② 나보다 나이가 많다.
③ 춤추기를 좋아한다. ④ 대한 초등학교에 다닌다.

해설 Amy입니다. 그녀는 제 사촌입니다. 그녀는 저보다 나이가 많습니다. 그녀는 노래하는 것을 좋아합니다. 그녀는 대한 초등학교에 다닙니다.
- cousin : 사촌, 친척
- older : 오래된, 노인, 나이든
- go to + 장소 : ~에 가다

정답 17. ① 18. ③

19 **다음 대화에서 A가 더 먹고 싶어 하는 음식으로 알맞은 것은?**

> A : This curry is delicious. Can I have some more?
> B : Sure. Here you are.

① 피자 ② 카레
③ 샐러드 ④ 햄버거

해설 A : 카레가 맛있어요. 좀 더 먹을 수 있을까요?
B : 물론입니다. 여기 있습니다.
- curry : 카레, 카레 요리
- delicious : 맛있는, 달콤한, 즐거운

20 **다음 글에서 Judy가 한 일이 아닌 것은?**

> Dear Tim,
> My summer was great.
> I took a trip with my family.
> I watched baseball games.
> I went to the K-pop festival, too.
> How was your summer, Tim?
> Your friend,
> Judy

① 가족과 함께 여행했다. ② 친구들과 수영장에 갔다.
③ 야구 경기를 관람했다. ④ K-pop 페스티벌에 갔다.

해설 친애하는 Tim에게,
나의 여름은 정말 좋았어.
가족과 함께 여행을 다녀왔어.
야구 경기도 봤고,
K-pop 페스티벌에도 갔어.
너의 여름은 어땠어, Tim?
네 친구, Judy

정답 19. ② 20. ②

2023년 1회

초등학교 졸업학력 검정고시 대비 기출문제

2023년 4월 시행

똑 같은 **기 출** 똑 똑 한 **해 설**

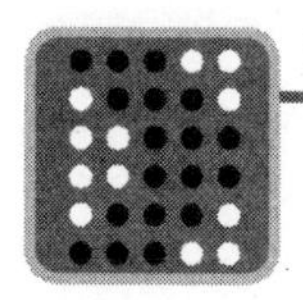

초등학교 졸업학력 검정고시 대비

국 어

2023년 1회 시행

01 **㉠에 들어갈 사과의 말로 적절한 것은?**

① 생일을 축하해.
② 미안해. 닦아 줄게.
③ 반가워. 오랜만이야.
④ 책을 빌려줘서 고마워.

해 설 실수로 우유를 쏟아서 사과하는 상황이다. 사과할 때에는 잘못을 인정하고 진심을 담아 정중하게 한다.

02 **다음과 같은 뜻을 지닌 속담은?**

> 사람 간의 관계가 매우 가까운 것을 비유적으로 이르는 말

① 바늘 가는 데 실 간다.
② 배보다 배꼽이 더 크다.
③ 소 잃고 외양간 고친다.
④ 쥐구멍에도 볕 들 날 있다.

해 설 바늘 가는 데 실 간다 : 바늘이 가는 데 실이 항상 뒤따른다는 뜻이며 사람 간의 관계가 매우 가까운 것을 비유적으로 이르는 말이다.

정답 01. ② 02. ①

03 **다음 주제에 대한 의견으로 알맞지 <u>않은</u> 것은?**

> 친구와 사이좋게 지내자.

① 친구가 어려울 때 돕는다.
② 친구가 힘들 때 위로한다.
③ 친구가 싫어하는 별명을 부른다.
④ 친구에게 바르고 고운 말을 한다.

해설 친구가 어려울 때 돕고, 힘들 때 위로하며, 바르고 고운 말을 하면 친구 사이가 더 좋아진다.

04 **다음 글의 시간적 배경은?**

> 아침에 집에서 밥을 먹을 때였습니다. 가족들은 맛있게 먹고 있는데 저는 이가 아파서 한 입도 먹지 못했습니다. 아버지께서는 치과에 가서 치료를 받아야 한다고 말씀하셨습니다.

① 집 ② 아침
③ 저녁 ④ 치과

해설 시간적 배경이란 일(사건)이 일어난 시간을 뜻하는데 새벽녘, 아침, 해 질 무렵 등이 있다. 문제의 지문 '아침에 집에서 밥을 먹을 때였습니다.'로 보아 시간적 배경이 아침임을 알 수 있다.

정답 03. ③ 04. ②

05 문장 성분의 호응 관계가 바른 것은?

① 동생은 빵을 별로 좋아한다.

② 우리는 내일 동물원에 갔다.

③ 삼촌은 어제 병원에 갈 것이다.

④ 나는 그 사실을 도저히 믿을 수 없다.

해 설 어떤 말이 앞에 올 때에 거기에 대응하는 말이 호응을 이루지 않으면 어색한 문장이 되거나, 말하는 이나 글쓴이의 의도가 잘못 전달될 수 있기 때문에 문장의 호응에 주의하여야 한다.
① 동생은 빵을 별로 좋아하지 않는다.
② 우리는 내일 동물원에 갈 것이다.
③ 삼촌은 어제 병원에 갔다.

06 밑줄 친 낱말 중 바르게 쓰인 것은?

① 새가 <u>난다</u>.

② 짐을 <u>날른다</u>.

③ 새끼를 <u>낫는다</u>.

④ 물고기를 <u>낙는다</u>.

해 설 ② 짐을 <u>날른다</u>. → <u>나른다</u>.
③ 새끼를 <u>낫는다</u>. → <u>낳는다</u>.
④ 물고기를 <u>낙는다</u>. → <u>낚는다</u>.

07 상대를 배려하며 조언하는 방법으로 알맞지 <u>않은</u> 것은?

① 상대가 처한 상황을 이해한다.

② 상대의 말을 제대로 듣지 않고 말한다.

③ 상대의 생각에 공감하며 대화하려고 노력한다.

④ 상대에게 고민을 말해 보라고 강요하지 않는다.

해 설 상대방의 말을 귀를 기울여 듣고 기분이 상하지 않도록 배려하며 도움이 되는 내용을 말한다.

정답 05. ④ 06. ① 07. ②

08 **다음 글을 읽고 미루어 짐작할 수 있는 내용으로 가장 적절한 것은?**

> 마라톤 대회가 시작되었습니다. 가파른 언덕을 오를 때, 지수는 갑자기 현기증이 났습니다. 다른 친구들은 이미 지수를 앞질러 간 상태였습니다. 지수는 포기해야겠다는 생각으로 몇 걸음 천천히 걸었습니다.
>
> 그때 사람들의 응원하는 소리가 들렸습니다.
>
> "와, 조금만 더 힘내요!"
>
> 지수는 응원하는 소리에 힘이 났습니다.
>
> '이제 거의 다 왔어. 조금만 더 힘을 내자!'
>
> 선생님과 친구들은 결승점으로 들어오는 지수를 향해 뜨거운 박수를 보냈습니다. 지수는 자신이 해냈다는 생각에 뿌듯한 마음이 들었습니다.

① 지수는 도중에 포기했을 것이다.
② 지수를 응원하는 사람이 없을 것이다.
③ 지수는 끝까지 달려 결승점에 도착했을 것이다.
④ 마라톤 대회의 코스는 평지로만 이루어졌을 것이다.

해 설 지수는 갑자기 현기증이 나서 포기하고 싶었지만 사람들의 응원 소리와 박수를 받으면서 끝까지 달려 결승점에 도착했을 것이다.

09 **설명하는 글을 요약하는 방법으로 알맞지 않은 것은?**

① 중요한 내용을 생략한다.
② 각 문단의 중심 내용을 찾는다.
③ 중심 내용을 연결하여 정리한다.
④ 글의 구조를 파악하고 내용을 요약한다.

해 설 문단의 중심 문장을 찾아 그 내용을 연결하고 정리한 후 글의 구조를 파악해 내용을 요약한다.

정답 08. ③ 09. ①

10 다음에 해당하는 토론 절차는?

> • 상대편의 주장이 타당하지 않다는 것을 밝히기 위하여 서로 질문한다.
> • 상대편의 질문에 답변한다.
> • 상대편의 주장에 대한 근거가 타당하지 않다는 것을 반박한다.

① 주장 펼치기 단계
② 반론하기 단계
③ 주장 다지기 단계
④ 정리하기 단계

해 설 반론하기 단계
- 상대편의 주장과 근거, 근거 자료에 문제가 있는지 따져 본다.
- 양편은 서로 제시한 근거가 논리적으로 적절하고 믿을 만한지 살펴보고 반박할 수 있다.
- 반론할 때 적절한 추가 자료를 제시하면 설득력이 있다.

11 다음 광고에서 전하려는 내용은?

① 손을 깨끗이 씻자.
② 책을 꾸준히 읽자.
③ 교통 규칙을 잘 지키자.
④ 음식물 쓰레기를 줄이자.

해 설 제시된 광고의 글(빨간 불에서는 멈추어야 한다)과 그림을 보면 교통 규칙을 잘 지키자는 내용을 전하는 광고이다.

정답 10. ② 11. ③

12 **청소년의 언어 사용 실태를 알아보기 위한 방법으로 가장 적절한 것은?**

① 일기 예보를 신문에서 찾는다.

② 멸종 동물을 동물도감에서 조사한다.

③ 청소년의 줄임말 사용에 대한 설문 조사를 한다.

④ 청소년의 체격 변화를 통계청 누리집에서 검색한다.

해 설 청소년의 언어 사용 실태를 알아보기 위해 청소년이 습관적으로 줄임말, 즉 신조어를 사용하는 지에 대한 설문 조사를 하는 방법이 적절하다.

13 **㉠~㉣ 중 글쓴이의 느낌이 드러난 부분은?**

> 평소 나는 제주도에 관심이 많아 제주도에 관한 책도 읽고 검색도 해 보았다. 그런데 마침 ㉠ 아버지께서 제주도에 여행을 가자고 하셨다. 가족들과 함께 제주도 여행 일정을 짰다. 여행 당일 ㉡ 우리는 김포 공항에서 제주도로 가는 비행기를 탔다. 비행기 안에서 ㉢ 바다를 바라보며 제주도에 대한 이야기를 나누었다. 비행기에서 내려 제주 공항에 발을 내딛는 순간 ㉣ 신나서 마음이 설렜다.

① ㉠ ② ㉡ ③ ㉢ ④ ㉣

해 설 기행문은 여행을 하며 보고 들은 것, 다닌 곳, 생각이나 느낌을 쓴다. 문제의 지문에서 느낌이 나타난 부분은 ㉣이다.

정답 12. ③ 13. ④

[14~15] 다음 글을 읽고 물음에 답하시오.

> • 때 : 나른한 오후
> • 곳 : 집 안 거실
> • 나오는 사람 : 엄마, 딸
>
> 막이 열리면 딸이 문을 열고 힘없이 거실로 들어온다.
>
> 엄마 : (걱정스런 목소리로) ㉠ 무슨 일 있었니?
> 딸 : (고개를 떨구며) 아니요. 별일 없었어요.
> 엄마 : (딸의 얼굴을 들어 올리며) 얼굴을 ㉡ 들어 보렴.

14 **극본에서 ㉠에 해당하는 것은?**

① 대사　② 배우　③ 지문　④ 해설

해설 극본의 3요소
• 해설 : 때, 곳, 나오는 사람 등을 소개하고 설명하는 부분
• 대사 : 인물이 하는 말을 나타냄
• 지문 : 인물의 표정, 행동, 동작을 나타냄
※ 인물의 말은 " "(큰따옴표) 없이 대사로 나타낸다.

15 **㉡과 의미가 같은 것은?**

① 나는 손을 들었다.　② 손에 꽃물이 들었다.
③ 선물이 마음에 들었다.　④ 우리는 동아리에 들었다.

해설 ① 나는 손을 들었다. → (사람이 몸의 한 부분을) 위로 올리다.
② 손에 꽃물이 들었다. → (물건이나 음식에 빛깔이나 맛이) 배거나 스미다.
③ 선물이 마음에 들었다. → (물건이나 사람이 마음이나 눈에) 맞거나 차다.
④ 우리는 동아리에 들었다. → (사람이 모임이나 조직에) 구성원으로 가입하다.

정답 14. ① 15. ①

16 **'누가/무엇이 + 어찌하다'의 짜임이 아닌 것은?**

① 공이 구른다. ② 친구가 간다.
③ 얼룩말이 달린다. ④ 강아지는 동물이다.

해설 문장의 짜임
- '누가/무엇이+어찌하다'의 짜임 : 대상의 동작을 나타낸다.
  예 공이 구른다. 친구가 간다. 얼룩말이 달린다.
- '누가/무엇이+어떠하다'의 짜임 : 대상의 상태나 성질을 나타낸다.
  예 벚꽃이 예쁘다.
- '누가/무엇이+무엇이다'의 짜임 : 대상을 지정한다.
  예 강아지는 동물이다.

17 **다음과 같은 글에 대한 설명으로 알맞은 것은?**

> 날마다 운동을 하는 습관을 기릅시다. 날마다 운동하면 몸과 마음이 건강해지기 때문입니다. 예를 들어 아침 일찍 일어나 달리기나 줄넘기 같은 운동을 하면 하루를 활기차게 시작할 수 있습니다. 그리고 그날 무엇을 할지 생각해 보는 여유가 생길 수 있습니다. 이처럼 날마다 운동하면 우리 생활에 많은 도움이 됩니다. 따라서 운동하는 습관을 기르도록 노력해야 합니다.

① 연극을 공연하려고 쓴 글
② 상대방을 설득하기 위해 쓴 글
③ 위로하는 마음을 전하기 위해 쓴 글
④ 위인전을 읽고 본받고 싶은 점을 쓴 글

해설 '운동하는 습관을 기르자.'는 글쓴이의 주장이 나타난 글이다. 주장하는 글은 어떤 주제에 대한 생각이나 주장을 쓴 글로 읽는 사람을 설득하는 것을 목적으로 쓴 글이다.

정답 16. ④ 17. ②

18 토의할 때 의견을 제시하는 방법으로 알맞지 않은 것은?

① 근거를 들어 의견을 말한다.

② 일방적으로 자신의 의견을 말한다.

③ 토의 주제에 관련된 의견을 말한다.

④ 해결할 문제에 도움이 되는 의견을 말한다.

해 설 다른 사람의 의견을 끝까지 귀 기울여 듣고 그 의견을 존중하면서 자신의 의견을 말한다.

[19~20] 다음 글을 읽고 물음에 답하시오.

아기 웃음

이선영

아기 웃음은
유리 종소리야

들으면 기분 좋은
맑은 종소리

아기 웃음은
이상한 열쇠야

㉠ 꽁 닫힌 마음도
활짝 열어 버리지

아기 웃음은
다 통하는 국제어야

웃는 얼굴은
국경도 없으니까

19 위 시에서 '아기 웃음'을 비유한 것이 아닌 것은?

① 유리 종소리 ② 이상한 열쇠

③ 다 통하는 국제어 ④ 국경

해 설 비유는 어떤 현상이나 사물을 직접 설명하지 않고 비슷한 현상이나 사물에 빗대어 표현하는 것을 말하는데 감동과 느낌을 표현하기 위해서 비유가 많이 쓰인다.

- 비유한 대상 : 아기 웃음
- 비유적 표현 : 유리 종소리, 이상한 열쇠, 다 통하는 국제어

정답 18. ② 19. ④

20 ㉠의 의미로 가장 적절한 것은?

① 열린 마음 ② 따뜻한 마음

③ 미워하지 않는 마음 ④ 소통하지 않는 마음

해설 이 시에서 '꽁 닫힌 마음'은 열린 마음, 따뜻한 마음, 미워하지 않는 마음이 아니고, 소통하지 않는 마음을 의미한다.

정답 20. ④

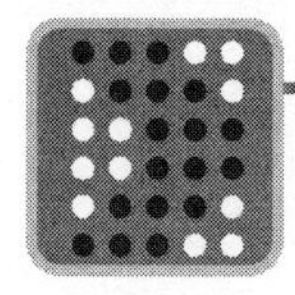

초등학교 졸업학력 검정고시 대비

수 학

2023년 1회 시행

01 **다음은 다섯 자리 수 24351의 각 자리의 숫자가 얼마를 나타내는지 알아보는 과정이다. □에 알맞은 수는?**

만의 자리	천의 자리	백의 자리	십의 자리	일의 자리
2	4	3	5	1

$$24351 = \square + 4000 + 300 + 50 + 1$$

① 10000　② 20000　③ 30000　④ 40000

해 설 ─○ $24351 = 20000 + 4000 + 300 + 50 + 1$

02 **다음은 350×20의 계산 방법을 나타낸 것이다. □에 알맞은 수는?**

$350 \times 2 = 700$

10배　10배

$350 \times 20 = \square$

① 350　② 3000　③ 3500　④ 7000

해 설 ─○ 700의 10배인 7000이 □에 알맞은 수이다.

정답　01. ②　02. ④

03 다음 중 예각인 것은?

① 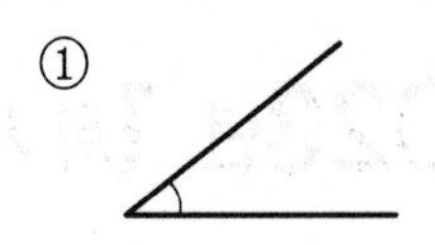

② 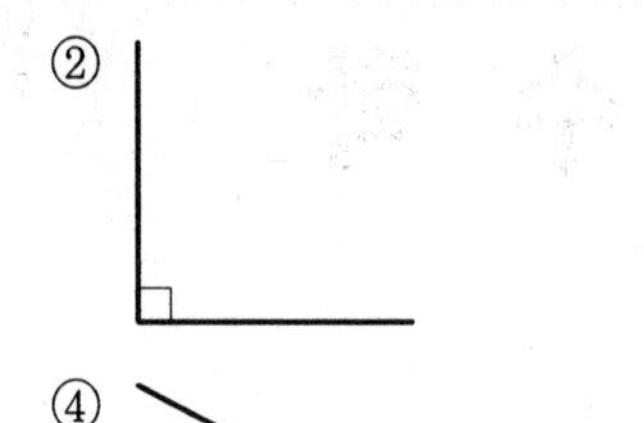

③ 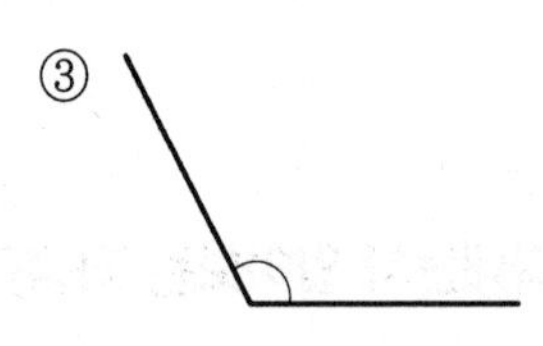

④

해 설 예각은 각도가 $0°$보다 크고 직각($90°$)보다 작은 각이다.
②는 직각, ③ · ④는 둔각이다.

04 다음 계산에서 □에 알맞은 수는?

$$32-(3+7)=\square$$

① 12 ② 22 ③ 32 ④ 42

해 설 (   )가 있는 식은 (   ) 안을 먼저 계산한다.
$32-(3+7)=32-10=22$

05 다음은 슬기네 모둠 친구들이 쓰러뜨린 볼링 핀의 수를 나타낸 것이다. 3명이 쓰러뜨린 볼링 핀 수의 평균은?

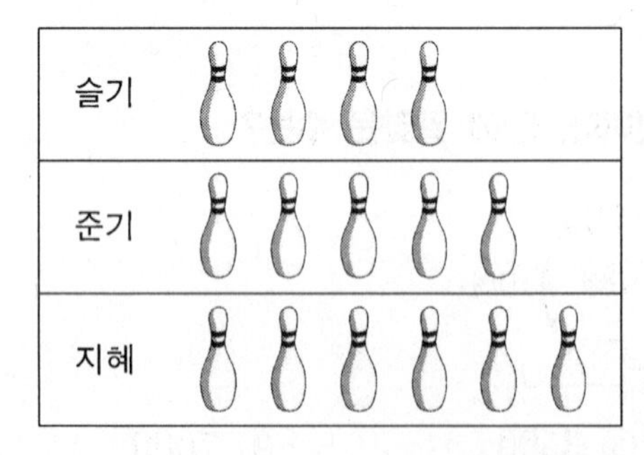

① 3
② 4
③ 5
④ 6

해 설 평균 $=\dfrac{\text{자료의 합계}}{\text{자료의 개수}}$ → $\dfrac{4+5+6}{3}=\dfrac{15}{3}=5$

정답 03. ① 04. ② 05. ③

06 **다음과 같이 6과 8의 최대공약수를 구하려고 한다. □에 알맞은 수는?**

> 6의 약수는 1, 2, 3, 6이다.
> 8의 약수는 1, 2, 4, 8이다.
> 따라서 6과 8의 최대공약수는 □이다.

① 2 ② 12 ③ 22 ④ 32

해 설 두 수의 공통된 약수인 공약수 중에서 가장 큰 수를 두 수의 최대공약수라고 한다.
6과 8의 공약수 1, 2 중 최대공약수는 2이다.

07 **다음은 $\frac{1}{2}+\frac{1}{3}$의 계산 방법을 나타낸 것이다. □에 알맞은 수는?**

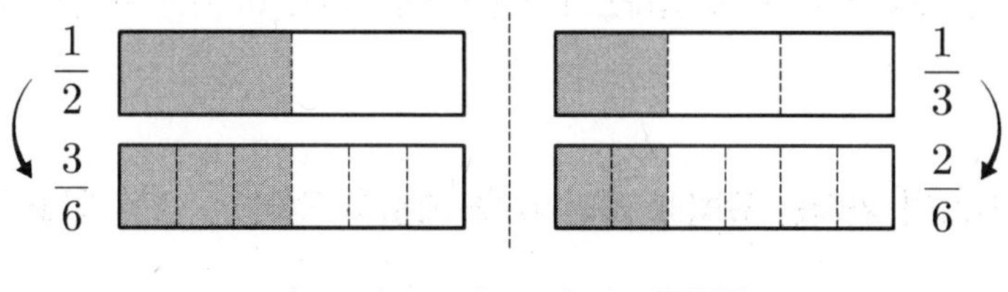

$$\frac{1}{2}+\frac{1}{3}=\frac{3}{6}+\frac{2}{6}=\square$$

① $\frac{2}{6}$ ② $\frac{3}{6}$ ③ $\frac{4}{6}$ ④ $\frac{5}{6}$

해 설 $\frac{1}{2}+\frac{1}{3}=\frac{3}{6}+\frac{2}{6}=\frac{3+2}{6}=\frac{5}{6}$

정답 06. ① 07. ④

08 **다음은 쌓기나무로 쌓은 모양과 이를 위에서 본 모양이다. 똑같은 모양으로 쌓는 데 필요한 쌓기나무의 개수는?**

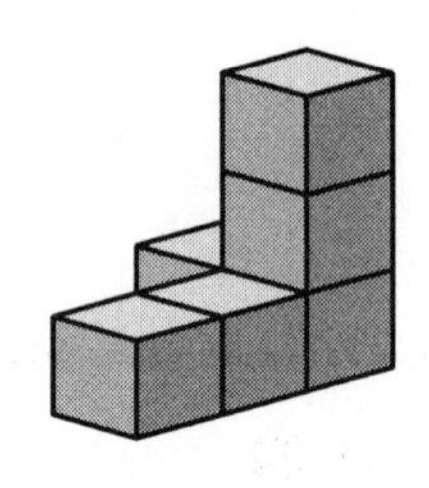

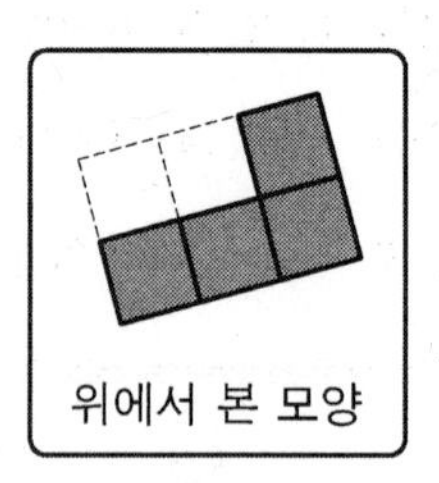

① 6개 ② 7개 ③ 8개 ④ 9개

해설

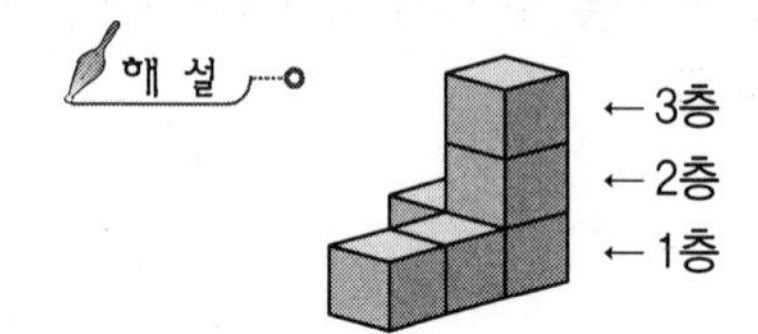

쌓기나무를 위에서 본 모양은 1층에 쌓은 쌓기나무 모양과 같다.
1층 쌓기나무의 개수 : 4개
2층 쌓기나무의 개수 : 1개
3층 쌓기나무의 개수 : 1개
→ $4+1+1=6$(개)

09 **계산 결과가 가장 큰 것은?**

① 5×0.5 ② 6×0.5
③ 7×0.5 ④ 8×0.5

해설 모두 소수 0.5를 곱하였기 때문에 자연수 부분이 가장 큰 ④의 계산 결과가 가장 크다.

10 **다음은 100씩 커지는 규칙에 따라 수를 배열한 것이다. ㉠에 알맞은 수는?**

① 2371 ② 2380 ③ 2470 ④ 3370

해설 100씩 뛰어 세면 백의 자리 숫자가 1씩 커진다.
2170 － 2270 － 2370 － 2470 － 2570

정답 08. ① 09. ④ 10. ③

11 **다음 정육면체에서 □에 알맞은 수는?**

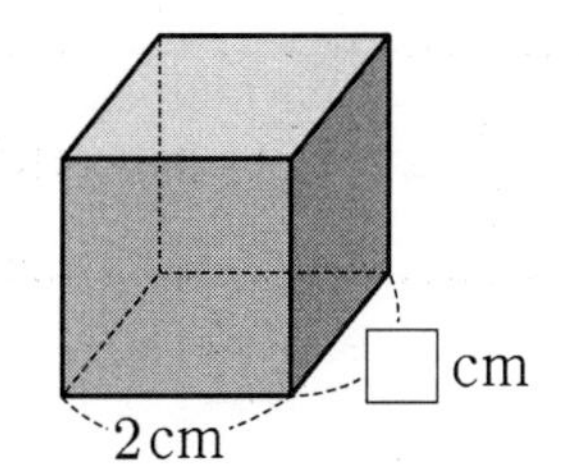

① 1
② 2
③ 3
④ 4

해 설 정육면체의 모서리의 길이는 모두 같으므로 한 모서리의 길이는 2cm이다.

12 **그림에서 상자 안에 있는 입체도형의 이름은?**

① 삼각기둥　② 사각기둥
③ 오각기둥　④ 육각기둥

해 설 각기둥은 밑면의 모양에 따라 이름이 정해진다. 밑면의 모양이 삼각형이므로 이 입체도형의 이름은 삼각기둥이다.

정답　11. ②　12. ①

13 **다음과 같이 $\frac{6}{7} \div \frac{3}{7}$을 계산하려고 한다. □에 알맞은 수는?**

$\frac{6}{7}$은 $\frac{1}{7}$이 6개이고, $\frac{3}{7}$은 $\frac{1}{7}$이 3개이므로 $\frac{6}{7} \div \frac{3}{7} = \square \div 3 = 2$이다.

① 4　　② 5　　③ 6　　④ 7

해설 분자끼리 나누어떨어지고 분모가 같은 나눗셈은 분자의 나눗셈으로 계산한다.

$\frac{6}{7} \div \frac{3}{7} = 6 \div 3 = 2$

14 **다음은 연수의 몸무게와 연수가 참가하는 어느 씨름 대회의 체급별 몸무게를 나타낸 것이다. 연수가 속하는 체급은?**

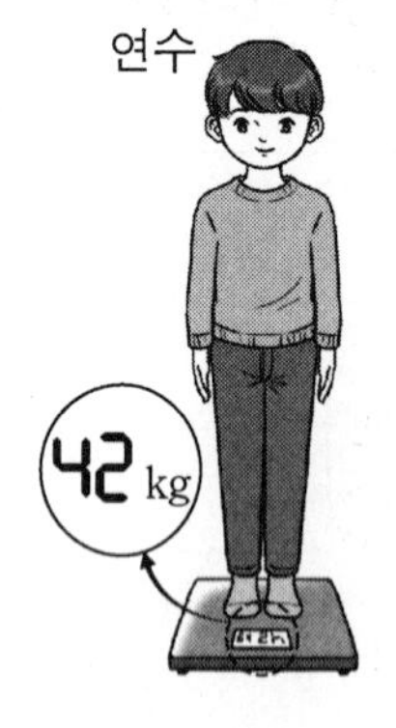

체급별 몸무게

체급	몸무게(kg)
태백급	40 이하
설악급	40 초과 45 이하
지리급	45 초과 50 이하
한라급	50 초과 55 이하
백두급	55 초과

① 태백급　　② 설악급
③ 지리급　　④ 한라급

해설 연수는 몸무게가 42kg이므로 40kg 초과 45kg 이하 체급인 설악급에 속한다.

정답 13. ③ 14. ②

15 다음 직사각형 (가)의 넓이를 구하는 식으로 알맞은 것은?

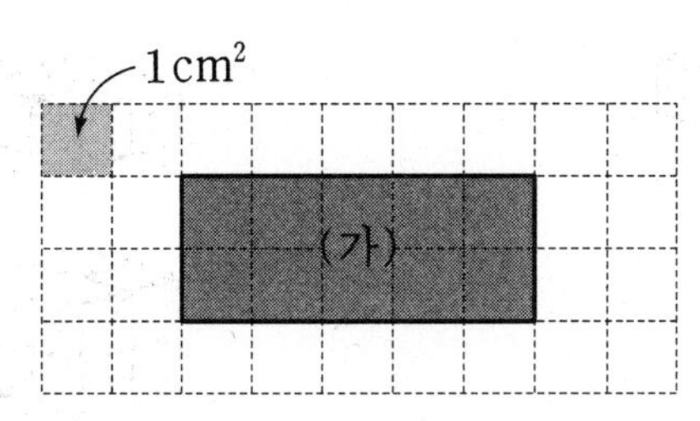

① $5 \times 2 = 10(\text{cm}^2)$　　② $5 \times 3 = 15(\text{cm}^2)$

③ $5 \times 4 = 20(\text{cm}^2)$　　④ $5 \times 5 = 25(\text{cm}^2)$

해설 모눈 한 칸의 넓이는 1cm^2이므로 모눈 한 변의 길이는 1cm이다. (가)는 가로의 길이가 5cm, 세로의 길이가 2cm이므로 넓이는 $5 \times 2 = 10(\text{cm}^2)$이다.

16 다음의 원 (가)와 원 (나)에 대한 설명으로 알맞은 것은?

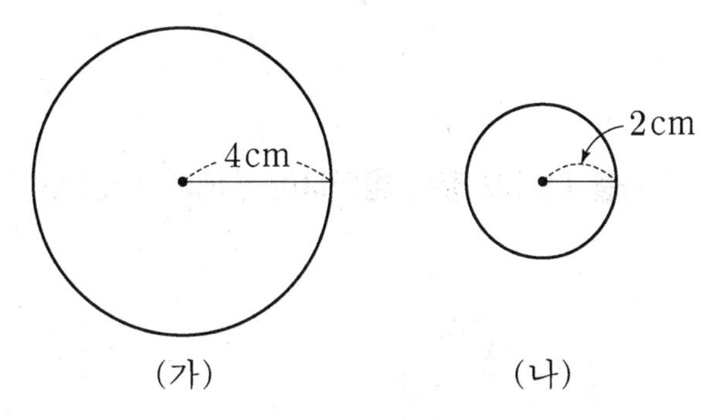

① 두 원의 지름은 같다.　　② 두 원의 원주는 같다.

③ 두 원의 넓이는 같다.　　④ 두 원의 원주율은 같다.

해설 원주율은 원의 지름에 대한 원주의 비율로, 모든 원의 원주율은 3.14로 같다.

① 원 (가)의 지름 : 8cm, 원 (나)의 지름 : 4cm

② (원주)=(지름)×(원주율)

원 (가)의 원주 : $8 \times 3.14 = 25.12(\text{cm})$, 원 (나)의 원주 : $4 \times 3.14 = 12.56(\text{cm})$

③ (원의 넓이)=(반지름)×(반지름)×(원주율)

원 (가)의 넓이 : $4 \times 4 \times 3.14 = 50.24(\text{cm}^2)$

원 (나)의 넓이 : $2 \times 2 \times 3.14 = 12.56(\text{cm}^2)$

정답 15. ① 16. ④

17 **쌓기나무 1개의 부피가 $1cm^3$일 때, 다음 중 부피가 $6cm^3$가 아닌 것은?**

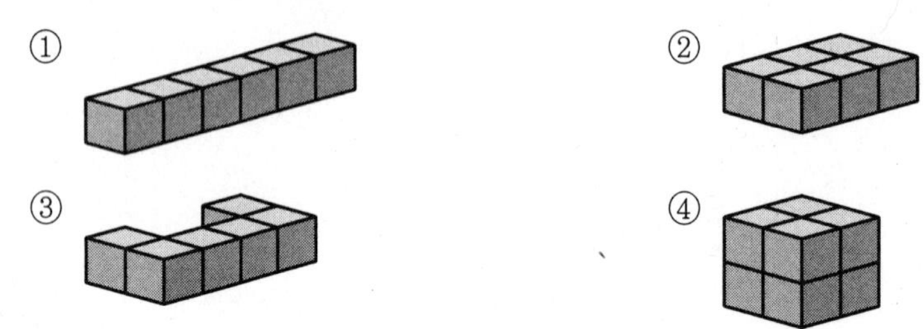

해 설 ①・②・③은 각각 쌓기나무의 개수가 6개이므로 부피가 $6cm^3$이다. ④는 쌓기나무의 개수가 8개이므로 부피는 $8cm^3$이다.

18 **어느 가게에서 과자를 다음과 같이 할인하여 판매하고 있다. □에 들어갈 과자의 할인율은?**

① 30%
② 40%
③ 50%
④ 60%

해 설 $1000 \times 50\% = 1000 \times \frac{50}{100} = 500$(원)

정답 17. ④ 18. ③

19 〈보기〉와 계산 결과가 같은 것은?

보 기
$27 \div 3 = 9$

① $2.7 \div 3$ ② $2.7 \div 0.3$

③ $270 \div 3$ ④ $270 \div 0.3$

해 설 (소수)÷(소수)에서 나누어지는 수와 나누는 수를 똑같이 10배 하여 (자연수)÷(자연수)로 계산할 수 있다. → $2.7 \div 0.3 = 27 \div 3 = 9$

20 다음은 준기네 반이 학교 도서관에서 빌린 책의 종류별 권수의 비율을 띠그래프로 나타낸 것이다. 학생들이 가장 많이 빌린 책의 종류는?

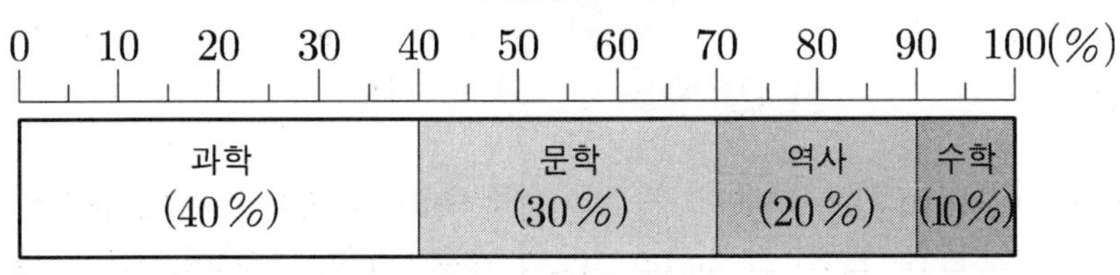

① 과학 ② 문학

③ 역사 ④ 수학

해 설 띠그래프는 전체에 대한 각 부분의 비율을 띠 모양으로 나타낸 그래프이다. 가장 넓은 부분을 차지하는 과학(40%)이 학생들이 가장 많이 빌린 책의 종류이다.

정답 19. ② 20. ①

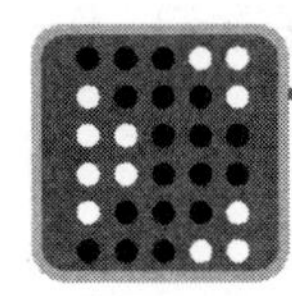

초등학교 졸업학력 검정고시 대비

사 회

2023년 1회 시행

01 **다음에서 설명하는 경제 활동은?**

> • 빵집에서 빵을 사는 것
> • 수영장에서 유료로 개인 강습을 받는 것

① 무역　　② 생산　　③ 소비　　④ 저축

해 설 • 소비 : 생산한 물건을 사고, 서비스를 이용하는 활동 예 빵을 사는 것
• 생산 : 생활에 필요한 물건을 만들거나 사람들이 필요한 것을 제공하는 것 예 빵을 만드는 것

02 **다음에서 설명하는 것은?**

> • 위에서 내려다 본 땅의 실제 모습을 일정한 형식으로 나타낸 그림임.
> • 방위, 땅의 높낮이, 기호 등이 나타나 있음.

① 날씨　　② 연표　　③ 지도　　④ 나침반

해 설 지도는 위에서 내려다 본 땅의 실제 모습을 일정한 형식으로 줄여서 나타낸 그림이다.
• 방위 : 방위표가 없으면 지도의 위쪽이 북쪽, 아래쪽이 남쪽, 오른쪽이 동쪽, 왼쪽이 서쪽이다.
• 땅의 높낮이 : 높이에 따라 낮은 곳에서 높은 곳으로 갈수록 초록색, 노란색, 갈색, 고동색 순으로 표현한다.
• 기호 : 지도에서 미리 약속된 기호를 사용하여 산, 강, 건물 등을 간단하게 나타낼 수 있다.

정답 01. ③ 02. ③

03 다음에서 설명하는 지역은?

- 우리나라에서 제일 큰 섬
- 행정 구역상 특별 자치도
- 현무암이 많고 관광 산업이 발달

① 거제도 ② 영종도

③ 울릉도 ④ 제주도

해 설 제주도는 우리나라에서 제일 큰 섬이며, 행정 구역상 특별자치도의 관할이다. 과거 화산 활동으로 현무암이 많고 관광 산업이 발달하였다.

04 다음 중 공공 기관을 견학할 때의 행동으로 적절하지 않은 것은?

① 질서를 지키며 견학한다.

② 큰 소리로 떠들지 않는다.

③ 허락 없이 만지고 싶은 물건을 만진다.

④ 다른 사람을 배려하며 안전하게 이동한다.

해 설 견학할 때는 실내에서 뛰거나 큰소리로 말하지 않아야 하며, 전시물 또는 물건을 함부로 만지지 않는다.

정답 03. ④ 04. ③

05 다음 신문 기사의 내용이 의미하는 사회 변화는?

□□신문 2023년 ○월 ○일

초등학생 수, 매년 줄어들고 있다

최근 몇 년간 신생아 수가 급감함에 따라 새 학기가 시작되었지만 신입생이 없는 학교가 계속 늘어나고 있다. 국내 많은 지역에서 초등학생 수가 줄어들고 있으며, 이에 따라 폐교하는 학교도 생겨나고 있다.

① 지역화　　② 세계화
③ 저출산　　④ 정보화

해설 저출산으로 변화하는 일상생활의 모습
- 가족의 구성원 수가 줄어들고 있으며, 가족의 형태가 변하고 있다.
- 일할 수 있는 사람이 부족하여 나라의 경제에도 영향을 미치고 있다.
- 출산을 도와주는 병원이 점차 사라지고, 학생 수가 줄어드는 학교가 늘어나고 있다.

06 다음에서 설명하는 선거의 원칙은?

다른 사람이 대신 투표할 수 없으며, 신분증으로 본인 확인 후 투표해야 한다.

① 비밀 선거　　② 직접 선거
③ 평등 선거　　④ 보통 선거

해설 ① 비밀 선거 : 자신이 어떤 후보를 선택했는지 다른 사람은 알 수 없다.
③ 평등 선거 : 신분이나 재산, 성별, 학력 등 조건에 관계없이 한 사람이 한 표씩 투표할 수 있다.
④ 보통 선거 : 일정한 나이(만 18세)가 된 모든 국민에게는 선거권이 있다.

정답 05. ③ 06. ②

07 다음 사례에 나타난 촌락과 도시의 교류 모습은?

△△면의 □□마을 주민 자치회는 자매결연을 맺은 ○○시의 ☆☆구민회관에 10월 한 달 간 그날 수확한 사과를 운송해 판매한다. ☆☆구민들은 도시 한복판에서 신선한 사과를 저렴하게 살 수 있다는 점에 고마워하고 있으며, □□마을 주민 또한 사과를 안정적으로 판매할 수 있어 만족하고 있다.

① 공연 활동 ② 기술 협력
③ 여가 생활 ④ 직거래 장터

해 설 직거래 장터
- 중개 상인을 거치지 않고 살 사람과 팔 사람이 직접 거래하는 것이다.
- 생산자와 소비자가 직접 만나 거래를 하게 되면 유통에 필요한 비용을 줄일 수 있어 생산자, 소비자 모두에게 이득이 된다.
- 인터넷이 발달하면서 홈쇼핑, 공동구매 등과 같은 형태로 신선도와 품질이 중요한 농수산물이 특히 활발하게 거래되고 있다.

08 ㉠에 들어갈 자연 재해는?

㉠ 은/는 땅이 지구 내부의 힘을 받아 흔들리고 갈라지는 현상이다.

① 가뭄 ② 지진
③ 태풍 ④ 홍수

해 설 지진은 땅이 지구 내부의 힘을 받아 흔들리고 갈라지는 현상으로, 각종 시설이 파손되거나 붕괴되어 인명과 재산에 막대한 피해를 입기도 한다.

정답 07. ④ 08. ②

09 ㉠에 들어갈 말로 알맞은 것은?

탐구 활동

세계 [㉠] 선언 요약

- 모든 인간은 태어날 때부터 자유롭고 누구에게나 동등한 권리가 있다.
- 모든 사람에게는 생명권과 신체의 자유와 안전을 요구할 권리가 있다.
- 누구도 노예 상태로 예속된 삶을 유지해서는 안 된다.

① 교육　② 복지
③ 사랑　④ 인권

해설 세계 인권 선언은 세계가 자유와 평등을 추구하고 정의를 유지하기 위해서는 인간의 존엄성이 인간 삶의 바탕이 되어야 한다고 강조한다.

10 ㉠에 들어갈 나라는?

- [㉠] 연맹은 오늘날의 경상남도 등지에 형성되었다.
- [㉠]에서는 철을 이용해 철제 갑옷과 투구를 만들었다.

① 가야　② 발해
③ 백제　④ 고구려

해설 철기 문화 발달

- 가야는 1세기 경 김수로가 건국한 나라로서, 낙동강 유역에 자리를 잡았다.
- 가야에서는 질 좋은 철이 많이 나서 철을 구하기 위해 가야와 교역하는 나라들이 많았다. 예 철제 칼과 창, 철제 갑옷 등

정답 09. ④ 10. ①

11 다음에서 설명하는 조선의 왕은?

- 집현전 설치
- 4군 6진 개척
- 훈민정음 창제

① 세종　② 성종　③ 영조　④ 정조

해 설 세종 대에 이루어진 발전
- 집현전 설치 : 우수한 인재를 등용하여 학문 연구, 각종 제도의 개선, 도서 편찬 사업, 역사 기록 등을 맡겼다.
- 4군 6진 개척 : 북쪽의 여진족이 국경을 넘어오자 4군 6진을 개척하여 조선의 국경을 압록강과 두만강까지 확대하였다.
- 훈민정음 창제 : 훈민정음이 만들어지기 전에는 우리글이 없어서 중국의 한자를 사용하였기 때문에 일반 백성이 사용하기에 어려움이 많았지만 한글 창제로 백성도 글을 쓸 수 있게 되었다.

12 다음에서 설명하는 인물은?

- 이화학당 학생으로 1919년 3 · 1 운동에 참여하다 투옥됨.
- 감옥에 갇혀서도 독립 만세를 외쳤고 일제의 모진 고문으로 옥사함.

① 남자현　② 안중근　③ 유관순　④ 윤희순

해 설 유관순은 3 · 1 운동에 참여하였고 독립 만세 운동을 하다 서울 서대문 형무소에서 18세의 어린 나이에 순국하였다.

정답 11. ① 12. ③

13 ㉠과 ㉡에 들어갈 말을 알맞게 짝지은 것은?

> 한 나라의 영역은 그 나라의 [㉠]이/가 미치는 범위를 말한다. 영토는 땅, [㉡]는 바다, 영공은 하늘에서의 영역을 말한다.

	㉠	㉡		㉠	㉡
①	기후	공해	②	주권	공해
③	기후	영해	④	주권	영해

해설 국토의 영역 : 국가의 주권이 미치는 범위로, 영토(땅), 영해(바다), 영공(하늘)으로 나뉜다.

14 다음에서 설명하는 국제 기구는?

> • 1945년 지구촌의 평화 유지, 전쟁 방지, 국제 협력을 위해 설립됨.
> • 산하 전문 기구에는 국제 노동 기구, 유네스코, 국제 원자력 기구 등이 있음.

① 국제 연합(UN) ② 그린피스
③ 세계 보건 기구 ④ 국경 없는 의사회

해설 국제 연합(UN)

• 1945년 국제 평화와 안전의 유지, 전쟁 방지, 국제 협력을 달성하기 위하여 창설된 국제 기구이다.
• 산하 전문 기구에는 국제 노동 기구(ILO), 세계 보건 기구(WHO), 국제 부흥 개발은행(IBRD), 국제 통화기금(IMF), 국제 원자력 기구(IAEA), 유네스코(UNESCO) 등이 있다.

정답 13. ④ 14. ①

15 다음 내용이 제시된 우리나라 법은?

제1조 ① 대한민국은 민주 공화국이다.
② 대한민국의 주권은 국민에게 있고, 모든 권력은 국민으로부터 나온다.

① 헌법 ② 저작권법
③ 도로 교통법 ④ 장애인 차별 금지법

해 설 헌법은 국민의 자유와 권리를 보장하여 국민이 진정한 국가의 주인이 되는 민주주의를 실현하기 위해 만든 가장 기본이 되는 법이다.

16 다음에서 설명하는 기본권은?

- 모든 국민은 직업 선택의 자유를 가진다.
- 자유롭게 생각하고 행동할 수 있는 권리이다.

① 사회권 ② 자유권
③ 참정권 ④ 청구권

해 설 자유권은 개인이 자신의 자유로운 영역에서 국가 권력에 의한 간섭이나 침해를 받지 않고 자유롭게 생각하고 행동할 수 있는 권리이다.
예 신체의 자유, 거주 이전의 자유, 직업 선택의 자유, 종교의 자유 등

정답 15. ① 16. ②

17 다음 대화에 해당하는 국가 기관은?

① 국회　　② 법원
③ 학교　　④ 회사

해 설 법원은 법에 따라 옳고 그름을 따져 재판을 하며 사람들 간에 발생하는 갈등을 해결해 주고 다른 사람이나 사회 전체에 피해를 준 사람에게는 벌을 주어서 사회 질서를 유지한다.

18 다음에서 설명하는 인물은?

- 조선 후기 대표적인 실학자이다.
- 대표 저자로 『목민심서』가 있다.

① 김옥균　　② 박지원
③ 정약용　　④ 홍대용

해 설 정약용은 조선 후기 대표적인 실학자로 관리들이 백성을 다스리는 도리를 적은 『목민심서』가 그의 대표 저서이다.

※ 실학 : 조선 후기의 개혁 사상으로, 백성들이 잘살고 나라를 튼튼히 하는 방법을 연구하는 학문

정답 17. ② 18. ③

19 다음에서 설명하는 조선 후기 서민 문화는?

> • 긴 이야기를 노래로 들려주는 공연이다.
> • 관객도 함께 참여할 수 있어서 백성으로부터 큰 호응을 얻었다.

① 민화 ② 판소리
③ 풍속화 ④ 한글 소설

해설 판소리 : 서민들이 즐긴 문화 중 대표적인 것으로, 광대 한 사람이 고수의 북장단에 맞추어 서사적인 이야기를 소리와 아니리로 엮어 발림을 곁들이며 구연하는 우리 고유의 민속악이다.

20 다음 중 환경 보호를 위한 노력으로 적절하지 <u>않은</u> 것은?

① 분리수거를 하지 않는다.
② 가까운 거리는 걸어 다닌다.
③ 온실가스를 줄이기 위한 정책을 만든다.
④ 이산화 탄소 배출량이 적은 제품을 개발한다.

해설 쓰레기를 분리함으로써, 쓰레기를 줄이고 재활용을 촉진할 수 있고, 천연자원을 보존하고 환경을 보호할 수 있다.

정답 19. ② 20. ①

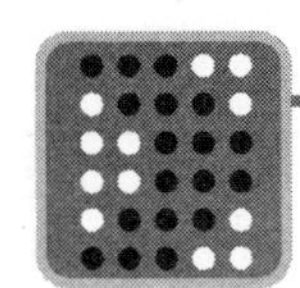

초등학교 졸업학력 검정고시 대비

과 학

2023년 1회 시행

01 다음 중 퇴적물이 굳어져 만들어진 암석은?

① 퇴적암 ② 화강암
③ 화성암 ④ 현무암

해 설 퇴적암은 퇴적물이 쌓여서 굳어진 암석으로, 이암, 사암, 셰일, 역암, 석회암 등이 있다.

02 500mL 물에 설탕을 녹여 용액을 만들었다. 다음 중 가장 진한 것은? (단, 설탕은 모두 용해되었다.)

① 설탕 5g을 녹인 용액 ② 설탕 10g을 녹인 용액
③ 설탕 15g을 녹인 용액 ④ 설탕 20g을 녹인 용액

해 설 설탕이 모두 용해되었으므로 물(용매)의 양이 일정할 때 설탕(용질)의 양이 많을수록 설탕물(용액)의 농도가 진하다.

03 다음 중 스스로 양분을 만들지 못하고 다른 생물을 먹이로 하여 살아가는 생물은?

① 배추 ② 토끼
③ 민들레 ④ 부레옥잠

해 설 토끼는 스스로 양분을 만들지 못하고 다른 생물을 먹이로 하여 살아가는 동물이다. 배추, 민들레, 부레옥잠은 살아가는 데 필요한 양분을 스스로 만드는 식물이다.

정답 01. ① 02. ④ 03. ②

04 **다음 중 ㉠에 들어갈 말은?**

> 2023년 ○월 ○일 맑음
>
> 오늘 천문대로 현장 체험 학습을 갔다. (㉠)은/는 태양, 행성, 위성, 소행성, 혜성 등으로 구성되어 있다는 것을 배웠다. 우주에 대해 더 알아보고 싶어졌다.

① 달 ② 지구 ③ 북극성 ④ 태양계

해 설 태양계는 태양과 태양 주위에 있는 것들이 운동하는 공간으로, 중심에는 태양이 있고, 태양 주위에는 8개의 행성과 위성, 소행성, 혜성이 있다.

05 **그림은 씨가 싹 트는 데 필요한 조건을 알아보는 실험을 나타낸 것이다. 다음 중 ㉠에 들어갈 말은?**

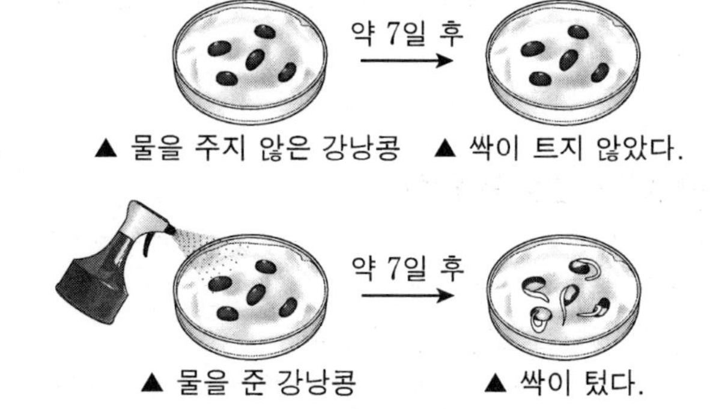

> • 알게 된 점 : 씨가 싹 트는 데 (㉠)이 필요하다.

① 물 ② 백반 ③ 소금 ④ 자갈

해 설 씨가 싹 트기 위해서는 적당한 양의 물과 알맞은 온도, 공기가 필요하다.

정답 04. ④ 05. ①

06 **다음 중 곰팡이의 특징으로 알맞은 것은?**

① 아가미로 호흡한다.

② 균사로 이루어져 있다.

③ 깃털로 체온을 유지한다.

④ 햇빛이 잘 드는 곳에서만 산다.

해설 곰팡이는 가늘고 긴 균사로 이루어져 있으며, 포자로 번식한다.

07 **다음 대화에서 설명하는 기체는?**

물질이 타는 것을 막는 성질이 있어.
소화기의 재료로 이용되기도 해.

탄산수소 나트륨에 식초를 떨어뜨리면 발생해.

① 산소　② 수소　③ 헬륨　④ 이산화 탄소

해설 이산화 탄소는 불을 타지 못하게 하고, 자신도 타지 않아 소화기에 이용되며, 염기성 물질인 탄산수소 나트륨에 산성 용액인 식초를 떨어뜨리면 이산화 탄소가 발생한다.

08 **다음 설명에 해당하는 산성 용액은?**

- 음식의 신맛을 낼 때 사용한다.
- 생선을 손질한 도마를 닦을 때 사용한다.

① 식초　② 석회수

③ 페놀프탈레인 용액　④ 묽은 수산화 나트륨 용액

해설 페놀프탈레인 용액은 페놀프탈레인을 에탄올에 녹여서 만든 용액으로, 염기성 용액과 염기성이 아닌 용액을 구분할 수 있는 지시약이며, 석회수와 묽은 수산화 나트륨 용액은 염기성 용액이다.

정답 06. ② 07. ④ 08. ①

09 **다음 중 볼록 렌즈의 역할을 하는 물체가 아닌 것은?**

해 설 볼록 렌즈로 가까이 있는 물체를 볼 때는 물체가 실제보다 크게 보이고, 바로 보인다.

10 **그림의 (가)는 차갑고 건조한 공기 덩어리를 나타낸 것이다. (가)의 영향을 주로 받는 우리나라의 계절은?**

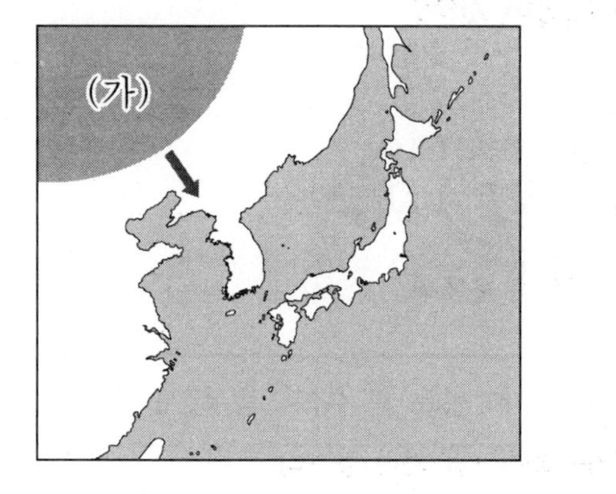

① 봄
② 여름
③ 가을
④ 겨울

해 설 겨울에는 차갑고 건조한 공기 덩어리인 시베리아 고기압(가)의 영향으로 바람이 세게 불면서 춥고 건조한 날씨가 계속된다.

정답 09. ② 10. ④

11 다음 중 ㉠에 들어갈 말은?

평면거울에 비친 물체는 실제 물체의 모습과 (㉠) 이/가 바뀌어 보인다.

① 개수 ② 상하 ③ 좌우 ④ 색깔

해설 평면거울의 상은 거울과 물체 사이의 거리만큼 떨어져 보이며, 상하는 바뀌지 않지만, 좌우는 바뀐다.

12 다음 중 전기를 절약하는 방법으로 가장 적절한 것은?

① 아무도 없는 방에 전등을 켜 놓는다.

② 에어컨을 켤 때에는 문을 열어 둔다.

③ 냉장고 문을 열어 놓고 물을 마신다.

④ 사용하지 않는 전기 제품의 플러그를 뽑아 놓는다.

해설 전기를 절약하는 방법

- 에어컨을 켤 때에는 문을 닫는다.
- 전기 제품을 사용하지 않을 때는 플러그를 뽑아 놓는다.
- 냉장고에 음식을 넣을 때는 식혀서 넣는다.
- 이중창을 설치하여 실내 온도가 빠져나가지 않도록 한다.
- 전기를 절약할 수 있는 발광 다이오드(LED) 등을 사용한다.

정답 11. ③ 12. ④

13 다음 설명에 해당하는 것은?

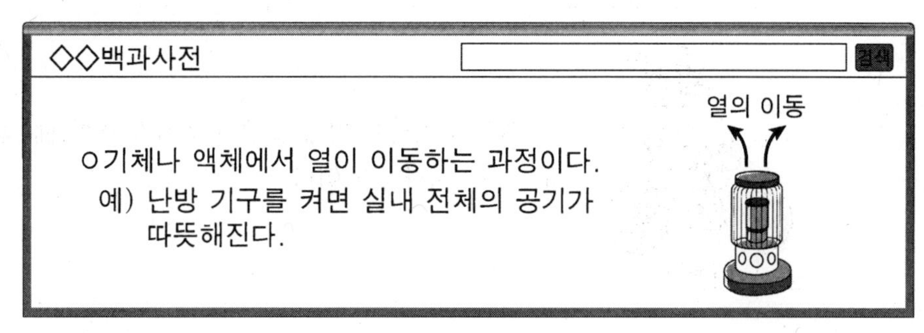

① 구름 ② 대류 ③ 안개 ④ 이슬

해설 대류는 기체나 액체를 이루고 있는 물질이 직접 이동하여 열이 전달되는 방법이다. 겨울철에 실내에서 난방 기구를 틀면 따뜻한 공기는 주위 공기보다 가벼워서 위로 올라가고, 위에 있던 차가운 공기는 따뜻한 공기보다 무거워서 아래로 내려와 방 안 전체의 공기가 따뜻해진다.

14 다음 설명에 해당하는 것은?

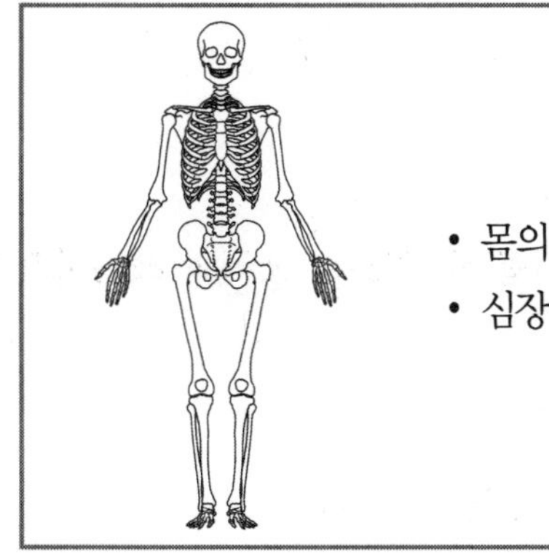

- 몸의 형태를 만들고 몸을 지지하는 역할을 한다.
- 심장이나 폐, 뇌 등 내부 기관을 보호한다.

① 뼈 ② 위 ③ 콩팥 ④ 혈액

해설 ② 위 : 작은 주머니 모양으로, 위액은 단백질을 분해하고, 음식물과 함께 들어온 세균을 죽인다.
③ 콩팥 : 강낭콩 모양으로, 등쪽 허리의 양쪽에 2개가 있고, 혈액 속의 노폐물을 걸러 내어 오줌을 만든다.
④ 혈액 : 몸에 필요한 산소와 영양소를 운반한다.

정답 13. ② 14. ①

15 **다음 설명에서 ㉠에 들어갈 말은?**

달리는 자전거

시간이 지남에 따라 물체의 위치가 변할 때, 물체가 (㉠)한다고 한다.

① 굴절 ② 반사 ③ 운동 ④ 정지

해 설 운동은 시간이 지남에 따라 물체의 위치가 변하는 것을 말한다.

16 **그림은 모닥불을 피우는 모습을 나타낸 것이다. 다음 중 연소의 조건에 해당하지 않는 것은?**

① 물
② 산소
③ 탈 물질
④ 발화점 이상의 온도

해 설 연소의 3가지 조건 : 탈 물질, 산소, 발화점 이상의 온도

정답 15. ③ 16. ①

17 **다음 설명에 해당하는 것은?**

- 물의 표면에서 물이 수증기로 변하는 것이다.
- 젖은 머리카락을 말릴 때 나타나는 현상이다.

① 용해 ② 응결 ③ 증발 ④ 광합성

해 설 증발은 물의 표면에서 액체인 물이 기체인 수증기로 변하여 우리 눈에 보이지 않게 되는 것을 말한다. 증발은 물이 사라지는 것이 아니라 공기 중으로 날아가는 것이다.

18 **그림은 태양이 지표면과 이루는 각을 측정하는 실험을 나타낸 것이다. ㉠에 해당하는 것은?**

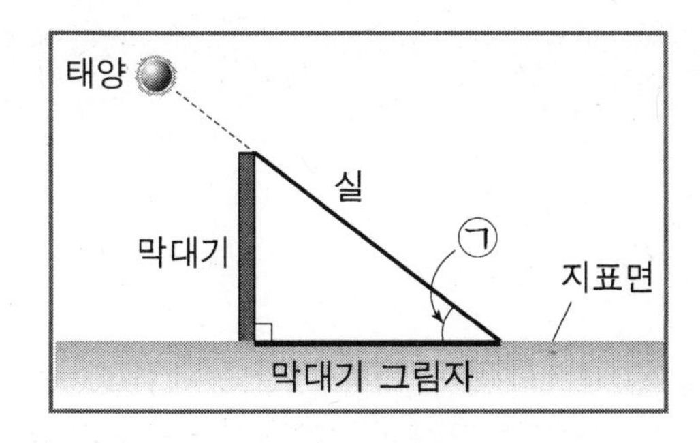

① 달 온도
② 달 모양
③ 태양 고도
④ 태양 나이

해 설 태양 고도 : 태양이 지표면과 이루는 각으로, 태양의 고도가 높으면 태양이 높이 떠 있다는 것을 뜻한다.

정답 17. ③ 18. ③

19 **그림의 식물에서 뿌리에 해당하는 것은?**

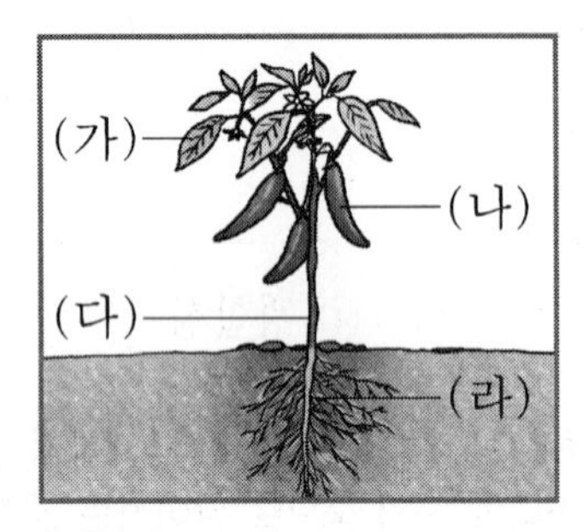

① (가)
② (나)
③ (다)
④ (라)

해 설 식물의 뿌리(라)는 식물이 쓰러지지 않게 지탱해 주는 '지지 작용'을 한다.

20 **그림은 같은 장소에서 하루 동안 관측한 달의 위치를 나타낸 것이다. 다음 중 시간에 따라 달의 위치가 다르게 보이는 까닭은?**

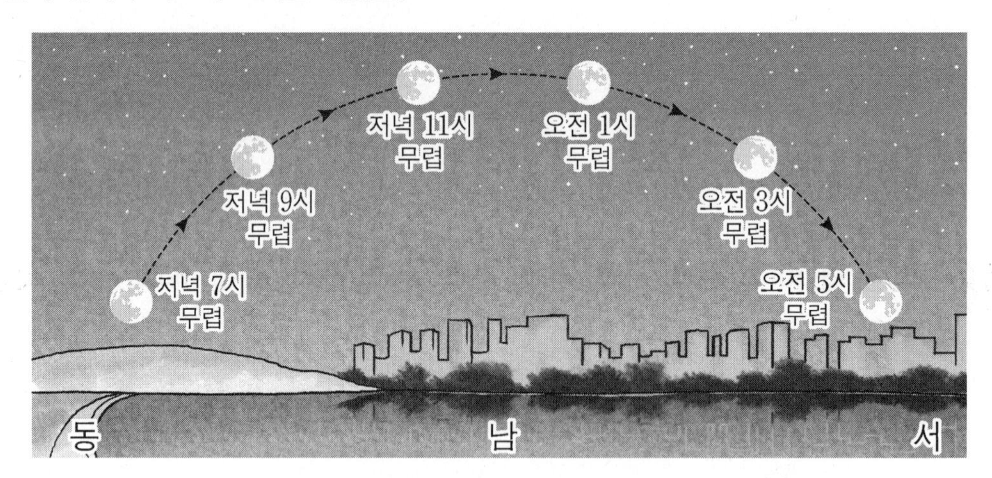

① 달의 밝기
② 달의 모양
③ 지구의 자전
④ 지구의 크기

해 설 지구의 자전은 지구가 한 축을 중심으로 하루에 한 바퀴씩 서쪽에서 동쪽으로(반시계 방향) 스스로 도는 것이다. 지구의 자전으로 인해 한 지역에서 낮과 밤이 규칙적으로 변하게 되며, 태양이나 달이 동쪽에서 떠서 서쪽으로(시계 방향) 지는 것처럼 보인다.

정답 19. ④ 20. ③

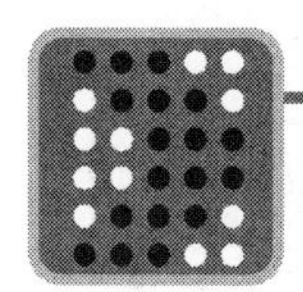

초등학교 졸업학력 검정고시 대비

도 덕

2023년 1회 시행

01 다음 중 도덕을 공부하는 방법으로 알맞지 않은 것은?

① 바르게 판단하고 결정하기

② 가르침을 받거나 스스로 깨치기

③ 모범을 본받고 자신을 돌아보기

④ 깊이 생각하지 않고 감정에 따라 말하기

해 설 도덕 공부 방법
- 가르침을 받거나 스스로 깨친다.
- 바르게 판단하고 결정한다.
- 모범을 본받고 자신을 돌아본다.
- 배워서 알고 있는 것을 행동으로 실천한다.
- 깊이 생각하고 감정에 치우치지 않는다.

02 다음 중 협동을 잘하기 위한 방법으로 알맞은 것은?

① 내 의견만 끝까지 고집하기

② 모둠 활동 참여를 거부하기

③ 친구들을 배려하는 마음 갖기

④ 자신이 맡은 역할을 친구에게 떠밀기

해 설 ① 서로의 의견이 달라도 상대방의 주장을 존중하고 다름을 인정한다.
② 모둠 활동 참여를 거부하지 않는다.
④ 자신이 맡은 역할은 끝까지 책임을 다한다.

정답 01. ④ 02. ③

03 **다음의 상황에서 지우에게 필요한 태도로 알맞은 것은?**

① 서로 다른 음식 문화를 존중한다.

② 식사 예절을 모르는 사람을 무시한다.

③ 수저의 사용을 다른 사람에게 강요한다.

④ 맨손으로 음식을 먹는 것에 대해 화를 낸다.

해설 다른 나라의 문화를 무시하지 않으며, 세계의 다양한 문화의 특성을 이해하고 인정하는 태도가 필요하다.

04 **다음 중 아름다운 사람이 되기 위해서 실천한 일을 〈보기〉에서 고른 것은?**

보 기
ㄱ. 고운 말 사용하기 ㄴ. 실수한 친구 놀리기 ㄷ. 예의 바르게 행동하기 ㄹ. 쓰레기 함부로 버리기

① ㄱ, ㄴ　　② ㄱ, ㄷ　　③ ㄴ, ㄹ　　④ ㄷ, ㄹ

해설 참된 아름다움은 겉모습의 아름다움만을 의미하는 것이 아니라 내면의 아름다움까지도 포함한다. 아름다운 사람이란 어려운 사람들을 도와주고 나보다 남을 먼저 생각하는 사람으로 고운 말을 사용하고, 예의 바르게 행동해야 한다.

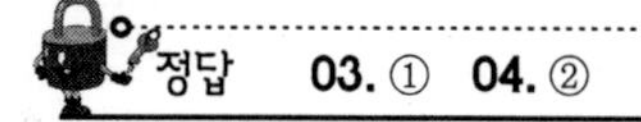
정답 **03.** ① **04.** ②

05 다음 중 친구가 실수로 나의 발을 밟았을 때 나의 태도로 가장 바람직한 것은?

① 바로 화를 낸다.

② 울면서 짜증을 낸다.

③ 소리치며 그 자리를 떠난다.

④ "괜찮아. 그럴 수도 있지."라고 말한다.

해 설 친구에게 어려운 일이 있거나 실수했을 때에도 "괜찮아."라고 말하며 이해해 주고 용기와 자신감을 가질 수 있도록 격려해 준다.

06 다음 중 자주적인 생활에 해당하지 않는 것은?

① 엄마가 시키면 방 청소하기

② 자신의 힘으로 1인 1역 하기

③ 스스로 자신의 책상 정리하기

④ 내가 읽고 싶은 책을 찾아 읽기

해 설 자주적인 생활
일이나 행동을 선택하고 실천할 때에 내가 스스로 주인이 되어 판단하고 선택에 스스로 책임을 지는 생활을 말한다. 자주적인 사람은 남에게 의존하지 않고, 스스로의 판단, 선택, 능력으로 맡은 일을 훌륭하게 해낸다.

07 ㉠에 공통으로 들어갈 말은?

- (㉠)은/는 자기 자신과 남을 속이지 않는 것이다.
- (㉠)은/는 마음에 거짓이나 꾸밈이 없이 고르고 곧게 행동하는 것이다.

① 절교　　② 정직

③ 차별　　④ 효도

해 설 정직이란 사람이나 사람의 성품, 마음 따위가 거짓이 없고, 바르고 곧은 것을 말하며, 남을 속이지 않는 것뿐만 아니라 자기 자신을 속이지 않는 것이다.

정답 05. ④ 06. ① 07. ②

08 다음 설명에 해당하는 국가는?

- 1949년, 동독과 서독으로 분단되었다.
- 베를린 장벽이 무너지고, 이 국가는 통일을 이루었다.

① 독일 ② 미국 ③ 일본 ④ 러시아

해 설 독일은 제2차 세계 대전에서 패배한 후 연합국에 의해 1949년 동독과 서독으로 분단되어 서로 대립하였다. 그러나 1989년 11월 9일 독일 베를린 장벽이 무너졌고, 1년 후인 1990년 10월 3일 독일이 공식적으로 통일되었다.

09 다음에서 설명하는 것은?

- 사이버 공간에서 악의적인 댓글 때문에 고통 받는 사람들에게 용기와 희망을 주기 위한 운동
- 칭찬과 격려가 담긴 좋은 댓글을 먼저 달아 주자는 운동

① 아나바다 운동 ② 선플 달기 운동
③ 환경 보호 운동 ④ 에너지 절약 운동

해 설 선플 달기 운동
- 인터넷 악성 댓글로 인해 고통 받는 사람들에게 용기와 희망을 주는 댓글을 달아 주자는 운동이다.
- 정성과 진심이 담긴 따뜻한 선플은 사이버 공간을 아름답게 가꾸어 준다.

10 다음 중 긍정적인 생활 태도에 해당하는 것은?

① 나의 외모에 대해 불평한다.
② 스스로 능력이 없는 사람이라고 여긴다.
③ 친구의 약점을 다른 사람에게 이야기한다.
④ 최선을 다하면 좋은 결과가 있을 것이라고 생각한다.

해 설 긍정적인 생활 태도는 어려움 속에서도 자신감과 희망을 가지고 꾸준히 노력하는 것이다.

정답 08. ① 09. ② 10. ④

11 다음 중 층간 소음으로 인한 갈등을 해결하는 방법으로 알맞은 것은?

① 집안에서 공놀이 즐겨 하기
② 매일 이른 새벽 피아노 연습하기
③ 편지를 주고받아 서로의 마음 이해하기
④ 늦은 밤 쿵쿵거리며 문 여닫는 소리 내기

해설 층간 소음은 공동 주택에서 주로 발생하는 소음 공해를 말한다. 바닥 충격음 소리, 오디오 소리, 화장실 물소리, 피아노 소리, 대화 소리, TV 소리 등으로 인해 이웃 간에 분쟁이 일어나기도 하므로 서로에 대한 배려가 필요하다.

12 다음 대화에서 휴대 전화와 관련된 갈등의 원인은?

휴대 전화 사용 시간이 너무 부족해요.

한 시간이면 충분하지 않니?

아니에요. 친구들과 대화하고 과제하기에도 시간이 부족해요.

① 사용 시간　② 사용 장소
③ 장식품 선택　④ 신제품 구입

해설 갈등이란 개인이나 집단 사이에 목표나 이해관계가 달라 서로 적대시하거나 충돌하는 상태를 말하는 것으로, 문제에서의 상황은 휴대 전화 사용 시간에 대한 갈등 상황이다.

정답 11. ③ 12. ①

13 **다음 중 우리 생활 속에서 지구촌 이웃을 도울 수 있는 행동을 〈보기〉에서 고른 것은?**

보 기

ㄱ. 물 아끼지 않기
ㄴ. 지구촌 이웃에게 무관심하기
ㄷ. 용돈을 모아 국제 구호 단체에 기부하기
ㄹ. 지구촌의 어려움을 알리는 캠페인에 참여하기

① ㄱ, ㄴ ② ㄱ, ㄹ ③ ㄴ, ㄷ ④ ㄷ, ㄹ

해 설 더불어 사는 지구촌을 만들기 위해 공동체의식을 바탕으로 다양한 지구촌의 문제에 관심을 가지고 그 문제를 해결하기 위해서 용돈을 모아 국제 구호 단체에 기부하거나 지구촌의 어려움을 알리는 캠페인에 참여하는 등 적극적으로 행동해야 한다.

14 **다음 중 생활 속에서 실천할 수 있는 봉사 활동에 해당하지 <u>않는</u> 것은?**

① 마을 도서관 책 정리하기
② 놀이터 환경 미화 활동하기
③ 용돈을 받기 위해 심부름하기
④ 동네 어르신들을 위한 위문 활동 참여하기

해 설 봉사는 배려하는 마음을 바탕으로 다른 사람을 돕는 행동으로 누가 시키거나 이익을 얻기 위해 하는 것이 아니라 스스로 하는 활동이다.

정답 13. ④ 14. ③

15 다음 중 친구의 인권을 존중하는 실천 방법으로 적절한 것은?

① 친구의 잘못을 소문내기

② 도움을 요청한 친구 돕기

③ 친구가 싫어하는 말로 놀리기

④ 친구의 물건을 허락 없이 사용하기

해 설 인권 : 인간이 지니는 기본적인 권리이자 인간 존엄성을 보장하기 위한 권리로서 도움을 요청한 친구를 돕는 것은 인권을 존중하는 실천 방법이다.
① 친구의 잘못을 소문내지 않는다.
③ 친구가 싫어하는 행동이나 말은 하지 않는다.
④ 친구의 물건을 함부로 사용하지 않는다.

16 다음 내용과 가장 관련 있는 것은?

- 토론 시간에 공평하게 발표할 기회를 주는 사회자
- 한쪽 편만 들지 않고 정확하게 판단하며 경기를 운영하는 심판

① 검소　② 공정　③ 우정　④ 애국심

해 설 공정이란 공평하고 옳은 것으로 모두에게 동등하게 기회를 주는 것을 말한다.

17 다음 내용에 해당하는 것은?

- 6・25 전쟁 이후 만들어짐.
- 남북한이 각각 점령한 영토를 기준으로 경계 지어진 선

① 광화문　② 임진각　③ 판문점　④ 휴전선

해 설 휴전선은 6・25 전쟁이 멈춘 후 만들어진 경계선으로 38선에 비해 서쪽은 북한으로, 동쪽은 남한으로 조금씩 더 넘어온 상태로 휴전선이 그어졌다.

정답 15. ② 16. ② 17. ④

18 **다음 중 지구촌 문제가 아닌 것은?**

① 전쟁으로 인한 굶주림

② 기후의 변화로 인한 가뭄

③ 환경 오염으로 높아지는 해수면

④ 서로에 대한 존중으로 더불어 행복한 지구촌

해설 지구촌 문제 : 전쟁, 기아, 환경 파괴, 인종이나 민족 · 종교 간의 갈등, 가뭄, 질병 등의 문제로 한 나라만이 아닌, 모든 지구촌 사람들이 함께 힘을 모아야만 해결할 수 있다.

19 **㉠에 들어갈 격려하는 말로 가장 적절한 것은?**

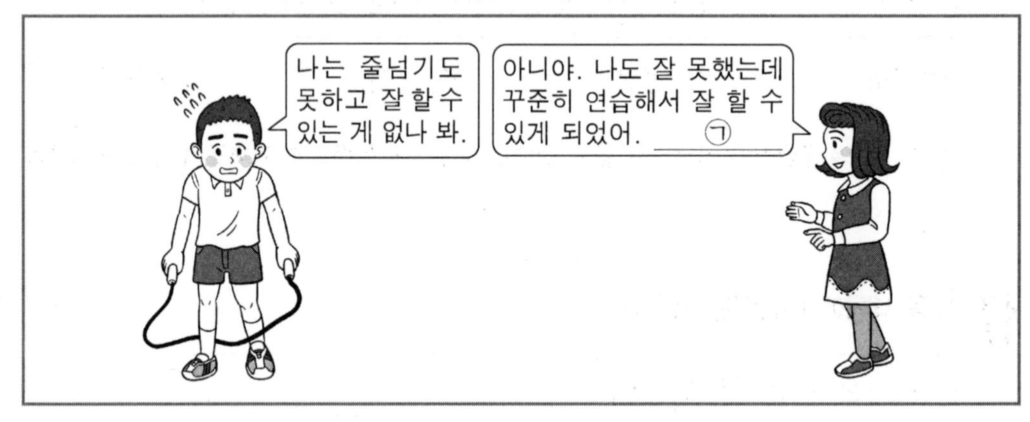

① 넌 안 될 것 같아.

② 넌 게을러서 힘들어.

③ 너도 잘 할 수 있어.

④ 넌 욕심이 너무 많아.

해설 격려란 따뜻한 말이나 행동으로 힘과 용기가 솟아나도록 북돋워 주는 것으로 시험을 보기 전이나 운동 경기를 할 때 잘 할 수 있다고 용기를 북돋워 주면 더 좋은 결과를 낼 수 있다.

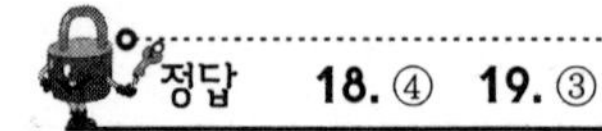
정답 18. ④ 19. ③

20 ㉠에 공통으로 들어갈 말은?

> • 도덕적 성찰이란 자신을 (　㉠　)하여 올바른 삶을 사는 방법을 찾는 것이다.
> • 도덕적 성찰을 통해 자신의 생각이나 행동에 잘못된 점은 없는지 (　㉠　)하고 도덕적인 삶을 실천하기 위해 노력할 수 있다.

① 반성　　② 비난　　③ 축하　　④ 포기

해 설 도덕적 성찰

- 자신을 반성하는 것뿐만 아니라, 올바른 삶을 사는 구체적인 방법을 찾는 것이다.
- 도덕적 성찰을 통해 나의 생각이나 행동이 잘못된 점은 없는지 반성해 보고 올바른 내가 되고자 노력해야 할 점을 찾아 스스로 실천할 수 있다.

정답　20. ①

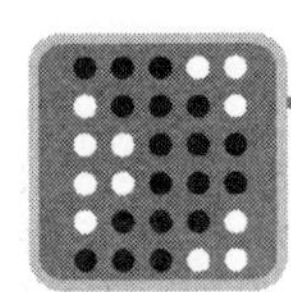

초등학교 졸업학력 검정고시 대비

실 과

2023년 1회 시행

01 다음 중 개인 정보에 해당하는 것은?

① 날짜
② 식품 표시
③ 안전 수칙
④ 주민 등록 번호

해 설 개인 정보란 이름, 나이, 주민 등록 번호, 전화번호, 주소 및 영상 등을 통하여 개인을 알아볼 수 있는 정보를 말한다. SNS나 익명 채팅을 이용할 때는 개인 정보가 드러나지 않도록 조심해야 한다.

02 ㉠에 들어갈 말로 알맞은 것은?

> 자전거 등 바퀴 달린 기구를 탈 때에는 몸을 보호할 수 있는 (㉠)을/를 착용한다.

① 냄비
② 우산
③ 보호 장구
④ 조리 도구

해 설 자전거 등 바퀴 달린 기구를 탈 때에는 바지를 입고 무릎 보호대와 팔꿈치 보호대를 해야 하며, 머리를 보호하기 위하여 헬멧을 쓰고, 운동화를 신는 것이 안전하다.

정답 01. ④ 02. ③

03 그림의 분리수거함에 넣어야 하는 것은?

① 유리병
② 비닐봉지
③ 음식물 쓰레기
④ 플라스틱 접시

해 설 분리수거함 '유리' : 음료병이나 주류병 등 재사용 대상 병은 병뚜껑을 제거한 뒤 내용물을 비우고 물로 깨끗이 씻어서 소매점에서 환불받거나 재활용품 버리는 곳에 내어 놓는다.

04 다음 설명에 해당하는 기기는?

내부의 온도를 자동으로 조절하여 음식을 신선하게 보관한다.

① 텔레비전
② 가스레인지
③ 스마트 냉장고
④ 자율 주행 자동차

해 설 스마트 냉장고
내부에 보관된 식료품들의 유통기한을 자동 감지, 기한이 임박한 식료품이 있으면 이를 사용자에게 알려주는 기능, 부족한 식재료를 원터치로 주문할 수 있는 기능 등을 제공한다.

정답 03. ① 04. ③

05 다음 설명에 해당하는 바느질 도구는?

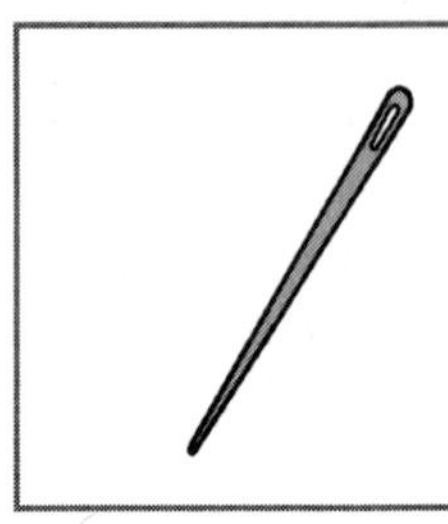

- 천을 이을 때 사용한다.
- 사용하지 않을 때에는 자석 판이나 바늘꽂이에 보관한다.

① 골무 ② 바늘 ③ 줄자 ④ 초크

해설 ① 골무 : 바느질할 때 바늘로 인해 손가락이 다치는 것을 방지하거나 바늘을 눌러 밀어 넣기 위해 손가락에 끼는 도구이다.
③ 줄자 : 치수를 잴 때 사용한다.
④ 초크 : 옷을 재단하거나 재봉할 때, 표시를 하는 데에 쓰이는 분필의 일종이다.

06 다음 설명에 해당하는 직업은?

최신 유행을 예측하고, 사람들의 나이와 체형 등을 고려해서 옷을 디자인한다.

① 간호사 ② 요리사
③ 사회 복지사 ④ 패션 디자이너

해설 패션 디자이너는 직물, 가죽, 비닐 등 다양한 소재를 이용하여 사람들의 나이와 체형 등을 고려해서 옷을 디자인하는 사람으로, 시즌이 시작되기 수개월 전부터 국내외의 패션 흐름을 분석하고, 시장조사를 거쳐 계절에 맞는 상품을 기획한다.

정답 05. ② 06. ④

07 다음 동물을 기르는 데 필요한 준비물로 가장 적절한 것은?

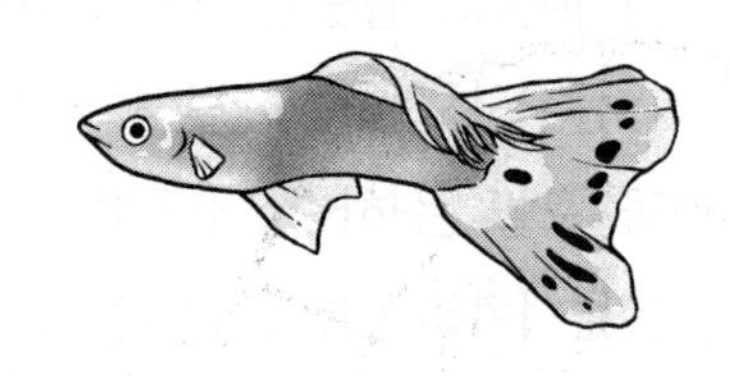

열대어는 가정에서 관상용으로 쉽게 기를 수 있는 동물이다.

① 어항　② 톱밥
③ 화분　④ 횃대

해설 어항은 관상용 물고기를 기르는 데 사용하는, 유리 따위로 모양 있게 만든 항아리이다.
※ 횃대 : 옷을 걸어놓을 수 있는 가로로 긴 막대기로 양쪽에 끈을 매달거나 해서 벽에 달아둔다.

08 ㉠에 들어갈 말로 알맞은 것은?

〈신선한 달걀을 고르는 방법〉

달걀 껍데기에 얼룩이나 반점이 없고, (㉠) 것을 고른다.

① 깨진　② 금이 간
③ 싹이 난　④ 까슬까슬한

해설 달걀은 껍데기 표면에 금이 없고 얼룩이나 반점이 없고, 까슬까슬한 것을 골라야 하며, 달걀을 흔들어 봤을 때 소리가 나지 않는 것이 신선한 달걀이다.

정답 07. ① 08. ④

09 ㉠에 들어갈 식품으로 알맞은 것은?

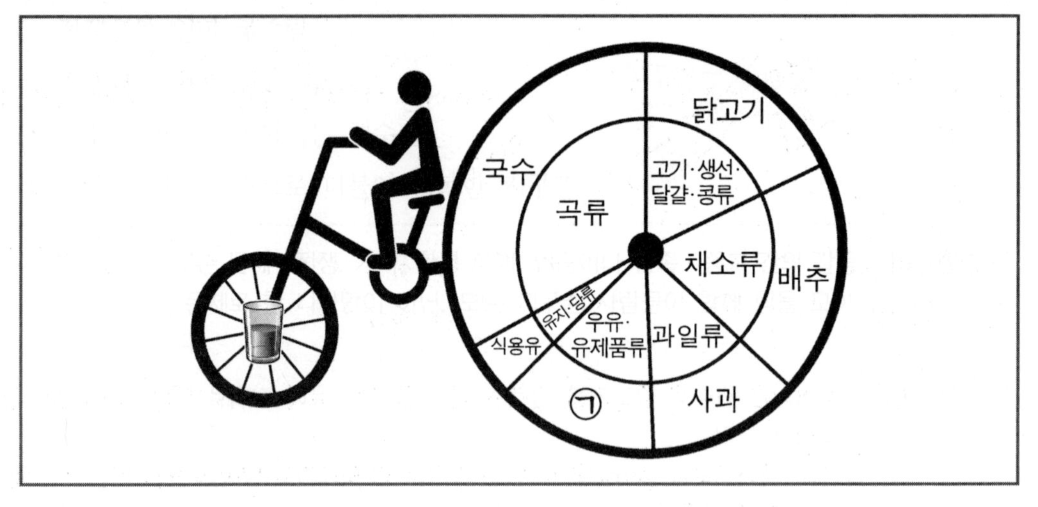

① 떡 ② 두부 ③ 치즈 ④ 돼지고기

해설 우유 및 유제품류 : 우유, 크림, 치즈, 버터, 아이스크림, 푸딩, 요구르트 등은 유당을 함유한 대표적인 식품이다.

10 다음 설명에 해당하는 것은?

- 지금까지 없었던 물건을 만들거나, 이미 있던 것을 개선하는 것을 말한다.
- 더하기, 빼기, 용도 바꾸기 등의 기법을 활용할 수 있다.

① 감정 ② 발명 ③ 센서 ④ 영양

해설 발명
지금까지 세상에 없었던 물건 또는 방법을 새로 만들거나 이미 만들어진 것을 더 좋게 하는 것으로, 더하기 기법, 빼기 기법, 용도 바꾸기 기법, 크기 바꾸기 기법, 반대로 하기 기법 등이 있다.

정답 09. ③ 10. ②

11 그림의 가족에게 필요한 마음가짐으로 적절하지 않은 것은?

① 가정일은 다른 가족 구성원에게 미룬다.
② 상대방의 입장에서 생각하고 이해한다.
③ 서로에게 일어난 어려움을 함께 나눈다.
④ 가족 간에 예의를 지키고 서로 존중한다.

해 설 건강하고 올바른 가족 가치관을 갖기 위해 가족 구성원 모두가 각자의 역할을 성실하게 수행하고 서로에게 일어난 어려움을 함께 나누고 적극 협력해야 한다.

12 다음 중 옷이 지닌 표현의 기능으로 가장 적절한 것은?

① 일의 능률을 높여 준다.
② 피부를 청결하게 유지해 준다.
③ 더위나 추위로부터 체온을 유지해 준다.
④ 자신에게 어울리는 옷차림으로 개성을 드러낸다.

해 설 옷의 기능
- 보호의 기능 : 더위 · 추위와 위험으로부터 신체를 보호하고, 체온 유지, 땀과 피지 등을 흡수하는 기능을 한다.
- 표현의 기능 : 직업 · 성별 · 연령 · 상황 등을 표현하며, 개성과 아름다움을 드러내는 기능을 한다.

정답 11. ① 12. ④

13 ㉠에 들어갈 말로 알맞은 것은?

> 아동기에는 발달이 나타나는 시기와 발달 속도가 개인에 따라 다르다. 이것을 발달의 (㉠)(이)라고 한다.

① 개인차 ② 성장기
③ 적당량 ④ 사용 방법

해 설 발달의 개인차 : 발달에는 보편적인 순서나 속도가 있으나 개인에 따라 다른데, 아동의 신체적 · 정신적 · 유전적 배경과 함께 환경적인 요인에 따른 차이가 있다.

14 그림에서 문제가 발생한 자전거의 기본 요소는?

① 건조 장치 ② 신호 장치
③ 입력 장치 ④ 제동 장치

해 설 수송 수단(자전거, 자동차, 비행기, 기차, 배 등)의 기본 요소
- 구동 장치 : 힘을 전달하여 수송 수단을 움직이는 장치 예 기어, 페달, 바퀴, 체인 등
- 조향 장치 : 수송 수단의 방향을 조절하는 장치 예 핸들
- 제동 장치 : 수송 수단을 멈추거나 속도를 낮추는 장치 예 브레이크

정답 13. ① 14. ④

15 다음 중 로봇의 센서에 대한 설명으로 적절한 것은?

① 빛 센서는 주변의 밝기를 감지한다.

② 소리 센서는 물체의 기울기를 측정한다.

③ 적외선 센서는 소리의 크기를 측정한다.

④ 기울기 센서는 물체가 접촉했는지 감지한다.

해 설 로봇 센서 장치
- 빛 센서 : 주변의 밝기를 감지한다.
- 소리 센서 : 소리의 크기를 감지한다.
- 온도 센서 : 주위의 온도를 감지한다.
- 기울기 센서 : 물체의 기울기를 감지한다.

16 다음 중 시간 자원의 특징으로 가장 적절한 것은?

① 식품을 통해 섭취할 수 있다.

② 한번 지나가면 되돌릴 수 없다.

③ 깨끗하게 세탁하고 수선하여 관리한다.

④ 종류에 따라 알맞은 방법으로 분리배출한다.

해 설
- 생활 자원 : 생명과 건강을 유지하고 만족을 얻기 위해 사용하는 모든 자원
- 인적 자원 : 인간이 소유하고 있는 개인적 특성, 능력, 관계에 의해 형성되는 자원 예 시간, 지식, 태도, 건강, 협동, 흥미, 지능, 기술 등
- 물적 자원 : 눈에 보이고 측정할 수 있으며 인간이 소유하거나 통제하며 사용할 수 있는 자원 예 금전, 학교, 주택, 공원, 의복, 전기, 음식물, 자동차, 도서관, 놀이터 등

※ 시간 자원 : 누구에게나 똑같이 주어지며, 한번 지나가면 되돌릴 수 없다.

정답 15. ① 16. ②

17 ㉠에 들어갈 작물로 알맞은 것은?

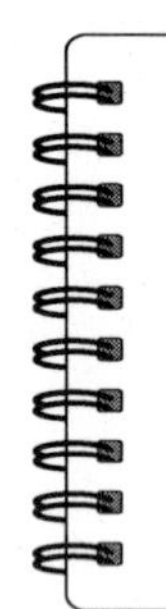

• 이름 : (㉠)
• 특징
 – 가공 과정을 거쳐 옷과 같은 생활용품으로 활용된다.

① 목화 ② 상추 ③ 수수 ④ 인삼

해설 목화는 세계적으로 중요한 농작물 중의 하나로, 비교적 값싼 면제품을 만들며, 생산량이 매우 많고 경제적인 작물이다.

18 다음 설명에 해당하는 가족의 형태는?

우리 가족의 구성원은 할아버지, 할머니, 나, 동생 이렇게 네 명이다.

① 핵가족 ② 1인 가족
③ 조손 가족 ④ 한 부모 가족

해설 가족의 형태
- 핵가족 : 혼인으로 맺어진 부부와 그들의 미혼 자녀로 구성된 가족
- 1인 가족 : 혼자서 생활하는 가구
- 조손 가족 : 부모 없이 할아버지 혹은 할머니와 손자 혹은 손녀가 함께 거주하는 가족
- 한 부모 가족 : 부모 중 한 사람과 자녀로 구성된 가족
- 다문화 가족 : 서로 다른 국적, 인종, 문화를 가진 남녀가 이룬 가족

정답 17. ① 18. ③

19 다음 중 친환경 농업의 실천 방안으로 가장 적절한 것은?

① 가축에게 항생제를 과도하게 사용한다.
② 화석 연료만을 사용하여 온실을 가동한다.
③ 지렁이가 자랄 수 없도록 화학 농약을 자주 뿌린다.
④ 가축의 배설물로 퇴비를 만들어 거름으로 사용한다.

해설 친환경 농업
- 화학 비료와 농약, 사료 첨가제 등의 사용을 줄이는 방법으로 환경 오염을 최소화하고 있다.
- 가축의 배설물을 퇴비로 만들어 이용함으로써 배설물 처리 비용을 줄이고, 채소나 과수 등을 친환경적으로 가꿔 생태계를 유지 · 보존하는 매우 중요한 역할을 한다.

20 다음은 비빔밥을 만드는 과정이다. 순서대로 바르게 배열한 것은?

ㄱ. 채썰기한 재료를 프라이팬에 볶는다.
ㄴ. 깨끗이 씻은 재료를 채썰기한다.
ㄷ. 볶은 재료를 밥 위에 얹고 고추장을 곁들인다.

① ㄱ－ㄴ－ㄷ
② ㄴ－ㄱ－ㄷ
③ ㄷ－ㄱ－ㄴ
④ ㄷ－ㄴ－ㄱ

해설 비빔밥을 만드는 과정
깨끗이 씻은 재료를 채썰기한다. → 채썰기한 재료를 프라이팬에 볶는다. → 볶은 재료를 밥 위에 얹고 고추장을 곁들인다.

정답 19. ④ 20. ②

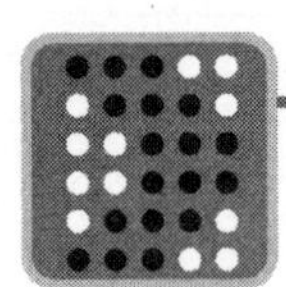

초등학교 졸업학력 검정고시 대비

영 어

2023년 1회 시행

01 그림과 낱말이 일치하는 것은?

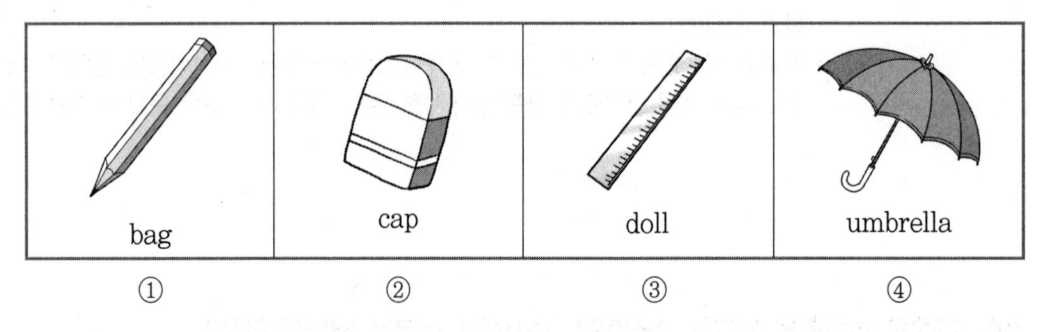

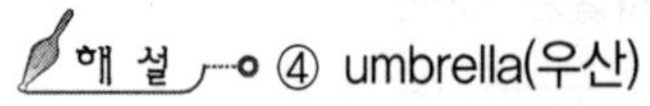
해설 ④ umbrella(우산)
① bag은 '가방'을 의미하며, 연필은 'pencil'이다.
② cap은 '모자'를 의미하며, 지우개는 'eraser'이다.
③ doll은 '인형'을 의미하며, 자는 'ruler'이다.

02 □ 안에 공통으로 들어갈 철자로 알맞은 것은?

일요일 S□nday	월요일 Monday	화요일 T□esday	수요일 Wednesday

① a ② e ③ o ④ u

해설 S[u]nday(일요일), Monday(월요일), T[u]esday(화요일), Wednesday(수요일)이므로 □ 안에 공통으로 들어갈 철자는 'u'이다.

정답 01. ④ 02. ④

03 다음 대화에서 알 수 있는 것은?

A : Is this your watch?
B : No, it isn't. My watch is black.

① A의 시계는 검정색이다.
② B의 시계는 검정색이다.
③ A의 자전거는 검정색이다.
④ B의 자전거는 검정색이다.

해 설 A : 이것이 당신 시계입니까?
B : 아니요. 그렇지 않습니다. 제 시계는 검정색입니다.
대화의 내용으로 보아 B의 시계는 검정색이다.

04 다음 대화에서 A의 질문으로 가장 적절한 것은?

A : ______________________?
B : It's 10. It's time for bed.

① What time is it
② Where is my hat
③ What's your name
④ How's the weather

해 설 A : 몇 시입니까?
B : 10시입니다. 잘 시간이에요.
B가 10시라고 했으므로, 몇 시냐고 시간을 묻는 ①이 적절하다.
② Where is my hat? → 내 모자는 어디에 있습니까?
③ What's your name? → 성함이 어떻게 되십니까?
④ How's the weather? → 날씨가 어떻습니까?

정답 03. ② 04. ①

05 그림으로 보아 빈칸에 들어갈 낱말로 알맞은 것은?

A : Whose ___ⓐ___ is this?
B : It's ___ⓑ___.

	ⓐ	ⓑ		ⓐ	ⓑ
①	brush	me	②	brush	mine
③	backpack	me	④	backpack	mine

해설 A : 이것은 누구의 ⓐ 빗(브러시 빗)입니까?
B : ⓑ 제 거예요.
그림으로 보아 빈칸에는 'brush'가 들어가야 하고, 'me(나를)'보다는 'mine(내 것)'이 더 적절하다.

06 다음 대화에서 B가 지난 주말에 한 일은?

A : What did you do last weekend?
B : I visited my grandma.

① 수영하기 ② 축구하기
③ 캠프 참가하기 ④ 할머니 찾아뵙기

해설 A : 지난 주말에 뭐 했어요?
B : 할머니 댁에 다녀왔어요.
대화로 보아 B는 지난 주말에 할머니 댁에 다녀왔다.
• weekend : 주말
• visit : 방문하다, 가다, 찾다
• grandma : 할머니

정답 05. ② 06. ④

07 그림에 대한 설명으로 알맞지 않은 것은?

① There is a bed. ② There is a lamp.

③ There are books. ④ There are two chairs.

해설 ② 램프가 있습니다.
① 침대가 있습니다.
③ 책들이 있습니다.
④ 의자가 두 개 있습니다.
그림에 침대, 책들, 의자는 있지만 램프는 없다.

정답 07. ②

08 다음 글에서 설명하는 Mina의 모습으로 알맞은 것은?

Look at my sister, Mina.
She has long curly hair.
She is wearing glasses.

①

②

③

④

해설 내 여동생 Mina를 봐요.
그녀는 긴 곱슬머리입니다.
그녀는 안경을 쓰고 있습니다.
문제의 지문으로 보아 여동생, 긴 곱슬머리, 안경을 쓰고 있는 그림은 ①이다.
- curly : 머리칼이 곱슬곱슬한
- wear : 입다, 쓰다
- glasses : 안경, 컵

09 다음 대화에서 B가 화가 난 이유로 알맞은 것은?

A : Why are you upset?
B : Because my brother broke my toy.

① 장난감이 망가져서
② 컴퓨터 게임에 져서
③ 킥보드를 찾지 못해서
④ 축구공을 잃어버려서

해설 A : 왜 화가 났어요?
B : 내 동생이 내 장난감을 부숴기 때문입니다.
문제의 대화에서 B가 화가 난 이유는 동생이 장난감을 부숴기 때문이다.
- upset : 화난, 기분 나쁜
- broke : 깼다, 부서졌다

정답 08. ① 09. ①

10 일과표의 내용과 일치하는 것은?

〈일과표〉
I get up at seven.
I have breakfast at eight.
I exercise at nine.
I take a shower at ten.

① 나는 6시에 일어난다.
② 나는 8시에 아침을 먹는다.
③ 나는 10시에 운동을 한다.
④ 나는 11시에 샤워를 한다.

해 설 〈일과표〉
저는 7시에 일어납니다.
저는 8시에 아침을 먹습니다.
저는 9시에 운동을 합니다.
저는 10시에 샤워를 합니다.
① 나는 6시에 일어난다. → 7시
③ 나는 10시에 운동을 한다. → 9시
④ 나는 11시에 샤워를 한다. → 10시
시간 단위 앞에는 전치사 'at(∼에)'을 사용한다.
• get up : 일어나다, 오르다
• breakfast : 아침, 아침식사
• exercise : 운동, 훈련

11 다음 대화에서 빈칸에 들어갈 낱말로 알맞지 않은 것은?

A : What's your favorite animal?
B : My favorite animal is a ________________.

① cat ② flower ③ rabbit ④ giraffe

해 설 A : 좋아하는 동물이 뭐예요?
B : 제가 가장 좋아하는 동물은 __________입니다.
좋아하는 동물이 무엇이냐고 물었으므로 대답은 동물이어야 한다. ②는 꽃이므로 정답이 아니다.
① cat : 고양이
③ rabbit : 토끼
④ giraffe : 기린

정답 10. ② 11. ②

12 그림으로 보아 빈칸에 들어갈 낱말로 알맞은 것은?

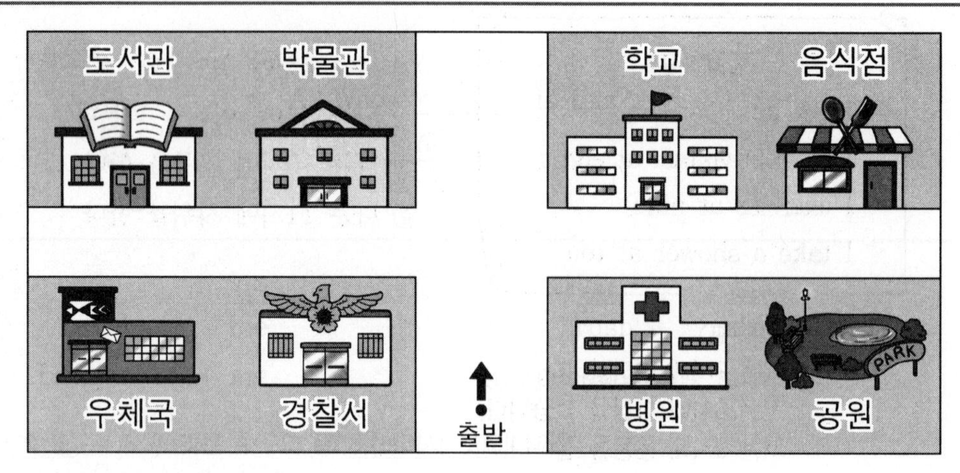

A : Where is the ________?

B : Go straight one block and turn left.

It's next to the library.

① museum ② school ③ hospital ④ post office

해설 A : 박물관이 어디에 있어요?

B : 한 블록 직진하고 왼쪽으로 도세요.

도서관 옆에 있습니다.

B의 대답에서 도서관 옆에 있다고 하였으므로 빈칸에 들어갈 말은 도서관과 박물관이 있는 ①이 정답이다.

① museum : 박물관

② school : 학교

③ hospital : 병원

④ post office : 우체국

• straight : 직선, 똑바로

• block : 블록, 구역

• turn : 돌리다, 바꾸다

• next : 다음의, 옆에

정답 12. ①

13 **그림으로 보아 빈칸에 들어갈 말로 알맞은 것은?**

〈아침 식사 체크리스트〉

요일	월	화	수	목	금	토	일
먹음(✓)	✓	✓	✓		✓		✓

A : How often do you eat breakfast?

B : I eat breakfast ________________ a week.

① twice ② three times

③ five times ④ six times

해 설 A : 아침을 얼마나 자주 먹습니까?

B : 저는 일주일에 다섯 번 아침을 먹습니다.

그림의 아침 식사 체크리스트에 월, 화, 수, 금, 일요일에 먹음 표시가 되어 있으므로 ③ 다섯 번(five times)이 정답이다.

① twice : 두 번, 두 배

② three times : 세 번

④ six times : 여섯 번

• week : 주, 일주일

정답 13. ③

14 그림으로 보아 빈칸에 들어갈 말로 알맞은 것은?

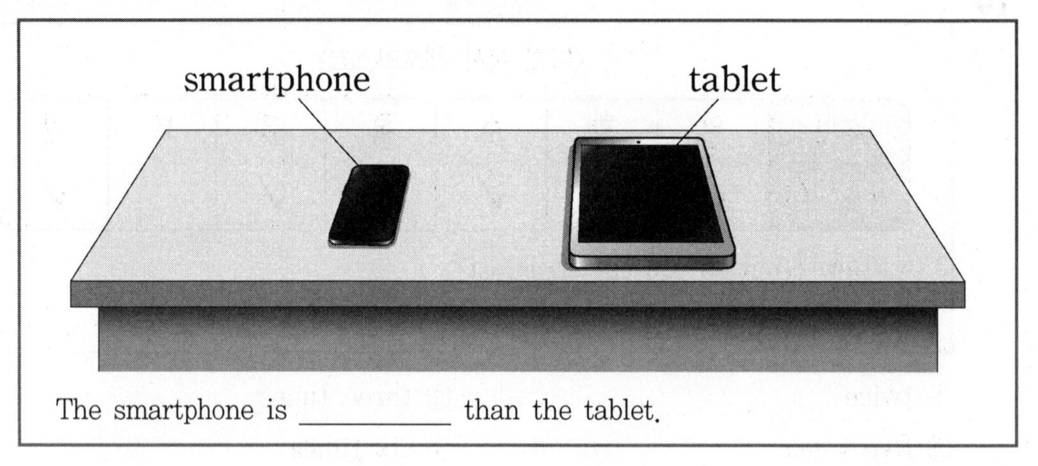

The smartphone is ＿＿＿＿＿ than the tablet.

① taller ② longer ③ bigger ④ smaller

해 설 그 스마트폰은 태블릿보다 작습니다.

① taller : 더 큰
② longer : 더 오래
③ bigger : 더 큰

정답 14. ④

15 다음 글에서 빈칸에 들어갈 말로 가장 거리가 먼 것은?

What can we do for the earth?
We can ______________________.

① save water
② turn off the light
③ take a long shower
④ recycle cans and bottles

해 설 우리가 지구를 위해 무엇을 할 수 있을까요?
우리는 __________ 할 수 있습니다.
① 물 절약하기
② 불 끄기
④ 캔과 병을 재활용하기
지구를 위해 할 수 있는 일 중 샤워를 오래 한다(take a long shower)는 ③은 거리가 멀다.
- earth : 지구, 땅
- turn off : 끄다
- recycle : 재생하다, 재활용하다
- bottle : 병

정답 15. ③

16 다음 대화에서 B가 이번 주말에 하려고 하는 것은?

A : What will you do this weekend?
B : I will take swimming lessons.

① 독서 ② 여행
③ 수영 배우기 ④ 놀이공원 가기

해 설 A : 이번 주말에 뭐 할 거예요?
B : 수영 레슨을 받을 거예요.
대화의 내용으로 보아 B가 이번 주말에 하려고 하는 것은 수영 배우기이다.
- weekend : 주말
- lesson : 교훈, 수업, 가르치다

17 다음 글에서 Minho의 장래 희망으로 가장 적절한 것은?

I'm Minho.
I like to write stories.
I want to write stories for children.

① 작가 ② 경찰관
③ 소방관 ④ 요리사

해 설 저는 Minho입니다.
저는 이야기 쓰는 것을 좋아합니다.
저는 아이들을 위한 이야기를 쓰고 싶습니다.
글에서 Minho는 아이들을 위한 이야기를 쓰고 싶다고 했으므로, 장래 희망으로는 ① 작가가 가장 적절하다.

정답 16. ③ 17. ①

18 **초대장을 읽고 알 수 <u>없는</u> 것은?**

〈 초대장 〉

Can you come to Korean food festival?
The food festival is on March 21st.
You can eat delicious food.
Please come to Grand park at 11:00.

① 날짜 ② 장소
③ 시간 ④ 준비물

해 설 〈초대장〉
당신은 한국 음식 축제에 올 수 있습니까?
그 음식 축제는 3월 21일에 있습니다.
당신은 맛있는 음식을 먹을 수 있습니다.
11시에 대공원으로 오세요.
초대장에서 준비물에 대한 내용은 없으므로 ④가 정답이다.
① 날짜 : 3월 21일
② 장소 : 대공원
③ 시간 : 11시
•food : 음식, 식품
•festival : 축제, 행사
•eat : 먹다, 음식
•delicious : 맛있는
•Grand park : 대공원

정답 18. ④

19 **다음 대화에서 물건과 가격이 바르게 짝지어진 것은?**

> A : How much are these shoes?
> B : They are twelve thousand won.
> A : How much is this skirt?
> B : It's thirteen thousand won.

	물건	가격		물건	가격
①	신발	30,000원	②	신발	20,000원
③	치마	13,000원	④	치마	12,000원

해 설 A : 이 신발 얼마예요?
B : 12,000원입니다.
A : 이 치마는 얼마예요?
B : 13,000원입니다.
A와 B의 대화에서 신발은 12,000원이고, 치마는 13,000원이다.

정답 19. ③

20 **다음 글의 내용과 일치하는 것은?**

My name is Tom.
I'm from Australia.
I'm in the fourth grade.
I'm in the soccer club.
I like to play soccer.

① 나는 영국에서 왔다.

② 나는 5학년이다.

③ 나는 환경 동아리 회원이다.

④ 나는 축구하는 것을 좋아한다.

해 설 내 이름은 Tom이야.
나는 호주에서 왔어.
나는 4학년이야.
나는 축구부에 소속되어 있어.
내가 좋아하는 것은 축구야.
① 나는 영국에서 왔다. → 호주
② 나는 5학년이다. → 4학년
③ 나는 환경 동아리 회원이다. → 축구부

정답 20. ④

2022년 2회

초등학교 졸업학력 검정고시 대비 기출문제

2022년 8월 시행

똑같은 **기출** 똑똑한 **해설**

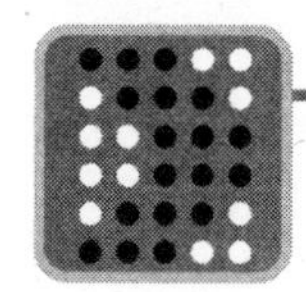

초등학교 졸업학력 검정고시 대비

국 어

2022년 2회 시행

01 다음 글에서 민서가 전하고 싶은 마음으로 알맞은 것은?

> 나영아!
> 너의 생일 파티에 가지 못하게 되어서 정말 미안해.
> 할머니께서 갑자기 병원에 입원하셔서 병문안을 가게 되었어. 다녀와서 꼭 연락할게.
> 친구 민서가

① 미안함 ② 반가움
③ 외로움 ④ 즐거움

해설 민서는 갑자기 할머니의 병문안을 가느라 나영이의 생일 파티에 가지 못하게 되어 미안한 마음을 전하고 있다.

02 다음 중 두 낱말 사이의 관계가 다른 것은?

① 낮다 : 높다 ② 운동 : 수영
③ 가다 : 오다 ④ 등교 : 하교

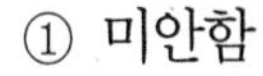

해설 ①, ③, ④는 뜻이 서로 반대되는 관계의 낱말이고, ②는 한 낱말이 다른 낱말을 포함하는 관계에 있는 낱말이다.
'운동'이라는 낱말은 '수영', '축구', '야구', '태권도'라는 낱말을 모두 포함한다.

정답 01. ① 02. ②

03 ㉠에 들어갈 내용으로 가장 적절한 것은?

- 중심 문장 : 우리나라에는 명절에 하는 민속놀이가 있습니다.
- 뒷받침 문장 : – [㉠]
  – 단오에는 씨름을 합니다.

① 설날에는 세배를 합니다.
② 추석에는 송편을 먹습니다.
③ 동짓날에는 팥죽을 먹습니다.
④ 정월 대보름에는 쥐불놀이를 합니다.

해설 • 중심 문장 : 문단 내용을 대표하는 문장
• 뒷받침 문장 : 중심 문장을 덧붙여 설명하거나 예를 드는 방법으로 도와주는 문장
우리나라에서 명절에 하는 민속놀이를 뒷받침하는 문장으로 정월 대보름에 하는 쥐불놀이, 단오에 하는 씨름 등이 들어가야 한다.

04 다음에 해당하는 토의 절차는?

- 토의하고 싶은 주제를 자유롭게 이야기하기
- 토의 주제로 알맞은지 판단하기

① 토의 주제 정하기
② 의견 마련하기
③ 의견 모으기
④ 의견 결정하기

해설 토의 절차 : 토의 주제 정하기 → 의견 마련하기 → 의견 모으기 → 의견 결정하기
'토의 주제 정하기' 단계에서는 토의하고 싶은 주제를 자유롭게 이야기하고 토의 주제가 알맞은지 판단한다.

정답 03. ④ 04. ①

05 친구들에게 조사한 내용을 발표할 때 다음 자료를 활용한 까닭으로 적절하지 않은 것은?

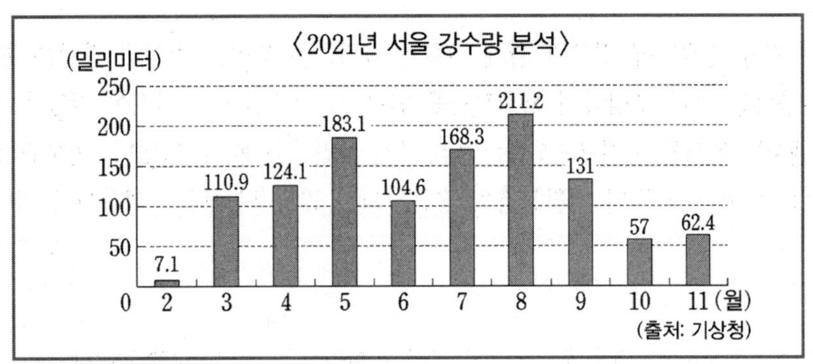

① 월별 강수량을 알려 줄 수 있어서

② 월별 강수량의 순위를 설명할 수 있어서

③ 음악이나 자막을 넣어 분위기를 잘 전달할 수 있어서

④ 강수량이 많은 달과 적은 달을 한눈에 보여 줄 수 있어서

해 설 발표를 할 때는 듣는 사람이 발표 내용을 쉽게 이해할 수 있도록 그림, 사진, 영상, 지도, 표, 도표 따위의 알맞은 매체 자료를 활용하여 발표한다. 제시된 강수량 분석 그래프를 보면 월별 강수량과 순위를 한눈에 알 수 있으므로 발표 자료에 적절하다.

06 ㉠에 들어갈 말로 알맞은 것은?

> 갯벌은 [㉠] 어민들은 갯벌에서 수산물을 키우고 거두어 돈을 법니다. 또 갯벌은 육지에서 나오는 오염 물질을 분해해 좋은 환경을 만듭니다. 그리고 갯벌은 기후를 조절하고 홍수를 줄여 주는 역할을 합니다.

① 초식동물이 살기에 좋은 환경입니다.

② 쓰레기 매립으로 인해 오염이 심각합니다.

③ 자연과 사람에게 여러 가지 도움을 줍니다.

④ 밀물 때는 물에 잠기고 썰물 때는 물 밖으로 드러납니다.

해 설 지문의 내용을 보면 갯벌은 수입을 발생시키고, 육지에서 나오는 오염 물질을 분해해 좋은 환경을 만들어주며 기후를 조절하고 홍수를 줄여 주는 역할을 하는 등 자연과 사람에게 여러 가지 도움을 준다.

정답 05. ③ 06. ③

07 ㉠~㉣ 중 글쓴이의 생각이나 느낌이 드러난 것은?

지난 일요일에 정우와 함께 견학을 갔다. ㉠ 우리는 박물관 관람을 했다. 박물관 1층에는 우리 조상들의 생활모습을 담은 ㉡ 그림들이 전시되어 있었다. 박물관 2층에서는 조상들이 사용하던 ㉢ 여러 가지 물건들을 볼 수 있었다. 박물관 관람을 하고 난 후 ㉣ 조상들의 생활모습이 오늘날과는 많이 다르다는 생각이 들었다.

① ㉠ ② ㉡ ③ ㉢ ④ ㉣

해설 지문의 내용 중 ㉠ · ㉡ · ㉢은 사실이고, ㉣은 의견(생각)이다.

[8~9] 다음 글을 읽고 물음에 답하시오.

샬럿의 거미줄

• 때 : 어느 해 늦여름
• 곳 : 어느 시골 마을 주커만 농장의 헛간
• 나오는 인물 : 샬럿, 윌버, 러비

러비가 여물통을 들고 온다. 윌버, 뒤로 살짝 물러난다.

러비 : 여기 있다, 꿀꿀아. 아침이다. 먹다 남은 도넛이랑 빵이야. (여물통을 내려놓는다.) 정말 맛…… 맛……. (샬럿의 거미줄에 새겨진 글자를 보고) 저게 뭐야? 뭐가 있는데……. (무대 밖으로 소리치며) 주커만 씨! 주커만 씨! 빨리 와 보세요! ㉠ (허겁지겁 퇴장한다.)

08 윗글에 대한 설명으로 알맞지 않은 것은?

① 등장인물은 샬럿, 윌버, 러비이다.
② 시간적 배경은 어느 해 늦겨울이다.
③ 러비는 거미줄에 새겨진 글자를 보고 놀랐다.
④ 공간적 배경은 시골 마을 주커만 농장의 헛간이다.

해설 시간적 배경은 어느 해 늦여름이다.

정답 07. ④ 08. ②

09 ㉠에 대한 설명으로 알맞은 것은?

① 인물이 하는 말을 나타낸다.
② 작품의 배경 음악을 나타낸다.
③ 사건이 일어난 시간을 나타낸다.
④ 인물의 동작이나 표정을 나타낸다.

해설 지문은 인물의 동작, 표정, 심리, 말투 따위를 지시하는 부분으로 (　　) 안에 써서 표현한다.

10 다음과 같이 문자 메시지로 나누고 싶은 마음을 전하면 좋은 점은?

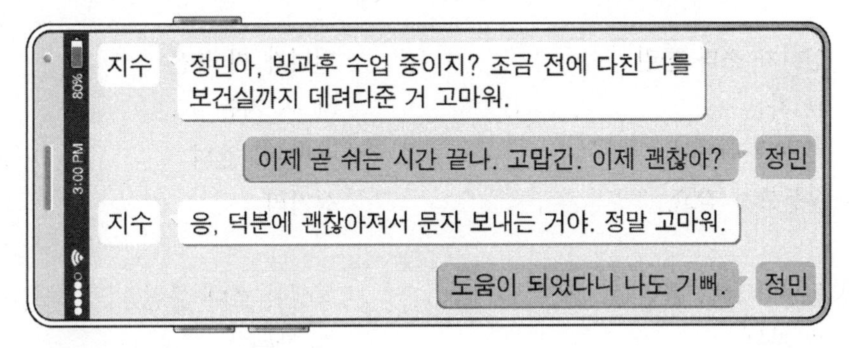

① 읽는 사람의 표정을 볼 수 있다.
② 읽는 사람의 음성을 들을 수 있다.
③ 읽는 사람의 움직임을 확인할 수 있다.
④ 읽는 사람에게 자신의 마음을 곧바로 보낼 수 있다.

해설 문자 메시지는 읽는 사람의 표정, 음성, 움직임은 확인할 수 없다.

정답 09. ④ 10. ④

11 밑줄 친 낱말이 ㉠과 같은 의미로 사용된 것은?

생일 축하 노래를 ㉠ 불렀다.

① 배가 불렀다.
② 택시를 불렀다.
③ 애국가를 불렀다.
④ 값을 비싸게 불렀다.

해설
- 생일 축하 노래를 불렀다, 애국가를 불렀다. : (사람이 노래 따위를) 곡에 맞추어 소리로 내다
- 배가 불렀다. : 음식을 충분히 먹어서 든든하다
- 택시를 불렀다. : 청하여 오라고 하다
- 값을 비싸게 불렀다. : (사람이 물건의 값을) 얼마라고 말하다

[12~13] 다음 글을 읽고 물음에 답하시오.

글씨 공부

이문구

언니가 쓰다 틀린
ㅁ 자는
시늉만 내어서
운동모자 같고.

동생이 쓰다 틀린
ㄱ 자는
거꾸로 그려서
낚싯바늘 같고.

언니가 써 놓은
㉠ ㅅ 자는
우리 집 앞의
삼거리.

동생이 쓰다 틀린
ㅎ 자는
삼거리 앞의
눈사람.

12 ㉠을 비유한 것은?

① 운동모자 ② 낚싯바늘 ③ 우리 집 ④ 삼거리

해설 이 시에서는 쓰다 틀린 'ㅁ 자'를 '운동모자', 동생이 쓰다 틀린 'ㄱ 자'를 '낚싯바늘', 'ㅅ 자'를 '삼거리', 동생이 쓰다 틀린 'ㅎ 자'를 '눈사람'에 비유했다.

정답 11. ③ 12. ④

13 **윗글을 읽고 떠올린 느낌으로 적절하지 않은 것은?**

① 시늉만 낸 'ㅁ 자'를 보고 액자를 그린 장면이 신기했다.
② 언니와 동생이 글씨 공부를 하고 있는 장면이 떠올랐다.
③ 동생이 쓰다 틀린 'ㅎ 자'를 눈사람에 비유한 것이 재미있었다.
④ 거꾸로 쓴 'ㄱ 자'를 보고 낚싯바늘을 떠올린 것이 인상적이었다.

해 설 윗글에서 언니가 쓰다 틀린 'ㅁ 자'는 액자가 아닌 운동모자 같다고 하였다.

14 **문장의 호응 관계가 바른 것은?**

① 골키퍼가 날아온 공을 잡혔다.
② 좋은 친구들은 결코 거짓말을 잘한다.
③ 우리는 잠시 후에 미술관에 갈 것이다.
④ 어제 친구랑 같이 밥과 영화를 보았다.

해 설
- 골키퍼가 날아온 공을 잡았다.
- 좋은 친구들은 결코 거짓말을 하지 못한다.
- 어제 친구랑 같이 밥을 먹고 영화를 보았다.

[15~16] 다음 글을 읽고 물음에 답하시오.

> [㉠] 교실에서 뛰어다니지 말아야 하는 까닭은 첫째, 교실에서 뛰어다니면 친구들과 부딪혀 다칠 수 있다. 둘째, 교실에서 뛰어다니면 조용히 휴식을 취하는 친구들에게 방해가 된다. 셋째, 교실에서 뛰어다니면 [㉡]

15 **윗글의 ㉠에 들어갈 주장으로 알맞은 것은?**

① 학교생활을 즐겁게 하자.
② 교실에서 뛰어다니지 말자.
③ 복도에서 큰 소리로 떠들지 말자.
④ 교실에서 다양한 종류의 책을 읽자.

해 설 지문은 교실에서 뛰어다니지 말아야 하는 까닭을 이야기하고 있다.

정답 13. ① 14. ③ 15. ②

16 **윗글의 ㉡에 들어갈 근거로 적절한 것은?**

① 바른 자세로 앉을 수 있다.
② 먼지가 생겨 건강에 좋지 않다.
③ 교실의 쓰레기를 줄일 수 있다.
④ 선생님께 칭찬을 받을 수 있다.

해설 교실에서 뛰어다닐 경우 나쁜 점(친구들과 부딪혀 다칠 수 있다, 조용히 휴식을 취하는 친구들에게 방해가 된다) 중 마지막 세 번째는 ②가 적절하다.

17 **주장하는 글을 쓸 때 유의해야 할 점으로 적절하지 <u>않은</u> 것은?**

① 명확한 표현은 사용하지 않는다.
② 단정적인 표현은 조심해서 사용한다.
③ 모호한 표현은 사용하지 않는 것이 좋다.
④ 주장을 뒷받침하는 근거를 제시하여 쓴다.

해설 주장하는 글을 쓸 때는 자신의 생각을 명확히 드러내야 한다.

18 **'맨밥'과 짜임이 같은 낱말은?**

① 바늘 ② 햇밤
③ 하늘 ④ 나무

해설 '맨밥'과 '햇밤'은 파생어로 어근과 접사(단독으로 사용할 수 없으며 항상 다른 어근이나 낱말에 붙어 새로운 낱말을 구성)가 합해진 낱말이다.

정답 16. ② 17. ① 18. ②

19 **㉠~㉣ 중 사실을 나타낸 문장으로 알맞은 것은?**

> 한옥 지붕
>
> ㉠ 중국과 일본의 지붕은 처마 양 끝이 살짝 들려 있지만 가운데는 반듯한 직선이다. 그런데 한옥 지붕은 처마 전체가 휘어진 듯 부드러운 곡선으로 이루어져 있다. ㉡ 그래서 좀 더 가볍고 산뜻한 느낌을 준다. 중국, 일본과 달리 한옥 지붕이 부드러운 곡선인 까닭은 무엇일까? ㉢ 한국의 자연환경이 큰 영향을 미쳤다고 생각한다. 한국은 국토의 대부분이 산이기 때문에 산으로 둘러싸인 곳에 건축물을 많이 지었다. ㉣ 그래서 건축물 지붕을 얹을 때도 지붕 선이 주변 산봉우리와 잘 어울리게 부드러운 곡선이 되도록 한 것 같다.

① ㉠　　② ㉡　　③ ㉢　　④ ㉣

해설 ㉠ 사실, ㉡ · ㉢ · ㉣ 생각(의견)
•사실 : 실제로 있었던 일을 말한다.
•의견 : 대상이나 일에 대한 느낌이나 생각을 말한다.

20 **인터넷 자료를 읽는 방법으로 적절하지 않은 것은?**

① 그림이 주는 시각 정보도 살펴본다.
② 화면 구성 방식에 담긴 정보도 확인한다.
③ 다양한 자료가 있을 때 하나의 자료만 살펴본다.
④ 영상 자료에 있는 소리와 자막에 담긴 정보도 확인한다.

해설 다양한 인터넷 자료가 있을 때는 가능한 많은 자료를 살펴보는 것이 좋다.

정답 19. ① 20. ③

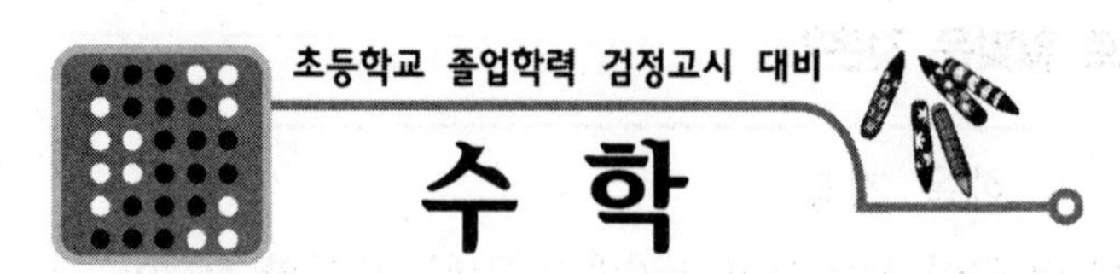

2022년 2회 시행

01 다음은 23000부터 1000씩 뛰어 세기를 나타낸 것이다. □에 알맞은 수는?

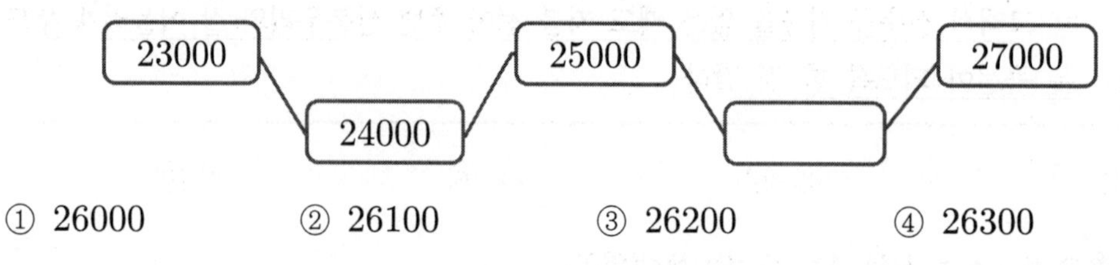

① 26000 ② 26100 ③ 26200 ④ 26300

해설 1000씩 뛰어서 세면 천의 자리 숫자가 1씩 커지므로 □에 알맞은 수는 26000이다.

02 그림에서 오른쪽 큰 정사각형 모양을 완성하려고 한다. 조각 (가)를 밀어야 하는 방향으로 알맞은 것은?

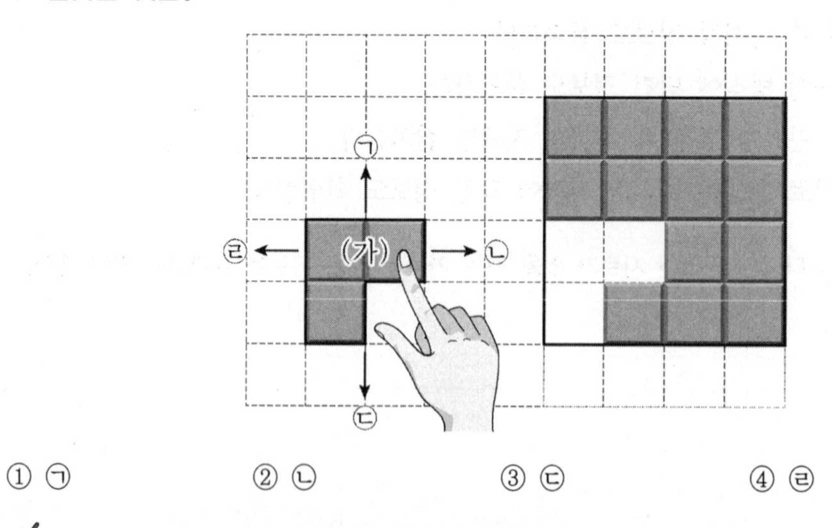

① ㉠ ② ㉡ ③ ㉢ ④ ㉣

해설 오른쪽 큰 정사각형 모양을 완성하려면 조각 (가)를 오른쪽(㉡)으로 밀어야 한다.

정답 01. ① 02. ②

03 다음과 같이 운동 기구의 각도를 (가)에서 (나)로 바꾸었을 때, 두 각도의 차는?

① 10°　② 20°　③ 30°　④ 40°

해설 두 각을 겹치게 놓았을 때, 겹치지 않는 부분의 각의 크기는 두 각도의 차와 같다. 각도의 차는 자연수의 뺄셈과 같은 방법으로 구하므로 $40° - 20° = 20°$ 이다.

04 다음은 학생 4명의 줄넘기 횟수를 막대그래프로 나타낸 것이다. 지혜의 줄넘기 횟수는?

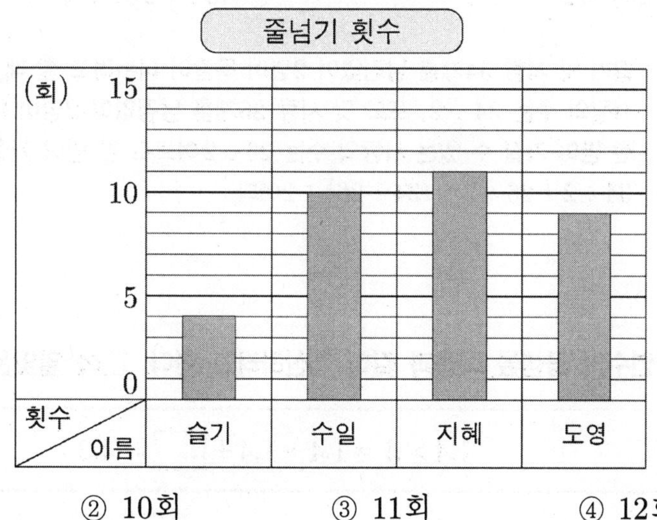

① 9회　② 10회　③ 11회　④ 12회

해설 막대그래프는 조사한 수를 막대로 나타낸 그래프로, 줄넘기 횟수는 슬기가 4회, 수일이가 10회, 지혜가 11회, 도영이가 9회이다.

정답 03. ② 04. ③

05 **다음 분수의 덧셈 계산 과정에서 □에 공통으로 들어갈 수는?**

$$\frac{1}{3}+\frac{1}{4}=\frac{4}{\square}+\frac{3}{\square}=\frac{7}{12}$$

① 3 ② 4 ③ 10 ④ 12

해 설 분모가 다른 분수의 덧셈은 두 분수를 통분한 후 통분한 분모는 그대로 쓰고, 분자는 분자끼리 더한다.

$$\frac{1}{3}+\frac{1}{4}=\frac{1\times4}{3\times4}+\frac{1\times3}{4\times3}=\frac{4}{12}+\frac{3}{12}=\frac{7}{12}$$

06 **딸기 맛 사탕 34개와 포도 맛 사탕 26개를 남김없이 2명이 똑같이 나누려고 한다. 한 명이 가질 수 있는 사탕의 수를 구하는 식으로 옳은 것은?**

① $34+26+2$ ② $34+26-2$
③ $(34+26)\times2$ ④ $(34+26)\div2$

해 설 딸기 맛 사탕 34개를 남김없이 2명이 똑같이 나누려고 할 때, 한 명이 가질 수 있는 사탕의 수는 $34\div2$, 포도 맛 사탕 26개를 남김없이 2명이 똑같이 나누려고 할 때, 한 명이 가질 수 있는 사탕의 수는 $26\div2$이므로 한 명이 가질 수 있는 사탕의 수는 $34\div2+26\div2=(34+26)\div2$이다.

07 **소수와 자연수의 곱셈을 다음과 같이 계산하려고 한다. □에 알맞은 수는?**

$$1.4\times3=1.4+1.4+\square=4.2$$

① 1.3 ② 1.4 ③ 1.5 ④ 1.6

해 설 1.4×3은 1.4를 3번 더한 것과 같으므로 $1.4+1.4+1.4=4.2$이다.

정답 05. ④ 06. ④ 07. ②

08 다음 직육면체에서 색칠한 면에 수직인 면의 개수는?

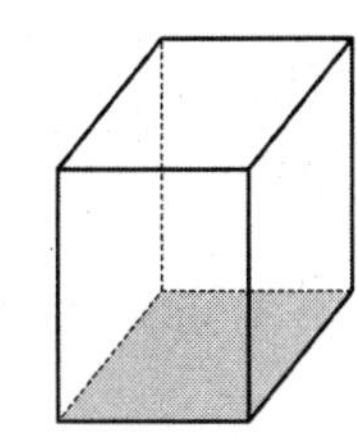

① 1개
② 2개
③ 3개
④ 4개

해설 직육면체에서 만나는 면은 수직이고, 한 면과 수직으로 만나는 면은 모두 4개이다.

09 버림하여 십의 자리까지 나타낼 때, 1250이 되는 수는?

① 1240 ② 1244 ③ 1252 ④ 1261

해설 버림하기는 구하려는 자리 아래 수를 모두 0으로 나타내는 방법이다. 버림하여 십의 자리까지 나타낼 때, 1240, 1244는 1240이 되는 수이고, 1252는 1250이 되는 수이며, 1261은 1260이 되는 수이다.

10 다음은 선분 ㅋㅌ을 대칭축으로 하는 선대칭도형이다. 변 ㅂㅅ의 길이는?

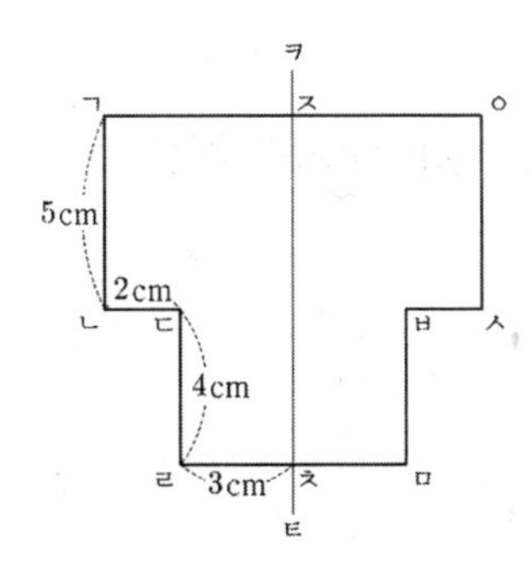

① 2cm
② 3cm
③ 4cm
④ 5cm

해설 선대칭도형은 각각의 대응변의 길이와 대응각의 크기가 서로 같다. 변 ㅂㅅ은 변 ㄴㄷ의 대응변이므로 길이는 2cm이다.

정답 08. ④ 09. ③ 10. ①

11 **표와 같이 △와 □ 사이의 대응 관계가 □ = △ + 5 일 때, ㉠에 알맞은 수는?**

△	5	10	15	20	……
□	10	15	㉠	25	……

① 20　　② 21　　③ 22　　④ 23

해설 △ = 15
15 + 5 = □
∴ ㉠ = 20

12 **표는 어느 농구 팀이 경기를 3번 했을 때 얻은 점수를 나타낸 것이다.**

경기	첫 번째	두 번째	세 번째
점수(점)	60	80	70

얻은 점수의 평균을 구하는 과정에서 □에 알맞은 수는?

(얻은 점수의 평균) = (60 + 80 + 70) ÷ □ = 70

① 1　　② 2　　③ 3　　④ 4

해설 평균은 주어진 자료에서 전체를 더한 합계를 자료의 개수로 나눈 값이므로 □에 알맞은 수는 3이다.

13 **소수의 나눗셈을 다음과 같이 계산하려고 한다. □에 알맞은 수는?**

$$4.8 \div 0.4 = \frac{48}{10} \div \frac{4}{10} = 4.8 \div 0.4 = \frac{48}{10} \div \frac{4}{10} = \square \div 4 = 12$$

① 0.4　　② 4.8　　③ 10　　④ 48

해설 자릿수가 같은 (소수)÷(소수)는 분수의 나눗셈으로 바꾸어 계산한다.

$$4.8 \div 0.4 = \frac{48}{10} \div \frac{4}{10} = 48 \div 4 = 12$$

정답 11. ① 12. ③ 13. ④

14 다음 중 계산 결과가 다른 것은?

① $\frac{4}{5} \div \frac{2}{5}$　② $\frac{6}{7} \div \frac{3}{7}$

③ $\frac{7}{9} \div \frac{4}{9}$　④ $\frac{10}{11} \div \frac{5}{11}$

해 설 ①, ②, ④는 분자끼리 나누어떨어지고 분모가 같으므로 분자의 나눗셈으로 계산한다. 따라서 계산 결과는 2이다. ③은 분자끼리 나누어떨어지지 않고 분모가 같으므로 계산 결과는 $\frac{7}{9} \div \frac{4}{9} = 7 \div 4 = \frac{7}{4} = 1\frac{3}{4}$ 이다.

15 분수와 소수의 크기 비교가 옳지 않은 것은?

	분수		소수
①	$\frac{2}{10}$	$>$	0.1
②	$\frac{3}{10}$	$=$	0.3
③	$\frac{6}{10}$	$<$	0.6
④	$\frac{8}{10}$	$<$	0.9

해 설 ③ $\frac{6}{10} = 0.6$

16 다음 정육면체의 겉넓이는?

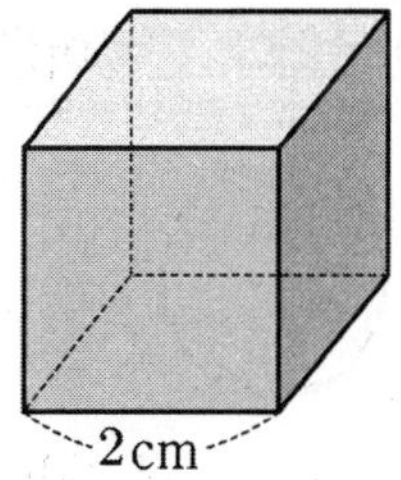

① $4cm^2$
② $10cm^2$
③ $12cm^2$
④ $24cm^2$

해 설 (정육면체의 겉넓이) = (한 모서리의 길이) × (한 모서리의 길이) × 6
한 모서리의 길이는 2cm이므로 겉넓이는 $2 \times 2 \times 6 = 24cm^2$이다.

정답 14. ③ 15. ③ 16. ④

17 다음 조건을 모두 만족하는 도형은?

- 서로 평행한 두 면이 있다.
- 두 밑면은 합동이고 다각형이다.
- 두 밑면은 나머지 면들과 모두 수직으로 만난다.

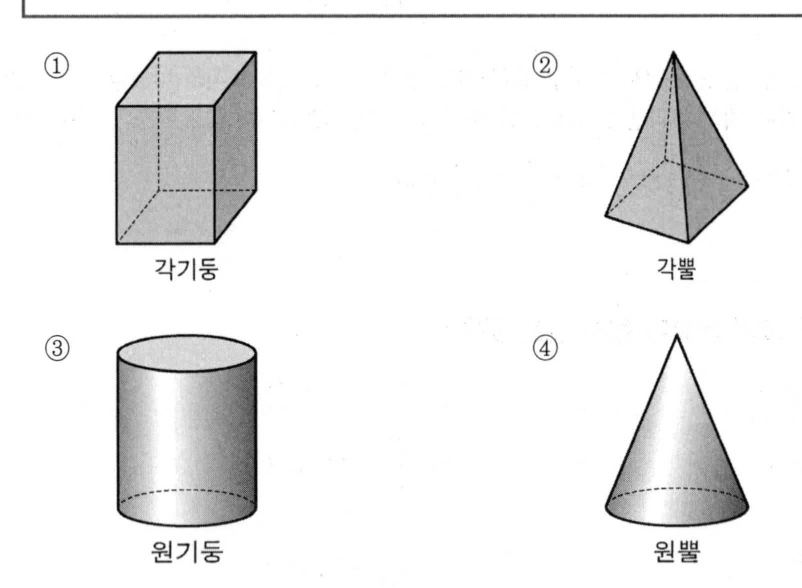

해설 각기둥은 위와 아래에 있는 면이 서로 평행하고 합동인 다각형으로 이루어진 기둥 모양의 입체도형으로, 두 밑면은 나머지 면들과 모두 수직으로 만나고, 옆면은 모두 직사각형인 특징을 가진다.

18 길이가 30cm인 철사를 겹치지 않게 이어 붙여서 원을 만들었다. 만들어진 원의 원주는?

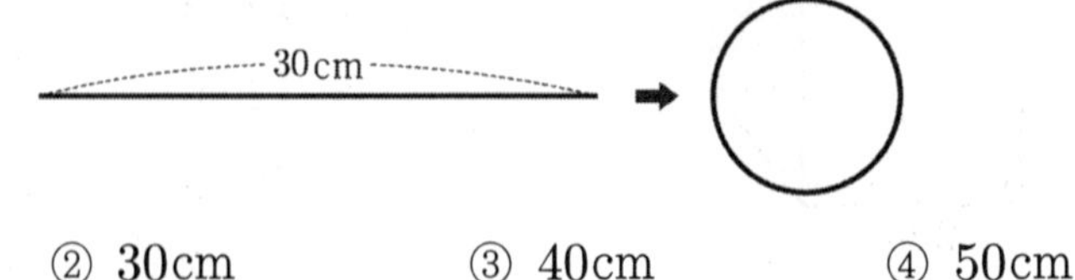

① 20cm　② 30cm　③ 40cm　④ 50cm

해설 원주는 원의 둘레와 같다. 길이가 30cm인 철사를 겹치지 않게 이어 붙여서 원을 만들었으므로 원의 둘레는 30cm이다.

정답 17. ① 18. ②

19 **꽃병 2개를 만들려면 찰흙 6개가 필요하다. 꽃병 4개를 만들기 위해 필요한 찰흙의 수는?**

① 6 ② 8

③ 10 ④ 12

해설 꽃병 2개를 만들려면 찰흙 6개가 필요하므로 꽃병 1개를 만들려면 찰흙 $6 \div 2 = 3$ (개)가 필요하다. 따라서 꽃병 4개를 만들기 위해서는 찰흙 $3 \times 4 = 12$ (개)가 필요하다.

20 **원뿔의 높이를 재는 방법으로 옳은 것은?**

①

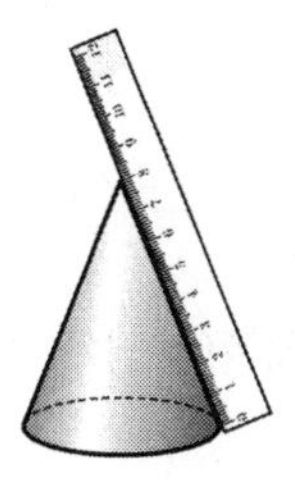

②

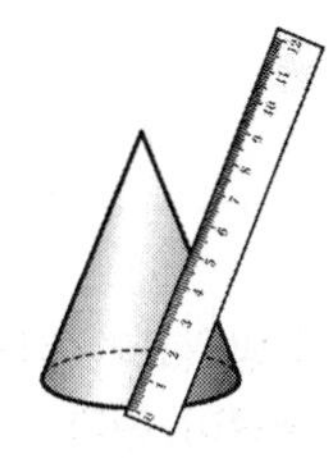

③

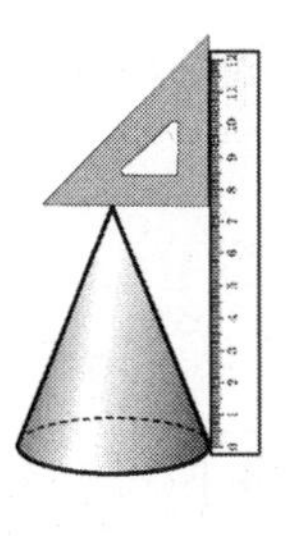

④

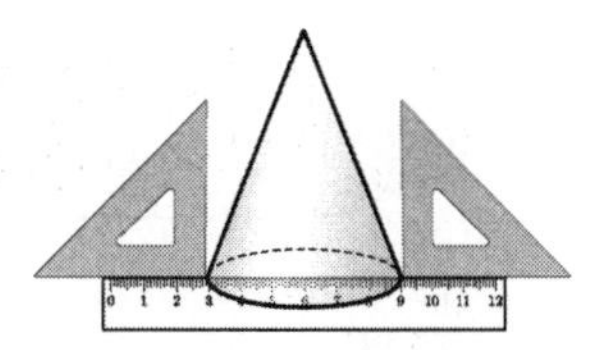

해설 원뿔의 높이는 원뿔의 꼭짓점에서 밑면에 수직인 선분의 길이이다.

정답 **19.** ④ **20.** ③

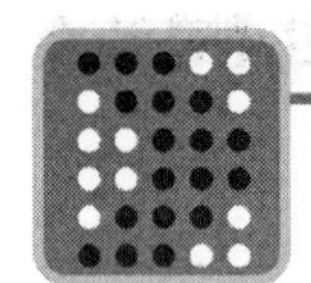

초등학교 졸업학력 검정고시 대비

사 회

2022년 2회 시행

01 **㉠과 ㉡에 들어갈 말로 가장 적절한 것은?**

> 지도에서 방위표가 없는 경우 지도의 위쪽이 [㉠]이 되고, 아래쪽이 [㉡]이 된다.

	㉠	㉡		㉠	㉡
①	동쪽	서쪽	②	서쪽	동쪽
③	남쪽	북쪽	④	북쪽	남쪽

해 설 지도에서 방위표가 없는 경우 지도의 위쪽이 북쪽, 아래쪽이 남쪽, 오른쪽이 동쪽, 왼쪽이 서쪽이 된다.

02 **다음 대화에서 학생이 활용한 문화유산 조사 방법은?**

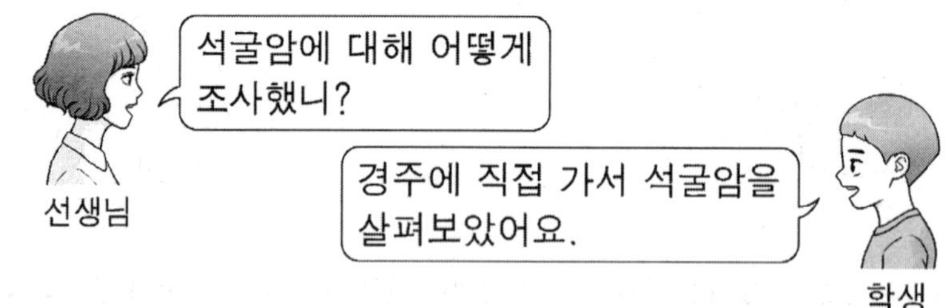

① 답사　　② 인터넷 검색
③ 친구와 토의　　④ 백과사전 조사

해 설 답사는 현장에 가서 직접 보고 조사하는 방법으로, 직접 눈으로 볼 수 있어 생생한 지식을 얻을 수 있다.

정답 01. ④ 02. ①

03 다음 사례에 나타난 촌락과 도시의 교류 모습은?

□□시 ○○대학교 학생 20여 명은 △△마을을 찾아 모내기를 도왔다. △△마을 주민들은 매년 봄마다 부족한 일손을 도와주는 대학생들에게 고마움을 전했다.

① 봉사를 통한 교류
② 공연 활동을 통한 교류
③ 지역 축제를 통한 교류
④ 직거래 장터를 통한 교류

해설 교류는 서로 다른 개인, 지역, 나라 사이에서 물건이나 문화, 사상 등을 주고받는 것이다. 위는 촌락 마을에서 도시의 대학생들이 일손돕기 활동의 봉사를 통한 교류 모습의 사례이다.

04 다음 설명과 관련된 사회 현상은?

• 세계 여러 나라의 물건을 쉽게 살 수 있다. • 우리나라에 온 다른 나라 가수 공연을 볼 수 있다.

① 고령화
② 세계화
③ 저출산
④ 편견과 차별

해설 세계화는 국가 간 경계가 약화되고, 세계 사회가 경제와 문화를 중심으로 통합해 가는 현상이다.

05 ㉠에 들어갈 말로 가장 적절한 것은?

〈사회 골든벨〉

오랜 기간에 걸쳐 한 지역에 나타나는 평균적인 대기 상태를 나타낸 말입니다.

① 계절 ② 기후 ③ 날씨 ④ 강수량

해설 기후는 한 지역에서 오랜 기간에 걸쳐 나타나는 강수량, 기온, 바람의 평균적인 대기의 상태이다.

정답 03. ① 04. ② 05. ②

06 **교통의 발달에 따라 변화된 모습으로 적절하지 않은 것은?**

① 생활권의 범위가 좁아졌다.

② 지역 간 이동 시간이 짧아졌다.

③ 대규모 물자 이동이 편리해졌다.

④ 택배로 물건을 전달하는 시간이 짧아졌다.

해설 교통의 발달에 따라 생활권의 범위가 넓어졌다.

07 **인권 보장을 위해 노력하고 있는 사례로 적절하지 않은 것은?**

① 출산 휴가를 법적으로 보장하기

② 다른 사람의 일기장을 허락 없이 보기

③ 장애인을 위해 장애인 전용 주차 구역을 설치하기

④ 키가 작은 어린이를 위해 낮은 세면대를 설치하기

해설 다른 사람의 일기장을 허락 없이 보는 것은 사생활과 인권 침해에 해당하는 사례이다.

08 **헌법에 나타난 국민의 의무 중 다음과 관계 있는 것은?**

모든 국민은 개인과 나라의 발전을 위해 일할 의무가 있다.

① 국방의 의무 ② 근로의 의무

③ 납세의 의무 ④ 환경 보전의 의무

해설 근로의 의무 : 자신이 맡은 일을 열심히 해야 하는 의무

정답 06. ① 07. ② 08. ②

09 ㉠에 들어갈 나라로 알맞은 것은?

탐구 주제 : [㉠] 의 문화유산

- 상감 기법을 도자기에 적용하여 상감 청자를 만듦.
- 몽골의 침략을 부처의 힘으로 극복하고자 팔만대장 경판을 만듦.

① 신라　② 백제　③ 발해　④ 고려

해 설 고려 사람들은 상감 기법을 도자기에 적용하여 다양하고 화려한 무늬를 넣은 상감 청자를 만들었고, 몽골의 침략을 부처의 힘으로 극복하고자 팔만대장경을 만들었다.

10 조선에 대한 설명으로 알맞은 것은?

① 왕건이 세운 나라이다.
② 무령왕릉이 만들어졌다.
③ 한양을 도읍으로 정했다.
④ 강감찬의 활약으로 거란의 침입을 물리쳤다.

해 설 조선은 고려 왕조가 막을 내리고 이성계가 왕의 자리에 올랐으며, 도읍을 한양으로 옮겼다. ①, ④는 고려, ②는 백제에 대한 설명이다.

11 다음에 해당하는 것은?

- 허균이 쓴 한글 소설이다.
- 당시 신분 제도를 비판하는 내용이 담겨 있다.

① 심청전　② 흥부전
③ 홍길동전　④ 장화홍련전

해 설 허균은 양반 신분이지만 가난한 백성의 편에 서서 신분 제도의 잘못된 점을 주장했다. 허균이 쓴 「홍길동전」에는 당시의 신분 제도를 고쳐야 한다는 생각이 담겨있다.

정답 09. ④ 10. ③ 11. ③

12 다음에서 설명하는 것은?

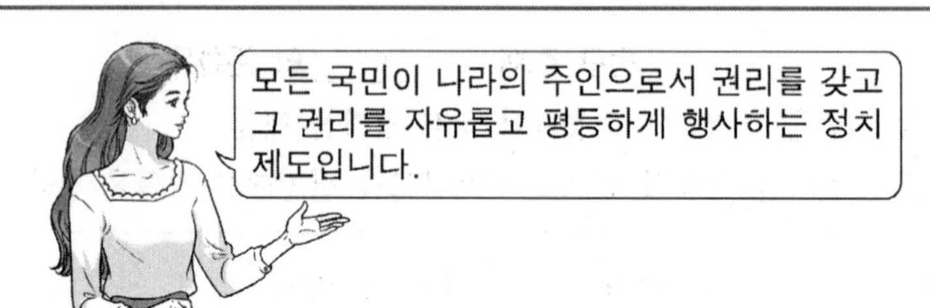

① 민주주의 ② 이기주의
③ 제국주의 ④ 집단주의

해 설 민주주의는 모든 국민이 스스로 삶의 주인이 되어 자유롭고 평등한 입장에서 대화와 토론을 통해 사람들 사이에서 발생하는 갈등과 다툼, 공동의 문제를 해결해 가는 정치 제도이다.

13 다음에서 설명하는 것은?

우리나라는 국가 권력을 국회, 정부, 법원이 나누어 맡고 있다. 이것은 서로 견제와 균형을 이루어 국민의 자유와 권리를 지키기 위해서이다.

① 3심 제도 ② 사회 복지 제도
③ 선거 제도 ④ 삼권 분립 제도

해 설 삼권 분립 제도는 국가 권력을 국회, 정부, 법원의 세 기관이 나누어 맡게 하는 제도로, 국가 권력이 어느 한쪽으로 집중되지 않도록 막고, 서로 견제하며 균형을 이루어 국민의 자유와 권리를 보장한다.

정답 12. ① 13. ④

14 ㉠에 들어갈 말로 적절한 것은?

> 1960년대에는 정부의 경제 개발 계획에 따라 섬유, 신발, 가발, 의류 등과 같은 [㉠] 제품을 만들고 수출하는 기업들이 성장했다.

① 경공업　　② 반도체 산업
③ 중화학 공업　　④ 의료 서비스 산업

해 설 1960년대에 우리나라는 선진국보다 자원, 기술은 부족하였으나 노동력이 풍부하여 경공업이 발달하게 되어 섬유, 신발, 의류와 같은 경공업 제품을 만들어 수출하며 성장하였다.

15 다음 기사와 관련된 사회 문제는?

> □□신문　　2022년 ○월 ○○일
>
> **≪○○회사 임금 협상 해결≫**
>
> ○○회사의 임금 문제에 대한 오랜 갈등이 기업가와 근로자의 민주적인 대화와 타협으로 해결되었다. 이번 임금 협약 체결로 인해 ○○회사의 생산성이 더욱 높아질 것으로 예측된다.

① 노사 갈등　　② 소음 공해
③ 자원 부족　　④ 주차 문제

해 설 기업가는 근로자에게 좋은 일자리를 제공하고, 안전한 근로 환경을 만들려고 끊임없이 대화하며, 정부는 근로자와 기업가 사이의 노사 갈등 문제 중재를 위해 노력한다.

정답　14. ①　15. ①

16 **6 · 25 전쟁의 과정 및 결과와 관계 없는 것은?**

① 일본군의 침략　　② 중국군의 개입
③ 인천 상륙 작전　　④ 정전 협정 체결

해설 6 · 25 전쟁 과정 및 결과 : 인천 상륙 작전 → 중국군의 개입 → 정전 협정 체결

17 **디지털 영상 지도에 대한 설명으로 가장 적절하지 않은 것은?**

① 다양한 정보가 연결되어 있다.
② 지도를 확대하고 축소하기가 쉽다.
③ 종이로 되어 있어 휴대가 편리하다.
④ 위성 영상이나 항공 사진 등을 바탕으로 만들었다.

해설 디지털 영상 지도는 인공위성 사진을 이용해 만든 지도로, 스마트폰이나 컴퓨터 등의 기기에서 쉽게 이용할 수 있다.

18 **다음에서 설명하는 나라는?**

- 수도는 베이징이다.
- 세계에서 인구가 가장 많다.
- 우리나라의 서쪽에 위치한다.
- 춘절에 '복을 싸서 먹는다'는 뜻으로 만두를 먹기도 한다.

① 인도　　② 일본
③ 중국　　④ 러시아

해설 중국은 우리나라의 서쪽에 위치하며, 우리나라보다 영토가 훨씬 넓어 지역마다 다양한 기후와 지형이 나타난다. 수도는 베이징이고, 세계에서 인구가 가장 많다.

정답 16. ① 17. ③ 18. ③

19 남북 분단으로 인한 문제점이 아닌 것은?

① 전쟁에 대한 공포
② 이산가족의 자유로운 만남
③ 많은 국방비 지출로 인한 경제적 손실
④ 남한과 북한 자원의 효율적 활용에 대한 어려움

해 설 남북 분단으로 인해 전쟁에 대한 공포, 이산가족의 아픔, 많은 국방비 지출로 인한 경제적 손실, 남북 간 언어와 문화의 차이 등의 문제점이 있다.

20 다음에서 설명하는 단체는?

- 비정부 기구이다.
- 자연재해로 터전을 잃어버린 사람들에게 집을 지어 주고 있다.

① 국제연합
② 유네스코
③ 해비타트
④ 핵무기 폐기 국제 운동

해 설 해비타트는 전 세계 무주택 서민들 주거문제를 해결할 목적으로 창설한 기독교 봉사 단체이다.

정답 19. ② 20. ③

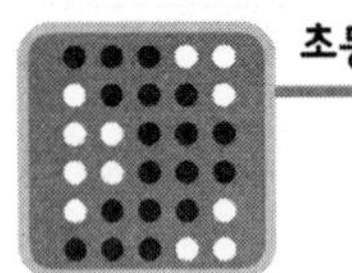

초등학교 졸업학력 검정고시 대비

과 학

2022년 2회 시행

01 다음 식물이 사는 곳은?

물상추, 개구리밥, 부레옥잠

① 갯벌　　② 바다　　③ 사막　　④ 연못

해 설 물상추, 개구리밥, 부레옥잠은 연못의 물 위에 떠서 사는 식물로, 몸의 대부분이 잎이며, 수염 같은 뿌리가 있다.

02 그림은 평면거울에 비친 글자의 모양을 나타낸 것이다. 종이에 적힌 실제 글자의 모양으로 옳은 것은?

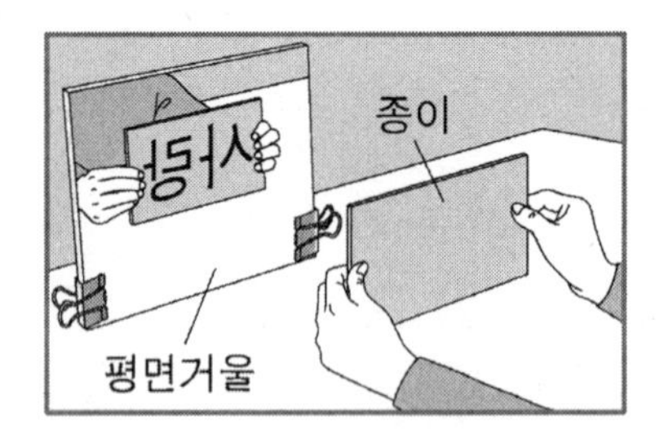

① 사랑　　② 윤ㅓY　　③ 랑사　　④ ㅓY윤

해 설 평면거울에 글자를 비추면 상하는 바뀌지 않지만, 좌우는 바뀐다.

정답 01. ④ 02. ①

03 그림은 물이 담긴 주전자를 가열했을 때 열의 이동을 나타낸 것이다. ㉠에 들어갈 말은?

온도가 높아진 물은 위로 올라 가고, 위에 있던 물은 아래로 밀려 내려오는 과정을 [㉠](이)라고 한다.

① 대류 ② 바람 ③ 안개 ④ 광합성

해 설 대류는 액체를 이루고 있는 물질이 직접 이동하여 열이 전달되는 방법이다.

04 다음 설명에 해당하는 우리 몸의 기관은?

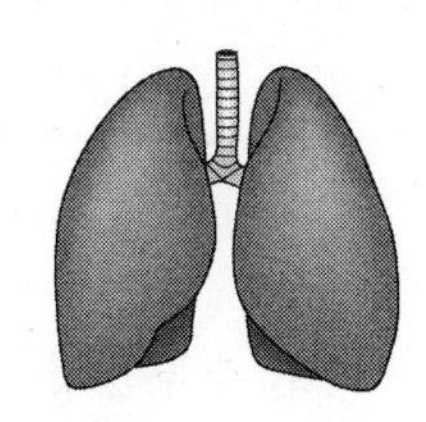

- 가슴 부분에 위치하며 좌우 한 쌍이다.
- 몸 밖의 산소를 받아들이고, 몸 안에서 생긴 이산화 탄소를 밖으로 내보낸다.

① 위 ② 폐 ③ 심장 ④ 큰창자

해 설 폐는 가슴 속 좌우에 한 쌍이 있으며, 공기 중의 산소를 흡수하고, 몸에서 생긴 이산화 탄소를 폐포로 배출하여 몸 밖으로 내보낸다.

05 세균에 대한 설명으로 가장 적절한 것은?

① 다양한 곳에 살고 있다.

② 세균의 크기는 모두 같다.

③ 세균의 모양은 한 가지이다.

④ 모든 세균은 사람에게 해롭다.

해 설 세균은 공 모양, 막대 모양, 나선 모양 등 생김새가 다양하며, 발효 식품을 만드는 데 이용되는 등 이로운 영향을 주기도 한다.

정답 03. ① 04. ② 05. ①

06 그림과 같이 어묵탕에 소금을 넣고 저었더니 소금이 물에 녹아 보이지 않았다. 이에 해당하는 현상은?

① 반사
② 소화
③ 용해
④ 전도

해설 소금이 물에 녹아 보이지 않는 현상은 물질이 골고루 섞이는 현상인 '용해'에 해당한다.

07 다음은 지구 공전에 대한 설명이다. ㉠에 들어갈 말은?

> 지구는 ㉠ 을 중심으로 일 년에 한 바퀴씩 회전한다.

① 달 ② 목성 ③ 태양 ④ 북두칠성

해설 지구의 공전은 지구가 태양을 중심으로 일 년에 한 바퀴씩 서쪽에서 동쪽으로 회전하는 운동이다.

08 다음 설명에 해당하는 것은?

> 밤에 차가워진 물체 표면에 수증기가 응결해 물방울로 맺히는 것이다.

① 구름 ② 우박 ③ 이슬 ④ 증발

해설 이슬은 새벽에 차가워진 나뭇가지나 풀잎 등에 수증기가 응결하여 이루어진 작은 물방울이다.

정답 06. ③ 07. ③ 08. ③

09 **다음은 어떤 학생이 집에서 박물관까지 이동한 거리와 걸린 시간을 나타낸 것이다. 이 학생의 속력은?**

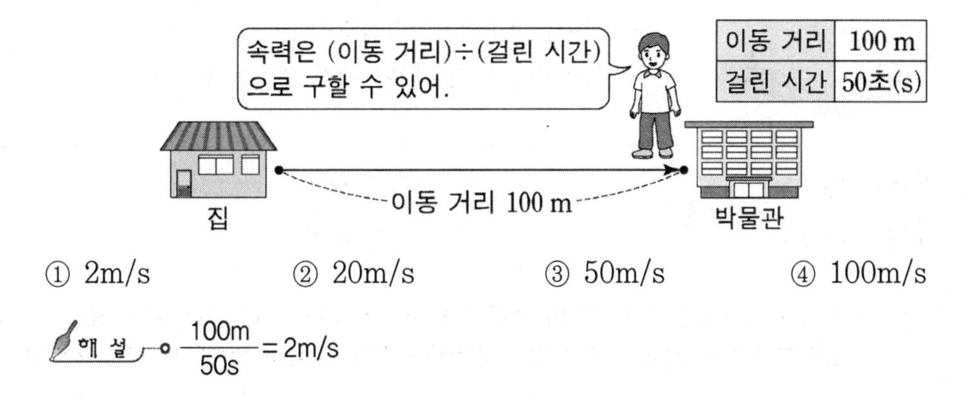

① 2m/s ② 20m/s ③ 50m/s ④ 100m/s

해설 $\frac{100m}{50s} = 2m/s$

10 **그림에서 ㉠에 들어갈 말은?**

① 비커 ② 저울
③ 습도계 ④ 지시약

해설 용액을 단순히 시각이나 후각 등의 관찰을 통해 분류할 수 없을 때, 페놀프탈레인 용액과 같은 지시약을 사용한다.

정답 09. ① 10. ④

11 **다음 설명에 해당하는 것은?**

- 공룡 화석과 함께 발견되었다.
- 알의 모양과 비슷하게 생긴 화석이다.

① 고사리 화석 ② 공룡알 화석
③ 나뭇잎 화석 ④ 물고기 화석

해 설 화석은 과거에 살았던 생물의 몸체나 흔적이 암석이나 지층 속에 남아 있는 것이다. 공룡알 화석은 공룡 화석과 함께 발견되는 알의 모양과 비슷하게 생긴 화석이다.

12 **다음 중 자석을 사용하여 분리할 수 있는 혼합물은?**

① 콩과 좁쌀
② 팥과 자갈
③ 소금과 설탕
④ 유리구슬과 철 구슬

해 설 철을 끌어당기는 성질이 있는 자석을 이용해 유리구슬과 철 구슬의 혼합물에서 철 구슬만 쉽게 분리할 수 있다.

13 **건물에서 화재가 발생했을 때의 대처 방법으로 적절하지 않은 것은?**

① 119에 신고한다.
② 비상벨을 누른다.
③ 주변 사람들에게 알린다.
④ 계단 대신 승강기를 타고 대피한다.

해 설 화재 발생 시 건물에 있는 승강기는 내부가 뜨겁고, 작동이 멈출 수 있으므로 계단을 이용해야 한다.

정답 11. ② 12. ④ 13. ④

14 그림의 실험 장치를 통해 발생하는 기체는?

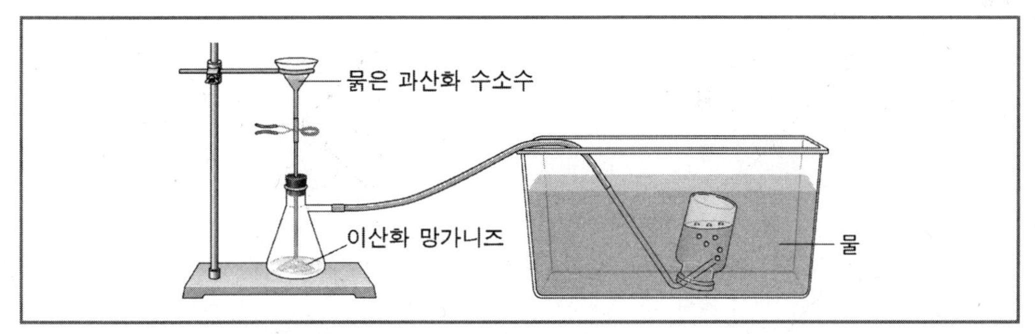

① 산소　　② 수소
③ 질소　　④ 헬륨

해설 그림의 기체 발생 장치는 산소를 발생시키는 장치이다. 이산화 망가니즈는 촉매로, 직접 반응하지 않고 반응이 잘 진행되도록 도와주는 역할을 한다.

15 ㉠에 공통으로 들어갈 말은?

- 전지, 전선, 전구 등을 서로 연결해 전기가 흐르도록 한 것을 [㉠](이)라고 한다.
- [㉠]에 흐르는 전기를 전류라고 한다.

① 고무　　② 나무
③ 비닐　　④ 전기 회로

해설 전기 회로는 전지, 전선, 전구, 스위치 등의 여러 가지 전기 부품을 연결한 것으로, 전기 회로에서 전구에 불이 켜지는 것은 전기 회로에 전류가 흐르기 때문이다.

정답 14. ① 15. ④

16 다음 중 레이저 지시기의 빛이 진행하는 방향으로 옳은 것은?

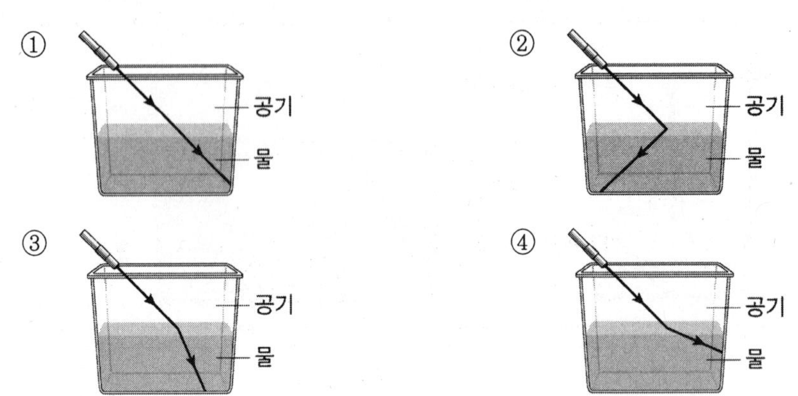

해 설 빛이 공기 중에서 물속으로 들어갈 때 공기와 물의 경계면에서 빛의 진행 방향이 꺾여 들어가게 되는 빛의 굴절 현상이 일어난다.

17 그림은 우리나라 어느 지역의 월별 낮의 길이 변화를 나타낸 것이다. 다음 중 낮의 길이가 가장 긴 시기는?

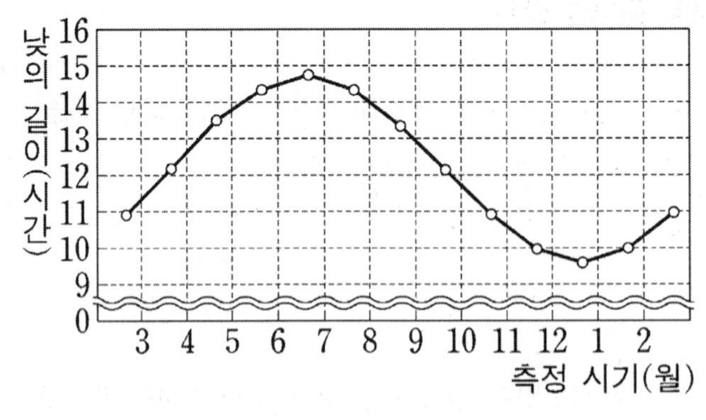

① 3~4월 ② 6~7월 ③ 9~10월 ④ 12~1월

해 설 낮의 길이는 약 15시간으로 6~7월에 가장 길다.

정답 16. ③ 17. ②

18 어떤 학생의 일기 내용이다. 다음 중 ㉠에 해당하는 행성의 이름은?

> 2022년 ○월 ○일 날씨 : 맑음
>
> 오늘 태양계 행성에 대해 배웠다. 그중에서도 행성 둘레에 커다란 고리가 있는 [㉠] 이/가 매우 흥미로웠다.

① 금성 ② 지구 ③ 토성 ④ 화성

해설 토성은 두 번째로 큰 행성이며, 여러 개의 고리가 있다.

19 다음 현상에 공통으로 영향을 끼치는 비생물 요소는?

> • 철새가 따뜻한 곳으로 이동한다.
> • 식물의 잎에 단풍이 들거나 낙엽이 진다.

① 흙 ② 온도 ③ 지진 ④ 홍수

해설 생태계는 식물, 동물, 곰팡이, 사람 등의 생물 요소와 햇빛, 온도, 공기, 물, 흙 등의 비생물 요소로 구성된다. 위의 현상에 공통으로 영향을 끼치는 비생물 요소는 온도이다.

20 그림의 식물이 씨를 퍼트리는 방법으로 가장 적절한 것은?

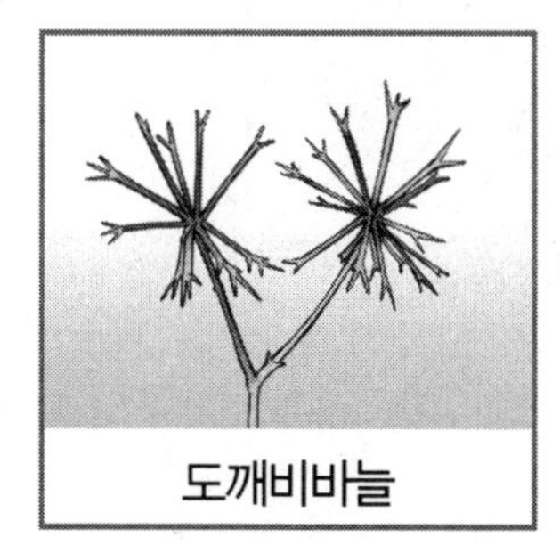
도깨비바늘

① 물에 떠서
② 바람에 날려서
③ 동물에게 먹혀서
④ 동물의 몸에 달라붙어서

해설 씨가 퍼지는 방법
- 바람에 날려서 : 민들레, 소나무, 단풍나무 등
- 꼬투리가 터져서 : 팥, 완두, 강낭콩 등
- 동물에서 먹혀서 : 사과나무, 배나무 등
- 동물의 몸에 달라붙어서 : 도깨비바늘 등

정답 18. ③ 19. ② 20. ④

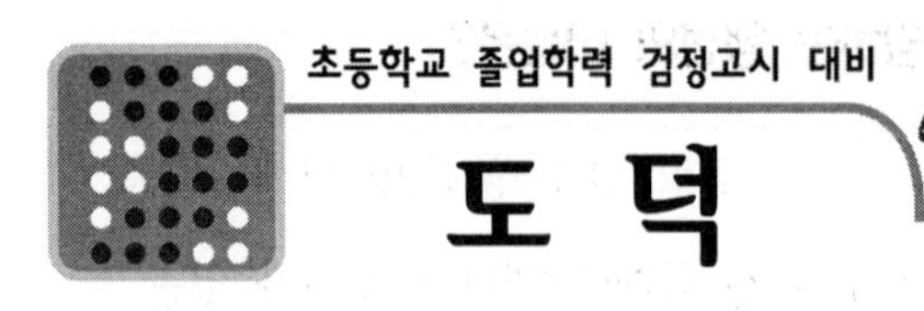

2022년 2회 시행

01 도덕을 공부할 때 배우는 내용이 아닌 것은?

① 마음의 힘 기르기

② 내가 하고 싶은 것만 실천하기

③ 깊이 생각하고 바르게 판단하기

④ 바른 행동 규칙이나 사람의 도리를 깨치기

해 설 도덕 공부의 내용은 바른 삶을 살기 위한 행동 규칙이나 사람의 도리를 알기, 깊이 생각하고 바르게 판단하기, 바르게 마음 쓰기, 바르게 행동하기가 있다.

02 다음 상황에서 학생이 할아버지를 배려하는 행동으로 알맞은 것은?

① 눈을 감고 자는 척한다.

② 친구와 계속 이야기한다.

③ 할아버지께 자리를 양보한다.

④ 휴대폰을 보며 못 본 척한다.

해 설 대중교통에서 다소 불편하거나 귀찮더라도 할아버지께 자리를 양보하는 것은 노약자에 대한 배려이다.

정답 01. ② 02. ③

03 ㉠에 공통으로 들어갈 말로 가장 적절한 것은?

> • (㉠)은/는 서로 마음과 힘을 합친다는 뜻이다.
> • (㉠)을/를 잘하려면 '나'보다는 '우리'라는 마음가짐이 필요하다.

① 갈등　　② 비난　　③ 절약　　④ 협동

해설 협동이란 서로의 마음과 힘을 하나로 합친다는 뜻으로 '나'보다는 '우리'라는 마음가짐으로 서로 돕는 상태를 말한다.

04 외국에서 우리 반으로 새로운 친구가 전학 왔을 때 가져야 할 태도로 적절한 것은?

① 친구의 생활 방식을 존중한다.
② 친구가 가까이 다가오면 피한다.
③ 우리 문화를 알려 주고 강요한다.
④ 말이 잘 통하지 않아서 무시한다.

해설 새로운 친구가 전학 왔을 때는 낯설어 하는 친구를 위해 학교 곳곳을 안내하고 설명을 해주어 전학 온 학생이 학교생활에 잘 적응할 수 있게 도와주고 친구의 생활 방식을 존중한다.

05 다음 상황에서 상대방의 입장을 존중하여 민지가 사용할 수 있는 표현으로 적절하지 않은 것은?

> 민지 : 윤호야! 우리 도덕 숙제가 무엇이니?
> 윤호 : 지금 좀 바쁜데…….
> 민지 : ________________________________

① 할 일이 많은가 보구나. 기다릴게.
② 많이 바쁘면 괜찮을 때 알려 줄래?
③ 방해가 되었구나. 다른 친구에게 물어볼게.
④ 왜 나를 무시하니? 도대체 도덕 숙제가 뭐야?

해설 대화를 할 때는 자신보다는 상대방의 입장을 생각하고, 만약 기분이 좋지 않은 이야기를 들었더라도 존중하며 듣기 거북한 말은 하지 않도록 한다.

정답 03. ④ 04. ① 05. ④

06 다음 글에서 엿볼 수 있는 안중근의 마음가짐과 가장 관련이 깊은 것은?

> 안중근은 어릴 적에 아버지께서 아끼시는 귀한 벼루를 깨뜨렸습니다. 이것을 본 하인은 안중근이 혼날 것을 염려해 자기가 깨뜨렸다고 할 테니 걱정하지 말라고 했습니다. 그러나 안중근은 "거짓말은 하기 싫어요."라고 말했습니다.
>
> ※ 안중근은 일제의 침략에 맞서 우리 민족의 독립을 위해 노력한 독립 운동가이다.

① 나눔　　② 사랑
③ 정직　　④ 존중

해설 정직이란 잘못을 했을 때 자신의 실수를 덮으려 거짓말을 하거나 다른 사람에게 떠넘기지 않고 솔직하게 말하는 것이다.

07 봉사를 실천함으로써 변화해 가는 사회의 모습으로 적절한 것은?

① 소외되는 이웃이 줄어든다.
② 서로에 대한 관심이 줄어든다.
③ 도움 받는 사람을 무시하게 된다.
④ 사회 구성원들이 자신의 이익만 추구한다.

해설 봉사란 배려하는 마음을 바탕으로 다른 사람을 돕는 행동으로, '인류는 더불어 산다'는 공동체 의식을 가지고 봉사를 실천하면 소외되는 이웃이 점차 줄어들 것이다.

정답 06. ③ 07. ①

08 ㉠에 들어갈 말로 가장 적절한 것은?

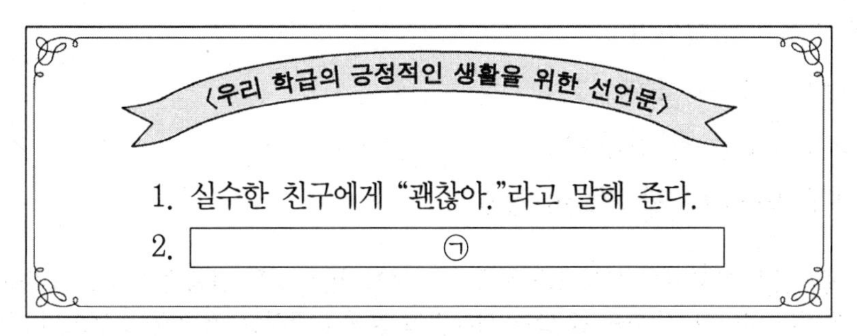

① 친구의 단점을 찾아 비난한다.

② 친구와 다투면 먼저 사과하지 않는다.

③ 아침에 등교하면 친구와 반갑게 인사한다.

④ 친구의 물건을 허락 없이 마음대로 사용한다.

해 설
- 실수한 친구에게 "괜찮아."라고 말해 주거나 친구와 반갑게 인사하는 행동은 긍정적인 학급 분위기를 만들기 위한 방법이다.
- 친구의 단점을 비난하거나 다툰 친구에게 사과하지 않고, 친구의 물건을 허락 없이 사용할 경우 학급 분위기가 나빠질 수 있다.

09 ㉠에 들어갈 말로 적절한 것은?

교사 : 우리가 사이버 공간에서 지켜야 할 예절에는 무엇이 있을까요?
학생 : ㉠

① 불법으로 자료를 내려받지 않아요.

② 문자를 주고받을 때 비속어를 사용해요.

③ 친구의 사진에 외모를 지적하는 댓글을 달아요.

④ 친구의 아이디로 몰래 학급 누리집에 글을 올려요.

해 설 사이버 공간에서는 불법으로 자료를 내려받지 않아야 한다.
비속어를 사용하거나 친구의 외모를 지적하는 댓글을 달고, 친구의 아이디를 몰래 이용하는 것은 다른 사람에게 피해를 주는 행동이므로 하지 않아야 한다.

정답 08. ③ 09. ①

10 갈등을 해결하기 위한 바람직한 공감의 태도가 아닌 것은?

① 자연스럽게 고개를 끄덕이기
② 말하는 사람의 눈을 쳐다보지 않기
③ 미소를 지으며 따뜻한 말 건네주기
④ 상대방의 말에 집중하며 귀 기울여 듣기

해설 갈등이 생긴 상황에서 상대방의 눈을 쳐다보지 않는 것은 갈등을 해결하기 위한 좋은 방법이 아니다. 대화를 할 때는 상대방의 말에 집중하고 귀 기울여 들으며 따뜻한 말을 건넨다.

11 사이버 공간의 긍정적인 면을 〈보기〉에서 고른 것은?

보기

ㄱ. 심각한 게임 중독
ㄴ. 소식과 자료의 신속한 전달
ㄷ. 개인 정보 유출과 사생활 침해
ㄹ. 멀리 있는 사람과의 자유로운 의사소통

① ㄱ, ㄴ　② ㄱ, ㄷ　③ ㄴ, ㄹ　④ ㄷ, ㄹ

해설 심각한 게임 중독이나 개인 정보 유출 및 사생활 침해는 사이버 공간의 부정적인 면이다.

12 ㉠에 들어갈 말로 적절하지 않은 것은?

〈학급 인권 규칙〉
1. 우리 학급 친구들은 차별하지 않는다.
2. 우리 학급 친구들은 ____㉠____

① 서로 존중하고 배려한다.
② 폭력을 사용하지 않는다.
③ 친한 사이라면 함부로 대한다.
④ 서로 바르고 고운 말을 사용한다.

해설 친한 사이라도 함부로 하지 않고 존중하며 예의를 지켜야 한다.

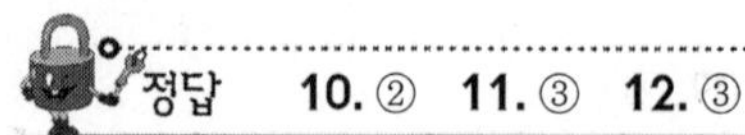

정답 10. ② 11. ③ 12. ③

13 ㉠에 들어갈 말로 가장 알맞은 것은?

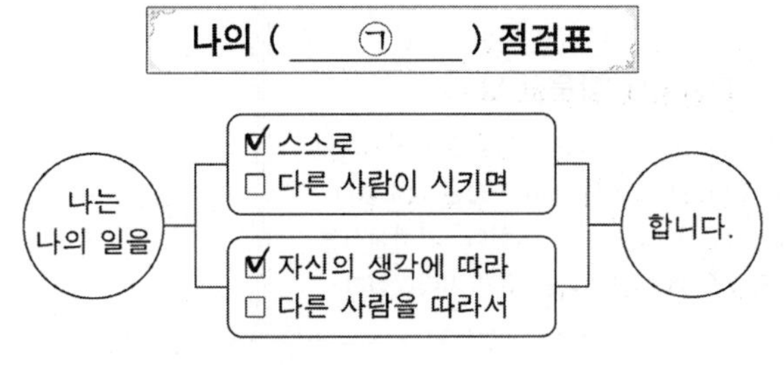

① 소비적인 생활　② 자주적인 생활
③ 충동적인 생활　④ 폭력적인 생활

해 설 자주적인 생활이란 일이나 행동을 선택하고 실천할 때에 내가 스스로 주인이 되어 판단하고 선택에 스스로 책임을 지는 생활을 말한다.

14 자신을 사랑하는 방법으로 적절하지 않은 것은?

① 모든 일에 대하여 불평하기
② 자기 자신을 믿고 격려하기
③ 내 마음의 소리에 귀 기울이기
④ 나의 장점을 알고 꾸준히 개발하기

해 설 자신을 사랑하기 위해서는 자기 자신을 믿고 격려하며, 나의 장점을 알고 꾸준히 개발해야 한다.

15 다음 설명에 해당하는 것은?

- 이산가족들이 만나서 함께 살 수 있다.
- 남북한 주민이 자유롭게 왕래할 수 있다.

① 단절　② 분단　③ 중단　④ 통일

해 설 평화 통일이 되면 남북 간의 전쟁 위험이 사라지며 헤어졌던 이산가족이 다시 만나 함께 살 수 있고, 남북한 주민이 자유롭게 왕래할 수 있다.

정답　13. ②　14. ①　15. ④

16 다음 일기를 쓴 학생이 실천한 것은?

20○○년 ○월 ○일(○요일) 날씨 : ☼

요양원에 방문한 날

가족과 함께 요양원에 다녀왔다. 요양원에 도착하여 먼저 할머니, 할아버지들께서 계시는 방을 청소했다.
그리고 할머니들께 책을 읽어 드렸다. 기뻐하시는 할머니들의 모습을 생각하니 다음 주가 기다려진다.

① 봉사 ② 우애 ③ 준법 ④ 편견

해설 봉사란 아무런 대가를 바라지 않고 남을 위하여 자기의 힘과 노력을 더해 다른 사람을 지속적으로 돕는 것이다.

17 다음 글에서 '세종대왕'이 실천한 덕목은?

나라 살림을 운영하는 데에는 세금이 필요합니다. 세종대왕은 백성들이 처한 상황을 고려해 세금을 거두는 법을 만들었습니다. 농사가 잘되는 기름진 땅에는 높은 등급을 매겨 쌀을 많이 걷고, 산이 많고 추워서 농사가 잘되지 않는 땅에는 낮은 등급을 매겨 쌀을 조금만 걷었습니다.

① 우정 ② 효도 ③ 공정함 ④ 자연애

해설 공정은 다른 사람을 공평하게 대하며 모두에게 동등한 기회를 주는 것으로 세종대왕은 토지의 비옥도, 풍작, 흉작에 따라 등급을 나누어 세금을 공정하게 거두는 기준을 마련하였다.

18 다음에서 설명하는 것은?

- 자신의 삶을 반성하며 깊이 살피는 것
- 일기를 쓰면서 오늘 하루를 돌아보는 것
- 속담이나 격언에 비추어 생활을 돌아보는 것

① 의무 ② 희생 ③ 재능 나눔 ④ 도덕적 성찰

해설 도덕적 성찰이란 자신을 반성하는 것뿐만 아니라, 올바른 삶을 사는 구체적인 방법을 찾는 것이다.

정답 16. ① 17. ③ 18. ④

19 ㉠에 들어갈 말로 가장 적절한 것은?

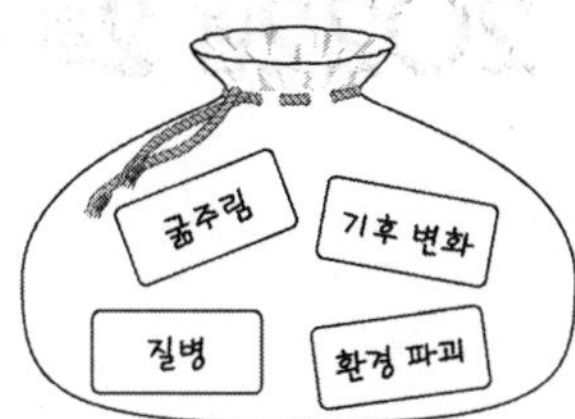

① 가정
② 친구
③ 학교
④ 지구촌

해 설 굶주림, 기후 변화, 질병, 환경 파괴, 가뭄, 전쟁, 인종이나 민족 · 종교 간의 갈등은 해결해야 할 지구촌의 문제이다.
지구촌 문제 해결방안
- 상호존중과 공존의 태도를 취한다.
- 문화 교류, 체육 교류 등을 활성화한다.
- 전쟁을 위한 준비보다 평화를 위한 준비를 위해 노력한다.
- 환경과 동식물을 보호하기 위해 노력한다.
- 지구촌 이웃의 상황을 생각하며 행동한다.
- 자기 나라의 이익만이 아니라 인류 공동의 이익을 추구한다.

20 인류애를 기르기 위한 마음가짐으로 알맞지 않은 것은?

① 사회적 약자를 도운 후 대가를 바란다.
② 모든 사람이 똑같이 소중하다고 생각한다.
③ 어려운 사람을 따뜻한 마음으로 도와준다.
④ 세계 여러 나라 사람과 평화롭게 살기를 바란다.

해 설 인류애란 인류 전체에 대한 사랑을 말하는데, 대가를 바라고 사회적 약자를 돕는 것은 인류애를 기르기 위한 마음가짐이라고 할 수 없다.

정답 19. ④ 20. ①

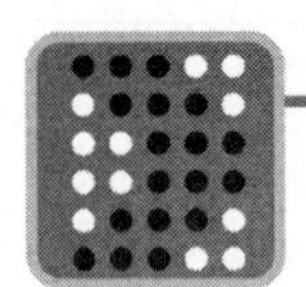

초등학교 졸업학력 검정고시 대비

실 과

2022년 2회 시행

01 ㉠에 공통으로 들어갈 말은?

> • (㉠)은/는 가족이 함께 생활하는 곳을 말한다.
> • (㉠)생활은 가족을 중심으로 이루어지는 일상생활을 뜻한다.

① 가정 ② 이웃
③ 친구 ④ 학교

해설 가정이란 부부를 중심으로 어버이와 자녀 등이 함께 모여 의 · 식 · 주 등의 일상생활을 공동으로 하는 생활 공동체로, 가족들이 하는 공동생활을 가정생활이라고 한다.

02 다음 중 손바느질에 사용하는 도구의 쓰임새가 바르게 연결된 것은?

① 시침 핀 – 옷감을 고정한다.
② 실 – 손가락 끝을 보호한다.
③ 초크 – 실을 자를 때 사용한다.
④ 가위 – 옷을 꿰매는 데 사용한다.

해설 패턴 종이를 원단에 붙일 때나 천 2장을 겹쳐 박음질해야 할 때 미리 시침 핀으로 임시 고정한 다음 작업하면 편리하다.
• 실 : 옷을 꿰매는 데 사용한다.
• 초크 : 재단 전 천 안쪽에 완성선과 시접선을 그릴 때 사용한다.
• 가위 : 천이나 실을 자를 때 사용한다.

정답 01. ① 02. ①

03 그림의 식품들이 속하는 식품군은?

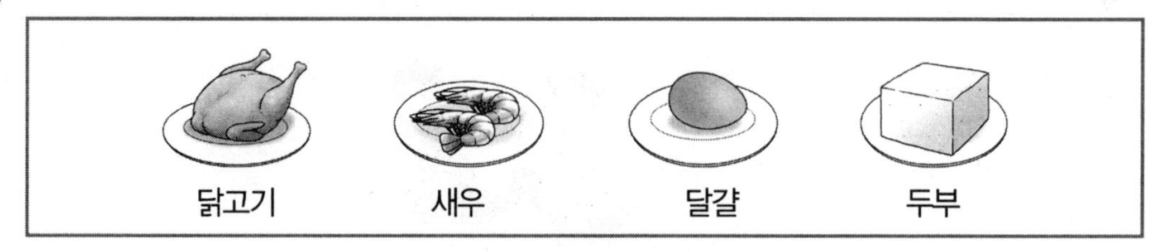

① 곡류 ② 채소류
③ 우유 · 유제품류 ④ 고기 · 생선 · 달걀 · 콩류

해 설
• 곡류 : 고구마, 시리얼, 식빵, 밥, 국수 등
• 채소류 : 콩나물, 버섯, 양상추, 시금치, 당근, 오이, 양파, 애호박 등
• 우유 · 유제품류 : 우유, 치즈, 요구르트, 아이스크림 등

04 다음 중 생활 안전사고의 예방 방법으로 적절한 것은?

① 계단 난간을 타고 내려온다.
② 깨진 유리 조각을 맨발로 밟는다.
③ 가스를 사용한 후에는 밸브를 잠근다.
④ 창틀 위로 올라서서 몸을 밖으로 내민다.

해 설
• 계단 난간을 타고 내려오는 행동은 매우 위험하기 때문에 하지 않아야 한다.
• 깨진 유리 조각으로 인해 발을 다칠 수 있으므로 맨발로 밟지 않는다.
• 창틀 위로 올라서서 몸을 밖으로 내밀면 추락할 수 있으므로 매우 위험하다.

05 그림과 같은 반려견을 돌보는 방법으로 적절하지 않은 것은?

① 먹이 주기
② 산책 시키기
③ 질병 관리하기
④ 부화기 설치하기

해 설 부화기는 인공적으로 알을 부화시키기 위한 장치로 반려견을 돌보는 방법으로 적절하지 않다.

정답 03. ④ 04. ③ 05. ④

06 그림에 해당하는 청소 방법은?

① 물건 정리하기　② 바닥 쓸고 닦기
③ 창문 열어 환기하기　④ 쓰레기 분리배출하기

해설 그림에 해당하는 청소 방법은 바닥 쓸고 닦기이다.
청소를 할 때는 모든 창문을 열어 환기하고, 어지러진 물건도 정리해야 한다.

07 다음 중 바느질 도구를 이용하여 만들 수 없는 생활소품은?

① 인형　② 목도리　③ 유리컵　④ 주머니

해설 바느질 도구를 이용하여 손바느질로 지갑, 목도리, 인형, 가방, 주방 소품, 패션 소품, 인테리어 소품 등을 만들 수 있다.

08 〈보기〉에서 소프트웨어가 적용된 사례를 고른 것은?

보 기
ㄱ. 손으로 설거지를 한다.
ㄴ. 로봇으로 환자를 수술한다.
ㄷ. 손편지를 써서 직접 전한다.
ㄹ. 교통 정보를 인터넷으로 확인한다.

① ㄱ, ㄴ　② ㄱ, ㄷ　③ ㄴ, ㄹ　④ ㄷ, ㄹ

해설 소프트웨어는 컴퓨터 등을 관리하는 시스템 프로그램과 문제 해결에 이용되는 다양한 형태의 응용 프로그램을 말한다. 로봇 수술, 교통 정보 인터넷 확인, 내비게이션 등은 모두 소프트웨어를 적용한 사례이다.

정답 06. ② 07. ③ 08. ③

09 다음 중 직업의 사례로 가장 적절한 것은?

① 할아버지는 매일 산책을 가신다.

② 나는 도서관에서 동화책을 읽는다.

③ 할머니는 무료로 한자를 가르치신다.

④ 아버지는 꽃집에서 손님에게 꽃을 파신다.

해 설 직업은 개인이 생활을 해 나가기 위해서 수입을 얻을 목적으로 하는 사회 활동을 말한다.
④의 아버지는 꽃을 판매하는 직업에 종사하고 있다.

10 그림에 해당하는 수송 수단의 종류로 적절한 것은?

① 우주 수송 수단　　② 육상 수송 수단

③ 항공 수송 수단　　④ 해상 수송 수단

해 설 기차, 오토바이, 버스는 모두 육지 위를 오가는 육상 수송 수단이다.

- 우주 수송 수단 : 로켓 기관을 이용하여 사람이나 물건을 지구의 궤도나 우주 공간으로 운송한다. 예 인공위성, 우주 왕복선, 우주 정거장 등
- 항공 수송 수단 : 공중을 날아다니는 수송 수단이다. 예 드론, 비행기 등
- 해상 수송 수단 : 물 위 또는 물속에서 사람이나 물자를 이동시키는 수단이다. 예 여객선, 어선, 화물선, 잠수함 등

정답 09. ④ 10. ②

11 **다음 설명에 해당하는 것은?**

- 문제를 효율적으로 해결하기 위한 것이다.
- 문제를 작은 단위로 나누어 단계별로 처리하는 사고 과정이다.

① 정보 윤리

② 지식 재산

③ 사이버 중독

④ 절차적 사고

해설 문제를 효율적으로 해결하기 위해 문제를 작은 단위로 잘게 나누고 각각의 문제에 대한 해결 및 처리 과정을 절차적 사고라고 한다. 절차적 사고를 통해서 문제를 해결하기 위해서는 일반적으로 해결해야 할 문제가 무엇인지 파악하고 문제 해결에 필요한 정보를 알아보는 단계가 먼저 고려되어야 한다.

12 **그림의 옷이 가진 표현의 기능은?**

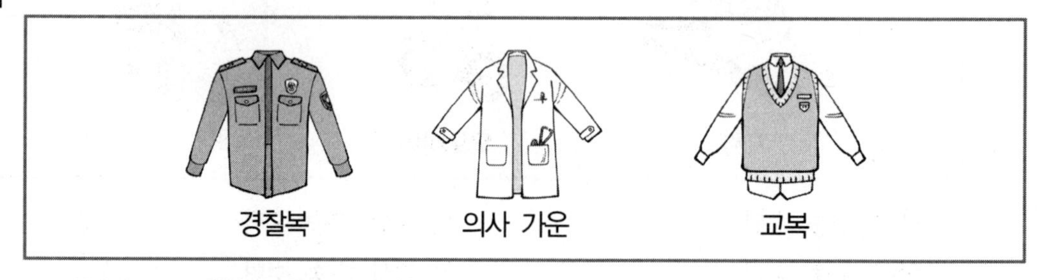

① 직업이나 신분을 나타낸다.

② 피부를 청결하게 유지한다.

③ 위험으로부터 몸을 보호한다.

④ 추위를 막아 체온을 유지한다.

해설 옷이 가진 표현의 기능 중 군인, 경찰, 의사, 판사, 학생 등의 제복은 직업이나 신분 등이 나타난 옷을 입음으로써 자신의 소속을 표현하는 것이다.

정답 11. ④ 12. ①

13 다음 중 개인 정보 보호 방법으로 가장 적절한 것은?

① 한번 정한 비밀번호는 바꾸지 않는다.

② 소프트웨어를 불법 복제하여 공유한다.

③ 검증되지 않은 사이트에 개인 정보를 입력한다.

④ 여러 사람이 이용하는 컴퓨터를 쓴 후에는 로그아웃한다.

해 설 개인 정보는 개인의 이름, 생년월일, 주소, 가족관계, 아이디, 비밀번호 등의 개인적인 사항을 담은 정보를 말하는데, 자칫 악용될 소지가 있으므로 여러 사람이 이용하는 컴퓨터를 쓴 후에는 로그아웃하는 것이 바람직하다.

14 다음 용돈 기입장의 ㉠에 들어갈 내용으로 알맞은 것은?

날짜	내용	수입	지출	남은 돈
7월 1일	㉠	5,000원		5,000원
7월 4일	아이스크림 구입		1,500원	3,500원
7월 6일	장난감 구입		1,000원	2,500원

① 용돈을 받음

② 지우개 구입

③ 봉사 단체에 기부

④ 친구 생일 선물 구입

해 설 수입은 용돈을 받거나 어떤 일을 하여 돈을 받는 것을 말한다.

15 다음 중 친환경 농업의 실천 방법으로 적절하지 않은 것은?

① 발효 사료를 가축의 먹이로 이용한다.

② 가축에게 항생제를 과도하게 사용한다.

③ 가축의 분뇨를 퇴비로 만들어 사용한다.

④ 우렁이나 오리를 이용하여 잡초나 해충을 제거한다.

해 설 가축에게 발효 사료를 먹이고, 가축의 분뇨를 퇴비로 만들어 사용하는 것, 우렁이나 오리를 이용한 농업은 모두 친환경 농업이다.
가축에게 항생제를 과도하게 사용하면 항생제 내성에 기여할 수 있으며, 이는 사람의 공중 보건에 위협이 되기 때문에 친환경 농업 방법에 해당되지 않는다.

정답 13. ④ 14. ① 15. ②

16 그림에서 설명하는 발명 기법으로 가장 적절한 것은?

① 나누기　② 더하기
③ 재료 바꾸기　④ 자연물 본뜨기

해 설 재료 바꾸기는 제품의 재료를 바꾸어 더욱 편리하고 유용하게 사용하는 발명 기법으로 금속 칼을 세라믹 칼로 바꾼 것, 유리병을 종이 팩으로 바꾼 것 등이 있다.

17 다음 중 손뼉을 치거나 큰 소리를 내면 반응하는 로봇을 만드는 데 필요한 센서는?

① 빛 센서　② 소리 센서
③ 온도 센서　④ 기울기 센서

해 설 로봇 센서 장치란 로봇이 외부의 자극을 받아들여 반응하는 것으로 소리를 감지하는 소리 센서, 빛의 밝기를 감지하는 빛 센서, 온도를 검출하는 온도 센서, 땅의 기울기를 감지하는 기울기 센서가 있다.

18 안전하고 위생적인 식품 선택 방법으로 가장 적절한 것은?

① 금이 간 달걀을 고른다.
② 곰팡이가 있는 식빵을 구입한다.
③ 따뜻한 곳에 보관된 냉동식품을 구입한다.
④ 눈알이 선명하고 살이 단단한 생고등어를 고른다.

해 설
- 깨지거나 금이 간 달걀은 사지 말고, 산 달걀은 냉장고에 보관해야 한다.
- 곰팡이 독소를 섭취하면 간장, 신장, 신경계 등에 피해를 입을 수 있으므로 식빵 등에 곰팡이가 폈다면 구입하지 않는다.
- 냉장 · 냉동식품은 유통하는 과정에서 온도 변화에 따른 식중독균 등이 발생할 수 있으므로 따뜻한 곳에 보관된 제품은 구입하지 않는다.

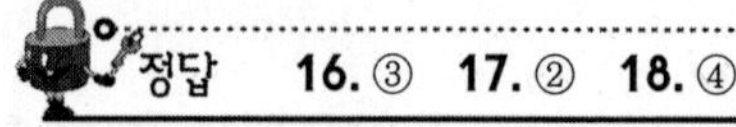
정답　16. ③　17. ②　18. ④

19 **자전거를 안전하게 관리하는 방법이 바르게 연결된 것은?**

① 타이어 – 적절한 공기압을 유지한다.

② 체인 – 불빛이 앞을 향하도록 조절한다.

③ 브레이크 – 경적 소리가 크게 나는지 확인한다.

④ 전조등 – 패드와 바퀴 사이에 이물질이 없는지 확인한다.

해 설 타이어는 적절한 공기압을 유지해야 자전거의 하중과 주행 안정성을 보장받을 수 있다.
- 체인 : 체인에 기름때가 끼거나 먼지나 각종 이물질이 끼면 체인을 비롯한 구동계의 마모 속도가 빨라지므로 평소 자주 관리한다.
- 브레이크 : 자전거 운행을 정지시키거나 속력을 떨어뜨리는 장치이다.
- 전조등 : 불빛이 앞을 향하도록 조절한다.

20 **그림에 해당하는 식물의 분류로 가장 적절한 것은?**

〈 주로 먹을 목적으로 가꾸는 작물 〉

벼 옥수수 콩 감자

① 공예 작물 ② 식용 작물

③ 원예 작물 ④ 특용 작물

해 설 식용 작물은 섭취를 목적으로 재배하는 작물로 밀 · 벼 · 옥수수 등의 곡류, 콩류 · 감자류 등이 있다.

정답 19. ① 20. ②

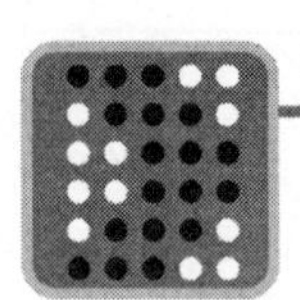

초등학교 졸업학력 검정고시 대비

영 어

2022년 2회 시행

01 알파벳 대문자와 소문자를 바르게 연결한 것은?

① H－h ② J－i ③ R－u ④ U－v

해설 • J－j
• R－r
• U－u

02 □ 안에 공통으로 들어갈 철자로 알맞은 것은?

pen□il	□amera	musi□

① c ② d ③ g ④ t

해설 pen[c]il(연필), [c]amera(카메라), musi[c](음악)이므로 □ 안에 공통으로 들어갈 철자는 c이다.

정답 01. ① 02. ①

03 다음 대화에서 빈칸에 들어갈 말로 알맞은 것은?

A : What time is it?
B : It's ____________.

① yours ② sunny ③ my father ④ twelve thirty

해설 A : 몇 시입니까?
B : 12시 30분입니다.
몇 시냐고 물었으므로 시간을 이야기하는 ④가 알맞다.

04 그림으로 보아 ⓐ, ⓑ에 들어갈 말로 알맞은 것은?

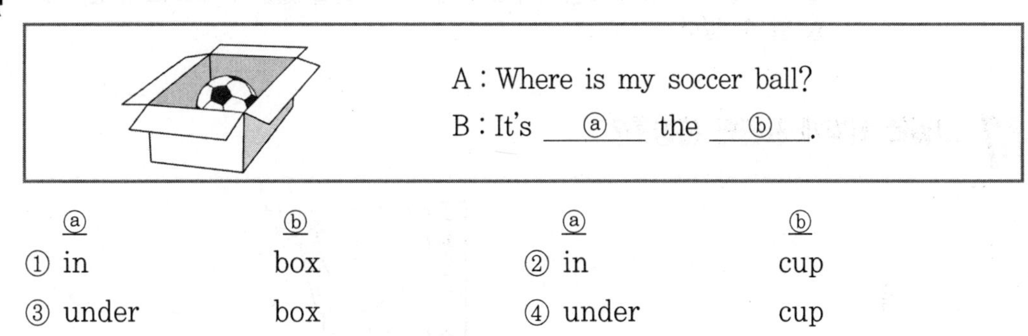

A : Where is my soccer ball?
B : It's ___ⓐ___ the ___ⓑ___.

	ⓐ	ⓑ		ⓐ	ⓑ
①	in	box	②	in	cup
③	under	box	④	under	cup

해설 A : 내 축구공은 어디에 있지?
B : 상자 안에 있어.
전치사 in은 주로 어떤 공간의 내부, 안에 있는 것을 나타내거나 넓은 장소를 나타낼 때 사용한다.

05 ⓐ에 들어갈 말로 알맞은 것은?

July	– August	– ⓐ	– October
7월	8월	9월	10월

① January ② September ③ November ④ December

해설 July(7월) – August(8월) – ⓐ September(9월) – October(10월)
• January(1월) • November(11월)
• December(12월)

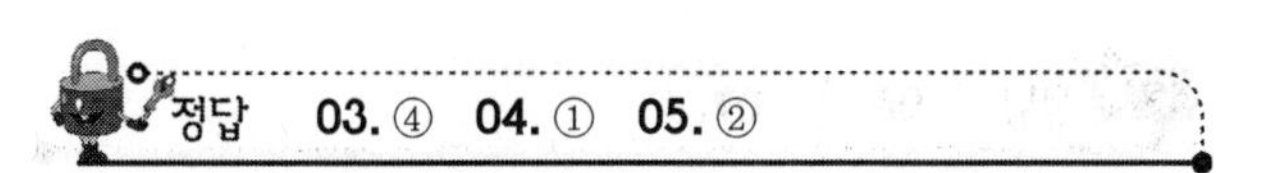

정답 03. ④ 04. ① 05. ②

06 그림으로 보아 빈칸에 들어갈 말로 알맞은 것은?

A : Where are you from?

B : I'm from ________.

① old ② many ③ English ④ Korea

해설 A : 당신은 어디에서 왔습니까?
B : 저는 한국에서 왔습니다.
'Where are you from?'은 출신을 묻는 표현으로 빈칸에 나라 이름 또는 출신지를 넣어서 말하면 된다. 그림에서 B가 태극기를 들고 있는 것으로 보아 한국에서 왔음을 알 수 있다.

07 그림을 알맞게 표현한 문장은?

① The dog is taller than the giraffe.

② The giraffe is taller than the dog.

③ The giraffe is shorter than the dog.

④ The giraffe is smaller than the dog.

해설
- The dog is taller than the giraffe.(개가 기린보다 키가 크다.)
- The giraffe is taller than the dog.(기린은 개보다 키가 크다.)
- The giraffe is shorter than the dog.(기린은 개보다 키가 작다.)
- The giraffe is smaller than the dog.(기린은 개보다 작다.)

A가 B보다 '더 ~하다'라고 말할 때 비교급을 쓰는데, 비교급은 일반적으로 형용사/부사의 원급에 –er을 붙인다. 또한 '~보다'라는 의미로 비교의 대상을 말할 때는 비교급 뒤에 'than~'을 쓴다.
※ tall(원급) – taller(비교급)

정답 06. ④ 07. ②

08 그림으로 보아 빈칸에 공통으로 들어갈 말은?

A : What ______ are you in?
B : I'm in the sixth ______.

① book　② name　③ grade　④ juice

해 설 A : 몇 학년이야?
B : 저는 6학년입니다.
what은 grade를 수식하는 형용사로, what grade~는 학년을 묻는 표현이다. 이때 전치사 'in'을 쓰는 것에도 유의한다.
• grade : 학년, 성적, 등급, 점수

09 다음 대화에서 A의 질문으로 가장 적절한 것은?

A : ____________________?
B : I'd like a chicken curry, please.

① Can I sit here
② Is this your eraser
③ What would you like
④ When is your birthday

해 설 A : 뭘로 드릴까요?
B : 치킨 카레 주세요.
식당에서 주문할 때 쓰는 'What'은 '무엇'을 먹고 싶은지 물어보는 것이며, 'would you like'는 '~하시겠어요?'의 뜻을 가진 공손한 표현이다.

정답 08. ③ 09. ③

10 **그림으로 보아 지수(Jisu)가 자전거를 타는 빈도는?**

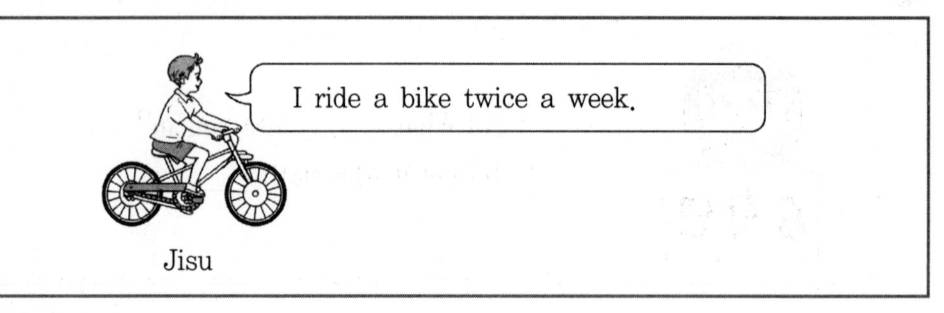

① 하루에 한 번　　② 하루에 두 번
③ 일주일에 한 번　　④ 일주일에 두 번

해설 나는 일주일에 두 번 자전거를 탄다.
- ride : 타다
- bike : 자전거
- twice : 두 번, 두 배

11 **다음 대화에서 A가 B에게 제안한 것은?**

A : Let's go camping this Sunday.
B : Sounds great!

① 수영하기　　② 캠핑 가기
③ 배드민턴 하기　　④ 스케이트 타기

해설 A : 이번 일요일에 캠핑 가자.
B : 좋아!
'Sounds great!'는 상대의 의견에 대해 동의를 표현하거나 긍정의 의견을 나타낸다.

정답 10. ④ 11. ②

12 다음 대화에서 B가 어제 한 일은?

A : What did you do yesterday?
B : I played baseball.

① 책 읽기 ② 농구 하기
③ 야구 하기 ④ 쿠키 만들기

해 설 A : 어제 뭐 했어요?
B : 야구를 했어요.
'what do you do~?'는 '너는 무엇을 하니?'라는 뜻인데, A가 어제 무엇을 했는지를 묻고 있으므로 'do'의 과거형인 'did'를 쓴다.
• yesterday : 어제(과거 문장에서만 가능)

13 다음 글에서 준호(Junho)의 거실에 있는 물건은?

This is Junho's living room.
There is a sofa.
There are two tables.
There is a piano, too.

① 시계 ② 침대 ③ 탁자 ④ 컴퓨터

해 설 준호의 거실입니다.
소파가 있습니다.
두 개의 탁자가 있습니다.
피아노도 있습니다.

정답 12. ③ 13. ③

14 다음 대화에서 A가 사려는 물건과 가격을 바르게 연결한 것은?

A : How much are these shoes?
B : They are fifteen dollars.
A : Okay. I'll take them.

① 신발 – $15　　② 신발 – $20
③ 양말 – $10　　④ 양말 – $15

해설 A : 이 신발은 얼마예요?
B : 15달러입니다.
A : 알겠습니다. 그걸로 주세요.
• It's/They're 가격 : 물건이 단수면 It is(It's), 복수면 They are(They're)을 쓴다.
• I'll take it/them. : 사려는 물건이 단수면 it, 복수면 them을 쓴다.

15 그림으로 보아 소녀의 모습과 일치하는 것은?

① She has a bat.
② She is wearing a hat.
③ She is wearing pants.
④ She is wearing a shirt.

해설 • She is wearing a shirt.(그녀는 셔츠를 입고 있다.)
• She has a bat.(그녀는 박쥐를 가지고 있다.)
• She is wearing a hat.(그녀는 모자를 쓰고 있다.)
• She is wearing pants.(그녀는 바지를 입고 있다.)
• bat : 박쥐

정답 14. ① 15. ④

16 다음 글로 보아 일과표의 ⓐ, ⓑ에 들어갈 내용은?

I brush my teeth at eight.
I have lunch at one thirty.
I do my homework at five.
I go to bed at ten thirty.

<일과표>

8시	ⓐ
1시 30분	점심 식사하기
5시	숙제하기
10시 30분	ⓑ

	ⓐ	ⓑ		ⓐ	ⓑ
①	양치질하기	손 씻기	②	양치질하기	잠자리에 들기
③	아침 식사하기	손 씻기	④	아침 식사하기	잠자리에 들기

해 설 I brush my teeth at eight.(나는 8시에 이를 닦는다.)
I have lunch at one thirty.(나는 1시 30분에 점심을 먹는다.)
I do my homework at five.(나는 5시에 숙제를 한다.)
I go to bed at ten thirty.(나는 10시 30분에 잠자리에 든다.)
일과표로 보아 8시에는 ⓐ 양치질을 하고, 10시 30분에는 ⓑ 잠자리에 드는 것을 알 수 있다.

17 다음 대화에서 A가 찾는 장소의 위치는?

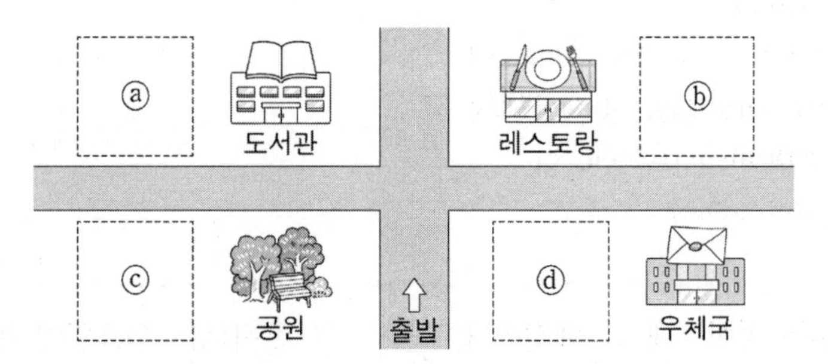

A : Where is the bank?
B : Go straight and turn left. It's next to the park.

① ⓐ　② ⓑ　③ ⓒ　④ ⓓ

해 설 A : 은행이 어디에 있나요?
B : 직진해서 왼쪽으로 도세요. 공원 옆에 있습니다.
A가 찾는 장소인 은행은 직진해서 왼쪽, 공원 옆에 있으므로 ⓒ가 맞다.
• next to : ~옆에

정답 16. ② 17. ③

18 다음 대화에서 B의 상태와 A의 조언을 바르게 연결한 것은?

A : What's wrong?
B : I have a cold.
A : That's too bad. Take some medicine.

	B의 상태	A의 조언		B의 상태	A의 조언
①	배가 아프다.	일찍 잔다.	②	배가 아프다.	약을 먹는다.
③	감기에 걸렸다.	일찍 잔다.	④	감기에 걸렸다.	약을 먹는다.

해설 A : 무슨 일이야?
B : 감기에 걸렸어.
A : 정말 유감이야. 약을 먹어.
'too bad'를 직역하면 '정말 나쁘다'가 되지만 아쉬운 상황에서 '아쉽다/정말 유감이다.'라는 뜻으로 사용하는 표현이다.
• medicine : 약

19 다음 글의 내용과 일치하지 않는 것은?

Dear Andy,
I'm going to go to a concert.
It's on Saturday, June 30th.
It starts at 7 o'clock.
Can you come?

Your friend, Zoey

① Zoey는 콘서트에 갈 예정이다. ② 콘서트는 수요일에 한다.
③ 콘서트는 6월 30일에 한다. ④ 콘서트는 7시에 시작한다.

해설 Dear Andy,(친애하는 앤디,)
I'm going to go to a concert.(나는 콘서트에 갈 거야.)
It's on Saturday, June 30th.(6월 30일 토요일이야.)
It starts at 7 o'clock.(7시에 시작해.)
Can you come?(올 수 있니?)
Your friend, Zoey(네 친구, 조이)
콘서트는 수요일이 아닌 토요일이다.

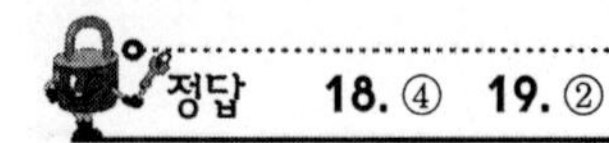
정답 18. ④ 19. ②

20 **다음 글의 내용과 일치하는 것은?**

> My name is Jessie.
> I'm eleven years old.
> I like robots.
> My favorite subject is math.
> I want to be a doctor.

① 나는 13살이다.

② 나는 토끼를 좋아한다.

③ 내가 가장 좋아하는 과목은 과학이다.

④ 나는 의사가 되고 싶다.

해 설 My name is Jessie.(내 이름은 제시이다.)
I'm eleven years old.(나는 열한 살이다.)
I like robots.(나는 로봇을 좋아한다.)
My favorite subject is math.(내가 가장 좋아하는 과목은 수학이다.)
I want to be a doctor.(나는 의사가 되고 싶다.)
• 나는 13살이다. → 나는 11살이다.
• 나는 토끼를 좋아한다. → 나는 로봇을 좋아한다.
• 내가 가장 좋아하는 과목은 과학이다. → 내가 가장 좋아하는 과목은 수학이다.
숫자+years old : 나이를 말할 때는 총 년(총 몇 살)수를 나타내는 것이기 때문에 year에 s를 붙여서 복수형으로 쓴다.

정답 20. ④

NOTE

2022년 1회

초등학교 졸업학력 검정고시 대비 기출문제

2022년 4월 시행

똑 같은 **기출** 똑똑한 **해설**

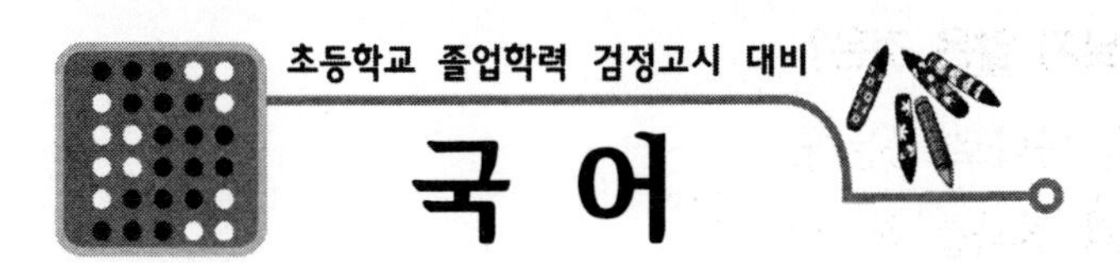

2022년 1회 시행

01 **㉠에 들어갈 위로하는 말로 적절한 것은?**

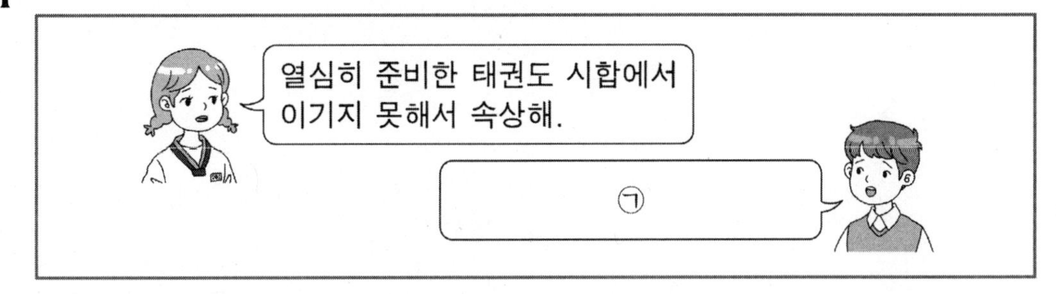

① 지난번에 연필을 빌려 줘서 고마워.
② 꾸준히 공부하더니 드디어 해냈구나.
③ 연습을 많이 했는데 정말 속상했겠다.
④ 나는 어제 친구들과 도서관에 다녀왔어.

해 설 열심히 준비한 태권도 시합에서 이기지 못해 속상하다고 말하고 있으므로 상대방의 처지를 이해하고 어떤 마음일지 헤아려 위로해주는 ③이 가장 적절하다.

02 **회의할 때의 태도로 적절하지 않은 것은?**

① 남의 의견을 비난하지 않는다.
② 다른 사람이 발표할 때 끼어든다.
③ 다른 사람의 의견을 귀 기울여 듣는다.
④ 의견을 말하고 싶을 때에는 손을 들고 기다린다.

해 설 회의 시 다른 사람이 의견을 말할 때 끼어들지 않아야 하며, 의견이 있으면 손을 들어 사회자에게 말할 기회를 얻은 후에 말한다.

정답 **01.** ③ **02.** ②

03 **이야기를 요약하는 방법으로 알맞지 <u>않은</u> 것은?**

① 관련 있는 여러 가지 사건을 하나로 묶는다.

② 중요한 사건이 일어난 원인과 결과를 찾는다.

③ 이야기 흐름에서 중요하지 않은 내용은 삭제한다.

④ 이야기의 구조를 생각하여 중요한 사건을 생략한다.

해설 이야기를 요약할 때는 중요한 사건을 생략하지 말고, 사건이 일어난 원인과 그에 따른 결과를 찾는다.

04 **다음 글에 나타난 지웅이의 마음으로 적절한 것은?**

유진아, 안녕? 나 지웅이야. 어제 네가 싫어하는 별명을 부르며 놀려서 미안해.

① 기쁜 마음

② 화난 마음

③ 미안한 마음

④ 축하하는 마음

해설 지웅이는 유진이가 싫어하는 별명을 부르며 놀린 것에 대해 미안한 마음을 전하고 있다. 사과를 할 때에는 잘못한 이유를 설명하고 진실한 마음으로 정중하게 한다.

정답 03. ④ 04. ③

05 다음 상황에서 도영이가 고쳐야 할 점으로 적절한 것은?

① 혼자만 계속 말하였다.

② 음식을 먹으면서 말하였다.

③ 비속어를 사용하여 말하였다.

④ 외국어를 지나치게 많이 사용하였다.

해설 대화를 할 때는 서로 마주하여 이야기를 주고받아야 하는데, 도영이는 수진이에게 말할 시간을 주지 않고 혼자만 계속 말하고 있다.

[6~7] 다음 글을 읽고 물음에 답하시오.

동물은 (㉠)에 따라 초식 동물, 육식 동물, 잡식 동물로 분류한다. 소와 말, 토끼와 같이 나뭇잎이나 풀을 뜯어 먹고 사는 동물을 초식 동물이라고 한다. 호랑이, 독수리, 뱀, 상어와 같이 작은 짐승이나 물고기를 먹고 사는 동물을 육식 동물이라고 한다. 닭, 오리, 돼지와 같이 식물성 먹이와 동물성 먹이를 함께 먹는 동물을 잡식 동물이라고 한다.

정답 05. ①

06 ㉠에 들어갈 말로 알맞은 것은?

① 먹이　　② 색깔
③ 크기　　④ 사는 곳

해설 동물을 먹이에 따라 초식 동물, 육식 동물, 잡식 동물로 분류하고 있는 글이므로 ①이 알맞다.

07 윗글의 내용으로 알맞지 않은 것은?

① 소와 말, 토끼는 초식 동물이다.
② 호랑이, 독수리, 뱀, 상어는 육식 동물이다.
③ 초식 동물은 작은 짐승이나 물고기를 먹고 산다.
④ 잡식 동물은 식물성 먹이와 동물성 먹이를 함께 먹는다.

해설 작은 짐승이나 물고기를 먹고 사는 동물은 육식 동물이고, 초식 동물은 나뭇잎이나 풀을 뜯어 먹고 산다.

[8~9] 다음 글을 읽고 물음에 답하시오.

> 요즈음 많은 어린이들이 대화할 때 거친 말을 사용합니다. 다른 사람과 대화할 때에는 거친 말 대신 고운 말을 사용하여야 합니다. 고운 말을 사용하여야 하는 까닭은 무엇일까요?
>
> 첫째, 고운 말을 사용하면 서로 존중하는 마음을 전할 수 있습니다. 거친 말을 사용하면 상대방의 감정을 상하게 할 수 있습니다. 대화 상대를 존중하는 마음은 자연스럽게 고운 말로 표현되기 마련입니다.
>
> 둘째, 고운 말을 사용하면 (　　　　㉠　　　　) 거친 말을 사용하였다가 친구들끼리 싸움으로 이어지는 경우가 있습니다. 거친 말 때문에 오해를 일으켜 좋았던 사이가 나빠지기도 합니다. 다른 사람과 좋은 관계를 유지하고 싶다면 고운 말을 사용하여야 합니다.

정답 06. ① 07. ③

08 윗글에 어울리는 속담으로 적절한 것은?

① 낫 놓고 기역 자도 모른다.
② 사공이 많으면 배가 산으로 간다.
③ 가는 말이 고와야 오는 말이 곱다.
④ 오르지 못할 나무는 쳐다보지도 마라.

해 설
• 낫 놓고 기역 자도 모른다 : 기역 자 모양으로 생긴 낫을 보면서도 기역 자를 모른다는 뜻으로, 글자를 모르거나 아주 무식함을 비유적으로 이르는 말
• 사공이 많으면 배가 산으로 간다 : 여러 사람이 저마다 제 주장대로 배를 몰려고 하면 결국에는 배가 물로 못 가고 산으로 올라간다는 뜻
• 오르지 못할 나무는 쳐다보지도 마라 : 불가능한 일은 아예 시작도 하지 말고, 일찌감치 단념하라는 말

09 ㉠에 들어갈 말로 적절한 것은?

① 몸을 건강하게 할 수 있습니다.
② 공기를 깨끗하게 할 수 있습니다.
③ 세계의 다양한 음식을 즐길 수 있습니다.
④ 다른 사람과 좋은 관계를 유지할 수 있습니다.

해 설
고운 말을 사용해야 하는 까닭에 대해 설명하고 있는데, 마지막 문장에서 '다른 사람과 좋은 관계를 유지하고 싶다면 고운 말을 사용하여야 합니다.'라고 한 것을 보아 ④가 적절하다.

정답 08. ③ 09. ④

[10~11] 다음 글을 읽고 물음에 답하시오.

'마당을 나온 암탉'을 읽고

(가) 나는 도서관에서 '마당을 나온 암탉'이라는 책을 발견하였다. 책 표지에 있는 닭의 모습에 호기심이 생겨 책을 읽게 되었다. 책이 너무 재미있어서 친구들에게 소개해 주려고 이 글을 ㉠ <u>쓰게</u> 되었다.

(나) 이 책에서 어미암탉은 양계장에 갇혀 지내다가 새끼를 키우겠다는 생각으로 양계장을 벗어났다. 그리고 들판에서 새끼와 살아가면서 여러 가지 일들을 겪게 되었다.

(다) 어미암탉은 새끼를 위해 용기를 냈고 성실하게 노력하였다. 그리고 친구인 청둥오리는 그런 어미암탉을 적극적으로 도와주었다.

(라) 나는 이 책을 읽고 나서 어미암탉처럼 어려움이 있어도 포기하지 않고 노력하여야겠다고 다짐하였다. 그리고 가족과 친구의 고마움에 대하여 한 번 더 생각하게 되었다.

10 (가)~(라) 중 이 책을 읽게 된 동기가 드러난 것은?

① (가) ② (나) ③ (다) ④ (라)

해설 글쓴이는 (가)에서 '책 표지에 있는 닭의 모습에 호기심이 생겨 책을 읽게 되었다.'고 책을 읽게 된 동기를 이야기하고 있다.

11 ㉠의 뜻을 알아보기 위해 국어사전에서 찾아야 할 낱말은?

① 쓰고 ② 쓰다 ③ 쓰면 ④ 쓰지

해설 국어사전에서 낱말을 찾기 위해서는 낱말의 기본형을 찾아야 한다. 따라서 '쓰게, 쓰고, 쓰면, 쓰지'와 같이 모양이 바뀌는 낱말은 모양이 바뀌지 않는 부분에 '-다'를 붙여 기본형을 만든다. '쓰게'의 기본형은 '쓰다'이므로 ②가 정답이다.

정답 10. ① 11. ②

12 다음 ㉠~㉣ 중 글쓴이의 생각이 드러난 것은?

지난주 월요일에 친구들과 양떼목장으로 놀러 갔다. 양떼목장은 넓은 초원이 펼쳐져 있었고, 피자와 치즈 만들기 체험장도 있었다.

㉠ 초원에서는 양들이 풀을 뜯고 있었다. 우리에서는 ㉡ 양털을 깎는 모습을 보았다. 치즈 만들기 체험장에서는 친구들과 함께 ㉢ 치즈를 만들어 보았다. 친구들과 양떼목장에서 귀여운 양을 보고 치즈도 만들 수 있어서 즐거웠다. ㉣ 다음에 또 가고 싶다.

① ㉠　② ㉡　③ ㉢　④ ㉣

해설 기행문을 읽을 때는 글쓴이가 다닌 곳, 여행하면서 보고 들은 것, 생각하거나 느낀 것 등 사실과 의견을 구별하면서 읽는다. 지문의 내용 중 ㉠, ㉡, ㉢은 사실이고, ㉣은 의견(생각)이다.

- 사실 : 실제로 있었던 일을 말한다. 사실을 나타내는 부분에는 한 일, 본 일, 들은 일 등이 나타나 있다.
- 의견 : 대상이나 일에 대한 생각을 말한다. 의견을 나타내는 부분에는 느낌이나 생각이 나타나 있다.

13 다음 중 낱말의 짜임이 다른 것은?

① 나그네　② 애호박
③ 풋사랑　④ 헛기침

해설 낱말의 짜임

- 단일어 : 나누면 본디의 뜻이 없어져 더는 나눌 수 없는 낱말이다.
- 복합어 : 뜻이 있는 두 낱말을 합하거나 뜻을 더해 주는 말과 뜻이 있는 낱말을 합한 낱말이다.

① 나그네는 단일어이다.

- 애호박 : 애- + 호박
- 풋사랑 : 풋- + 사랑
- 헛기침 : 헛- + 기침

정답 12. ④ 13. ①

14 **다음 시의 1연에서 '친구'를 비유한 것은?**

> 풀잎과 바람
>
> 정완영
>
> 나는 풀잎이 좋아, 풀잎 같은 친구 좋아
> 바람하고 엉켰다가 풀 줄 아는 풀잎처럼
> 헤질 때 또 만나자고 손 흔드는 친구 좋아.
>
> 나는 바람이 좋아, 바람 같은 친구 좋아
> 풀잎하고 헤졌다가 되찾아 온 바람처럼
> 만나면 얼싸안는 바람, 바람 같은 친구 좋아.

① 나무　　② 풀잎　　③ 무지개　　④ 바닷가

해설 비유는 어떤 현상이나 사물을 직접 설명하지 않고 비슷한 현상이나 사물에 빗대어 표현하는 것을 말한다. 이 시에서는 '친구'를 '풀잎'(1연)과 '바람'(2연)에 비유했다.

[15~16] 다음 글을 읽고 물음에 답하시오.

> 숲이 준 마법 초콜릿
>
> 배봉기
>
> • 나오는 사람 : 성민, 숲의 마음 할아버지
> • (㉠) : 오후
> • 곳 : 아파트 뒷동산
>
> 숲의 마음 할아버지 등장.
>
> 숲의 마음 할아버지 : 짜아안 ―.
> 성민 : (할아버지를 본다. 아무것도 없다.) 피이 ―.
> 숲의 마음 할아버지 : ㉡ 잘 보시라.

정답 14. ②

15 ㉠에 들어갈 말로 알맞은 것은?

① 때 ② 관객 ③ 분장 ④ 소품

해설 극본은 무대에서 연극을 하기 위해 쓴 글로 '때', '곳', '나오는 사람' 등은 해설에 나타난다. '오후'는 시간을 나타내므로, ㉠에 들어갈 말로는 '때'가 알맞다.

16 위 극본에서 ㉡의 역할은?

① 무대 장치를 소개함. ② 인물의 행동을 설명함.
③ 시간과 장소를 알려 줌. ④ 인물이 하는 말을 나타냄.

해설 극본의 3요소는 해설, 지문, 대사이고, ㉡은 등장인물의 말(대사)을 나타낸다.
- 해설 : 때, 곳, 나오는 사람(등장인물), 무대와 무대가 바뀌는 장면 등을 설명하는 부분이다.
- 지문 : 등장인물의 행동이나 표정, 음향 효과 등을 설명하는 부분으로 ( ) 안에 써서 표현한다.
- 대사 : 등장인물이 직접 하는 말이다.

17 다음 광고에서 전하려는 내용은?

음식물 쓰레기 때문에 발생하는 경제적 손실

연간 약 20조 원

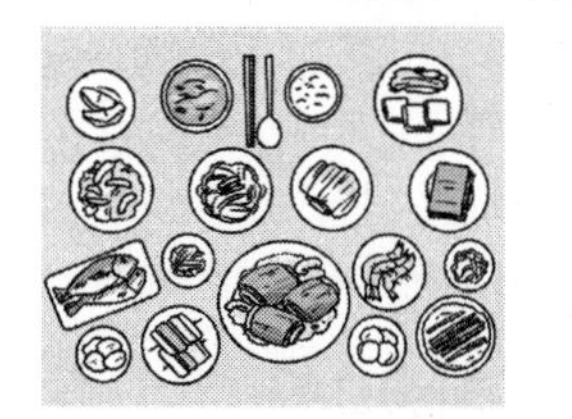
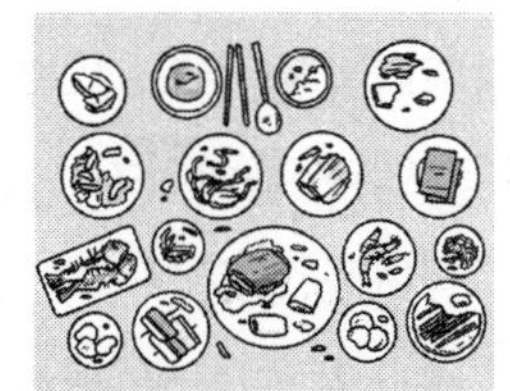

"버려야 할 것은 잘못된 음식 문화입니다."

① 책을 많이 읽자. ② 종이를 아껴 쓰자.
③ 손을 깨끗하게 씻자. ④ 음식물 쓰레기를 줄이자.

해설 음식물 쓰레기 때문에 발생하는 경제적 손실을 이야기하는 광고로 '음식물 쓰레기를 줄이자.'라는 내용을 전하고 있다.

정답 15. ① 16. ④ 17. ④

18 매체 활용 방법으로 적절하지 않은 것은?

① 음악 감상을 하기 위해 식물도감을 찾아보았다.

② 춤추는 동작을 연습하기 위해 동영상을 보았다.

③ 비행기가 뜨는 원리를 알기 위해 인터넷을 검색하였다.

④ 아프리카에 대해 알아보기 위해 백과사전을 찾아보았다.

해설 식물도감은 식물에 대하여 자세히 설명한 사전으로 음악 감상을 하기 위한 자료가 아니다.

19 다음의 밑줄 친 낱말과 같은 의미로 사용된 것은?

마른 나뭇가지는 불에 잘 탄다.

① 그네를 탄다.

② 버스를 탄다.

③ 시소를 탄다.

④ 종이가 탄다.

해설
- 마른 나뭇가지는 불에 잘 탄다, 종이가 탄다. : 불이 붙어 번지거나 불꽃이 일어나다.
- 그네를 탄다, 시소를 탄다. : (사람이 놀이기구를) 올라 이용하다.
- 버스를 탄다. : (사람이 탈 것을) 올라 몸을 싣다.

20 문장 성분의 호응 관계가 바르지 않은 것은?

① 나는 어제 할머니께 선물을 드렸다.

② 철수는 여행을 별로 좋아하지 않는다.

③ 우리 가족은 작년에 박물관에 갈 것이다.

④ 나는 지호의 생각을 도저히 이해할 수 없다.

해설 호응은 문장에서 앞에 어떤 말이 오고 짝인 말이 뒤따라오는 것을 말한다. 호응이 되지 않으면 문장이 어색해지거나 전달하려는 뜻을 잘못 전달할 수 있기 때문에 문장의 호응에 주의하여야 한다.
'작년'은 과거를 나타내고, '갈 것이다.'는 미래를 나타내므로 ③은 시간을 나타내는 말과 서술어가 호응하지 않는 문장이다.
'우리 가족은 작년에 박물관에 갔(었)다.'

정답 18. ① 19. ④ 20. ③

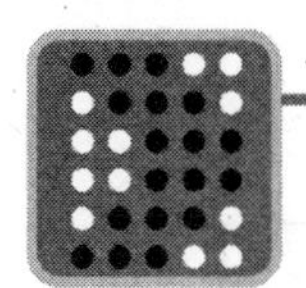

초등학교 졸업학력 검정고시 대비

수 학

2022년 1회 시행

01 **다음 일곱 자리 수에서 숫자 3이 나타내는 값이 가장 큰 것은?**

3934373
㉠ ㉡ ㉢ ㉣ (각각 첫째, 셋째, 다섯째, 일곱째 자리의 3을 가리킴)

① ㉠ ② ㉡ ③ ㉢ ④ ㉣

해설 ㉠ 3000000, ㉡ 30000, ㉢ 300, ㉣ 3

02 **다음 □ 안에 들어갈 말로 알맞은 것은?**

3.547에서 4는 □ 숫자이고, 0.04를 나타냅니다.

① 일의 자리 ② 소수 첫째 자리

③ 소수 둘째 자리 ④ 소수 셋째 자리

해설 3.547에서 3은 일의 자리 숫자이고, 3을 나타낸다. 5는 소수 첫째 자리 숫자이고, 0.5를 나타내고, 4는 소수 둘째 자리 숫자이고, 0.04를 나타내며, 7은 소수 셋째 자리 숫자이고, 0.007을 나타낸다.

정답 **01.** ① **02.** ③

03 다음 도형 중 평행사변형인 것은?

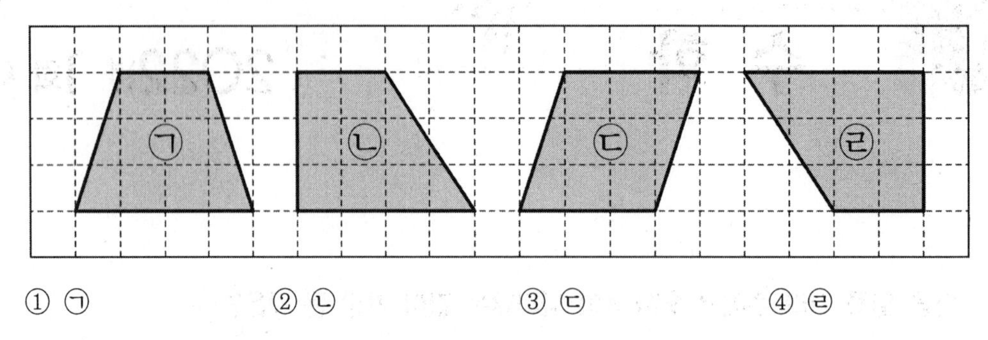

① ㉠ ② ㉡ ③ ㉢ ④ ㉣

해설 평행사변형은 마주 보는 두 쌍의 변이 서로 평행인 사각형이다.

04 다음 그래프는 어느 지역의 하루 중 기온 변화를 조사하여 나타낸 것이다. 설명이 옳은 것은?

① 막대그래프이다.

② 오전 9시에 기온이 가장 높다.

③ 오후 3시에 기온이 가장 낮다.

④ 오후 6시보다 오후 9시에 기온이 더 낮아졌다.

해설 위의 그래프는 꺾은선그래프이며, 오후 3시에 기온이 가장 높고, 오전 6시에 기온이 가장 낮다.

정답 03. ③ 04. ④

05 **음료수 2L를 남김없이 0.4L짜리 컵에 가득 담아 나누려고 한다. 필요한 컵의 수를 구하는 식으로 옳은 것은?**

① $2 \div 0.2$ ② $2 \div 0.3$ ③ $2 \div 0.4$ ④ $2 \div 0.5$

해설 음료수 2L를 남김없이 0.4L짜리 컵에 가득 담아 나누려고 할 때, 필요한 컵의 수는 $2 \div 0.4 = 5$(개)이다.

06 **다음 식에서 가장 먼저 계산해야 할 것은?**

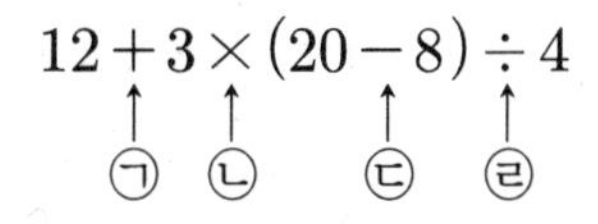

① ㉠ ② ㉡ ③ ㉢ ④ ㉣

해설 ( )가 있는 식은 ( ) 안을 가장 먼저 계산하고, 곱셈, 나눗셈을 계산한 후 덧셈, 뺄셈을 앞에서부터 차례로 계산한다.

07 **다음과 같이 두 분수를 통분할 때, □ 안에 공통으로 들어갈 수로 알맞은 것은?**

$$\left(\frac{1}{2}, \frac{1}{3}\right) \Rightarrow \left(\frac{3}{\square}, \frac{2}{\square}\right)$$

① 2 ② 4 ③ 6 ④ 8

해설 두 분수를 통분할 때, 분모의 곱을 공통분모로 하여 통분한다.

$$\left(\frac{1}{2}, \frac{1}{3}\right) \Rightarrow \left(\frac{1\times3}{2\times3}, \frac{1\times2}{3\times2}\right) \Rightarrow \left(\frac{3}{6}, \frac{2}{6}\right)$$

정답 05. ③ 06. ③ 07. ③

08 **다음 중 $\frac{1}{7}\times 4$ 와 계산 결과가 같은 것은?**

① 7×4　　② $7+\frac{1}{4}$

③ $\frac{1}{7}+\frac{1}{4}$　　④ $\frac{1}{7}+\frac{1}{7}+\frac{1}{7}+\frac{1}{7}$

해설 $\frac{1}{7}\times 4$는 $\frac{1}{7}$을 4번 더한 것과 같으므로 $\frac{1}{7}+\frac{1}{7}+\frac{1}{7}+\frac{1}{7}$이다.

09 **다음 □ 안에 들어갈 수로 알맞은 것은?**

$$4\div\frac{1}{5}=4\times\square$$

① 5　　② 6　　③ 7　　④ 8

해설 나눗셈을 곱셈으로 나타내고, 나누는 분수의 분모와 분자를 바꾼다.

$4\div\frac{1}{5}=4\times 5$

10 **다음 삼각형이 선대칭도형일 때, 대칭축인 것은?**

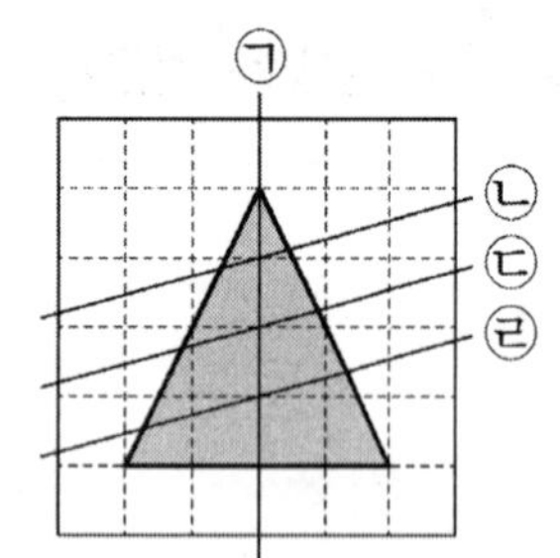

① ㉠
② ㉡
③ ㉢
④ ㉣

해설 한 직선을 따라 접었을 때 완전히 겹치는 도형을 '선대칭도형'이라고 하며, 이때 그 직선을 '대칭축'이라고 한다. 따라서 대칭축은 ㉠이다.

정답 08. ④ 09. ① 10. ①

11 다음 중 원기둥의 전개도인 것은?

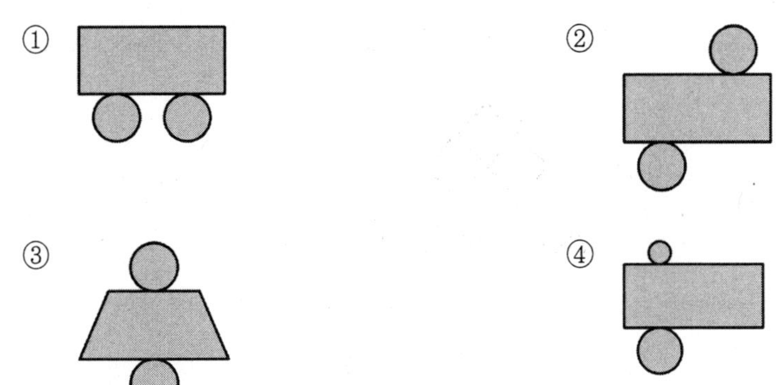

해설 원기둥은 두 면이 서로 평행하고 합동인 원으로 된 기둥 모양의 입체도형으로, 원기둥을 잘라서 펼쳐 놓은 그림을 원기둥의 '전개도'라고 한다.

12 다음 정육면체와 직육면체의 공통점은?

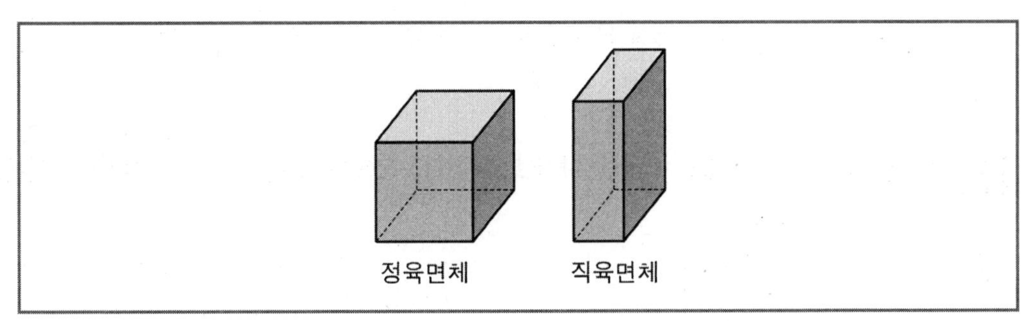

① 면은 6개이다.
② 꼭짓점은 10개이다.
③ 모서리는 14개이다.
④ 정사각형 8개로 둘러싸여 있다.

해설 정육면체와 직육면체는 각각 면이 6개, 모서리가 12개, 꼭짓점이 8개이다.

정답 11. ② 12. ①

13 **쌓기나무 5개를 쌓았을 때, 위에서 본 모양이 〈보기〉와 같은 것은?**

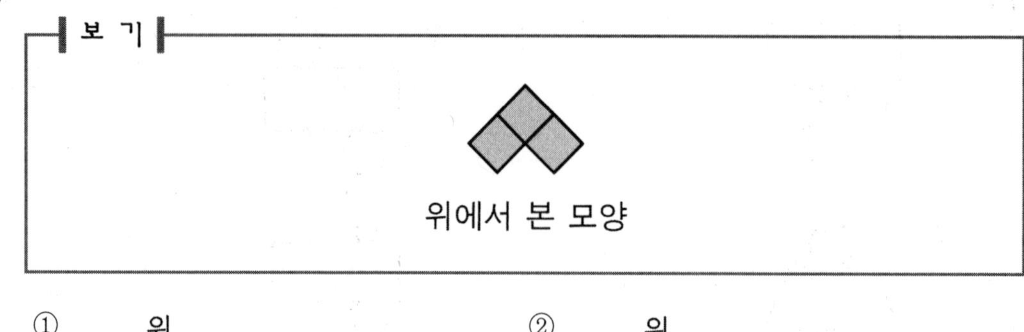

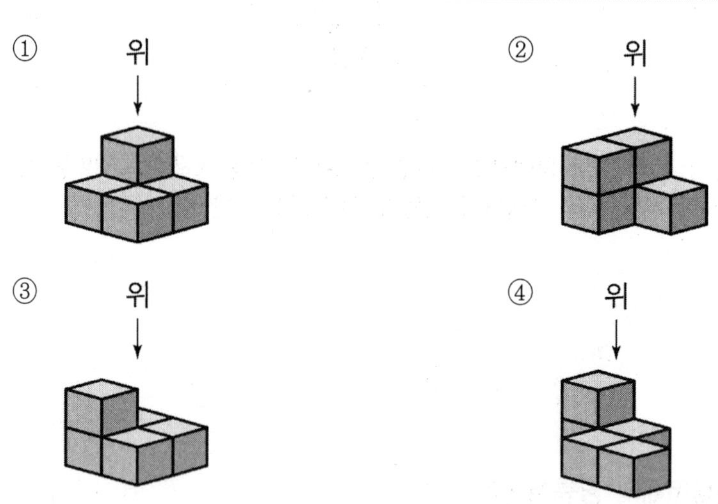

해 설 쌓기나무를 위에서 본 모양은 1층에 쌓은 쌓기나무 모양과 같다.

14 **다음은 정사각형 모양의 정원을 나타낸 것이다. 둘레를 구하는 식으로 알맞은 것은?**

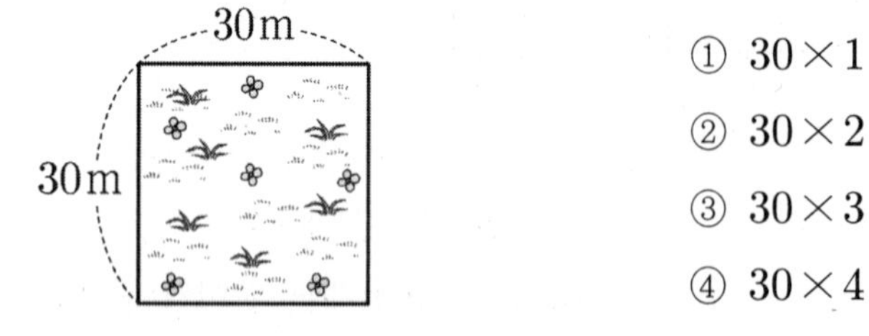

① 30×1
② 30×2
③ 30×3
④ 30×4

해 설 정사각형의 각 변의 길이는 모두 같기 때문에 둘레는 한 변의 길이에 변의 수를 곱하면 되므로 정사각형의 둘레는 30×4이다.

정답 13. ② 14. ④

15 **다음 수의 범위를 수직선에 알맞게 나타낸 것은?**

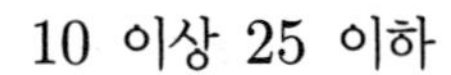

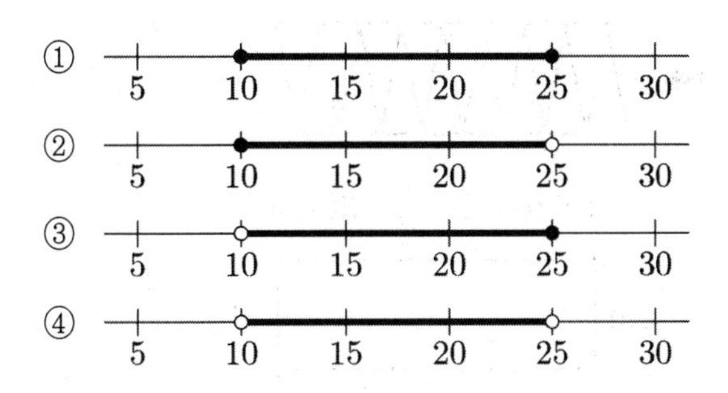

해 설 ● : 이상 또는 이하

16 **다음 전개도로 직육면체를 만들었을 때, 색칠한 면과 넓이가 같은 것은?**

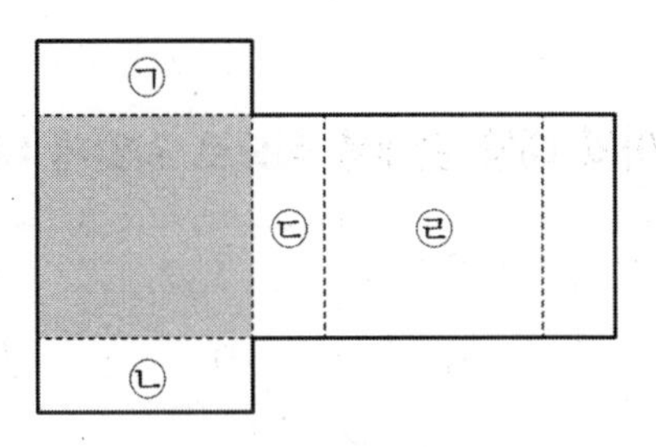

① ㉠ ② ㉡ ③ ㉢ ④ ㉣

해 설 전개도로 직육면체를 만들었을 때, 마주보는 면의 넓이는 같으므로 색칠한 면과 넓이가 같은 것은 ㉣이다.

정답 **15.** ① **16.** ④

17 **다음은 원을 한없이 잘라 이어 붙여서 직사각형을 만드는 과정이다. □ 안에 들어갈 알맞은 수는? (원주율 : 3)**

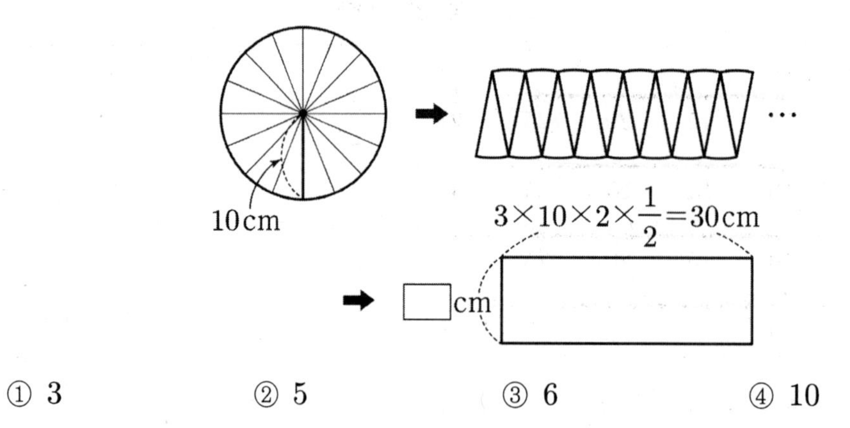

① 3　　② 5　　③ 6　　④ 10

해설 원을 한없이 잘라 이어 붙이면 점점 직사각형이 되므로 원의 넓이는 직사각형의 넓이와 같다. 점점 직사각형에 가까워지는 도형의 가로는 (원의 원주)$\times\frac{1}{2}$, 세로는 원의 반지름과 같다.

18 **다음 중 △와 □ 사이의 대응 관계를 식으로 알맞게 나타낸 것은?**

△	1	2	3	4	5	……
□	3	6	9	12	15	……

① □ = △ × 2　　② □ = △ × 3
③ □ = △ × 4　　④ □ = △ × 5

해설 $1\times3=3,\ 2\times3=6,\ 3\times3=9\ \cdots$
∴ □ = △ × 3

정답 17. ④ 18. ②

19 **사탕 6개를 슬기와 연수가 2 : 1로 나누어 가지려고 한다. 연수가 가지게 될 사탕의 개수는?**

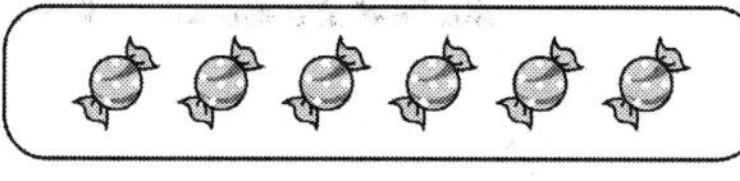

슬기　　연수

2 : 1

① 1개
② 2개
③ 3개
④ 4개

해설 슬기, 연수 ⇨ $6\times\frac{2}{(2+1)}=4,\ 6\times\frac{1}{(2+1)}=2$

20 **다음과 같은 일이 일어날 가능성을 가장 적절하게 표현한 것은?**

- 3과 5를 곱하면 20이다.
- 내년에는 8월이 3월보다 빨리 온다.

① 확실하다.　② ~일 것 같다.
③ ~아닐 것 같다.　④ 불가능하다.

해설 3과 5를 곱하면 15이고, 내년에는 3월이 8월보다 빨리 오므로 위와 같은 일은 불가능하다.

정답　19. ②　20. ④

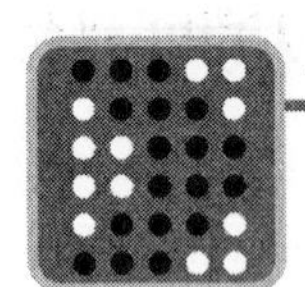

초등학교 졸업학력 검정고시 대비

사 회

2022년 1회 시행

01 **다음에서 설명하는 것은?**

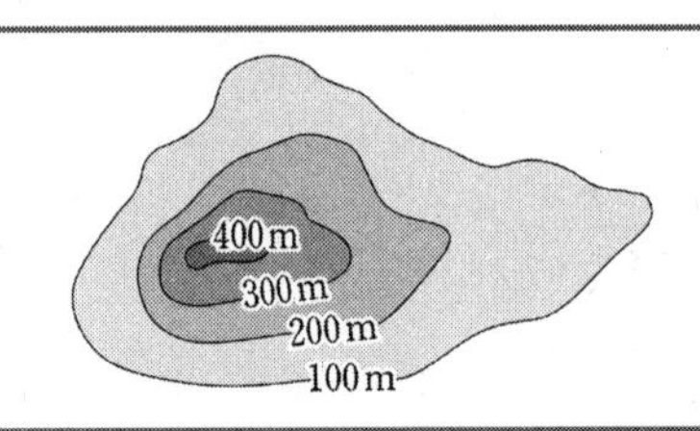

지도에서 높이가 같은 곳을 연결하여 땅의 높낮이를 나타낸 것

① 등고선　　② 방위표
③ 중심지　　④ 지하철 노선도

해설 등고선은 지도에서 높이가 같은 곳을 연결하여 땅의 높낮이를 나타낸 것으로, 등고선의 바깥쪽에서 안쪽으로 갈수록 높은 곳을 나타내며, 등고선의 간격이 좁을수록 경사가 급하고, 간격이 넓을수록 경사가 완만하다.

02 **다음에서 설명하는 공공 기관은?**

- 화재를 예방한다.
- 응급환자를 구조한다.

① 교육청　　② 도서관　　③ 소방서　　④ 우체국

해설 소방서에서는 화재의 예방 및 화재가 발생했을 때 불을 끄고, 사고 현장에서 사람들을 구조한다.

정답 01. ① 02. ③

03 소비 활동의 모습으로 적절하지 않은 것은?

① 빵집에서 빵 사먹기

② 시장에서 고기 사기

③ 공장에서 자동차 만들기

④ 미용실에서 머리 손질 받기

해설 생산 활동은 생활에 필요한 물건을 만들거나 사람들이 필요한 것을 제공하는 것이고, 소비 활동은 생산한 것을 쓰는 것, 서비스를 이용하는 것이다. 공장에서 자동차 만들기는 생산 활동의 모습이다.

04 그림에 나타난 차별의 종류로 가장 적절한 것은?

① 나이 ② 언어 ③ 장애 ④ 종교

해설 입사 채용에서 고령자를 차별하는 것은 나이에 대한 차별이다.

05 다음 중 폭염의 피해를 줄이기 위한 방법으로 가장 적절한 것은?

① 동상에 대비한다.

② 제설 장비를 준비한다.

③ 수분을 충분히 섭취한다.

④ 외출할 때 마스크를 쓴다.

해설 폭염의 피해를 줄이기 위해서는 수분을 충분히 섭취하고, 더운 시간대에는 휴식을 취하며, 적정 실내 온도와 환기 상태를 유지해야 한다.

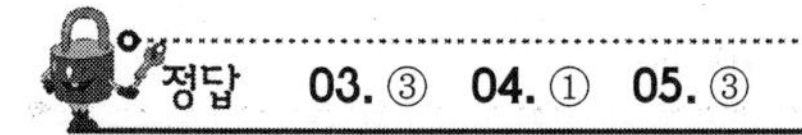
정답 03. ③ 04. ① 05. ③

06 **우리 국토에 대한 설명으로 옳지 않은 것은?**

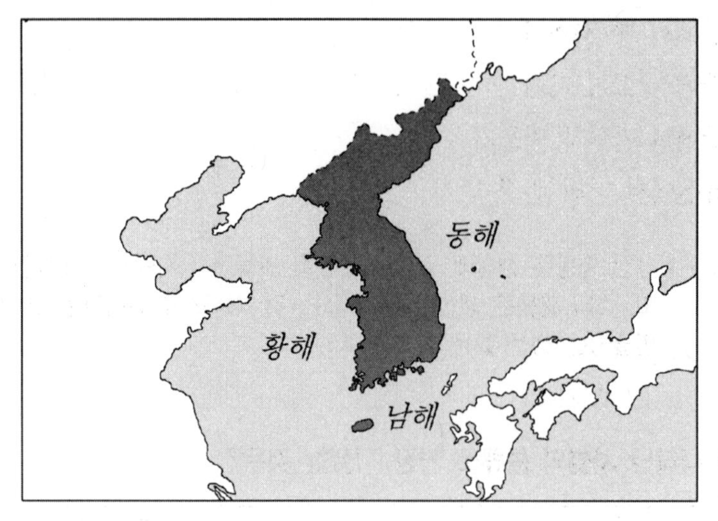

① 삼면이 바다와 맞닿아 있다.
② 한라산은 우리나라 북쪽 끝에 있다.
③ 황해는 우리나라 서쪽에 있는 바다이다.
④ 독도는 우리나라 영토에서 가장 동쪽에 있다.

해설 한라산은 우리나라 남쪽 끝에 있다.

07 **다음 중 인권 침해 사례는?**

① 예절을 지켜 대화하기
② 다른 사람의 일기 몰래 보기
③ 사회적 약자를 위한 배려석 만들기
④ 시각 장애인을 위한 점자 블록 설치하기

해설 다른 사람의 일기를 몰래 보는 것은 사생활과 인권 침해에 해당하는 사례이다.

정답 06. ② 07. ②

08 다음에서 설명하는 권리는?

- 국가의 정치 의사 형성 과정에 참여할 수 있는 권리이다.
- 모든 국민은 법률이 정하는 바에 의하여 선거권을 가진다(헌법 제24조).

① 자유권 ② 참정권 ③ 청구권 ④ 평등권

해 설 참정권은 선거에 참여할 권리, 공무원이 되어 나랏일을 할 수 있는 권리 등 국가의 정치 의사 형성 과정에 참여할 수 있는 권리이다.

09 다음 문화유산을 남긴 나라는?

첨성대 불국사 석굴암

① 고조선 ② 백제 ③ 신라 ④ 발해

해 설 신라는 고구려와 백제 문화의 영향을 받으면서 자신만의 문화를 만들어 냈다. 대표적인 문화유산으로는 첨성대, 불국사, 석굴암이 있다.

10 다음 중 세종 대에 이루어진 일은?

① 삼국 통일 ② 훈민정음 창제
③ 한산도 대첩 ④ 3·1 운동

해 설 세종 대에 「삼강행실도」 편찬, 집현전 설치, 훈민정음 창제, 「농사직설」 편찬, 앙부일구(해시계)·자격루(물시계) 개발 등의 발전이 이루어졌다.

정답 08. ② 09. ③ 10. ②

11 다음에서 설명하는 조선 후기 문화는?

- 당시 사람들의 생활 모습을 담고 있다.
- 대표적인 화가로 김홍도, 신윤복이 있다.

① 탈놀이 ② 판소리 ③ 풍속화 ④ 한글 소설

해설 풍속화는 서민들의 생활 모습을 그린 그림으로, 서민들의 생활을 재미있고 현실감 있게 표현하였다. 풍속화를 통해 당시 서민들의 일상생활과 사회의 모습을 엿볼 수 있으며, 대표적인 화가로는 김홍도, 신윤복이 있다.

12 다음에서 설명하는 인물은?

- 고종의 아버지이다.
- 한양과 전국 각지에 척화비를 세웠다.
- 서원을 일부만 남기고 모두 정리했다.

① 김옥균 ② 전봉준
③ 정약용 ④ 흥선 대원군

해설 고종의 아버지인 흥선 대원군은 서양과의 통상을 금지하는 글을 새겨 한양과 전국 각지에 척화비를 세웠으며, 나라의 재정을 어렵게 하고 당쟁의 온상이 되었던 서원을 40여 곳만 남기고 대부분 없앴다.

정답 11. ③ 12. ④

13 ㉠에 들어갈 사건으로 적절한 것은?

> **[㉠] 의 전개 과정과 결과**
>
> - 배경 : 전두환 정부는 민주주의를 요구하는 사람들을 탄압함.
> - 과정 : 대통령 직선제를 요구하며 시위를 벌임.
> - 결과 : 대통령 직선제를 포함한 민주화 요구를 받아들인다는 6·29 민주화 선언을 함.

① 갑신정변　② 동학 농민 운동
③ 4·19 혁명　④ 6월 민주 항쟁

해설 1987년 6월 노동자와 학생, 시민이 주축이 된 6월 민주 항쟁이 일어나 대통령 직접 선거의 내용을 담은 '6·29 민주화 선언'을 이끌어 냈다.

14 다음에서 설명하는 민주주의를 실천하는 태도는?

> 사실이나 의견의 옳고 그름을 따져 살펴보는 태도

① 관용　② 비판적 태도
③ 양보와 타협　④ 다수결의 원칙

해설 일상생활에서 부딪히는 다양한 문제와 갈등을 해결하려면 대화와 토론을 바탕으로 관용과 사실이나 의견의 옳고 그름을 따져 살펴보는 비판적 태도, 양보와 타협하는 자세가 필요하고, 함께 결정한 일을 따르고 실천해야 한다.

15 다음에서 설명하는 것은?

> - 법에 따라 나라의 살림을 맡아 한다.
> - 조직에는 대통령을 중심으로 국무총리와 여러 개의 부, 처, 청 그리고 위원회가 있다.

① 국회　② 법원　③ 정부　④ 헌법 재판소

해설 정부는 법에 따라 나라의 살림을 맡아 하는 곳으로, 정부 조직에는 대통령을 중심으로 국무총리와 여러 개의 부, 처, 청 그리고 위원회가 있다. 대통령은 외국에 대해 우리나라를 대표하고, 국무총리는 대통령을 도와 각 부를 관리한다.

정답 13. ④ 14. ② 15. ③

16 다음 중 사회적 약자를 위한 대책으로 가장 적절한 것은?

① 환경 보호 운동

② 에너지 절약 운동

③ 기업들의 친환경 제품 판매

④ 정부의 생계비, 양육비, 학비 지원

해설 사회적 약자에 대해 정부의 공공주택, 생계비, 양육비, 학비 등의 지원이 필요하다.

17 다음에서 설명하는 것은?

- 우리나라와 인접한 바다이다.
- 아시아, 오세아니아, 북아메리카, 남아메리카 대륙 사이에 있다.

① 남극해

② 대서양

③ 북극해

④ 태평양

해설 태평양은 아시아, 오세아니아, 북아메리카, 남아메리카 등에 둘러싸인 세계 최대의 해양으로, 우리나라와 인접해 있다.

정답 16. ④ 17. ④

18 ㉠에 해당하는 나라는?

㉠ 의 특징

- 동남아시아에 위치한다.
- 기후는 대체로 덥고 습한 편이다.
- 쌀을 많이 수출한다.

① 베트남 ② 탄자니아
③ 아르헨티나 ④ 사우디아라비아

해 설 베트남은 동남아시아 인도차이나반도 동부에 위치한 나라로, 대체로 덥고 습하며, 세계에서 두 번째로 쌀을 많이 수출하며, 노동력이 풍부해서 경공업이 발달했다.

19 빈곤과 기아 문제 해결을 위한 노력으로 옳지 <u>않은</u> 것은?

① 교육 지원 ② 구호 활동
③ 모금 활동 ④ 핵무기 개발

해 설 빈곤과 기아 문제를 해결하기 위해서는 모금 활동, 구호 활동, 교육 지원, 농업 기술 지원 등이 필요하다.

정답 **18.** ① **19.** ④

20 다음에서 설명하는 것은?

교육, 과학, 문화 분야 등에서 다양한 국제 교류를 하며 국제 평화를 추구하는 국제기구

① 유네스코
② 국제 노동 기구
③ 유엔 난민 기구
④ 국제 원자력 기구

해설
① 유네스코 : 교육, 과학, 문화 분야 등에서 국제 교류를 하면서 평화를 추구하는 국제기구이다.
② 국제 노동 기구 : 전 세계의 노동 문제를 다룬다.
③ 유엔 난민 기구 : 전쟁 등으로 살 곳을 잃은 난민들을 돕는다.
④ 국제 원자력 기구 : 원자력 에너지를 평화적이고 안전한 방법으로 이용하도록 노력한다.

정답 20. ①

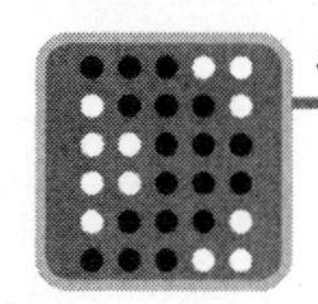

초등학교 졸업학력 검정고시 대비

과 학

2022년 1회 시행

01 다음 설명에 해당하는 것은?

- 물체의 무게를 측정할 수 있다.
- 용수철의 성질을 이용해 만든 것이다.

① 시소　② 수평대
③ 양팔저울　④ 용수철저울

해 설 용수철저울은 무게에 따라 용수철이 늘어난 길이가 변화하는 것을 이용하여 만든 저울이다.

02 다음은 어떤 학생의 일기 내용이다. ㉠에 해당하는 것은?

2022년 ○월 ○일 날씨 : 맑음

오늘 학교에서 과학 시간에 크기와 모양이 같은 플라스틱 구슬과 철 구슬의 혼합물을 분리하는 방법을 배웠다. 철 구슬이 [㉠]에 붙는 성질을 이용하면 철 구슬만 쉽게 분리할 수 있다는 것을 알았다.

① 체　② 자석　③ 거름종이　④ 증발 접시

해 설 철을 끌어당기는 성질이 있는 자석을 이용해 철 구슬만 쉽게 분리할 수 있다.

정답 01. ④ 02. ②

03 **화산 분출물에 대한 설명으로 옳은 것은?**

① 용암은 액체 상태이다.

② 화산재는 기체 상태이다.

③ 화산 암석 조각의 크기는 모두 같다.

④ 화산 가스는 한 가지 기체로만 되어 있다.

해설 화산이 분출할 때 수증기, 이산화황 등 기체인 화산 가스, 액체인 용암, 고체인 화산재, 화산 암석 조각이 나온다.

04 **다음 설명에 해당하는 것으로 가장 적절한 것은?**

- 크기가 매우 작아 맨눈으로 보기 어렵다.
- 치아 표면을 썩게 하여 충치를 일으키기도 한다.

① 개미 ② 세균 ③ 강아지풀 ④ 개구리밥

해설 세균은 하나의 세포로 이루어져 있으며, 맨눈으로 볼 수 없을 정도로 작다. 세균은 음식을 만드는 데 이용되기도 하나, 질병을 일으킬 수 있다.

05 **그림의 대화 내용에 해당하는 것은?**

물질의 차갑거나 따뜻한 정도를 정확하게 나타낼 수 있을까?

숫자에 단위 °C(섭씨도)를 붙여 나타낼 수 있어.

① 길이 ② 소리 ③ 시간 ④ 온도

해설 온도는 물질의 차갑거나 따뜻한 정도를 숫자로 나타낸 것으로, 단위는 ℃(섭씨도)를 사용한다. 물질의 온도를 측정할 때는 온도계를 사용한다.

정답 03. ① 04. ② 05. ④

06 그림은 각설탕을 물에 녹이기 전과 녹인 후의 무게를 비교하는 실험을 나타낸 것이다. ㉠에 해당하는 것은?

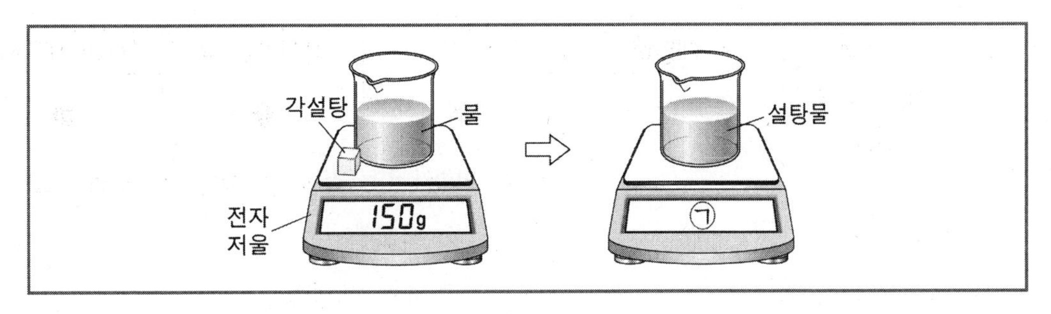

① 150g　② 160g　③ 170g　④ 180g

해 설 각설탕을 물에 녹였을 때 설탕물의 무게는 물의 무게에 녹인 각설탕의 무게를 더한 값과 같다. 용질이 용매에 용해되어도 없어지거나 양이 변하지 않고, 용액 속에 골고루 섞여 있다.

07 다음 설명에 해당하는 천체는?

태양계의 중심에 있으며, 스스로 빛을 낸다.

① 달　② 지구　③ 태양　④ 화성

해 설 태양은 태양계에서 스스로 빛을 내는 유일한 별로, 태양계의 중심에 있다.

08 다음 설명에 해당하는 것은?

- 기압 차에 의해 생기는 공기의 이동이다.
- 고기압에서 저기압으로 이동한다.

① 눈　② 비　③ 바람　④ 이슬

해 설 공기는 기압이 높은 곳에서 낮은 곳으로 이동하므로 바람은 고기압에서 저기압으로 분다.

정답 06. ① 07. ③ 08. ③

09 **표는 여러 가지 용액에 페놀프탈레인 용액을 떨어뜨린 뒤의 색깔 변화를 나타낸 것이다. 다음 중 산성 용액은?**

용액	레몬즙	석회수	빨랫비누 물	유리 세정제
페놀프탈레인 용액	○	●	●	●

※ 색깔 변화가 없는 경우 : ○, 붉은 색으로 변한 경우 : ●

① 레몬즙　② 석회수
③ 빨랫비누 물　④ 유리 세정제

해 설 산성 용액에 페놀프탈레인 용액을 넣으면 색깔이 변하지 않고, 염기성 용액에 페놀프탈레인 용액을 넣으면 색깔이 붉게 변한다. 따라서 산성 용액은 레몬즙이다.

10 **다음 중 환경오염의 원인으로 적절하지 않은 것은?**

① 나무 심기　② 자동차의 매연
③ 공장의 폐수 배출　④ 농약의 지나친 사용

해 설 인간의 각종 활동으로 배출되는 매연, 악취 등이 환경오염을 일으킨다.

11 **다음 설명에 해당하는 것은?**

- 자동차에 설치된 안전장치 중 하나이다.
- 큰 속력으로 달리는 자동차가 충돌했을 때 탑승자의 몸에 가해지는 충격을 줄여준다.

① 도로　② 가로등　③ 에어백　④ 카메라

해 설 에어백은 자동차에 설치된 안전장치 중 하나로, 충돌할 때 탑승자의 몸에 가해지는 충격을 줄여준다.

정답 09. ① 10. ① 11. ③

12 **그림의 대화 내용에 해당하는 기체는?**

① 산소 ② 수소 ③ 질소 ④ 이산화 탄소

해 설 이산화 탄소는 소화기와 탄산음료 제조에 이용되며, 석회수를 뿌옇게 만든다.

13 **그림은 나팔꽃의 모습이다. 나팔꽃의 줄기처럼 다른 물체를 감고 올라가는 줄기는?**

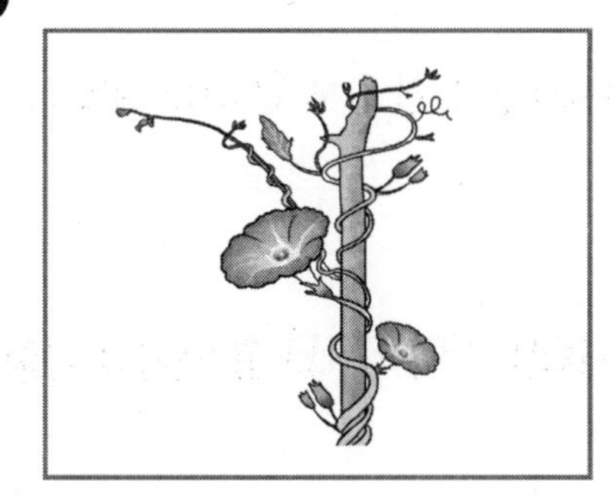

① 감는줄기
② 곧은줄기
③ 기는줄기
④ 땅속줄기

해 설 감는줄기는 다른 식물이나 물체를 감고 올라간다. 예로는 나팔꽃, 등나무 등이 있다.

14 **그림은 레이저 지시기에서 빛이 나아가 어떤 물체를 통과하는 모습을 나타낸 것이다. ㉠에 해당하는 것은?**

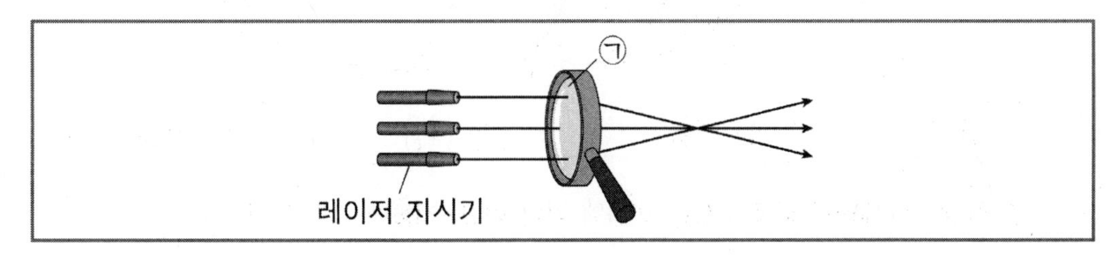

① 거울 ② 구리판 ③ 볼록 렌즈 ④ 나무젓가락

해 설 볼록 렌즈에 빛을 비추었을 때 빛이 한 곳으로 모인다.

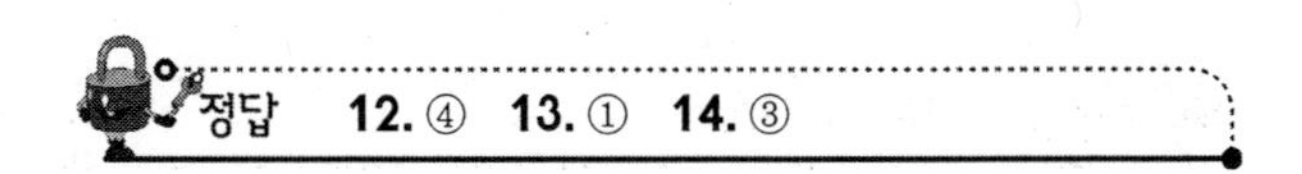
정답 12. ④ 13. ① 14. ③

15 **다음의 전기 회로 중 전구 두 개가 직렬로 연결된 것은?**

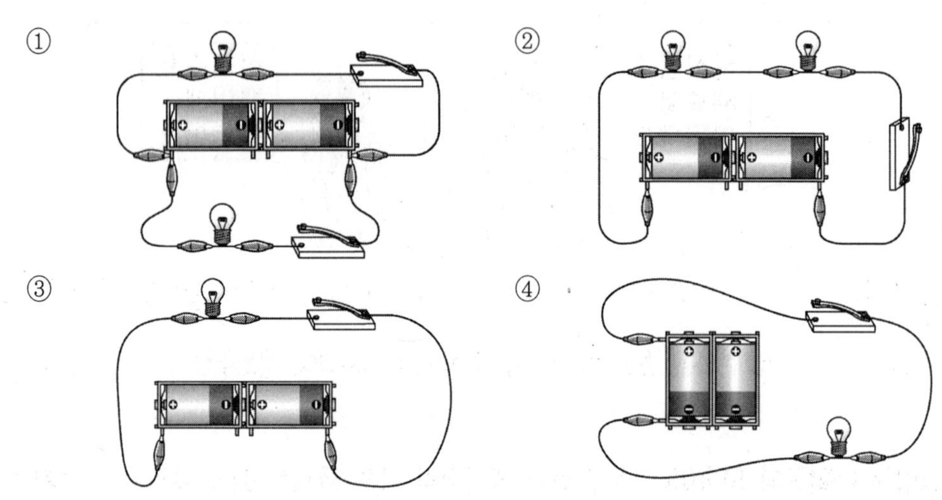

해 설 전구의 직렬 연결은 전구 여러 개를 끊어지지 않은 한 길로 연결하는 방법이다.

16 **그림은 우리나라에서 계절별 태양의 위치 변화를 나타낸 것이다. 1년 중 태양의 남중 고도가 가장 낮은 ㉠에 해당하는 계절은?**

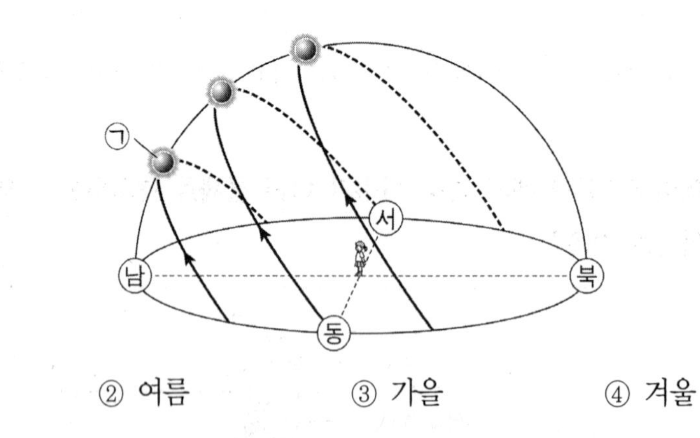

① 봄　　② 여름　　③ 가을　　④ 겨울

해 설 태양의 남중 고도는 여름에 가장 높고, 겨울에 가장 낮다.

정답 15. ② 16. ④

17 다음 중 음력 15일 무렵에 보이는 달은?

① 초승달 ② 상현달 ③ 보름달 ④ 하현달

해 설 ③ 보름달 : 음력 15일 무렵에 뜨는 동그란 달
① 초승달 : 음력 2~3일 무렵에 뜨는 눈썹 모양의 달
② 상현달 : 음력 8일 무렵에 뜨는 오른쪽이 둥근 반달
④ 하현달 : 음력 22~23일 무렵에 뜨는 왼쪽이 둥근 반달

18 그림은 순환 기관이 하는 일을 알아보기 위한 실험을 나타낸 것이다. 펌프와 같이 혈액을 온몸으로 보내는 역할을 하는 우리 몸의 기관은?

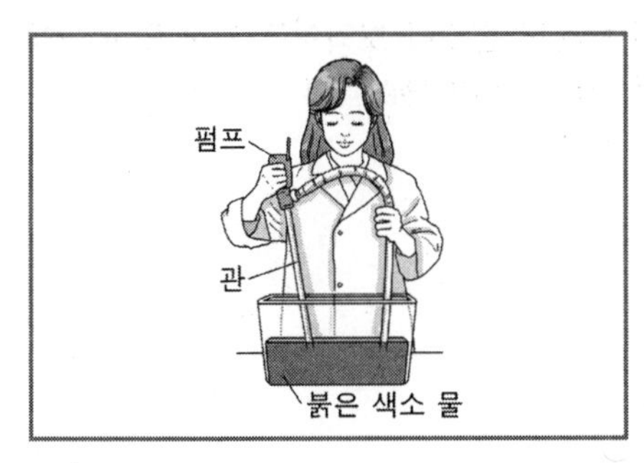

① 간
② 심장
③ 콩팥
④ 큰창자

해 설 심장은 가슴의 중앙에서 약간 왼쪽으로 치우쳐 있는 자기 주먹만한 크기인 혈액 순환의 중심 기관으로, 펌프 작용을 통해 혈액을 온몸으로 순환시킨다.

19 다음 설명에서 ㉠에 해당하는 것은?

전기 에너지 → 빛에너지

에너지의 형태가 바뀌는 것을 ㉠ (이)라고 한다.

① 대류 ② 물의 순환
③ 증산 작용 ④ 에너지 전환

해 설 에너지 전환은 에너지의 형태가 바뀌는 것을 뜻한다. 에너지는 다양한 형태로 존재하는데, 한 형태에서 다른 형태로 바뀔 수 있다.

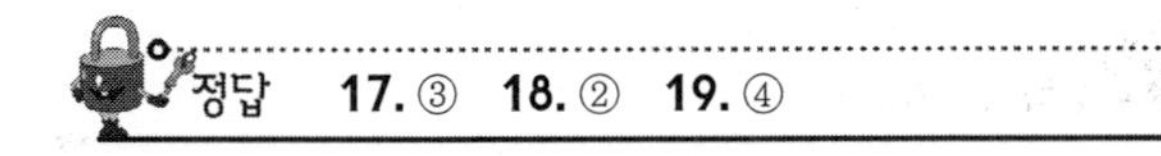

정답 17. ③ 18. ② 19. ④

20 **다음 설명에 해당하는 것은?**

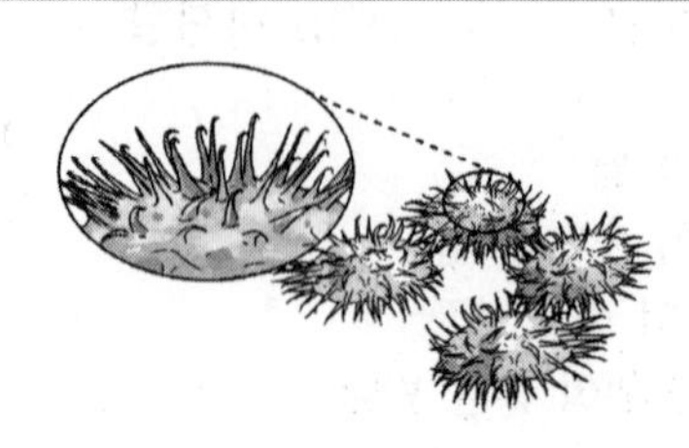

• 가시 끝부분이 갈고리처럼 굽어져 있다.
• 생김새를 활용하여 찍찍이 테이프를 만들었다.

① 은행잎　　② 부레옥잠
③ 단풍나무 열매　　④ 도꼬마리 열매

해 설 도꼬마리 열매를 촘촘히 뒤덮은 가시는 끝이 갈고리 모양으로 되어 있어 동물의 털에 잘 붙는다. 이러한 생김새를 이용하여 찍찍이 테이프를 만들었다.

정답 20. ④

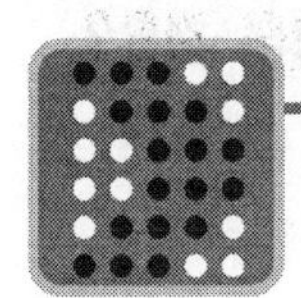

초등학교 졸업학력 검정고시 대비

도 덕

2022년 1회 시행

01 다음 중 학급 규칙을 정하고 실천하는 방법으로 적절한 것은?

① 한 명이 모든 규칙 정하기

② 규칙이 왜 필요한지 토의하기

③ 내 마음에 드는 규칙만 지키기

④ 친구들이 보고 있을 때만 규칙 지키기

해 설
- 한 명이 모든 규칙을 정하지 않고, 학급 친구들이 모두 참여하여 학급 규칙을 정한다.
- 규칙이 정해지면 내 마음에 들지 않더라도 지켜야 한다.
- 보는 사람이 없어도 규칙을 잘 지킨다.

02 다음 중 가족의 인권을 존중하는 방법은?

① 동생 괴롭히기

② 누나 의견 무시하기

③ 고운 말로 대화하기

④ 할머니에게 버릇없이 행동하기

해 설 인권이란 성별, 국적, 피부색, 언어, 신분, 종교 등에 상관없이 존중 받으며 사람으로서 마땅히 누려야 할 기본적 권리로 가족 사이에도 상대방을 비난하지 않고 서로 존중하는 마음으로 대해야 한다.

정답 01. ② 02. ③

03 **다음 중 외면적으로 아름다운 사람이 되기 위한 실천 방법으로 적절하지 않은 것은?**

① 손톱 깨끗하게 깎기

② 지저분한 옷 매일 입기

③ 바른 자세로 앉기와 걷기

④ 하루에 30분 이상 운동하기

해설 외면적 아름다움은 겉으로 보이는 아름다움으로 우리가 바라보는 다양한 자연, 예술 작품, 외모 등에서 찾아볼 수 있다.

04 **다음에서 내가 취할 태도로 가장 적절한 것은?**

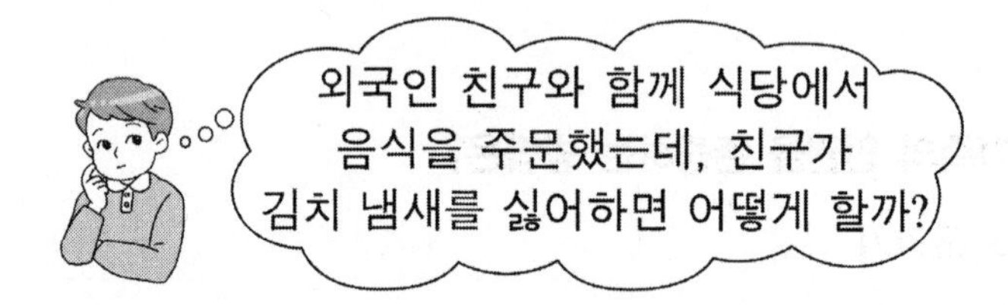

① 화를 낸다.

② 창피하게 여긴다.

③ 억지로 먹게 강요한다.

④ 서로 다른 음식 문화를 이해하고 존중한다.

해설 문화는 사회나 시대에 따라 다양한 모습으로 나타나기 때문에 다른 나라의 문화를 이해하고 인정하는 태도를 가져야 한다.

정답 03. ② 04. ④

05 다음 중 ㉠에 들어갈 말로 적절한 것은?

협동을 실천해요	
협동을 잘하기 위한 방법	평가
• 각자의 장점을 고려해 역할을 공정하게 나눈다.	
• ㉠	

① 서로 칭찬하며 격려한다.
② 자신의 주장만 내세운다.
③ 친구의 이야기를 대충 듣는다.
④ 친구의 질문에 성의 없이 대답한다.

해설 협동이란 서로의 마음과 힘을 하나로 합친다는 의미로, 모두 참여할 수 있도록 역할을 나누고 서로 배려하고, 존중하며 격려해야 한다.

06 〈보기〉 중 정직한 행동으로 적절한 것은?

보기
ㄱ. 거짓말하지 않기
ㄴ. 실수한 친구 놀리기
ㄷ. 화분 깨뜨리고 모른척하기
ㄹ. 잘못 받은 거스름돈 돌려주기

① ㄱ, ㄷ　② ㄱ, ㄹ
③ ㄴ, ㄷ　④ ㄴ, ㄹ

해설 정직이란 남과 자신을 속이지 않고, 자신의 잘못된 점을 고치려는 용기와 실천하는 행동을 해야 한다. 따라서 잘못을 했을 때는 거짓말을 하거나 숨기지 않고 솔직하게 인정하고 밝힌다.

정답 05. ① 06. ②

07 다음 중 ㉠에 들어갈 말로 적절한 것은?

경청하며 대화하는 방법

1. **멈추기** : 자신이 하던 일을 잠시 멈추고 친구 바라보기
2. **숨쉬기** : 몸의 긴장을 풀고 대화 나눌 준비하기
3. (㉠) : 이야기에 공감하며 귀 기울이기
4. **반응하기** : 따뜻하고 배려심 있는 태도로 반응하기

① 듣기　　② 외면하기
③ 무시하기　　④ 비난하기

해설 또래 갈등 해결을 위해 경청하며 대화하는 방법
- 멈(멈추기) : 친구와 이야기할 때 자신이 하던 일을 잠시 멈추고 친구를 바라본다.
- 숨(숨쉬기) : 몸의 긴장을 풀고 친구에게 다가가 이야기를 잘 들을 수 있게 준비한다.
- 듣(듣기) : 친구가 하는 말에 고개를 끄덕이며 경청한다.
- 반(반응하기) : 따뜻하고 배려심 있는 태도로 친구의 말에 반응한다.

08 다음 중 감정과 욕구를 조절하고 표현하는 방법으로 적절한 것은?

① 바로 짜증을 낸다.
② 한 번 더 깊이 생각해 본다.
③ 친구의 의견을 들으려 하지 않는다.
④ 결과를 예상하지 않고 마음대로 행동한다.

해설 감정과 욕구를 그대로 표현하면 상대방에게 상처를 줄 수 있으므로, 감정과 욕구를 일단 가라앉히고 한 번 더 깊이 생각해 본다.

정답 07. ① 08. ②

09 **다음 중 건전한 사이버 생활을 위한 태도로 적절한 것은?**

① 악성 댓글을 쓴다.
② 잘못된 정보를 전달한다.
③ 배려하는 언어를 사용한다.
④ 친구의 개인 정보를 허락 없이 사용한다.

해설
- 익명성을 이용해 악성 댓글을 달지 않는다.
- 잘못된 정보를 전달하여 혼란을 일으키지 않는다.
- 불건전한 정보나 개인 정보를 함부로 퍼뜨리지 않는다.

10 **다음 중 학급 분위기를 긍정적으로 만드는 방법으로 적절한 것은?**

① 비난을 자주 한다.
② 칭찬을 아끼지 않는다.
③ 고마움을 표현하지 않는다.
④ 자신의 잘못을 사과하지 않는다.

해설 학급에서는 다른 사람에게 피해가 가지 않도록 도와가며 생활해야 하며, 서로 끊임 없는 격려와 칭찬을 아끼지 않는다.

11 **다음 중 ㉠에 들어갈 말로 적절하지 않은 것은?**

① 1인 1역을 스스로 하는 모습
② 학교 숙제를 스스로 하는 모습
③ 자기 방을 스스로 청소하는 모습
④ 아침마다 엄마가 깨워야 겨우 일어나는 모습

해설 아침에 엄마가 깨우지 않아도 스스로 일어나는 생활을 해야 한다.
자주적인 생활
일이나 행동을 선택하고 실천할 때에 내가 스스로 주인이 되어 판단하고 선택에 스스로 책임을 지는 생활을 말한다.

정답 09. ③ 10. ② 11. ④

12 **다음 중 자신을 소중하게 여기는 실천 방법으로 적절한 것은?**

① 남과 비교하지 않는다.

② 내 마음의 양심을 무시한다.

③ 다른 사람의 말에 쉽게 휘둘린다.

④ 나의 미래를 부정적으로 생각한다.

해설 자신을 다른 사람과 비교하지 않고 있는 그대로의 나를 받아들인다.

13 **다음 중 나눔과 봉사의 실천 방법으로 적절하지 않은 것은?**

① 친구와 준비물 나눠 쓰기

② 용돈을 모아 지구촌 이웃 돕기

③ 재해가 일어난 곳에 도움 주기

④ 학급 도서 정리하는 친구 모른척하기

해설 나눔과 봉사란 자발적으로 내가 가진 것을 남에게 베푸는 것으로, 도움이 필요한 사람이 있는지 살피고 도와주어야 한다.

14 **다음 중 친구를 배려하는 행동으로 적절한 것은?**

① 친구를 차별한다.

② 친구의 말에 귀 기울인다.

③ 싫어하는 별명으로 놀린다.

④ 친구의 물건을 허락 없이 사용한다.

해설 친구의 말에 귀를 기울여 공감하는 것이 배려의 실천 방법이다.

정답 12. ① 13. ④ 14. ②

15 다음 일기를 쓴 학생이 실천한 것은?

20○○년 ○월 ○일 (○요일) 날씨: ☼

나의 후회

쉬는 시간에 친구에게 장난으로 나쁜 말을 했다. 친구가 몹시 속상해 해서 내 행동을 반성했다. 친구에게 진심으로 사과하고 앞으로는 바르고 고운 말을 사용해야겠다.

① 봉사　　② 나눔
③ 공정함　　④ 도덕적 성찰

해 설 도덕적 성찰은 자신을 반성하는 것뿐만 아니라, 올바른 삶을 사는 구체적인 방법을 찾는 것이다.
도덕적 성찰 방법
- 좌우명 실천하기
- 성찰 일기 쓰기
- 속담이나 격언 활용
- 문학 작품 활용하기
- 좋은 말 모음집 만들기

16 다음 대화에서 심판에게 가장 요구되는 것은?

어제 축구 경기 봤어?

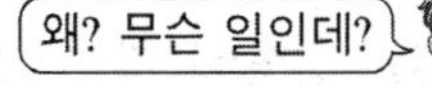

심판이 상대 팀에게 일방적으로 유리한 판정을 했대!

맞아. 그래서 우리 팀이 제대로 실력을 발휘하지 못했어.

① 참견　　② 편견　　③ 억압　　④ 공정함

해 설 공정함이란 어떤 일을 할 때에 일부 사람이 특별히 억울한 일을 당하거나 부당하게 이익을 얻지 않도록 올바르게 판단하고, 이를 실천에 옮기는 것으로 심판이 한 팀에 유리한 판정을 하는 것은 공정한 것이 아니다.

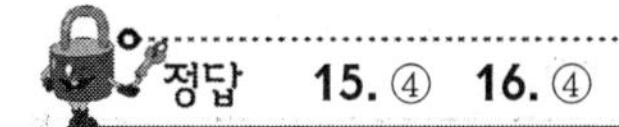
정답 15. ④ 16. ④

17 **다음 중 남북통일 후 예상되는 어려움을 극복하기 위한 노력으로 적절한 것은?**

① 서로에 대한 편견을 갖는다.

② 한 쪽의 입장에서만 이야기한다.

③ 서로 살아 온 생활 방식을 존중한다.

④ 서로의 다른 문화를 인정하려 하지 않는다.

해설 분단의 장기화로 남북 간 이질화가 심화되어 한민족으로서의 일체감이 점차 약화되고 있기 때문에 서로 다른 남북 주민들의 가치관이나 생활방식을 존중하려는 노력이 필요하다.

18 **다음 중 지구촌 환경 문제의 해결 방법으로 적절하지 않은 것은?**

① 일회용품을 많이 사용한다.

② 종이를 절약하여 사용한다.

③ 사용하지 않는 전등을 끈다.

④ 재활용품을 분류하여 배출한다.

해설 지구촌 환경 문제를 해결하기 위해서는 일회용품 사용을 줄여야 한다. 또한 샴푸나 세제를 쓰지 않고, 환경 캠페인에 참여해 환경 문제에 대한 관심을 가져야 한다.

19 **다음 중 공정한 생활을 하는 모습으로 적절한 것은?**

① 줄을 설 때 새치기한다.

② 힘이 센 친구의 의견만 듣는다.

③ 규칙을 지키며 교실 놀이에 참여한다.

④ 우리 반이 운동장을 독차지하여 사용한다.

해설 공정은 올바르고 정의로운 것으로 함께 사는 명랑한 사회를 이룩하기 위해서는 정해진 규칙을 꼭 지키는 생활이 반드시 필요하다.

정답 17. ③ 18. ① 19. ③

20 **다음 중 ㉠에 들어갈 말로 적절하지 않은 것은?**

① 동생에게 축구 기술 알려주기
② 노인정 방문하여 악기 연주하기
③ 친구에게 그림 그리는 방법 알려주기
④ 경제적 대가를 바라고 부모님께 음식 만들어 드리기

해설 재능 나눔은 대가를 바라지 않고 자발적으로 자신이 가진 시간과 재능을 나누는 행위이다.

정답 20. ④

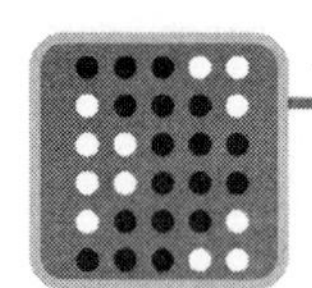

초등학교 졸업학력 검정고시 대비

실 과

2022년 1회 시행

01 **다음 중 식품군과 그에 속하는 식품을 바르게 연결한 것은?**

	식품군	식품
①	곡류	쌀, 새우
②	채소류	당근, 오이
③	과일류	감자, 옥수수
④	유제품류	두부, 치즈

해 설
- 곡류 : 밀, 벼, 호밀 등
- 과일류 : 포도, 귤, 사과, 수박, 참외, 복숭아, 배 등
- 유제품류 : 우유, 크림, 버터, 치즈, 요구르트 등

02 **다음 설명에 해당하는 썰기 방법은?**

통썰기 한 채소를 가늘고 길쭉하게 써는 방법

① 다지기　② 채썰기　③ 깍둑썰기　④ 반달썰기

해 설
- 다지기 : 채 썬 것을 가지런히 모아 잘게 써는 방법이다.
- 깍둑썰기 : 가로 · 세로 · 두께 모두 2cm 정도의 같은 크기로 주사위처럼 써는 방법이다.
- 반달썰기 : 긴 원통형의 재료를 길이로 반을 갈라 가로로 눕힌 후 반달 모양으로 써는 방법이다.

정답 01. ② 02. ②

03 〈보기〉에서 주생활에 해당하는 것만을 모두 고른 것은?

보 기	
ㄱ. 요리하기	ㄴ. 옷 만들기
ㄷ. 방 청소하기	ㄹ. 설거지하기

① ㄱ　② ㄴ　③ ㄷ　④ ㄱ, ㄹ

해 설 인간이 생활하는 데 필요한 3대 요소(의 · 식 · 주)
- 의생활 : 인간의 몸을 보호하기 위해 입거나 걸치거나 두르거나 착용하는 모든 것
  예 빨래하기, 빨래 널기, 다림질하기, 옷 수선하기, 옷 정리 및 보관하기 등
- 식생활 : 몸에 에너지를 공급하고 영양분을 얻기 위해 섭취하는 음식과 관련된 생활
  예 음식 만들기, 상차리기, 설거지하기, 음식물 쓰레기 처리하기 등
- 주생활 : 단순히 집을 의미하는 것이 아니라 사람들이 살아가는 공간
  예 청소하기, 정리 · 정돈하기, 쓰레기 분리배출하기, 집수리하기 등

04 다음 중 안전과 위생을 고려한 식품 선택 방법으로 가장 적절한 것은?

① 감자는 싹이 난 것을 선택한다.

② 채소는 상처가 난 것을 선택한다.

③ 고기는 불쾌한 냄새가 나는 것을 고른다.

④ 달걀은 껍데기가 까슬까슬한 것을 고른다.

해 설
- 감자의 싹에는 솔라닌이라는 독소가 있어서 먹지 않는 것이 좋다.
- 채소는 상처가 없는 것을 선택한다.
- 상한 고기는 불쾌한 냄새와 더불어 만졌을 때 끈적거릴 수 있으니 고르지 않는다.

정답 03. ③ 04. ④

05 다음 설명에 해당하는 직업은?

- 국민의 생명과 재산을 보호한다.
- 범죄를 수사해서 범인을 잡는다.

① 교사 ② 화가 ③ 경찰관 ④ 운동선수

해설 경찰관은 국민의 생명과 재산을 보호하는 역할을 한다. 또한 범죄 수사를 통해 범인을 잡고, 안전한 사회를 만들기 위해 노력한다.

06 ㉠에 들어갈 알맞은 말은?

〈 ㉠ 을/를 보호하는 방법 〉

- 웹 사이트의 비밀번호를 주기적으로 바꾼다.
- 검증되지 않은 웹 사이트에 전화번호를 올리지 않는다.

① 초상권 ② 개인 정보
③ 지식 재산 ④ 사이버 중독

해설 개인 정보란 이름, 주민등록번호, 전화번호, 주소 및 영상 등을 통하여 개인을 알아볼 수 있는 정보를 말한다.

- 초상권 : 자신의 얼굴 기타 사회통념상 특정인임을 식별할 수 있는 신체적 특징에 관하여 함부로 촬영 또는 그림 묘사되거나 공개하여 알리지 않으며 영리적으로 이용당하지 않을 권리이다.
- 지식 재산 : 인간의 창조적 활동 또는 경험 등에 의하여 창출되거나 발견된 지식 · 정보 · 기술 등의 모든 재산을 말한다.
- 사이버 중독 : 인터넷이나 통신망을 통한 가상 현실에 빠져 정상적인 생활에 지장을 주는 상태를 말한다.

정답 05. ③ 06. ②

07 다음 설명에 해당하는 손바느질 방법은?

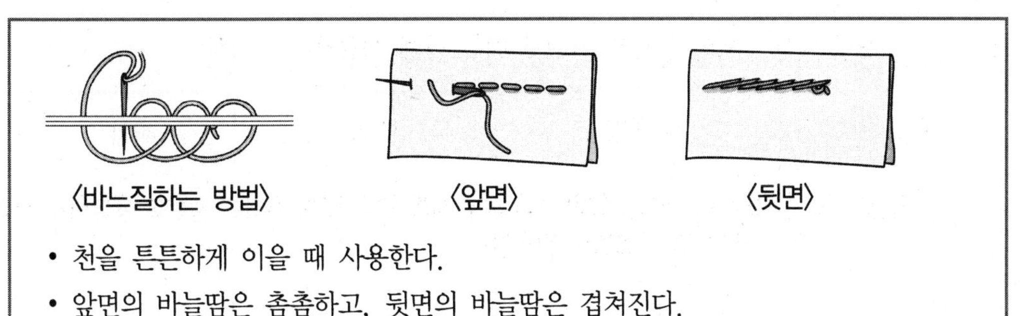

- 천을 튼튼하게 이을 때 사용한다.
- 앞면의 바늘땀은 촘촘하고, 뒷면의 바늘땀은 겹쳐진다.

① 홈질 ② 박음질
③ 시침질 ④ 실 꿰기

해 설 박음질은 가장 튼튼한 손바느질로 먼저 한 땀을 뜬 뒤 앞서 바늘이 들어간 곳에 다시 바늘을 넣어 한 땀만큼 나아간다.
- 홈질 : 안과 겉에 똑같은 바늘땀이 나오는 가장 기초적인 손바느질로 땀과 간격이 같고, 한 번에 여러 땀을 뜰 수 있어서 빠른 속도로 할 수 있다.
- 시침질 : 본 바느질을 하기 전 두 장 또는 그 이상의 옷감이 서로 밀리지 않도록 임시 고정을 하기 위한 손바느질로 본 바느질을 마치면 잘라낸다.
- 실 꿰기 : 손바느질을 하기 위해 바늘에 실을 연결하는 것이다.

08 다음 설명에 해당하는 식물 가꾸기 도구는?

땅을 파거나 흙과 식물을 옮기는 데 사용한다.

① 장갑 ② 거름망 ③ 모종삽 ④ 전지가위

해 설 모종삽은 땅을 파거나 식물을 옮겨 심을 때 쓰는 흙손만 한 작은 삽으로 꽃삽이라고도 한다.
- 장갑 : 손 베임이나 손 오염을 방지하기 위해 낀다.
- 거름망 : 물 따위의 액체에 섞여 있는 찌꺼기나 건더기를 걸러내는 그물이다.
- 전지가위 : 나무나 풀의 가지를 잘라 다듬는 데 쓰는 가위이다.

정답 07. ② 08. ③

09 다음 설명에 해당하는 것은?

혈연, 결혼, 입양 등으로 관계를 맺고 함께 생활하는 사람들

① 가족 ② 개인 ③ 친구 ④ 회사

해설 가족은 결혼, 혈연, 입양 등으로 관계를 맺고 함께 일상의 생활을 공유하는 사람들의 집단 또는 그 구성원을 말한다.

10 다음 중 용돈을 관리하는 방법으로 적절하지 않은 것은?

① 용돈 기입장을 작성한다.
② 용돈을 계획대로 쓰려고 노력한다.
③ 필요성을 고려하여 용돈을 사용한다.
④ 용돈을 인터넷 도박 게임에 모두 쓴다.

해설 용돈은 지출 계획을 구체적으로 세워 사용하면 쓸데없이 돈을 낭비하는 것을 막을 수 있고, 합리적인 소비 생활을 할 수 있다.

11 다음 설명에 해당하는 생활 소품 만들기 방법은?

- 두 개 이상의 바늘을 이용한다.
- 겉뜨기, 안뜨기, 고무뜨기 등의 방법이 있다.

① 십자수 ② 재봉틀
③ 대바늘뜨기 ④ 코바늘뜨기

해설
- 십자수 : 수예 바늘을 이용해 바탕천에 색실로 'X'자 모양의 수를 놓는다.
- 재봉틀 : 바늘에 실을 꿰어 옷감이나 가죽, 비닐, 종이 등을 박아 여러 가지 의류나 생활용품을 만들어 내는 바느질 기계이다.
- 코바늘뜨기 : 끝부분이 갈고리 모양으로 된 코바늘과 한 가닥의 털실로 고리 모양의 코를 만들어 뜬다.

정답 09. ① 10. ④ 11. ③

12 다음 설명에 해당하는 생활 자원은?

> • 누구에게나 똑같이 주어진다.
> • 한 번 지나가면 되돌릴 수 없다.

① 시간　　② 용돈
③ 지식　　④ 흥미

해설 생활 자원
- 우리의 생명과 건강을 유지하고, 욕구를 충족하며 목표를 이루기 위해서는 생활 자원이 필요하다.
- 양이 충분하지 않기 때문에 한정된 자원으로 최대의 만족을 얻고 목표를 달성하기 위해서는 효율적인 관리가 필요하다.
  - 인적 자원 : 개인의 노력이나 계발을 통해 발전시킬 수 있는 자원 예 시간, 지능, 지식, 기술 등
  - 물적 자원 : 형태가 있고 양이 한정된 자원 예 주택, 금전, 자동차, 학교, 도서관, 공원, 놀이터 등

13 다음 중 옷의 신체 보호 기능으로 적절하지 않은 것은?

① 자신의 개성을 표현한다.
② 위험으로부터 몸을 보호한다.
③ 더위나 추위로부터 체온을 유지한다.
④ 땀을 흡수하여 피부를 청결하게 유지한다.

해설 옷의 기능
- 신체 보호 : 기후나 자연환경으로부터 신체를 보호한다.
- 소속의 표현 : 직업, 신분 등이 나타난 옷을 입음으로써 자신의 소속을 표현한다.
- 예의의 표현 : 의복을 상황에 맞게 입음으로써 예의를 표현하고 다른 사람을 배려한다.
- 개성의 표현 : 다른 사람과 구별되고 자신에게 어울리는 옷차림을 함으로써 자신의 개성과 취미를 표현한다.

정답 12. ① 13. ①

14 다음 설명에 해당하는 것은?

사람이 운전하지 않아도 스스로 움직이는 자동차

① 냉장고
② 수술 로봇
③ 전자 칠판
④ 자율 주행 자동차

해 설 자율 주행 자동차란 운전자 또는 승객의 조작 없이 자동차 스스로 운행이 가능한 자동차를 말한다.

15 ㉠에 들어갈 알맞은 말은?

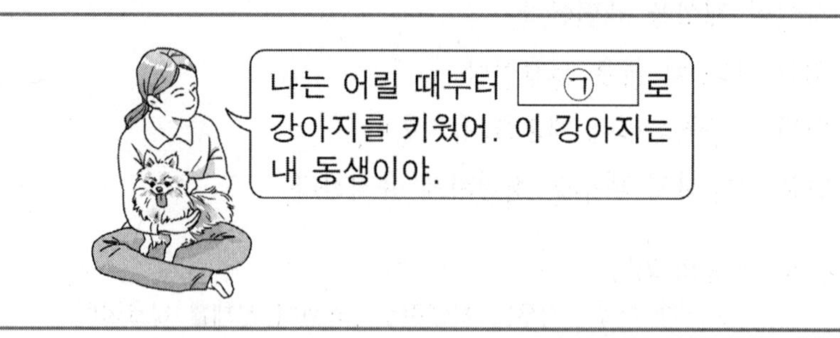

① 반려동물　　② 실험 동물
③ 야생 동물　　④ 특수 동물

해 설 반려동물은 사람의 곁에서 가족같이 살아가는 동물을 말한다.

정답 14. ④ 15. ①

16 다음 설명에 해당하는 발명 기법으로 가장 적절한 것은?

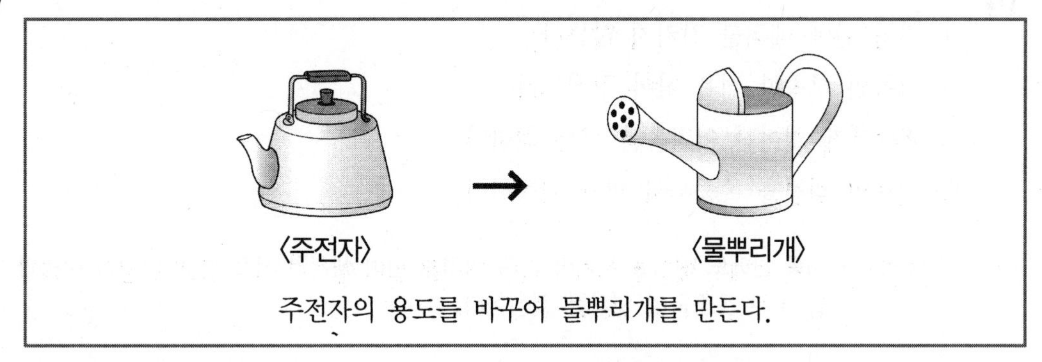

① 빼기 기법　　② 반대로 하기 기법
③ 용도 바꾸기 기법　　④ 자연물 본뜨기 기법

해 설 용도 바꾸기 기법은 현재 사용하고 있는 물건을 다른 곳에 응용하는 기법이다.
- 빼기 기법 : 이미 있는 발명품에서 일부분을 빼서 새로운 발명품을 만드는 기법 예 필름을 뺀 디지털 카메라, 연통 없는 난로 등
- 반대로 하기 기법 : 이미 발명된 물건에서 모양, 크기, 방향 등을 반대로 생각해 더 좋은 발명품을 만드는 기법 예 왼손잡이용 도구, 거꾸로 세운 화장품 용기 등
- 자연물 본뜨기 기법 : 동식물의 겉모양에 착안하여 생활에 응용하는 발명 기법 예 잠자리 날개 모양에서 아이디어를 얻은 헬리콥터, 가시 돋친 장미 덩굴을 응용한 철조망 등

17 다음 중 로봇의 센서와 사람의 감각 기관을 바르게 연결한 것은?

	센서	감각 기관
①	빛	눈
②	소리	코
③	색깔	귀
④	온도	코

해 설 사람의 감각 기관은 눈으로는 빛을 감지해 주위를 보고, 귀로는 공기의 진동을 통해 소리를 듣고, 코로는 공기 중의 분자를 포착해 냄새를 맡는다. 로봇은 인간처럼 감각을 느낄 수 없기 때문에 다양한 센서가 있어야 하는데, 그중 빛은 인간의 감각 기관인 눈의 역할을 한다.

정답 16. ③ 17. ①

18 **다음 중 가족 구성원 간의 배려와 돌봄을 실천하는 방법으로 가장 적절한 것은?**

① 가족 간에 예의를 지키지 않는다.

② 가족의 부족한 점을 찾아 꾸짖는다.

③ 가족에게 일어난 어려움을 모른 척한다.

④ 서로의 의견을 존중하여 의사 결정한다.

해설 가족 간에도 예의를 지켜야 하며 어려운 일이 생기면 서로 돕고, 다양한 취향과 의견을 서로 존중하여 의사를 결정한다.

19 **다음 중 안전한 옷차림으로 적절하지 <u>않은</u> 것은?**

① 황사가 많은 날에는 마스크를 착용한다.

② 비가 오는 밤에는 어두운 색의 옷을 입는다.

③ 자전거를 탈 때에는 안전모와 보호대를 착용한다.

④ 등산할 때 긴 옷을 입어 곤충으로부터 몸을 보호한다.

해설 비가 오는 밤에는 어두워 잘 보이지 않으므로, 밝은 색의 옷을 입는다.

20 **㉠에 들어갈 자전거의 구성 요소는?**

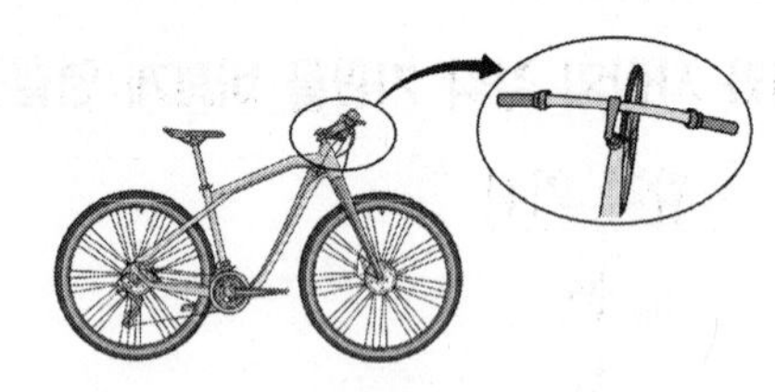

(㉠)을/를 잡고 오른쪽 또는 왼쪽으로 움직이면 바퀴의 방향이 바뀌어 자전거가 원하는 방향으로 간다.

① 안장 ② 핸들 ③ 경음기 ④ 전조등

해설
- 안장 : 자전거나 오토바이 같은 탈것에 사람이 앉는 자리이다.
- 경음기 : 자동차나 자전거를 탈 때 주변을 촉구하기 위하여 소리를 내는 장치이다.
- 전조등 : 어두울 때 앞을 밝혀주는 안전장치이다.

정답 18. ④ 19. ② 20. ②

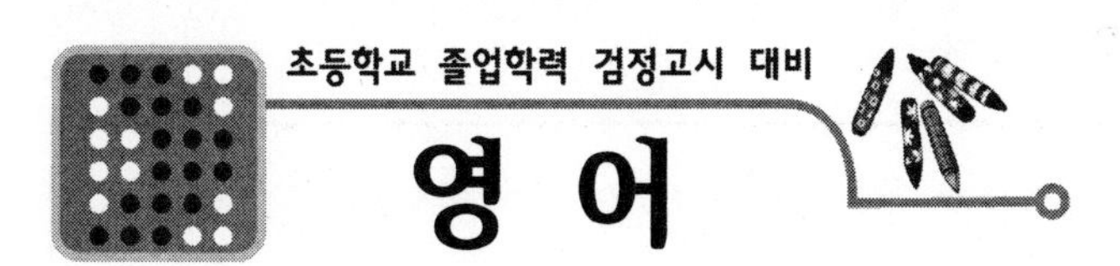

2022년 1회 시행

01 그림과 낱말이 일치하는 것은?

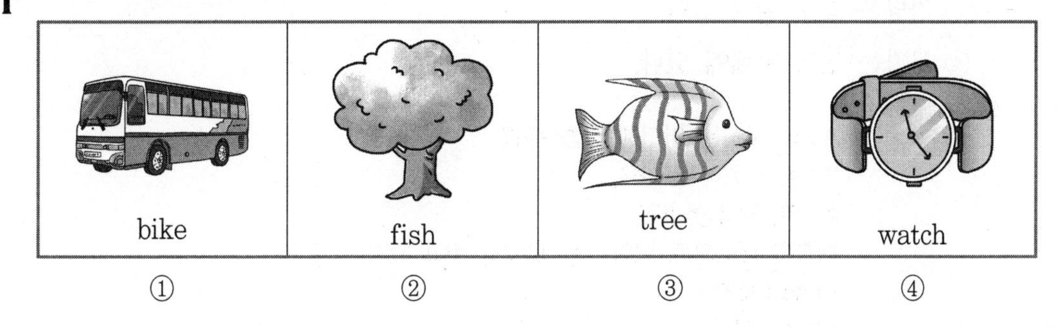

①　②　③　④

해 설
- watch(시계)
- bike는 자전거를 의미하며, 버스는 Bus이다.
- fish는 물고기를 의미하며, 나무는 tree이다.
- tree는 나무를 의미하며, 물고기는 fish이다.

02 □ 안에 공통으로 들어갈 철자로 알맞은 것은?

① c　② s　③ t　④ v

해 설 [s]occer(축구), ba[s]eball(야구), ba[s]ketball(농구)이므로 □ 안에 공통으로 들어갈 철자는 s이다.

정답 01. ④ 02. ②

03 다음 대화에서 알 수 있는 것은?

A : Where is my cap?
B : It's on the bed.
A : Oh, I see.

① A는 가방을 찾고 있다.
② A는 모자를 찾고 있다.
③ 가방은 침대 위에 있다.
④ 모자는 침대 아래에 있다.

해설 A : 내 모자는 어디에 있습니까?
B : 침대 위에 있어요.
A : 아, 알겠습니다.
대화의 내용으로 보아 A는 모자를 찾고 있다.
• cap : 모자
• bed : 침대

04 다음 대화에서 B가 하고 있는 일은?

A : What are you doing?
B : I'm cleaning the room.

① 책 읽기
② 요리하기
③ 청소하기
④ 그림 그리기

해설 A : 뭐해?
B : 방을 청소하고 있어.
대화의 내용으로 보아 B는 청소를 하고 있다.
• cleaning : 청소

정답 03. ② 04. ③

05 다음 대화에서 A가 사려는 물건과 가격을 바르게 나타낸 것은?

A : How much are these socks?
B : They are two thousand won.

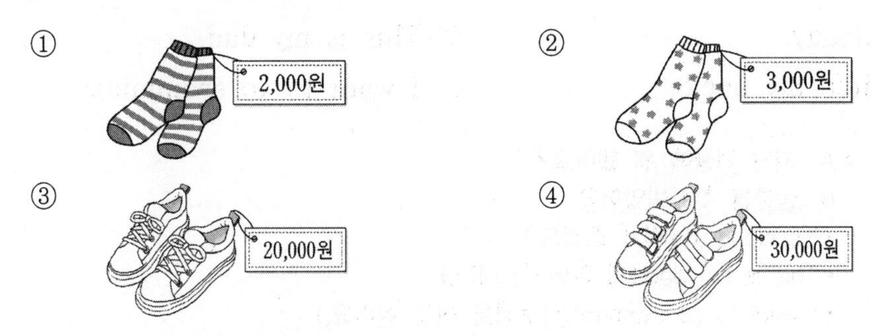

해 설 A : 이 양말 얼마예요?
B : 2천 원입니다.
how much+be동사는 가격을 물어볼 때 쓴다.

06 그림으로 보아 ⓐ, ⓑ에 들어갈 말로 알맞은 것은?

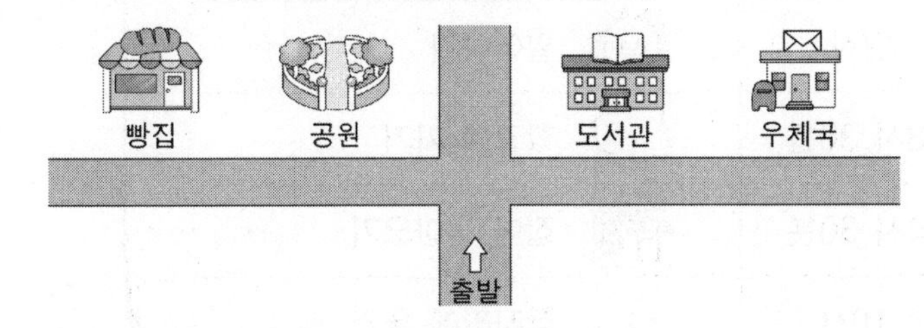

A : How can I get to the post office?
B : Go straight and turn ___ⓐ___.
It's next to the ___ⓑ___.

	ⓐ	ⓑ		ⓐ	ⓑ
①	left	bank	②	left	park
③	right	bakery	④	right	library

해 설 A : 우체국에 어떻게 가나요?
B : 직진해서 우회전하세요. 도서관 옆에 있어요.
그림에서 우체국은 직진해서 오른쪽, 도서관 옆에 있으므로 빈칸에 들어갈 말은 ⓐ right, ⓑ library가 적절하다.

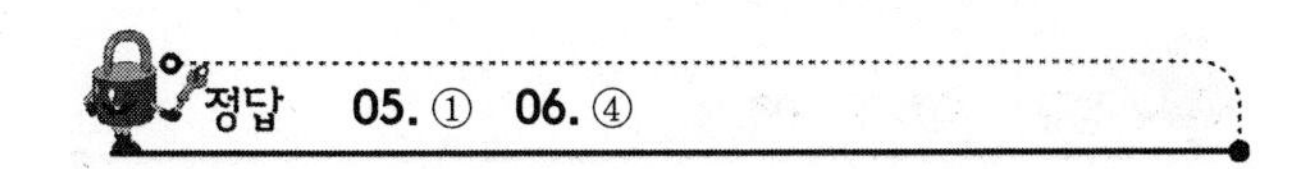
정답 05. ① 06. ④

07 다음 대화에서 B의 대답으로 가장 적절한 것은?

A : What did you do last winter?
B : ______________________.

① It's cloudy　② This is my dad
③ I visited my uncle　④ I want to go swimming

해설 A : 지난 겨울에 뭐 했어요?
B : 삼촌을 찾아뵈었어요.
• It's cloudy.(날씨가 흐려요.)
• This is my dad.(제 아버지입니다.)
• I want to go swimming.(수영을 하고 싶어요.)

08 일과표의 내용과 일치하는 것은?

<일과표>

시각	하는 일
7시	일어나기
8시 30분	학교에 가기
4시 30분	집에 돌아오기
10시	잠자리에 들기

① I get up at seven.
② I go to school at nine thirty.
③ I come home at four.
④ I go to bed at nine.

해설 • I get up at seven.(나는 7시에 일어난다.)
• I go to school at nine thirty.(나는 9시 30분에 학교에 간다.)
• I come home at four.(나는 4시에 집에 온다.)
• I go to bed at nine.(나는 9시에 잠자리에 든다.)

정답 07. ③ 08. ①

09 다음 대화에서 알 수 있는 것은?

A : I like math. What's your favorite subject? B : My favorite subject is science.

① A가 좋아하는 과목은 미술이다.
② B가 좋아하는 과목은 과학이다.
③ 좋아하는 계절에 대해 이야기하고 있다.
④ 좋아하는 음식에 대해 이야기하고 있다.

해 설 A : 나는 수학을 좋아해. 네가 제일 좋아하는 과목은 무엇이니?
B : 내가 가장 좋아하는 과목은 과학이야.
대화에서 보면 A가 좋아하는 과목은 수학이고, B가 좋아하는 과목은 과학이다.
• favorite : 가장 좋아하는

10 다음 대화에서 A가 B에게 허락받은 것은?

A : Can I have some juice, please? B : Sure, you can.

① 주스 마시기 ② 영화 보러 가기
③ 아이스크림 먹기 ④ 컴퓨터 게임하기

해 설 A : 주스 좀 주시겠어요?
B : 예, 그러시죠.

11 그림으로 보아 빈칸에 들어갈 말로 알맞은 것은?

I want to be a ________.

① baker ② pilot ③ doctor ④ musician

해 설 나는 비행기 조종사가 되고 싶다.
• baker(제빵사) • doctor(의사)
• musician(음악가) • want to : ~하고 싶다

정답 09. ② 10. ① 11. ②

12 다음 대화에서 B의 학년은?

> A : Hello. What grade are you in?
> B : I'm in the fifth grade.

① 3학년 ② 4학년 ③ 5학년 ④ 6학년

해설 A : 안녕. 너는 몇 학년이니?
B : 저는 5학년입니다.
- 3학년(third grade)
- 4학년(forth grade)
- 6학년(sixth grade)
- grade : 학년

13 다음 대화에서 A의 질문으로 가장 적절한 것은?

> A : ______________________?
> B : I'm going to go on a trip.

① Is this your pen
② Do you like apples
③ Whose umbrella is this
④ What are you going to do this weekend

해설 A : 이번 주말에 뭐 할 거예요?
B : 여행을 갈 거예요.
- Is this your pen?(이것은 당신의 펜입니까?)
- Do you like apples?(사과 좋아하세요?)
- Whose umbrella is this?(이것은 누구의 우산입니까?)

정답 12. ③ 13. ④

14 그림으로 보아 빈칸에 들어갈 말로 알맞은 것은?

The elephant is ________ than the rabbit.

① bigger ② singer ③ shorter ④ smaller

해 설 코끼리는 토끼보다 더 큽니다.
비교급이란, 둘 이상의 사람 또는 사물의 특성이나 성격을 비교할 때 쓰는 표현으로, 비교급의 기본 형태는 형용사/부사의 원급에 –er을 붙인 형태이다.
※ big(원급) – bigger(비교급) → 단어가 단모음+단자음으로 끝나면 단어의 마지막 자음을 한 번 더 쓰고 -er을 붙인다.

15 다음 문장에 나타난 생활 습관과 빈도가 바르게 짝지어진 것은?

I exercise four times a week.

	생활 습관	빈도
①	목욕하기	주 2회
②	목욕하기	주 4회
③	운동하기	주 2회
④	운동하기	주 4회

해 설 나는 일주일에 네 번 운동을 한다.
- exercise : 운동, 훈련
- week : 일주일

정답 14. ① 15. ④

16 다음 대화에서 B가 있는 장소는?

A : Where are you?
B : I'm in the ___________.

① kitchen ② bedroom
③ bathroom ④ living room

해설 A : 어디세요?
B : 화장실에 있어요.
- kitchen(주방)
- bedroom(침실)
- living room(거실)

17 다음 대화에서 B가 슬퍼하는 이유로 알맞은 것은?

A : Why are you sad?
B : Because I can't find my bag.

① 숙제가 많아서 ② 가방을 찾지 못해서
③ 약속시간을 착각해서 ④ 자전거를 찾지 못해서

해설 A : 왜 슬퍼하니?
B : 내 가방을 찾을 수 없기 때문이야.

정답 16. ③ 17. ②

18 그림으로 보아 빈칸에 들어갈 말로 알맞은 것은?

A : When is the music festival?

B : It's on ________________.

① September 3rd ② October 3rd

③ November 3rd ④ December 3rd

해 설 A : 뮤직 페스티벌이 언제니?

B : 11월 3일이야.

- September 3rd(9월 3일)
- October 3rd(10월 3일)
- December 3rd(12월 3일)

19 다음 대화에서 B가 주문한 음식들로 알맞은 것은?

A : What would you like to have?

B : I'd like pizza and chicken.

① 피자, 치킨 ② 피자, 샐러드

③ 치킨, 샐러드 ④ 치킨, 스파게티

해 설 A : 무엇을 드시겠어요?

B : 피자와 치킨 주세요.

식당에서 'What'은 '무엇'을 먹고 싶은지 물어볼 때 쓰는 표현이며, 'would like to'는 우리말로 '~하고 싶다'라는 뜻이다. 여기서 동사 have는 '가지다'라는 뜻도 있지만 '먹다'라는 뜻이 하나 더 있으므로 'would like to have'는 '~을 먹고 싶다'라는 의미로 해석하면 된다.

정답 18. ③ 19. ①

20 **다음 글에서 의사의 처방이 아닌 것은?**

〈의사의 처방〉

✔ Take some medicine.

✔ Get some rest.

✔ Go to bed early.

✔ Drink a lot of warm water.

① 약을 드세요.
② 휴식을 취하세요.
③ 일찍 잠자리에 드세요.
④ 옷을 따뜻하게 입으세요.

해설 You have a cold.(당신은 감기에 걸렸습니다.)

✔ 약을 드세요.

✔ 휴식을 취하세요.

✔ 일찍 잠자리에 드세요.

✔ 따뜻한 물을 많이 마시세요.

• have a cold : 감기에 걸리다

정답 20. ④

2021년 2회

초등학교 졸업학력 검정고시 대비 기출문제

2021년 8월 시행

똑 같은 **기출** 똑똑한 **해설**

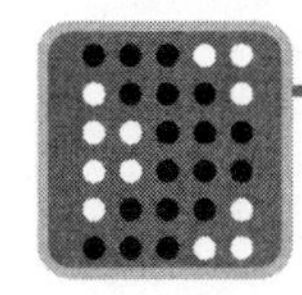

초등학교 졸업학력 검정고시 대비

국 어

2021년 2회 시행

01 다음 중 ㉠에 들어갈 칭찬하는 말로 가장 적절한 것은?

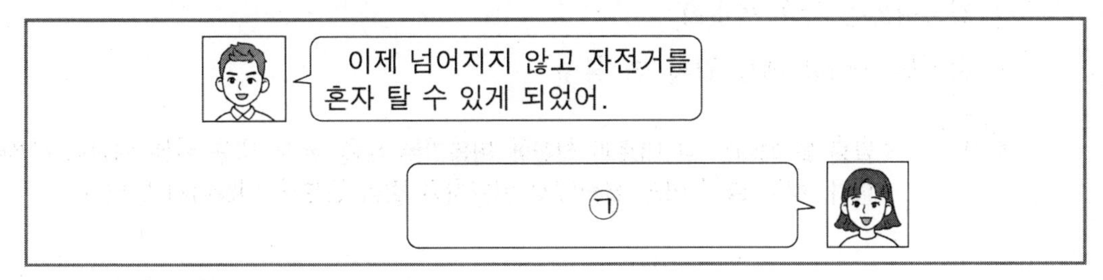

① 감기가 심한 모양이구나.

② 미안해. 내가 실수로 그랬어.

③ 도와준다는데 왜 화를 내고 그러니?

④ 대단해. 열심히 연습하더니 드디어 해냈구나.

해 설 자전거를 혼자 탈 수 있게 되었다고 말하고 있으므로 그 노력을 칭찬해주는 ④가 가장 알맞다.

02 다음 글에서 전하려는 마음으로 가장 적절한 것은?

> 의료진 여러분, 안녕하세요?
> 저는 ○○초등학교에 다니는 김수현입니다. 무더운 날씨 속에서도 방호복을 입고 환자를 치료하시는 모습을 뉴스에서 보았습니다. 위기 극복을 위해 최선을 다해 주셔서 감사합니다.

① 화난 마음 ② 고마운 마음 ③ 용서하는 마음 ④ 축하하는 마음

해 설 마지막 줄에서 '~최선을 다해 주셔서 감사합니다.'라고 하고 있으므로 고마운 마음을 전하려는 글임을 알 수 있다.

정답 01. ④ 02. ②

03 다음 상황에서 ㉠을 표현할 때 어울리지 않는 것은?

> 의사 선생님 : 어디가 아파서 왔니?
> 지우 : ㉠ 선생님, 배가 몹시 아파요.

① 찌푸린 표정
② 당당하고 힘찬 말투
③ 힘들어하는 작은 목소리
④ 허리를 숙이고 배를 감싸 쥔 몸짓

해 설 말을 할 때에는 그 내용과 상황에 어울리는 표정, 몸짓, 말투 등을 적절히 사용해야 한다. 배가 몹시 아픈 상황에서 당당하고 힘찬 말투는 어울리지 않는다.

04 다음 광고에서 하고 싶은 말은?

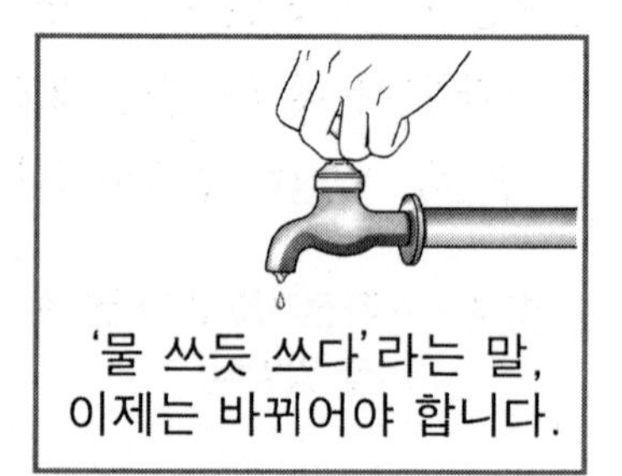

① 물을 아껴 쓰자.
② 독서를 많이 하자.
③ 질서를 잘 지키자.
④ 친구와 사이좋게 지내자.

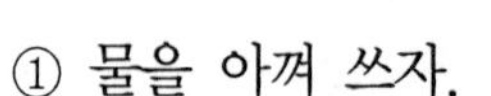

해 설 '물 쓰듯 쓰다'라는 말이 이제는 바뀌어야 한다고 하고 있으므로 물을 아껴 쓰자는 의미의 광고임을 알 수 있다.

05 다음 중 낱말의 짜임이 다른 하나는?

① 사과 ② 햇밤 ③ 개살구 ④ 풋고추

해 설 사과는 더 이상 쪼갤 수 없는 하나의 낱말이다.
햇밤('햇-'+'밤'), 개살구('개-'+'살구'), 풋고추('풋-'+고추)

정답 03. ② 04. ① 05. ①

06 다음 상황을 해결하기 위한 제안으로 적절하지 않은 것은?

> 어린이 교통사고로 사망하는 유형을 보면 보행 중에 교통사고로 사망하는 경우의 비율이 매우 높다.

① 보행 안전시설을 늘리자.

② 음식물 쓰레기를 줄이자.

③ 교통사고 예방 캠페인을 벌이자.

④ 보행 중 스마트폰을 사용하지 말자.

해 설 교통사고를 예방하는 방법과 음식물 쓰레기를 줄이는 것 사이에는 아무런 상관관계가 없다.

[7~8] 다음 시를 읽고 물음에 답하시오.

07 다음 중 ㉠과 같이 표현한 이유로 가장 알맞은 것은?

① 동생이 심심해할 것 같아서

② 할머니의 아픈 허리가 시원해져서

③ 어머니께서 내 다리를 주물러 주셔서

④ 할머니께서 더 아프실까 봐 걱정되어서

해 설 할머니는 허리를 꾹꾹 밟으라고 하였지만 '나'는 할머니께서 더 아프실까봐 겁이 나서 살살 밟고 있다.

편집자 주) 문제 07~08의 지문은 저작권과 관련하여 수록하지 못하였습니다.
지문은 한국교육과정평가원(www.kice.re.kr)에서 확인할 수 있습니다.

정답 06. ② 07. ④

08 **다음 중 시를 읽고 나눈 대화로 적절하지 않은 것은?**

① 성훈 : 매운 떡볶이를 먹고 싶어.

② 인경 : 할아버지의 어깨를 주물러 드린 적이 있어.

③ 수일 : 할머니의 흰머리를 뽑아 드린 일이 생각나.

④ 진주 : 할머니께서는 손자가 무척 기특하셨을 거야.

해 설 위 시는 손주의 입장에서 효도와 공경의 마음을 표현한 시이다. 떡볶이를 먹고 싶다는 개인적인 생각은 위 시를 읽고 나눌 수 있는 감상으로 적절하지 않다.

[9~10] 다음 글을 읽고 물음에 답하시오.

> 사람은 ___㉠___에 따라 고유한 색깔의 옷을 입는다. 의사나 간호사는 보통 흰색 옷을 입는다. 법관은 검은색 옷을 입는다. 군인은 주변 환경과 상황에 따라 옷 색깔을 달리 하여 ㉡ 입는다.

09 **다음 중 ㉠에 들어갈 말로 알맞은 것은?**

① 계절 ② 지역 ③ 직업 ④ 취미

해 설 의사, 간호사, 법관, 군인 등 여러 '직업'에 따라 다른 색깔의 옷을 입는다고 설명하고 있다.

10 **다음 중 ㉡과 같은 의미로 사용된 것은?**

① 바지를 입다. ② 상처를 입다.

③ 은혜를 입다. ④ 피해를 입다.

해 설 ㉡에 쓰인 '입다'는 '옷 따위를 몸에 꿰거나 두르다.'라는 의미이다. 이와 같은 의미로 사용된 것은 ①이다.

정답 08. ① 09. ③ 10. ①

11 다음 중 ㉠에 들어갈 내용으로 가장 적절한 것은?

> 주장 : 우리 전통 음식을 사랑하자.
> 근거 : • 건강에 이롭다.
> • 계절과 지역에 따라 다양한 맛을 즐길 수 있다.
> • ___________㉠___________

① 교통사고를 줄일 수 있다.

② 개인 정보를 보호할 수 있다.

③ 세계의 다양한 음식을 즐길 수 있다.

④ 우리 조상의 슬기와 문화를 경험할 수 있다.

해 설 근거는 주장을 뒷받침할 수 있어야 한다. '우리 전통 음식을 사랑하자.'는 주장에 대한 근거로는 전통 음식을 사랑했을 때 얻을 수 있는 장점에 대한 내용이 제시되어야 한다.

12 다음 ㉠~㉣ 중 글쓴이의 의견이 드러난 문장은?

> ㉠ 10월 25일은 '독도의 날'입니다. ㉡ 이날은 1900년 10월 25일에 고종 황제가 독도를 우리 땅이라고 세계에 알린 것을 기념하는 날입니다.
> ㉢ 우리 학교에서는 해마다 독도의 날에 초등학생을 위한 다양한 행사를 실시합니다. 교장 선생님의 독도에 대한 훈화를 비롯해, 독도 퀴즈 대회 및 독도에게 편지 쓰기, 「독도는 우리 땅」 합창 대회가 열립니다.
> ㉣ 이러한 독도의 날 행사는 학생들에게 우리 땅 독도의 중요성을 일깨워 주는 데 매우 도움이 된다고 생각합니다.

① ㉠　　② ㉡　　③ ㉢　　④ ㉣

해 설 ㉣의 마지막 줄에서 '~ 생각합니다.'라고 한 것을 보아, 글쓴이의 의견이 드러나고 있음을 알 수 있다.

정답 11. ④ 12. ④

13 **다음 중 기행문을 쓰는 방법으로 가장 알맞은 것은?**

① 자신의 미래 모습을 상상하여 쓴다.

② 주장을 뒷받침하는 근거를 제시한다.

③ 보고 들은 것, 다닌 곳, 생각이나 느낌을 쓴다.

④ 위인에 대한 글을 읽고 본받고 싶은 점을 쓴다.

해 설 기행문이란 글쓴이가 여행 중에 보고, 느끼고, 겪은 것을 진솔하게 써내려 간 글이다.

14 **다음과 같은 뜻을 지닌 속담은?**

내가 남에게 말이나 행동을 좋게 해야 남도 나에게 좋게 한다.

① 티끌 모아 태산

② 천 리 길도 한 걸음부터

③ 원숭이도 나무에서 떨어진다.

④ 가는 말이 고와야 오는 말이 곱다.

해 설
- 티끌 모아 태산 : 작은 것이라도 모이고 모이면 나중에 큰 것이 된다는 뜻
- 천 리 길도 한 걸음부터 : 아무리 큰 일이라도 작은 일부터 시작된다는 말로, 그 일의 시작이 중요하다는 뜻
- 원숭이도 나무에서 떨어진다 : 일을 아주 잘하는 사람도 때로는 실수할 수 있다는 뜻

정답 13. ③ 14. ④

15 다음 말하기 상황에서 주의할 점으로 알맞지 않은 것은?

우리 지역 축제를 조사해 여러 사람 앞에서 발표하는 상황

① 높임 표현을 사용한다.
② 바른 자세로 또박또박 말한다.
③ 짝에게 말하듯 작은 목소리로 말한다.
④ 듣는 사람이 이해하기 쉽게 자료를 활용한다.

해 설 여러 사람 앞에서 발표하는 것은 공식적인 말하기 상황이므로 반말이 아닌 높임 표현을 사용하고 바른 자세를 갖추며 큰 소리로 또박또박 말해야 한다. 여러 자료를 적절히 활용하면 듣는 사람의 관심을 끌고 이해를 돕기에 좋다.

16 다음 중 문장의 호응 관계가 바르지 않은 것은?

① 나는 할아버지께 선물을 드렸다.
② 어제 우리 가족은 미술관에 갈 것이다.
③ 선생님께서 우리에게 동화책을 읽어 주셨다.
④ 나는 지난 주말에 바닷가로 여행을 다녀왔다.

해 설 '갈 것이다.'는 미래에 일어날 일에 대한 것이므로 '어제'라는 단어와 호응되지 않는다. '어제 우리 가족은 미술관에 갔(었)다.'로 고쳐 써야 한다.

정답 15. ③ 16. ②

17 **다음 극본에서 ㉠에 해당하는 것은?**

> 버들잎 편지
>
> 주평
>
> • 때 : 이른 봄
> • 곳 : 서울 영이의 집
> • 나오는 사람들 : 영이, 할아버지, 복순
>
> 막이 열리면 복순이 콧노래를 부르며 방을 청소하고 있다. 조금 뒤, 창가로 가서 밖을 향하여 소리친다.
>
> 복순 : 할아버지!
> 할아버지 : ㉠ (소리만) 오냐.

① 관객　② 대사　③ 지문　④ 해설

해설 ㉠은 극본의 구성 요소인 '지문, 해설, 대사' 중에서 '지문'에 해당한다.
• 지문 : 인물의 동작, 표정, 심리, 말투 따위를 지시하는 부분
• 대사 : 극본에서 배우가 하는 말
• 해설 : 때, 곳, 나오는 사람들, 무대 장치 등을 설명하는 부분

18 **다음 중 토의할 때 지켜야 할 태도로 적절한 것은?**

① 상대방이 말할 때 끼어든다.
② 다른 사람의 의견을 듣지 않는다.
③ 토의 주제와 관련된 의견을 말한다.
④ 의견을 뒷받침하기 위해 거짓 정보를 활용한다.

해설 토의할 때에는 상대방을 존중하는 마음으로 토의 순서를 지켜 발언하고, 진실된 정보만을 다루며, 토의 주제에 벗어나지 않는 의견을 주고받아야 한다.

정답 17. ③ 18. ③

[19~20] 다음 글을 읽고 물음에 답하시오.

> 1739년에 제주도의 가난한 선비 집안에서 태어난 김만덕은 스물세 살이 되던 해에 제주도에 객줏집을 열어 장사를 시작하였다.
>
> 김만덕은 장사를 하면서 세 가지 원칙을 지켰다. 첫째, 이익을 적게 남기고 많이 판다. 둘째, 적당한 가격에 물건을 사고판다. 셋째, 반드시 신용을 지키고 정직한 거래를 한다. 사업은 나날이 번창하여 많은 돈을 벌었으나 김만덕은 더 절약하고 검소한 생활을 하였다.
>
> 1790년부터 4년 동안 제주도에 흉년이 계속되어 굶어 죽는 사람들이 늘어났다. 그러자 김만덕은 전 재산을 들여 육지에서 곡식을 사 와 굶주린 사람들에게 나누어 주었다. 김만덕은 자신만 풍요롭게 살기보다는 자신이 가진 것을 사람들과 나누며 함께 살았다.

19 **윗글을 읽고 짐작할 수 있는 것은?**

① 김만덕은 어릴 때부터 부유했다.
② 김만덕은 사치와 낭비를 일삼았다.
③ 김만덕은 제주도를 떠나고 싶어 했다.
④ 김만덕은 굶주린 사람들을 도우려고 노력했다.

해 설 세 번째 단락에서 '그러자 김만덕은 ~ 굶주린 사람들에게 나누어 주었다.'고 하고 있으므로 김만덕이 굶주린 사람들을 도우려고 노력했음을 짐작할 수 있다.

20 **윗글에서 김만덕이 가장 중요하게 생각한 것은?**

① 권력 ② 나눔 ③ 외모 ④ 학문

해 설 위 글은 장사를 통해 부자가 된 김만덕이 전 재산을 들여 굶주린 사람들에게 곡식을 나누어 준 것에 대한 내용이다. 따라서 김만덕이 가장 중요하게 생각한 것은 나눔임을 알 수 있다.

정답 19. ④ 20. ②

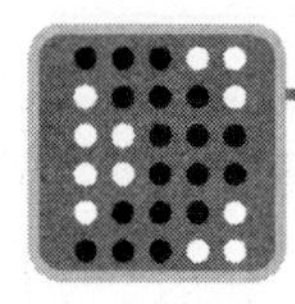

초등학교 졸업학력 검정고시 대비

수 학

2021년 2회 시행

01 **그림은 지역별 인구를 나타낸 것이다. 인구가 가장 많은 곳은?**

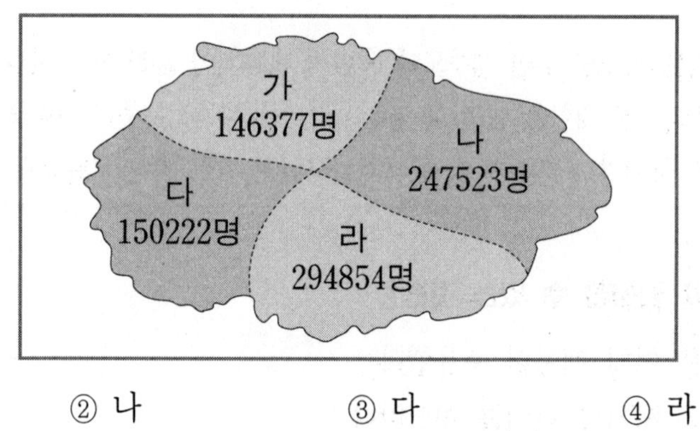

① 가 ② 나 ③ 다 ④ 라

해 설 라(294854명) 〉 나(247523명) 〉 다(150222명) 〉 가(146377명) 순서대로 인구가 많다.

02 **그림의 직선 가와 직선 나는 서로 평행이다. 평행선 사이의 거리를 나타내는 선분은?**

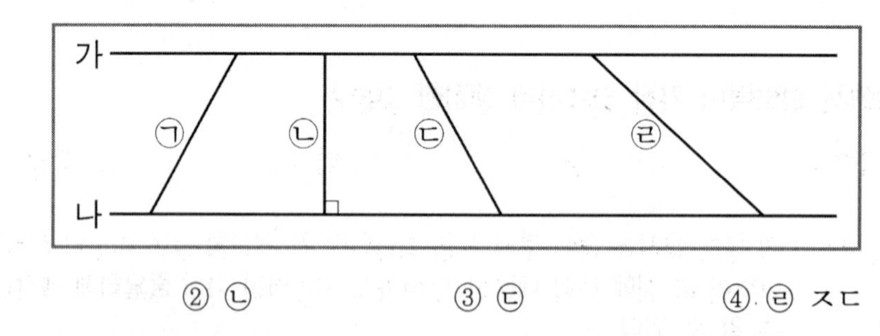

① ㉠ ② ㉡ ③ ㉢ ④ ㉣ ㅈㄷ

해 설 평행선의 한 직선에서 다른 직선에 수선을 그었을 때, 이 수선의 길이를 '평행선 사이의 거리'라고 한다.

정답 01. ④ 02. ②

03 **그림에서 ㉠의 각도는?**

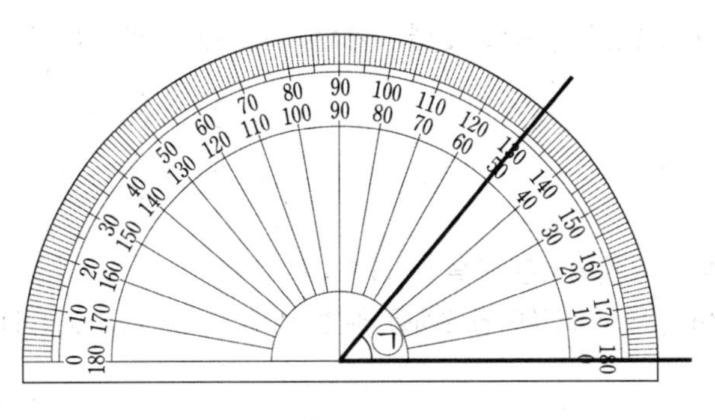

① 50°　　② 70°　　③ 90°　　④ 110°

해 설 각도기가 가리키는 눈금을 읽도록 한다. 각도가 0°보다 크고 직각(90°)보다 작은 예각이므로 130°가 아닌 50°임을 알 수 있다.

04 **다음은 우리 반 학생 30명이 좋아하는 운동 종목을 조사하여 막대그래프로 나타낸 것이다. 가장 많은 학생들이 좋아하는 종목은?**

우리 반이 좋아하는 운동 종목별 학생 수

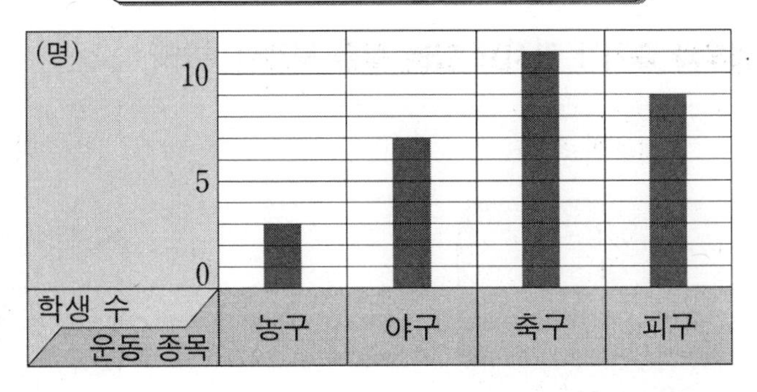

① 농구　　② 야구　　③ 축구　　④ 피구

해 설 다음 막대그래프에서 1칸은 1명을 의미한다. 축구(11명) 〉 피구(9명) 〉 야구(7명) 〉 농구(3명)

정답　03. ①　04. ③

05 **세호는 빨간 구슬 34개와 노란 구슬 16개를 가지고 있었다. 이 중 동생에게 9개를 주었을 때, 세호에게 남은 구슬의 수를 구하는 식으로 옳은 것은?**

① $34+16+9$　　② $34+16-9$

③ $34+16\times9$　　④ $34+16\div9$

해 설 빨간 구슬+노란 구슬 $=34+16$
이 중에서 동생에게 9개를 주었으므로 $34+16-9=41$(개)

06 **다음은 18의 약수를 가장 작은 수부터 차례대로 모두 쓴 것이다. □에 알맞은 수는?**

1, 2, 3, □, 9, 18

① 5　　② 6　　③ 7　　④ 8

해 설 어떤 수를 나누어떨어지게 하는 수를 그 수의 약수라고 한다. 18의 약수는 1, 2, 3, 6, 9, 18이다.

07 **다음 중 영우와 슬기가 가지고 있는 찰흙 무게의 차는?**

영우의 찰흙　$\frac{3}{4}$kg

슬기의 찰흙　$\frac{1}{2}$kg

① $\frac{1}{4}$kg　　② $\frac{1}{2}$kg　　③ $\frac{3}{4}$kg　　④ $1\frac{1}{2}$kg

해 설 분모가 다르므로 분모의 곱을 공통분모로 하여 통분한다.

$$\frac{3}{4}-\frac{1}{2}=\frac{3\times2}{4\times2}-\frac{1\times4}{2\times4}=\frac{6}{8}-\frac{4}{8}=\frac{2}{8}=\frac{1}{4}\text{(kg)}$$

정답　05. ②　06. ②　07. ①

08 다음은 3×0.6을 계산하는 과정이다. ㉠에 알맞은 수는?

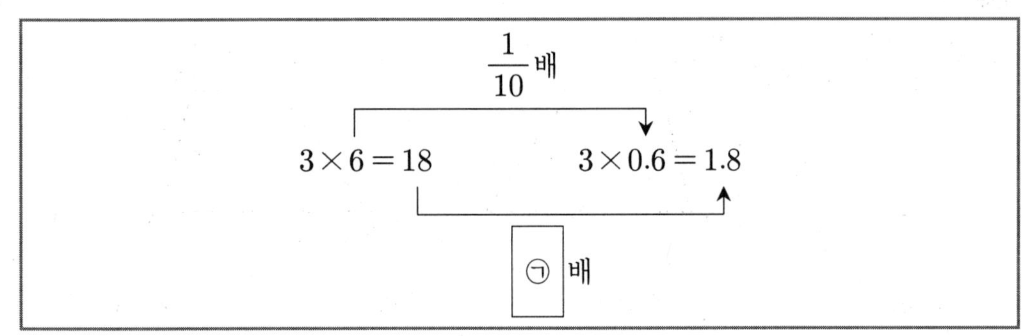

① $\frac{1}{2}$ ② $\frac{1}{5}$ ③ $\frac{1}{10}$ ④ $\frac{1}{20}$

해설 앞의 식과 뒤의 식의 결괏값이 같아야 한다. 6에 $\frac{1}{10}$배를 곱하였으므로 18에도 마찬가지로 $\frac{1}{10}$배를 곱한다.

09 표는 탁자의 수와 의자의 수 사이의 대응 관계를 나타낸 것이다. ㉠에 알맞은 수는?

탁자의 수(개)	1	2	3	4	…
의자의 수(개)	3	6	㉠	12	…

① 7 ② 8 ③ 9 ④ 10

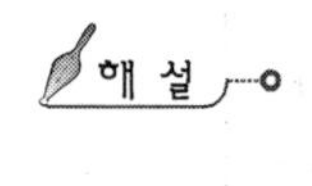

÷3 (의자의 수 → 탁자의 수), ×3 (탁자의 수 → 의자의 수)

탁자의 수(개)	1	2	3	4	…
의자의 수(개)	3	6	㉠	12	…

의자의 수=탁자의 수$\times 3$

즉, ㉠에 들어갈 수는 $3 \times 3 = 9$(개)임을 알 수 있다.

정답 08. ③ 09. ③

10 그림은 합동인 두 도형을 나타낸 것이다. 변 ㄴㄷ과 대응하는 변의 길이는?

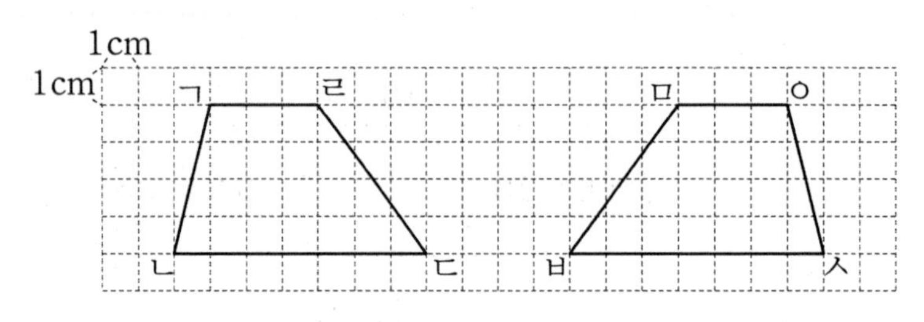

① 5cm ② 6cm ③ 7cm ④ 8cm

해설 합동이란 모양과 크기가 같아서 포개었을 때 완전히 겹치는 두 도형을 말한다. 변 ㄴㄷ에 대응하는 변은 변 ㅂㅅ이다. 1칸이 1cm임을 의미하며 총 7칸이므로 7cm가 된다.

11 다음 평행사변형과 넓이가 같은 것은?

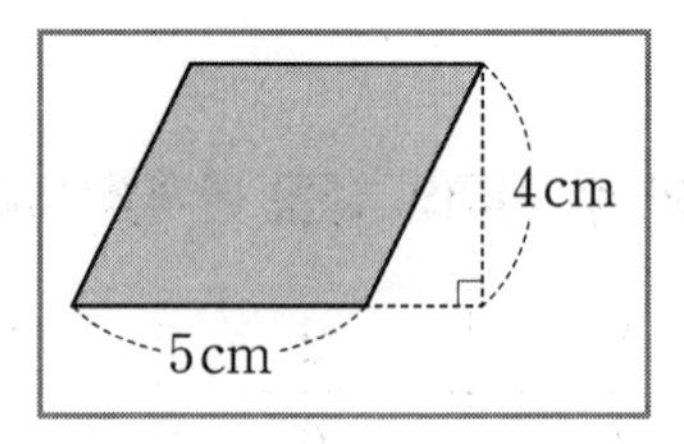

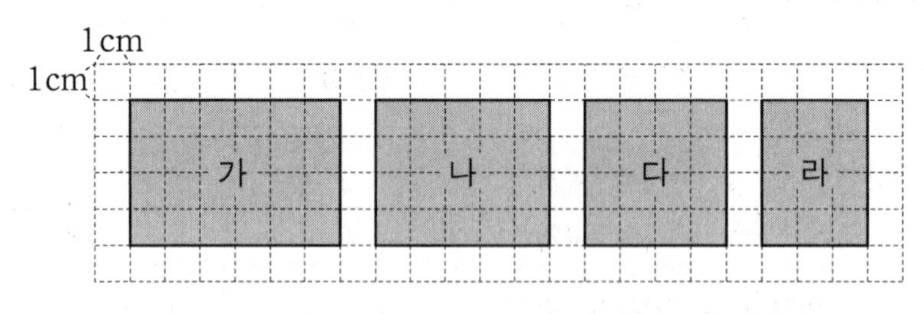

① 가 ② 나 ③ 다 ④ 라

해설 (평행사변형의 넓이) = (밑변의 길이) × (높이)

$5 \times 4 = 20(cm^2)$

1칸의 길이가 1cm이므로 가, 나, 다, 라의 넓이를 구하면 다음과 같다.

(가) $6 \times 4 = 24(cm^2)$ (나) $5 \times 4 = 20(cm^2)$

(다) $4 \times 4 = 16(cm^2)$ (라) $3 \times 4 = 12(cm^2)$

정답 10. ③ 11. ②

12 **표는 용수네 모둠 학생 3명이 받은 칭찬 도장 수를 나타낸 것이다. 3명이 받은 칭찬 도장 수의 평균은?**

이름	용수	성은	혜경	합계
칭찬 도장	☺☺☺	☺☺☺☺	☺☺☺☺☺	
도장 수(개)	3	4	5	12

① 4　② 5　③ 6　④ 7

해설 $\frac{\text{도장 전체 개수}}{\text{학생수}} = \frac{12}{3} = 4$(개)

13 **다음은 지영이네 반 학생 20명이 좋아하는 과일을 조사하여 표와 원그래프로 나타낸 것이다. ㉠에 해당하는 과일은?**

과일	사과	딸기	포도	수박
학생 수(명)	4	8	6	2
백분율(%)	20	40	30	10

① 사과　② 딸기　③ 포도　④ 수박

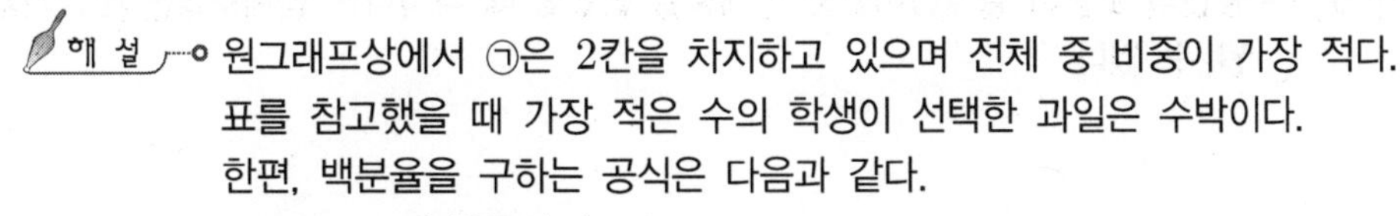
해설 원그래프상에서 ㉠은 2칸을 차지하고 있으며 전체 중 비중이 가장 적다.
표를 참고했을 때 가장 적은 수의 학생이 선택한 과일은 수박이다.
한편, 백분율을 구하는 공식은 다음과 같다.

(백분율)$=(\frac{\text{각 항목의 수}}{\text{전체 합계}})\times 100$

14 **끈 12.8m를 4명이 똑같이 나누어 가지려고 한다. 한 명이 가질 수 있는 끈의 길이를 구하는 식으로 옳은 것은?**

① $12.8+4$　② $12.8-4$　③ 12.8×4　④ $12.8\div 4$

해설 끈 12.8m을 4명이 나누어 가지는 것이므로 나눗셈 식을 이용해야 한다.
$12.8\div 4=3.2$(m)

정답 12. ① 13. ④ 14. ④

15 **다음 분수의 나눗셈 계산 과정에서 □에 알맞은 수는?**

$$\frac{6}{13} \div \frac{2}{13} = 6 \div \square = 3$$

① 1　　② 2　　③ 3　　④ 4

해설 분모가 같으므로 분자끼리 나눗셈한다.
$6 \div 2 = 3$

16 **다음 전개도를 접었을 때, 만들어지는 입체도형은?**

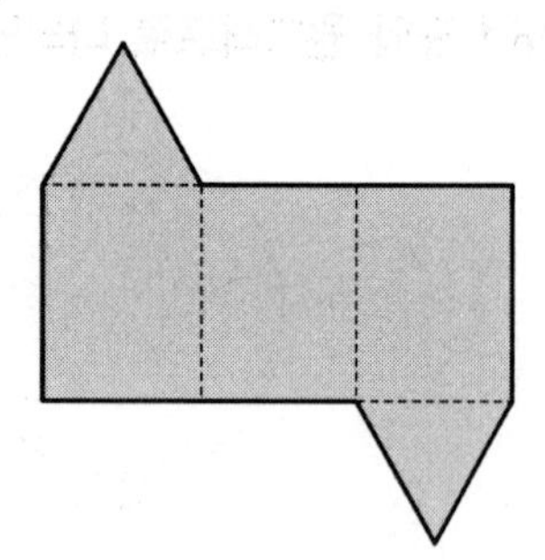

① 삼각기둥
② 사각기둥
③ 오각기둥
④ 육각기둥

해설 밑면의 모양이 삼각형이므로 전개도를 접었을 때 나타나는 입체도형은 삼각기둥임을 알 수 있다.

17 **다음 중 쌓기나무의 개수가 나머지 셋과 다른 것은?**

①
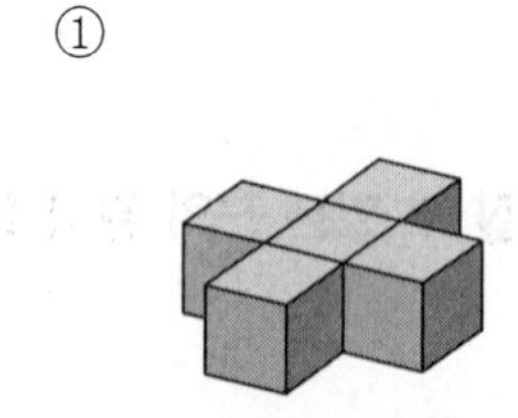

②

③

④

해설 ①·②·③ 5개, ④ 7개

정답 15. ② 16. ① 17. ④

18 다음은 원의 넓이를 구하는 과정을 나타낸 것이다. ㉠에 공통으로 들어갈 알맞은 수는? (원주율 : 3)

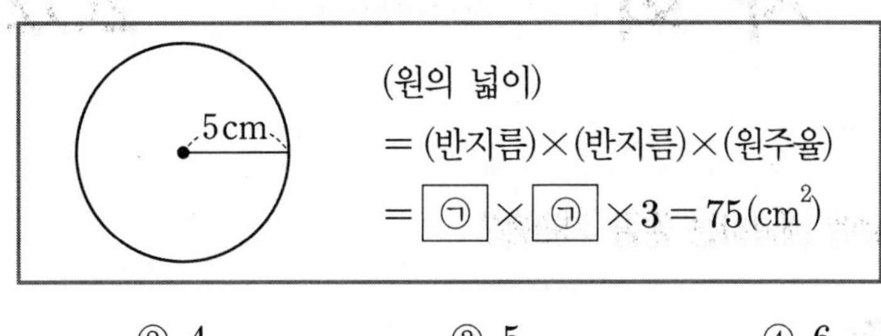

① 3　② 4　③ 5　④ 6

해설 반지름이란 원의 중심과 원 위의 한 점을 이은 선분을 말한다.
다음 원의 반지름은 5cm이므로 $5\times5\times3=75(cm^2)$

19 다음 정육면체의 부피는?

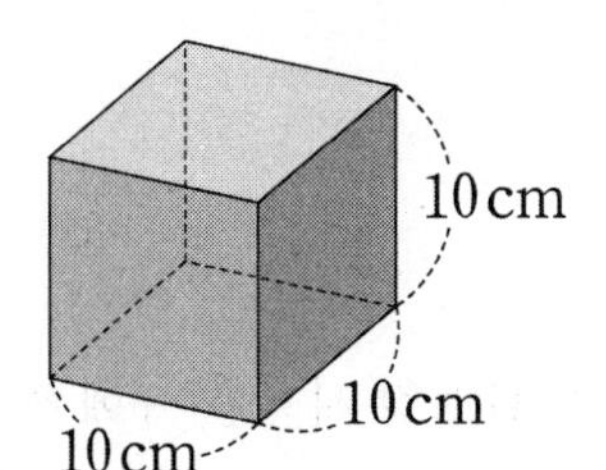

① $10cm^3$
② $100cm^3$
③ $1000cm^3$
④ $10000cm^3$

해설 (정육면체의 부피) = (한 모서리의 길이) × (한 모서리의 길이) × (한 모서리의 길이)
$10\times10\times10=1000(cm^3)$

20 그림에서 색칠한 부분과 전체의 비를 백분율로 나타낸 것은?

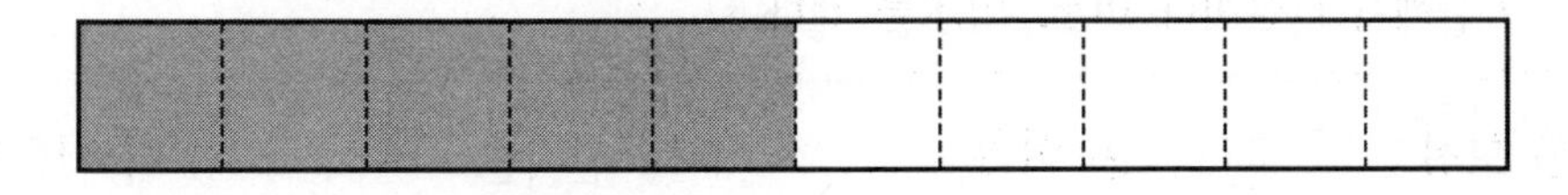

① 50%　② 60%　③ 70%　④ 80%

해설 (백분율)=$\left(\frac{\text{각 항목의 수}}{\text{전체 합계}}\right)\times100$

$\frac{5}{10}\times100=50(\%)$

정답 18. ③ 19. ③ 20. ①

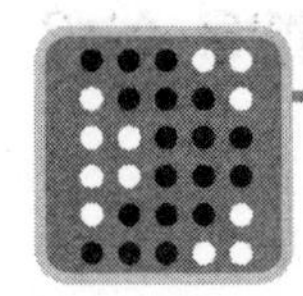

초등학교 졸업학력 검정고시 대비

사 회

2021년 2회 시행

01 **다음 설명에 해당하는 공공 기관은?**

감염병과 질병을 예방하고 치료하려고 노력한다.

① 공연장
② 보건소
③ 영화관
④ 우체국

해 설 보건소란 질병의 예방, 진료, 공중 보건을 향상시키기 위해 각 시・군・구에 둔 공공 의료 기관을 말한다.

02 **다음과 같은 일을 주로 하는 곳은?**

- 산에서 나무를 기른다.
- 산에서 나물이나 버섯, 약초를 캔다.

① 도심　② 어촌　③ 산지촌　④ 아파트 단지

해 설 산지촌은 산간 지역에 자리 잡고 있는 촌락으로 산비탈에는 밭이나 계단식 논이 있다. 밭농사를 짓거나 버섯을 재배하고 산에서 나는 약초를 채취하기도 한다. 집들이 흩어져 있는 것이 특징이다.

정답 01. ② 02. ③

03 다음에서 설명하는 것은?

- 좁은 지역에 짧은 시간 동안 많은 양의 비가 내리는 현상이다.
- 산사태나 홍수의 원인이 되기도 한다.

① 가뭄 ② 지진 ③ 폭설 ④ 집중 호우

해설 집중 호우는 우리나라의 경우, 강수량이 집중되는 여름철에 주로 발생한다.

04 다음에서 ㉠에 들어갈 말로 알맞은 것은?

한 나라의 영역은 그 나라의 [㉠]이 미치는 범위를 말하며 영토, 영해, 영공으로 이루어진다.

① 국민 ② 산업 ③ 인권 ④ 주권

해설 국토의 영역은 국가의 주권이 미치는 범위로, 영토(땅), 영해(바다), 영공(하늘)으로 나뉜다.
주권이란 국민이 한 나라의 주인으로서 나라의 중요한 일을 스스로 결정하는 권리를 말한다.

05 다음에서 설명하는 것은?

- 쓸 수 있는 돈이나 자원이 한정되어 있어서 원하는 것을 모두 가질 수 없는 상태를 말한다.
- 경제 활동에서 선택의 문제가 일어나는 원인이 된다.

① 고령화 ② 서비스 ③ 정보화 ④ 희소성

해설 희소성(稀少性)이란 인간의 욕망을 채워 줄 수 있는 자원이나 수단이 제한적이거나 부족한 상태를 말한다.
- 고령화 : 전체 인구에서 노인이 차지하는 비율이 높아지는 현상
- 정보화 : 인간의 모든 활동에 정보가 매우 중요한 역할을 하는 현상. 주로 인터넷 등을 이용하여 정보를 주고 받는다.

정답 03. ④ 04. ④ 05. ④

06 다음에서 알 수 있는 사회 현상은?

신생아 수, 매년 줄어들고 있다.

신생아 수가 지속적으로 감소하고 있다. 따라서 초등학교에 입학하는 학생 수가 점점 줄어들 것으로 예상된다.

① 과소비　② 민주화
③ 저출산　④ 소음 공해

해설 저출산이란 태어나는 아이의 수가 줄어드는 현상을 말한다. 우리나라는 이미 저출산 시대에 접어들었으며, 반대로 전체 인구에서 노인이 차지하는 비율이 높아지는 고령화가 심화되고 있다.

07 다음에서 설명하는 도시는?

- 우리나라의 유일한 특별 자치시이다.
- 국토를 균형적으로 발전시키려고 만든 도시이다.
- 수도권에 있던 정부 기관의 일부를 이곳으로 이전했다.

① 광주　② 부산
③ 세종　④ 인천

해설 세종특별자치시는 충청남도 연기군 전역과 공주시의 일부 및 충청북도 청원군의 일부를 흡수하여 2012년 7월 17번째 광역자치단체로 출범되었다. 수도권 쏠림 현상을 막고 국토의 균형개발을 꾀하기 위해 수도권에 밀집해 있던 정부 기관을 세종특별자치시로 이전한 것이다.

정답 06. ③ 07. ③

08 다음 기사에 나타난 법을 만든 목적은?

○○신문 ○○○○년 ○○월 ○○일

어린이 보호 구역, 속도를 줄이세요!

어린이 보호 구역에서 정해진 속도를 초과하여 운전하면 처벌을 받는 법이 시행된다.

① 저작권 보호 ② 개인 정보 보호
③ 환경 오염 예방 ④ 어린이 교통안전 확보

해설 어린이 교통안전 확보를 위해 주로 학교 등이 밀집해 있는 어린이 보호 구역, 일명 스쿨존에서 정해진 속도를 초과하면 처벌을 받는 법이 시행되었다.
- 저작권법 : 소설이나 각본, 논문, 음악, 미술, 영상, 컴퓨터프로그램 등 저작자가 만든 창작물에 대한 권리를 보호하는 법률

09 다음 설명에 해당하는 사람은?

① 허균 ② 방정환 ③ 유관순 ④ 이순신

해설 소파 방정환(1899~1931)은 어린이라는 단어를 공식화하며 1923년 한국 최초의 어린이날을 만들었다(어린이날 5월 5일). 그로 인해 어린이는 보호받아야 되는 존재임이 우리 사회에 강조되었다.

정답 08. ④ 09. ②

10 다음에서 설명하는 것은?

1905년 일제는 대한 제국의 외교권을 빼앗는 이 조약을 강제로 체결했다.

① 병자호란 ② 을사늑약 ③ 임진왜란 ④ 3·1 운동

해 설 이토 히로부미가 제시한 을사늑약 체결을 고종 황제가 거부하자 일본은 5명의 친일파 대신(이완용, 박제순, 이지용, 이근택, 권중현)을 앞세워 늑약을 체결해버렸다. 이로써 대한제국의 외교권은 일본에 빼앗기고 만다. 하지만 이 조약은 고종 황제의 동의가 없었기 때문에 국제법상으로 무효이다.

11 다음 설명에 해당하는 국민의 의무는?

모든 국민은 자녀가 잘 성장할 수 있도록 교육을 받게 할 의무가 있다.

① 교육의 의무 ② 국방의 의무 ③ 근로의 의무 ④ 납세의 의무

해 설 국민의 의무로는 교육·근로·납세·국방·환경보전의 의무가 있다.
- 근로의 의무 : 자신의 맡은 일을 열심히 해야 하는 의무
- 납세의 의무 : 세금을 성실하게 내야 하는 의무
- 국방의 의무 : 나라를 지켜야 하는 의무
- 환경 보전의 의무 : 건강하고 쾌적환 환경을 위해 환경 보전을 해야 하는 의무

12 다음에서 설명하는 것은?

- 화강암을 이용해 만들었다.
- 동굴처럼 만든 곳에 불상이 있다.
- 경주에 있으며 유네스코 세계 유산이다.

① 석굴암 ② 자격루 ③ 고려청자 ④ 금속 활자

정답 10. ② 11. ① 12. ①

해 설 신라 경덕왕 때 김대성이 현생의 부모를 위해 불국사를 지었고, 전생의 부모를 위해 석굴암을 지었다는 이야기가 내려오고 있다. 석굴암은 석굴 모양의 사찰로, 그 안에는 본존불과 여러 신과 불교에 관련된 인물들이 조각되어 있다. 불국사와 함께 유네스코 세계 문화유산으로 지정되었다.

13 다음에서 설명하는 것은?

- 몽골의 침입을 부처의 힘으로 극복하고자 만들었다.
- 고려의 우수한 목판 인쇄술을 알 수 있다.

① 거북선
② 홍길동전
③ 팔만대장경
④ 광개토 대왕릉비

해 설 고려시대 우리 조상들은 몽골의 침입을 이겨내기 위해 부처님의 말씀을 새긴 팔만대장경을 만들었다. 팔만대장경판은 십여 년간 목판 8만여 장에 불경을 새긴 것임에도 불구하고 모양이 뒤틀리거나 틀린 글자 없이 고르고 정교하여 고려의 발달된 기술을 보여 준다. 현재 유네스코 세계 기록 유산으로 등재되어 있다.

14 다음 대화에서 설명하는 사람은?

한인 애국단원이었어.

상하이에서 일본 왕의 생일을 기념하는 행사장에 폭탄을 던졌어.

① 윤봉길
② 정약용
③ 신사임당
④ 흥선대원군

해 설 한인 애국단 소속이었던 윤봉길 의사는 중국 상해에서 열린 일본군의 상해 점령 축하 기념식장에 물통과 도시락 모양으로 만든 폭탄을 던졌다(1932년). 한인 애국단이란 김구를 중심으로 1931년 중국 상해에서 조직된 항일 독립운동 단체로, 일본의 주요 인물들을 제거하여 독립운동의 성과를 올리려는 목표를 가진 비밀 조직이었다.

정답 13. ③ 14. ①

15 다음에서 설명하는 것은?

나라와 나라 사이에 물건과 서비스를 사고파는 것을 말한다.

① 무역　② 보호　③ 양보　④ 평등

해설 무역이란 국가 간에 서로의 경제적 이익을 위하여 재화나 서비스를 사고파는 것을 말한다. 예를 들어 우리나라가 다른 나라에 자동차와 스마트폰을 판매하는 것은 무역이며, 우리나라 시장에서 우리 국민들끼리 물건을 사고파는 것은 무역이 아닌 개인 간의 교환이다.

16 그림에서 알 수 있는 민주적 의사 결정 원리는?

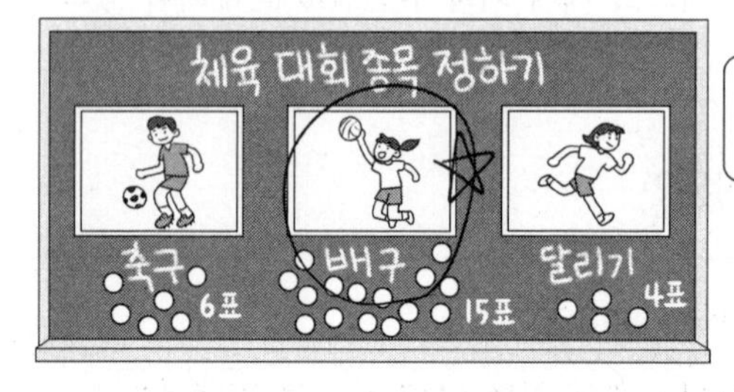

① 강요　② 시험
③ 제비뽑기　④ 다수결의 원칙

해설 다수결의 원칙이란 민주적 의사 결정 원리의 하나로, 다수의 의견에 따라 결정하는 방식을 말한다.

정답 15. ① 16. ④

17 다음에서 설명하는 것은?

> • 국가 원수로서 외국에 대해 우리나라를 대표한다.
> • 정부의 최고 책임자로 우리나라의 중요한 일을 결정한다.
> • 우리나라에서는 국민이 직접 뽑는 선거를 통해 선출된다.

① 경찰관　　② 대통령
③ 변호사　　④ 전교 학생 회장

해 설 대통령은 우리나라를 대표하는 지도자로서 정부를 통솔하여 국가의 중요한 일을 결정한다. 대통령의 임기는 5년이며 한 번 대통령을 한 사람은 다음 선거에 나올 수 없다.

18 환경 문제를 해결하기 위한 노력으로 옳지 않은 것은?

①

쓰레기 줄이기

②

플라스틱 일회용품 사용하기

③

④

해 설 플라스틱은 쉽게 분해되지 않는 특성을 지녀 쓰레기 배출 시 심각한 환경오염의 원인이 된다. 따라서 가능하면 플라스틱 일회용품의 사용을 줄이는 것이 바람직하다.

정답 17. ② 18. ②

19 **다음에서 설명하는 나라는?**

- 국토의 대부분이 사막이며 건조하다.
- 세계적인 원유 생산 국가이다.
- 아라비아반도에 위치한다.

① 미국　② 러시아
③ 베트남　④ 사우디아라비아

해설 사우디아라비아는 한반도 면적의 약 10배로, 세계에서 12번째로 넓은 국가이며 아라비아 반도에서는 가장 넓은 국가이다. 연평균 기온이 30℃ 이상으로 덥고 건조하여 사막의 뜨거운 햇볕과 모래바람을 막기 위해 긴 옷을 입고, 머리에 천을 둘러 감는다. 세계 최대 석유 자원을 수출국 중 하나이다.

20 **다음에서 설명하는 섬은?**

- 우리나라의 동쪽 끝에 있는 섬이다.
- 동도와 서도라는 두 개의 섬과 크고 작은 바위들로 이루어져 있다.

① 독도　② 거제도
③ 백령도　④ 제주도

해설 독도는 경상북도 울릉군에 속한 화산섬으로 대한민국 영토의 가장 동쪽에 자리잡고 있다. 독도 부근의 바다는 따뜻한 해류와 차가운 해류가 교차하고 다양한 어종이 모여드는 황금 어장이다. 또한 동해의 한가운데 위치하여 선박의 항로뿐만 아니라 군사, 지리, 안보적으로 매우 중요하다. 현재 천연기념물 제336호로 지정되어 보호받고 있다.

정답 19. ④ 20. ①

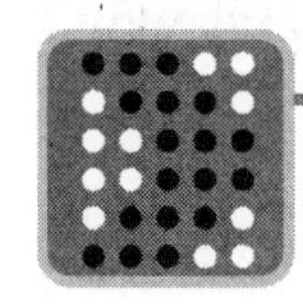

초등학교 졸업학력 검정고시 대비

과 학

2021년 2회 시행

01 그림과 같이 용수철저울을 이용한 실험에서 측정할 수 있는 것은?

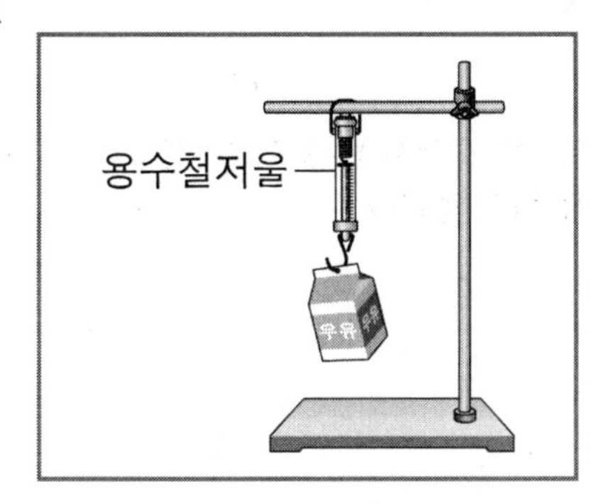

① 무게
② 부피
③ 습도
④ 온도

해 설 용수철저울은 물체의 '무게'에 따라 용수철이 늘어난 길이가 변화하는 것을 이용하여 무게를 재는 저울이다.

02 다음은 자유형 50m 대회의 경기 기록을 나타낸 것이다. 가장 빠른 선수는?

이름	가람	나래	다솜	마루
걸린 시간	29초	28초	27초	30초

① 가람　② 나래　③ 다솜　④ 마루

해 설 걸린 시간이 적을수록 빨리 도착한 것이므로, 가장 빠른 선수는 순서대로 다솜(27초) – 나래(28초) – 가람(29초) – 마루(30초) 순이다.

정답 01. ① 02. ③

03 **그림과 같이 열 변색 붙임딱지를 붙인 구리판을 가열할 때 가장 먼저 색깔 변화가 일어나는 위치는?**

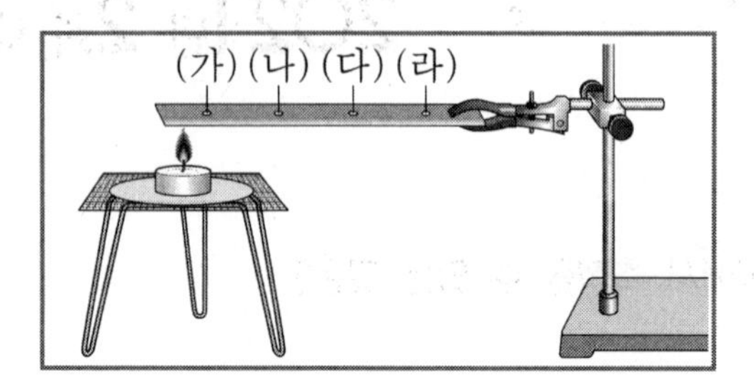

① (가)
② (나)
③ (다)
④ (라)

해 설 열의 온도는 높은 곳에서 낮은 곳으로, 가까운 곳에서 먼 곳으로 전달되므로 (가)의 색이 가장 먼저 변하고, (라)의 색이 가장 늦게 변한다.

04 **다음 설명에 해당하는 현상은?**

레이저 지시기의 빛을 비스듬히 비추면 공기와 물의 경계에서 빛이 꺾여 나아간다.

① 물의 순환　　② 빛의 굴절
③ 열의 이동　　④ 증산 작용

해 설 빛의 굴절이란 빛이 공기 중에서 물속으로 들어갈 때 공기와 물의 경계면에서 빛의 진행 방향이 꺾이게 되는 현상을 말한다.

정답 03. ① 04. ②

05 **다음 대화 내용에 해당하는 우리 몸속 기관은?**

① 위 ② 폐 ③ 방광 ④ 이자

해 설 폐는 가슴 속 좌우에 한 쌍이 있으며, 갈비뼈와 횡경막으로 둘러싸여 있다. 공기 중의 산소를 흡수하고, 몸에서 생긴 이산화 탄소를 폐포로 배출하여 몸 밖으로 내보내는 역할을 한다.

06 **다음 중 물질이 탈 때 공통으로 나타나는 현상은?**

① 열매가 맺힌다. ② 지진이 일어난다.
③ 빛과 열이 발생한다. ④ 밀물과 썰물이 생긴다.

해 설 물질이 탈 때 공통적으로 나타나는 현상은 다음과 같다.
- 열과 빛을 내면서 탄다.
- 주변이 밝아지고, 따뜻해진다.

07 **다음 설명에 해당하는 것은?**

- 물에 떠서 사는 식물이다.
- 수염처럼 생긴 뿌리가 물속으로 뻗어 있다.

① 소나무 ② 선인장 ③ 토끼풀 ④ 부레옥잠

해 설 부레옥잠은 물 위에 떠서 살아가는 식물로 몸의 대부분이 잎으로 이루어져 있고, 잎 모양이 매우 매끈하며, 수염 같은 뿌리가 있다.

정답 05. ② 06. ③ 07. ④

08 **다음 중 식물의 광합성에 대한 설명으로 옳은 것은?**

① 꽃가루가 이동하는 과정이다.

② 뿌리에서만 일어나는 과정이다.

③ 바람에 날려 씨가 퍼지는 과정이다.

④ 식물이 스스로 양분을 만드는 과정이다.

해 설 광합성이란 잎에 있는 엽록체라는 색소에서 빛과 뿌리에서 흡수한 물을 이용하여 영양분을 스스로 만드는 작용을 말한다.

09 **다음 대화에서 설명하고 있는 화석은?**

①

고사리 화석

②

공룡알 화석

③

나뭇잎 화석

④

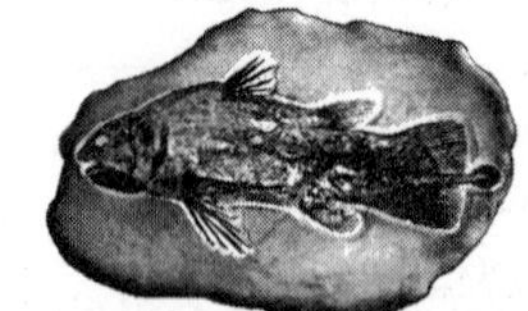

물고기 화석

해 설 화석이란 과거에 살았던 생물의 몸체나 흔적이 암석이나 지층 속에 남아 있는 것을 말한다. 물고기 화석은 과거 그 지역이 물가였음을 알려주는 증거가 된다.

정답 08. ④ 09. ④

10 다음 설명에서 ㉠에 공통으로 들어갈 말로 알맞은 것은?

• (㉠)은/는 전류가 흐를 때만 자석의 성질이 나타난다.
• 자기 부상 열차는 (㉠)을/를 이용한 예이다.

① 온도계 ② 전자석 ③ 집기병 ④ 스포이트

해 설 전자석이란 원통 모양으로 감은 에나멜선에 전류를 흐르게 하면 에나멜선 주변에 자석처럼 자기장이 생기는데, 이렇게 전류가 흐를 때 자기장이 만들어지는 자석을 말한다. 전류가 흐를 때만 전자석에 N극과 S극이 생겨 자석의 성질을 가지며 전류의 방향이 바뀌면 양극의 위치도 바뀐다.

11 다음 설명에 해당하는 것은?

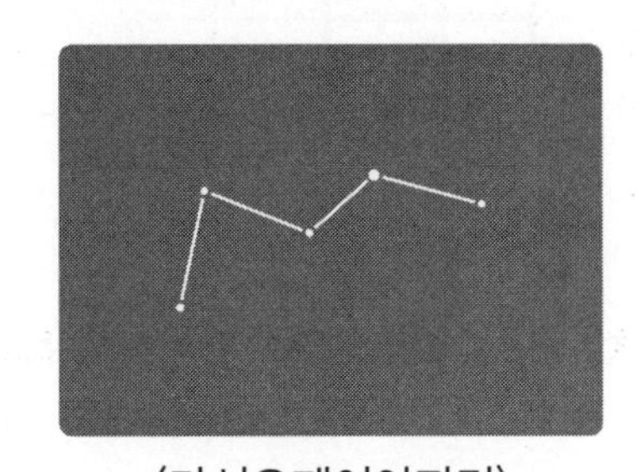
〈카시오페이아자리〉

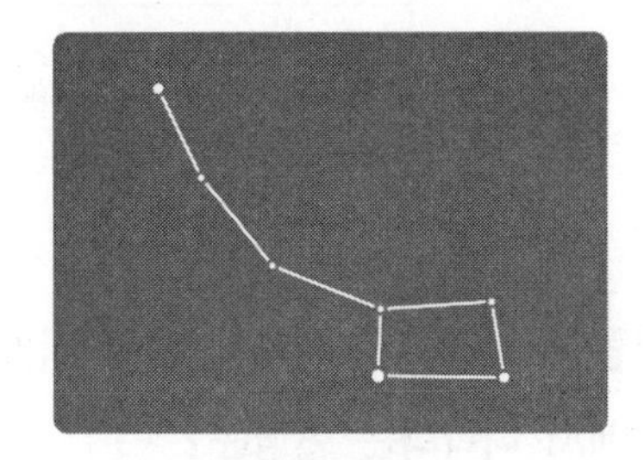
〈작은곰자리〉

밤하늘에 무리 지어 있는 별을 연결해 이름을 붙인 것이다.

① 달 ② 별자리
③ 지구의 자전 ④ 지구의 공전

해 설 별자리란 밤하늘의 별을 쉽게 찾기 위하여 동물이나 인물 등의 이름을 붙여 놓은 것이다. 오리온자리, 사자자리, 물병자리, 황소자리 등 다양한 종류의 별자리들이 있다.
• 지구의 자전 : 지구가 한 축을 중심으로 하루에 한 바퀴씩 서쪽에서 동쪽으로 스스로 도는 것
• 지구의 공전 : 지구가 자전을 하면서 태양의 주위를 도는 것

정답 10. ② 11. ②

12 표는 건습구 습도계의 습도표 일부이다. 건구 온도가 15℃이고, 건구 온도와 습구 온도의 차가 2℃일 때 습도는?

(단위: %)

건구 온도 (°C)	건구 온도와 습구 온도의 차(°C)			
	0	1	2	3
14	100	90	79	70
15	100	90	80	71
16	100	90	81	71

① 100%　② 90%　③ 80%　④ 71%

해설

(단위: %)

건구 온도 (°C)	건구 온도와 습구 온도의 차(°C)			
	0	1	2	3
14	100	90	79	70
15	100	90	80	71
16	100	90	81	71

13 그림과 같이 지구의 자전축이 기울어진 채 지구가 태양 주위를 공전하기 때문에 우리나라에서 나타나는 현상은?

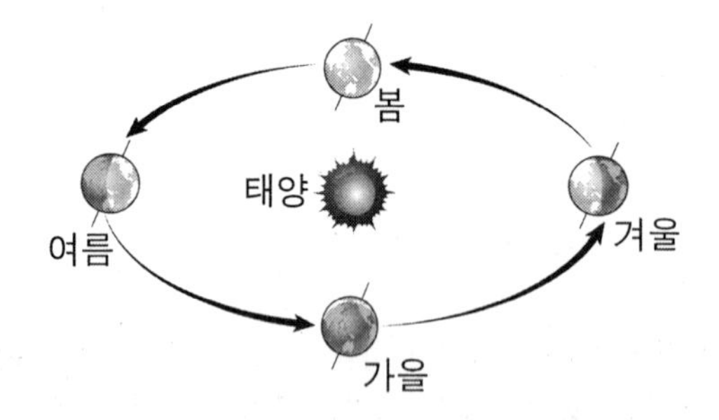

① 비가 내린다.
② 안개가 생긴다.
③ 이슬이 맺힌다.
④ 계절이 달라진다.

해설 지구는 자전축이 기울어진 채 태양 주위를 공전하기 때문에 태양의 남중 고도가 달라져서 계절, 낮의 길이, 기온 등이 변한다. 자전축이 만약 수직이라면 태양의 남중 고도가 변하지 않아 계절의 변화가 일어나지 않는다.

정답 12. ③ 13. ④

14 **다음은 방울토마토를 띄워 설탕물의 진하기를 비교한 실험이다. (가)~(라) 중 가장 진한 것은? (단, 물의 양과 온도는 같다.)**

설탕물	(가)	(나)	(다)	(라)
용해된 각설탕의 개수	15개	10개	5개	1개
실험 결과				

① (가) ② (나) ③ (다) ④ (라)

해 설 각설탕을 녹인 물에 작은 물체를 띄워서 뜨고 가라앉는 정도로 용액의 진하기를 비교할 수 있다. 물체가 위로 떠오를수록 진한 용액이다.

15 **다음 중 지진 발생 시 대처 방법으로 적절한 것은?**

① 교실 안에 있을 경우 책상 위로 올라간다.
② 건물 밖에 있을 경우 벽 주변으로 이동한다.
③ 건물의 승강기 대신 계단을 이용해 대피한다.
④ 운동장에 있을 경우 재빨리 교실로 대피한다.

해 설 지진이 발생했을 때에는 다음과 같이 대처해야 한다.
- 실내에 있을 경우 책상 아래로 피해 머리를 보호한다.
- 건물 벽 등 무너질 수 있는 구조물로부터 피해야 한다.
- 승강기에 타고 있을 때는 바로 내린다.
- 낙하물이 없는 빈 공터 등으로 대피한다.

정답 14. ① 15. ③

16 다음 중 날씨가 우리 생활에 미치는 영향의 예로 적절하지 않은 것은?

① 비가 내리면 우산을 쓴다.

② 추운 날에는 난방을 한다.

③ 자동차를 탈 때는 안전띠를 착용한다.

④ 무더운 날에는 시원한 음료를 마신다.

해설 자동차를 탈 때 안전띠를 착용하는 것은 어느 날씨에나 관계없이 지켜야 하는 교통 안전수칙이다.

17 다음 중 ㉠에서 사용한 감각 기관은?

> 2021년 ○월 ○○일 맑음
>
> 방에서 책을 읽고 있었다. 어머니께서 부르시는 소리를 듣고 나가니 ㉠ 구수한 냄새가 났다. 식탁 위에는 방금 끓인 된장찌개가 있었다.

① 귀　② 코　③ 혀　④ 피부

해설 코는 냄새를 맡을 수 있는 감각 기관이고(후각), 귀는 소리를 듣는 기관이며(청각), 입(혀)은 맛을 보는 기관이다(미각). 손(피부)으로는 여러 가지 물체를 만져 보고 구별할 수 있다(촉각).

18 그림의 먹이 사슬에서 (가)에 해당하는 생물은?

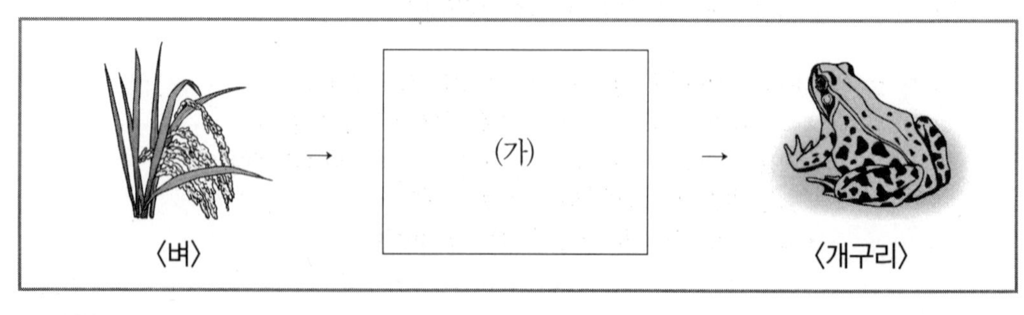

① 배추　② 독수리　③ 메뚜기　④ 호랑이

정답 16. ③ 17. ② 18. ③

해 설 생태계에서 먹이 사슬이란 생물 사이의 먹고 먹히는 관계가 마치 사슬처럼 연결되어 있는 것을 말한다.
예 벼 → 메뚜기 → 개구리 → 뱀 → 매

19 다음 설명에 해당하는 용액은?

- 시큼한 냄새가 난다.
- 푸른색 리트머스 종이를 붉은색으로 변하게 한다.

① 식초　② 석회수
③ 빨랫비누 물　④ 묽은 수산화 나트륨 용액

해 설 식초는 산성 용액으로 푸른색 리트머스 종이를 붉게 변화시키지만, 페놀프탈레인 용액을 넣으면 색깔이 변하지 않는다.

20 다음 중 ㉠에 들어갈 말은?

① 철　② 구리　③ 도체　④ 부도체

해 설
- 도체 : 전기가 통하는 물질을 말하며 철, 구리, 알루미늄 등과 같은 금속이 있다.
- 부도체 : 전기가 통하지 않는 물질을 말하며 종이, 유리, 비닐, 나무 등이 있다.

도체와 부도체를 구별하기 위해서는 각각의 물체를 전기 회로에 연결하여 전구에 불이 켜지는지, 켜지지 않는지 확인하는 방법이 있다.

정답 19. ① 20. ④

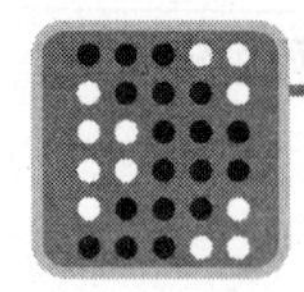

초등학교 졸업학력 검정고시 대비

도 덕

2021년 2회 시행

01 **〈보기〉에서 정직한 사람의 모습으로 옳은 것은?**

보 기

ㄱ. 먹고 싶은 과자를 몰래 훔친다.
ㄴ. 길에서 주운 돈을 주인에게 돌려준다.
ㄷ. 남들이 보지 않을 때도 규칙을 지킨다.
ㄹ. 실수를 인정하지 않고 친구에게 떠넘긴다.

① ㄱ, ㄴ　② ㄱ, ㄹ　③ ㄴ, ㄷ　④ ㄷ, ㄹ

해 설 ㄱ. 정직한 사람은 남의 물건을 훔치지 않는다.
ㄹ. 정직한 사람은 본인의 실수를 인정하는 사람이다.

02 **다음 중 도덕적 삶의 아름다움을 드러내고 있는 것은?**

① 친구를 괴롭힌다.
② 친구에게 욕설을 한다.
③ 쓰레기를 함부로 버린다.
④ 친구를 존중하고 배려한다.

해 설 친구에게 욕설을 하거나 친구를 괴롭히는 일, 쓰레기를 함부로 버리는 일 등은 도덕적 삶의 자세에 위배된다.

정답 01. ③ 02. ④

03 다음 중 자신을 존중하지 않는 것은?

① 나는 잘하는 게 하나도 없어.

② 나는 하나뿐인 소중한 사람이야.

③ 나는 꿈을 이루기 위해 열심히 공부하고 있어.

④ 나는 어려움을 이겨 낼 수 있을 거야.

해 설 '나는 잘하는 게 하나도 없어.'와 같은 태도는 스스로를 낮추며 자신감이 부족한 태도이다. 스스로를 존중하고 아끼며 무엇이든 노력하면 할 수 있다는 자아 존중감을 키워야 한다.

04 그림에 해당하는 도덕적 성찰 방법으로 가장 적절한 것은?

① 일기 쓰기
② 편지 쓰기
③ 독서록 쓰기
④ 속담 또는 격언 활용하기

해 설 '시간은 금이다.', '구르는 돌은 이끼가 안 낀다.'와 같은 말은 속담 또는 격언에 해당한다. 속담이란 옛날부터 말로 전해 내려온 풍자 · 비판 · 교훈 등을 간직한 짧은 구절이고, 격언이란 인생을 현명하게 살아가는 데 도움을 주는 가르침이나 훈계를 말한다.

정답 03. ① 04. ④

05 **다음 중 지구촌을 행복하게 만들기 위해 필요한 마음가짐은?**

① 낭비　② 무시　③ 배려　④ 불화

해설 더불어 살아가는 지구촌을 행복하게 만들기 위해서는 서로가 존중하고 아끼고 나누는 배려의 마음가짐이 필요하다.

06 **그림에 있는 말과 가장 관련 있는 것은?**

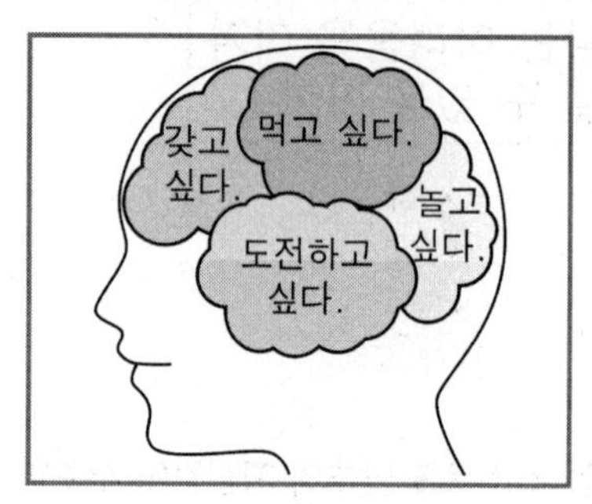

① 부정
② 양심
③ 욕구
④ 의무

해설 욕구란 무엇을 얻거나 무슨 일을 하고자 바라는 것이다.

07 **다음 내용과 가장 관련 있는 것은?**

> **대한민국 헌법 제11조 제1항**
>
> 모든 국민은 법 앞에 평등하다. 누구든지 성별·종교 또는 사회적 신분에 의하여 정치적·경제적·사회적·문화적 생활의 모든 영역에 있어서 차별을 받지 아니한다.

① 공정　② 성실　③ 정직　④ 효도

해설 모든 국민은 법 안에서 평등하다고 말하고 있으므로 공정의 자세와 가장 관련이 있다고 볼 수 있다. 공정이란 공평하고 올바르다는 뜻이다.

정답 05. ③ 06. ③ 07. ①

08 다음 설명과 가장 관련 있는 것은?

> 두레란 농촌에서 농사일을 함께 하려고 만든 마을 단위의 조직입니다.

① 검소 ② 빈곤 ③ 욕심 ④ 협동

해 설 두레는 농촌에서 남자들이 서로 도와 농사를 짓거나, 여자들이 함께 길쌈을 하던 공동노동조직을 말한다. 혼자서는 하기 어려운 일을 함께 하는 두레에서 조상들의 협동정신을 알 수 있다.

09 다음 중 ㉠에 들어갈 알맞은 말은?

나의 (㉠) 실천표

실천 계획	매우 잘함	잘함	보통
학급 친구 도와주기			
복도에 떨어진 쓰레기 줍기			
후배에게 학교생활 안내하기			

① 갈등 ② 봉사 ③ 질투 ④ 차별

해 설 봉사란 남을 위하여 자기의 힘과 노력을 더해 애쓰는 것을 말한다.

정답 08. ④ 09. ②

10 다음과 가장 관련 있는 지구촌 문제는?

- 지구가 더워지고 있어요.
- 빙하가 녹고 있어요.
- 북극곰이 살기 힘들어요.

① 언어 장벽　② 인종 차별
③ 종교 갈등　④ 환경 파괴

해 설 지구 온난화는 지구가 점점 더워져서 북극의 빙하가 녹고 북극에 사는 북극곰과 같은 생물들이 서식지를 잃는 현상을 말한다. 이는 우리 지구촌이 해결해야 할 환경 파괴 문제의 한 사례이다.

11 다음 상황에서 '나'의 태도로 가장 적절한 것은?

이모는 외국인과 결혼했다. 이모부가 나에게 "봉주르!"라고 웃으면서 인사했다.

① 못 들은 척하고 지나간다.
② 당황하지 않고 웃으면서 인사한다.
③ 외국어로 이야기하지 말라고 화낸다.
④ 겁먹은 표정으로 고개를 돌리고 모른 척한다.

해 설 외국인과 대화할 때 말이 잘 통하지 않더라도 인사를 받으면 당황하지 않고 친절하게 웃으면서 마주 인사하는 것이 예의이다.

정답 10. ④ 11. ②

12 다음 두 그림에 나타난 인사 예절을 지켜야 할 장소는?

① 가정 ② 공원 ③ 학교 ④ 도서관

해설 첫 번째 그림에서는 아들이 어머니와 아버지께 저녁인사를 하고 있고, 두 번째 그림에서는 딸이 어머니께 다녀왔다고 인사를 하고 있다. 모두 가정에서 이루어지는 인사 예절에 해당한다.

13 다음 중 자신을 긍정적으로 바라보는 모습이 아닌 것은?

① 건강한 삶을 위해 운동을 생활화한다.
② 남이 하는 일은 무조건 옳다고 생각한다.
③ 꿈을 이루기 위한 계획을 세워 꾸준히 실천한다.
④ 다양한 경험을 쌓기 위해 끊임없이 도전을 한다.

해설 자신을 긍정적으로 바라본다는 것은 스스로의 가치관이 뚜렷하여 그에 따른 계획을 세우며 당당하게 행동으로 실천하는 자세를 말한다. 남이 하는 일을 무조건 옳다고 따르는 것은 바람직하지 않다.

정답 12. ① 13. ②

14 다음 ㉠~㉣ 중 사이버 공간에서 보호해야 할 개인 정보에 속하는 것은?

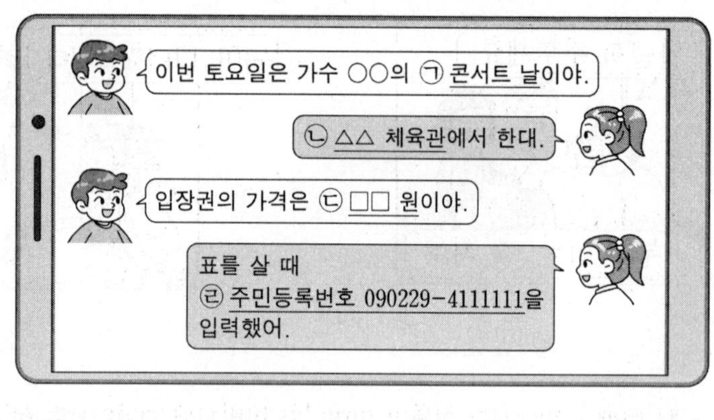

① ㉠　② ㉡　③ ㉢　④ ㉣

해 설 주민등록번호는 우리나라 국민이라면 누구나 갖는 고유의 번호로, 소중한 개인정보에 해당한다. 자칫 악용될 소지가 있으므로 남에게 함부로 알려주거나 공개하지 않는 것이 좋다.

15 다음과 같은 상황을 해결하기 위한 가장 바람직한 방법은?

> 수업이 끝나고 친구와 같이 농구를 하기로 약속했다. 그런데 그 친구가 갑자기 축구를 하자고 우겼다. 이럴 때는 어떻게 해야 할까?

① 큰 소리를 친다.　② 대화로 해결한다.
③ 화를 내고 싸운다.　④ 폭력으로 해결한다.

해 설 갈등이 생긴 상황에서 고함을 지르거나 폭력으로 해결하는 것은 좋은 방법이 아니며 대화를 통해 의견 대립을 줄이고 서로가 만족할 수 있는 절충안을 찾아야 한다.

16 다음 중 ㉠에 공통으로 들어갈 말로 가장 적절한 것은?

> • (㉠)을 하면 이산가족이 만날 수 있다.
> • (㉠)을 이루는 방법은 평화적이어야 한다.

① 단절　② 분단　③ 전쟁　④ 통일

정답 14. ④ 15. ② 16. ④

해 설 우리나라는 전쟁으로 인해 남한과 북한으로 분단되어 단절된 채 각자의 길을 걸어 왔다. 한반도의 평화와 국방력 향상, 이산가족의 상봉 등을 위해서는 통일을 해야 하고, 통일을 이루는 방법은 무력이 아닌 평화적인 방법이어야 한다.

17 다음 중 ㉠에 들어갈 알맞은 말은?

6학년 사랑반 인권 선언문

- 나와 다른 친구들을 (㉠)한다.
- 몸이 불편하거나 능력이 부족한 친구를 도와준다.
- 친구의 별명을 함부로 부르지 않고 놀리지 않는다.

① 불신 ② 비난 ③ 존중 ④ 폭행

해 설 존중이란 남도 나와 다르지 않다는 생각에서 아끼고 돌보며 하나의 인격체로 대우하는 것을 말한다.

18 〈보기〉에서 공정한 생활 모습을 고른 것은?

보 기

ㄱ. 심판이 경기 중에 부당하게 한쪽 편만 든다.
ㄴ. 급식 당번이 친한 친구에게만 반찬을 많이 준다.
ㄷ. 학급 회장이 친구들에게 고루 발표 기회를 준다.
ㄹ. 학급 친구들이 모두 참여하여 학급 규칙을 정한다.

① ㄱ, ㄴ ② ㄱ, ㄹ ③ ㄴ, ㄷ ④ ㄷ, ㄹ

해 설 심판이 경기 중에 한쪽 편만 드는 것, 급식 당번이 친한 친구에게만 반찬을 많이 주는 것은 공정하지 않으며, 차별이라 볼 수 있다.

정답 17. ③ 18. ④

19 다음 중 네티켓을 지키며 댓글을 다는 방법으로 옳은 것은?

① 올바른 언어를 사용한다.

② 상대방의 글을 무조건 비난한다.

③ 글을 쓴 사람을 무시하고 놀린다.

④ 사실이 아닌 것을 사실인 것처럼 쓴다.

해설 네티켓이란 네트워크(network)와 에티켓(etiquette)이 합쳐진 단어로, 온라인상에서 지켜야 할 예절을 말한다. 온라인상에서 댓글을 달 때에도 현실에서와 같이 상대방을 존중하고 진실된 정보를 다루어야 한다.

20 다음 대화에서 ㉠에 들어갈 말로 가장 적절한 것은?

① 울기 ② 싸우기

③ 생각하기 ④ 소리 지르기

해설 마음 신호등이란 자신의 마음을 표현하기 전에 지켜야 할 마음의 약속이다. 마치 교통 신호등처럼 우리 마음에도 신호등을 달아서 규칙에 따라 말하면 갈등을 줄일 수 있다.

- 멈추기 : 말하기 전에 3초만 기다리기
- 생각하기 : 상대의 마음과 나의 마음을 모두 생각하기
- 표현하기 : 화를 내지 않고 차분히 말하기

정답 19. ① 20. ③

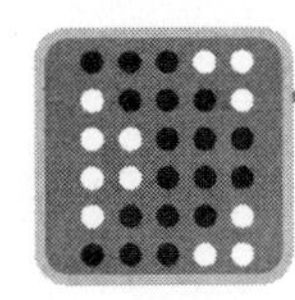

초등학교 졸업학력 검정고시 대비

실 과

2021년 2회 시행

01 다음 설명에 해당하는 가족 형태는?

지수는 한국인 아버지와 미국인 어머니 사이에서 태어났습니다.

① 조손 가족　　② 확대 가족
③ 다문화 가족　　④ 한 부모 가족

해설 다문화 가족이란 서로 다른 국적이나 인종, 문화를 지닌 사람들로 구성된 가족을 말한다.
- 조손 가족 : 만 18세 이하인 손자나 손녀와 65세 이상인 조부모로 구성된 가족
- 확대 가족 : 자녀가 결혼 후에도 부모와 동거하는 가족
- 한 부모 가족 : 이혼, 별거, 사망 등의 이유로 부모 중의 한쪽과 그 자녀로 이루어진 가족

02 다음 중 건강한 가정생활로 적절하지 않은 것은?

① 가정일을 서로에게 미룬다.
② 가족끼리 인격과 개성을 존중한다.
③ 서로에 대한 감사와 사랑을 표현한다.
④ 가족이 지치거나 피곤할 때 쉴 수 있도록 돌보아 준다.

해설 건강한 가정생활을 위해서는 가족 구성원이 가정일을 서로 미루지 않고 공동으로 나누어 하는 자세가 필요하다.

정답 01. ③ 02. ①

03 **다음 중 식품과 그에 포함된 주된 영양소가 바르게 연결된 것은?**

① 고구마 – 비타민　　② 들기름 – 지방
③ 멸치 – 탄수화물　　④ 사과 – 단백질

해설 • 고구마 – 탄수화물　• 들기름 – 지방
• 멸치 – 단백질　• 사과 – 비타민

04 **다음 중 상황에 알맞은 옷차림으로 가장 적절한 것은?**

① 비 올 때 잘 젖는 옷을 입는다.
② 장례식장에 갈 때 화려한 옷을 입는다.
③ 학교에 갈 때 활동하기 불편한 옷을 입는다.
④ 더울 때 땀을 잘 흡수하는 소재의 옷을 입는다.

해설 비 올 때는 잘 젖지 않는 종류의 옷을 입는 것이 좋고, 장례식장에 갈 때에는 최대한 점잖은 옷이나 어두운 계열의 정장을 입는 것이 예의이며, 학교에서는 활동량이 많으므로 몸을 움직이기 편한 옷을 입는 것이 좋다.

05 **그림에서 설명하는 것은?**

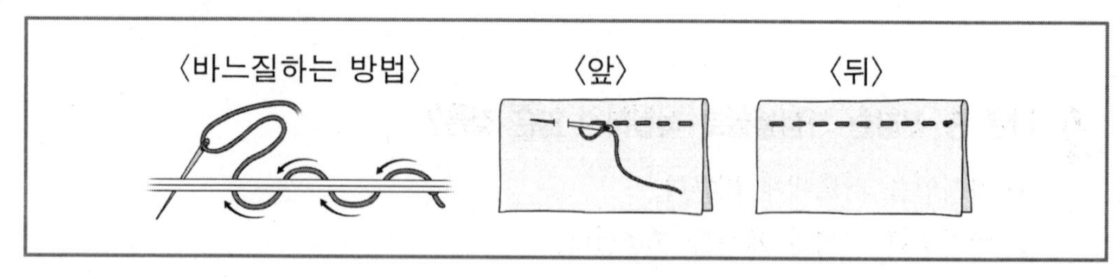

① 홈질　　② 박음질
③ 끝매듭 짓기　　④ 시작매듭 짓기

해설 홈질은 가장 기초적인 바느질로 바느질선의 길이와 천의 양을 달리 하는 것이다. 땀과 간격이 약 0.2~0.4cm로 같고, 한 번에 여러 땀을 뜰 수 있어서 빠른 속도로 할 수 있다.

정답 03. ② 04. ④ 05. ①

- 박음질 : 한 땀을 뜬 뒤 앞서 바늘이 들어간 곳에 다시 바늘을 넣어 한 땀만큼 나아가는 바느질로 매우 견고하다.
- 끝매듭 짓기 : 바느질을 마무리하는 지점에서 실을 당겨 매듭을 짓는 것을 말한다.
- 시침질 : 본 바느질을 하기 전 임시 고정을 하기 위한 바느질로 본 바느질을 마치면 잘라낸다.

06 **다음 중 생활 안전사고 예방법으로 적절하지 않은 것은?**

① 운전 중에 휴대 전화를 사용한다.

② 가스레인지는 사용 후 밸브를 잠근다.

③ 욕실 바닥에 미끄럼 방지 처리를 한다.

④ 물놀이 전에는 준비 운동을 충분히 한다.

해설 운전 중에 휴대 전화를 사용하면 자칫 주의가 흐트러져 전방의 위험한 상황을 인지하기 어려울 수 있고 이는 교통사고의 원인이 될 수 있다.

07 **그림의 (가)에 해당하는 것은?**

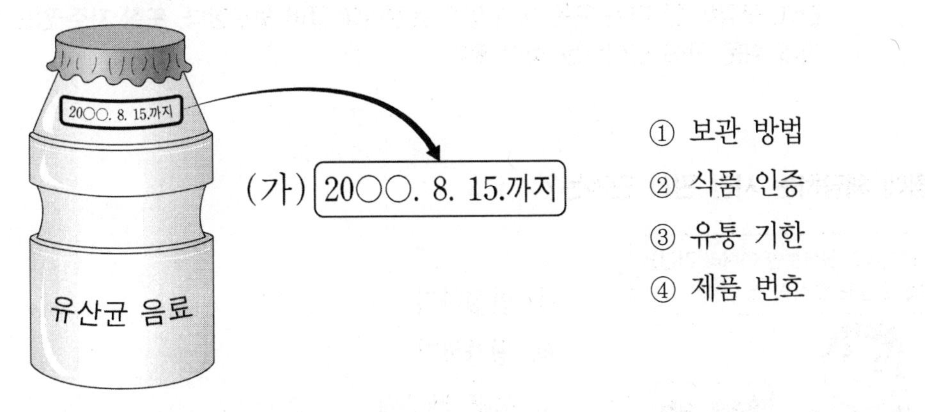

① 보관 방법

② 식품 인증

③ 유통 기한

④ 제품 번호

해설 유통 기한이란 식품이 시중에 유통될 수 있는 기한을 의미하는데 섭취 가능한 기한과 반드시 일치하지는 않고 그보다 조금 짧은 경우가 많다.

정답 06. ① 07. ③

08 다음 중 조리 기구 사용 방법으로 가장 적절한 것은?

① 칼을 사용할 때는 칼날을 잡는다.
② 가열된 프라이팬의 뜨거운 곳을 맨손으로 잡는다.
③ 생선을 자른 도마를 씻지 않고 그 도마에 채소를 썬다.
④ 전자레인지에 금속으로 된 용기를 넣어 사용하지 않는다.

해설 금속재질의 용기나 알루미늄 호일 등을 전자레인지에 넣을 경우 불꽃을 일으켜 화재의 위험이 생길 수 있다.

09 다음 중 옷 보관 방법으로 가장 적절한 것은?

① 모자는 모양이 변하지 않도록 보관한다.
② 더러워진 옷은 그대로 옷장에 걸어 둔다.
③ 구김이 잘 가는 옷은 개어서 보관한다.
④ 자주 입는 옷은 손이 닿기 어려운 곳에 보관한다.

해설 더러워진 옷을 그대로 옷장에 걸어두면 곰팡이가 필 수 있으므로 빨래한 뒤 옷장에 건다. 구김이 잘 가는 옷은 개지 말고 옷걸이에 걸어 보관한다. 또한 자주 입는 옷은 꺼내 쉬운 곳에 걸어두는 것이 좋다.

10 그림에 해당하는 시간 관리 단계는?

① 반성하기
② 평가하기
③ 목표 세우기
④ 피드백 주고받기

해설 목표 세우기 단계에 해당한다. 목표를 세울 때에는 구체적으로, 지킬 수 있을 만큼의 목표를 세우는 것이 바람직하다.

정답 08. ④ 09. ① 10. ③

11 다음 중 합리적인 소비 습관으로 가장 적절한 것은?

① 소비는 나쁜 것이므로 무조건 참는다.

② 물건을 살 때 반드시 열 개씩 구매한다.

③ 필요하지 않아도 친구가 갖고 있으면 산다.

④ 용돈은 지출 계획을 구체적으로 세워 사용한다.

해 설 용돈의 지출과 수입을 기록하는 용돈 일기장 등을 사용하면 과소비를 막고 합리적인 소비생활을 할 수 있다.

12 다음 중 생활공간을 쾌적하게 관리하기 위한 방법으로 적절하지 않은 것은?

① 화장실을 청결하게 유지하기

② 쓰레기를 냄새날 때까지 모아 두기

③ 창문을 열어 실내 공기를 환기하기

④ 집 안의 물건을 가지런히 정리 정돈하기

해 설 쓰레기를 오래 모아두면 악취와 각종 벌레 꼬임 등의 위생 문제가 발생할 수 있으므로 제때 버리는 습관을 들이는 것이 중요하다.

13 다음 설명에 해당하지 않는 것은?

- 사람의 주식으로 활용하기 위해 재배한다.
- 곡식 위주의 작물이다.

① 밀　　② 목화　　③ 보리　　④ 옥수수

해 설 밀, 보리, 옥수수는 모두 탄수화물을 주요성분으로 하는 곡식 위주의 작물로 밥이나 빵 등의 주식으로 활용된다.
목화는 솜의 원료로서 옷을 만드는 데 쓰이는 작물이다.

정답 11. ④ 12. ② 13. ②

14 다음과 같은 돌보기 환경을 만들어 주어야 하는 동물은?

- 사육 상자에 발효 톱밥과 나뭇잎을 넣은 후 물을 뿌려 준다.
- 톱밥이 살짝 뭉쳐질 정도로 물을 뿌려 적정한 습도를 유지해준다.

① 개　　② 열대어
③ 고양이　　④ 장수풍뎅이

해 설 장수풍뎅이는 야행성이므로 직사광선은 피하고 땅과 비슷한 환경을 만들어 주기 위해 톱밥을 밑에 깔고 적당한 습도를 유지시켜 주는 것이 좋다.

15 (가)에 해당하는 것은?

① 조향 장치 – 방향을 바꾸게 하는 장치
② 구동 장치 – 원하는 장소로 나아가게 하는 장치
③ 제동 장치 – 속도를 줄이거나 멈추게 하는 장치
④ 프레임 – 구성 요소의 골격으로 모양을 유지하는 장치

해 설 브레이크는 자전거나 자동차 등의 제동장치 중 하나로 발로 페달을 밟으면 속도를 줄이거나 멈출 수 있게 한다.

16 다음은 달걀 조리 방법 중 하나이다. 순서대로 바르게 배열한 것은?

ㄱ. 냄비에 달걀과 물 넣기
ㄴ. 젓가락으로 굴리며 달걀 삶기
ㄷ. 삶아진 달걀을 체로 건져 찬물에 식히기

① ㄱ – ㄴ – ㄷ　　② ㄱ – ㄷ – ㄴ
③ ㄴ – ㄷ – ㄱ　　④ ㄷ – ㄱ – ㄴ

정답 14. ④ 15. ③ 16. ①

해 설 달걀 조리를 할 때에는 먼저 냄비에 달걀과 물을 넣고 끓이고, 노른자가 한 곳에 쏠리지 않고 정중앙에 자리잡을 수 있도록 젓가락으로 굴리며 달걀을 삶는다. 마지막으로 달걀 껍질이 쉽게 까질 수 있도록 찬물에 식힌다.

17 그림과 같은 장비들을 사용하는 직업은?

〈방화복〉 〈소방차〉

① 변호사
② 소방관
③ 은행원
④ 사회복지사

해 설 방화복은 소방관들이 화재 진압 시 옷에 불이 옮겨 붙는 것을 막기 위해 특수 처리된 재질의 작업복이며, 소방차는 불을 끌 수 있는 물탱크와 호스, 사다리 등 소방 장비를 갖추고 있는 특수차를 말한다.

18 그림에 적용된 발명 기법으로 가장 적절한 것은?

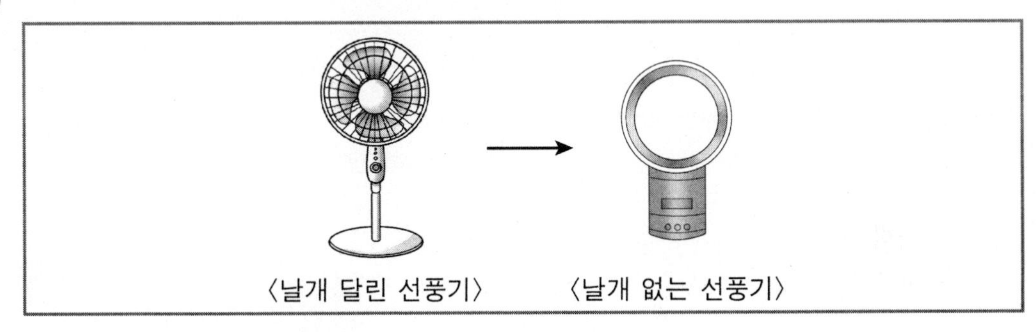
〈날개 달린 선풍기〉 〈날개 없는 선풍기〉

① 빼기
② 곱하기
③ 나누기
④ 더하기

해 설 다음 그림에서 날개 없는 선풍기는 기존의 선풍기에 달린 날기를 빼서 간단하게 만든 발명품이므로 빼기 기법의 예시에 해당한다.

정답 17. ② 18. ①

19 **다음 중 지식 재산을 보호하는 방법으로 가장 적절한 것은?**

① 참고 자료는 출처를 밝힐 필요가 없다.

② 불법 복제한 음악을 친구와 함께 듣는다.

③ 글짓기 대회에서 다른 사람의 글을 베껴서 제출한다.

④ 인터넷에서 영화, 음악 등을 무단으로 내려받지 않는다.

해설 다른 사람의 아이디어, 창작품 등의 지식 재산을 함부로 베끼거나 훔쳐서는 안 된다. 참고 자료는 출처를 밝히고, 음원이나 영화 등을 불법적으로 다운로드하거나 무단으로 다른 사람과 공유하지 않아야 한다.

20 **다음 중 친환경 농업의 실천 방법으로 적절하지 않은 것은?**

① 오리를 이용하여 해충을 제거한다.

② 우렁이를 이용하여 잡초를 제거한다.

③ 화학 농약을 많이 뿌려 잡초를 제거한다.

④ 지렁이 분변토를 거름으로 활용하여 식물을 키운다.

해설 오리, 우렁이, 지렁이 분변토를 이용한 농업은 모두 자연 그대로를 이용한 친환경 농업이다.
화학 농약은 사용하기 간편하고 살충 및 제초 효과가 좋지만 많이 사용하면 환경을 파괴하므로 적당량을 사용하는 것이 바람직하다.

정답 19. ④ 20. ③

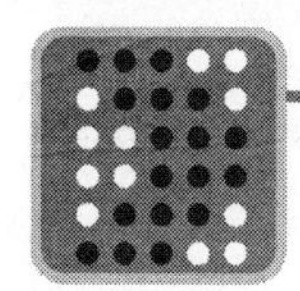

초등학교 졸업학력 검정고시 대비

영 어

2021년 2회 시행

01 빈칸에 공통으로 들어갈 철자로 알맞은 것은?

① a　　② e　　③ o　　④ u

해 설 차례대로 banana(바나나), car(자동차), eraser(지우개)이므로 빈칸에 들어갈 철자는 a이다.

02 그림과 낱말이 바르게 연결된 것은?

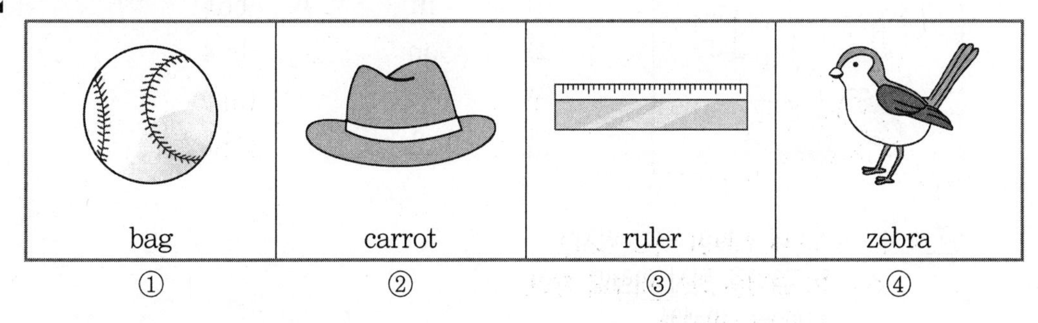

①　　②　　③　　④

해 설 bag(가방), carrot(당근), ruler(자), zebra(얼룩말)

정답 01. ① 02. ③

03 다음 대화에서 B의 대답으로 가장 적절한 것은?

A : Let's play badminton.
B : ______________________.

① It's a fish
② Sounds good
③ Yes, I can sing
④ I'd like a steak

해설 A : 배드민턴 치러 가자.
B : 좋아.
• It's a fish.(그것은 물고기야.)
• Sounds good.(좋아.)
• Yes, I can sing.(응, 노래할 수 있어.)
• I'd like a steak.(스테이크로 주세요.)

04 그림으로 보아 ⓐ, ⓑ에 들어갈 말로 알맞은 것은?

A : Where is my shoe?
B : It's ____ⓐ____ the ____ⓑ____.

	ⓐ	ⓑ
①	in	box
②	on	box
③	over	table
④	under	table

해설 A : 내 신발이 어디 있지?
B : 그것은 탁자 아래에 있어.
• under : 아래에

정답 03. ② 04. ④

05 다음 대화에서 B가 내일 하려고 하는 것은?

> • A : What are you going to do tomorrow?
> • B : I'm going to stay home.

① 수영하기　② 집에 머무르기
③ 할머니 댁 방문하기　④ 도서관에서 책 빌리기

해 설 A : 내일 무엇을 할 예정이니?
B : 나는 집에 머무를 예정이야.
• be going to : ~할 것이다. ~할 예정이다.

06 표로 보아 빈칸에 들어갈 말로 알맞은 것은?

이름	키	나이	100m 달리기 기록
Kate	161cm	13살	19초
Lucy	155cm	13살	24초

> Kate is ________ than Lucy.

① faster　② older　③ shorter　④ smaller

해 설 Kate는 Lucy보다 빠르다.
• faster : 빠른
• older : 나이 많은
• shorter : 짧은
• smaller : 작은

정답 05. ② 06. ①

07 **다음 글에서 알 수 없는 것은?**

Hi, I'm Jane.
I'm from Korea.
I'm twelve years old.
I want to be a police officer.

① 취미　② 출신 국가
③ 나이　④ 장래 희망

해 설 안녕, 나는 Jane이야. 나는 한국에서 왔어. 나는 열 두 살이야. 나는 경찰관이 되고 싶어.
→ 취미에 대해서는 나와 있지 않다.

08 **다음 대화에서 빈칸에 들어갈 말로 알맞은 것은?**

A : Whose book is this?
　Is it ______?
B : Yes, it's mine.

① I　② her　③ him　④ yours

해 설 A : 이 책은 누구 것이니? 네 것이니?
B : 네, 제 것이에요.
B가 제 것이라고 대답하고 있으므로 빈칸에 들어갈 말로는 yours(네 것)가 알맞다.

정답 07. ① 08. ④

09 다음 대화에서 B의 대답으로 적절하지 않은 것은?

A : How was your weekend?
B : It was good.
A : What did you do?
B : ________________________.

① I went camping
② I was ten years old
③ I swam at the beach
④ I visited my grandparents

해 설 A : 주말은 어떻게 보내셨어요?
B : 좋았어요.
A : 무엇을 했나요?
B : ________________________.

- I went camping.(나는 캠핑을 갔어요.)
- I was ten years old.(나는 10살이었어요.)
- I swam at the beach.(나는 해변에서 수영을 했어요.)
- I visited my grandparents.(나는 조부모님 댁에 방문했어요.)

10 다음 대화에서 빈칸에 들어갈 말로 알맞은 것은?

A : How ________ is the pencil?
B : It's eight hundred won.

① many ② much ③ money ④ monkey

해 설 A : 이 연필은 얼마인가요?
B : 그것은 800원입니다.
가격을 물어볼 때에는 'how much is+물건 이름'을 쓴다.

정답 09. ② 10. ②

11 다음 대화에서 B가 할 행동으로 가장 적절한 것은?

A : What are you doing?
B : I'm brushing my teeth.
A : How about using a cup?
B : Okay.

① 불 끄기 ② 재활용하기
③ 컵 사용하기 ④ 계단 이용하기

해설 A : 너 뭐하고 있어?
B : 나는 내 이빨을 닦고 있어.
A : 컵을 사용하는 것이 어때?
B : 알겠어.

12 그래프의 내용과 일치하는 것은?

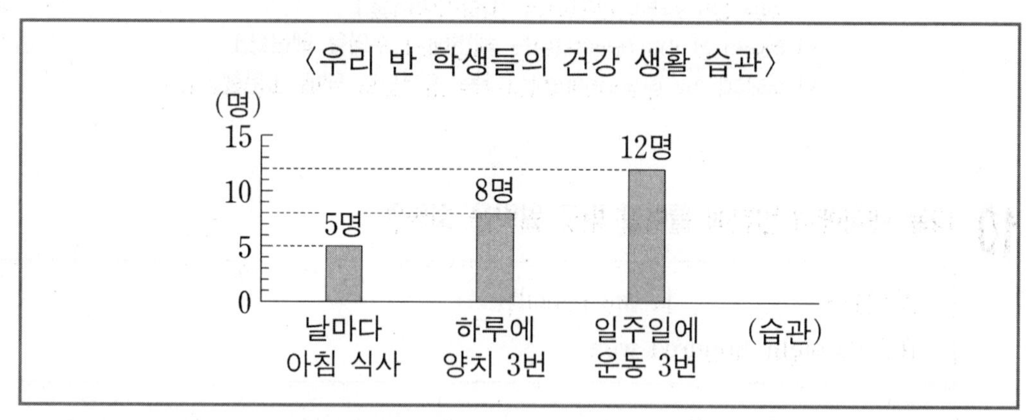

① Six students eat breakfast every day.
② Seven students go to bed at 9.
③ Eight students wash their hands five times a day.
④ Twelve students exercise three times a week.

해설 • Six students eat breakfast every day.(6명의 학생은 매일 아침을 먹는다.)
• Seven students go to bed at 9.(7명의 학생은 9시에 자러 간다.)

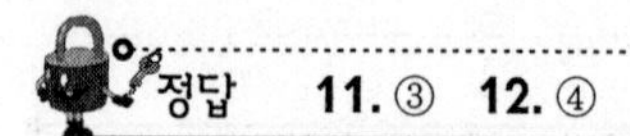
정답 11. ③ 12. ④

- Eight students wash their hands five times a day.(8명의 학생은 하루에 5번 손을 씻는다.)
- Twelve students exercise three times a week.(12명의 학생은 일주일에 3번 운동을 한다.)

13 그림으로 보아 빈칸에 들어갈 말로 알맞은 것은?

A : Where is the school?
B : It's ________ the post office.

① at ② between ③ from ④ next to

해 설 A : 학교는 어디 있습니까?
B : 그것은 우체국 바로 옆에 있습니다.
- next to : 바로 옆에
- post office : 우체국

14 다음 대화에서 A의 증상에 B가 제안한 내용은?

A : I have a stomachache.
B : Drink warm water.

① 일찍 잠자기 ② 외출 자제하기
③ 가벼운 운동하기 ④ 따뜻한 물 마시기

해 설 A : 배가 아픕니다.
B : 따뜻한 물을 마셔요.
- drink : 마시다
- warm water : 따뜻한 물

정답 13. ④ 14. ④

15 다음 글에서 내 방에 있는 물건은?

This is my room.
There is a TV on the wall.
There is a computer on the desk.
There is a chair, too.

① 꽃병 ② 시계 ③ 의자 ④ 침대

해설 이것은 제 방이에요. 벽에 TV가 있어요. 책상 위에 컴퓨터가 있어요. 의자도 있어요.
• chair : 의자

16 다음 글에서 빈칸에 들어갈 말로 가장 적절한 것은?

____________________?
The party is on June 30th.
You can eat delicious food.
You can play board games.
Please come to my house at 12.

① Who are you
② What do you want to be
③ How often do you clean the room
④ Can you come to my birthday party

해설 제 생일 파티에 와줄 수 있나요?
그 파티는 6월 30일에 있어요.
당신은 맛있는 음식을 먹을 수 있습니다.
당신은 보드게임을 할 수 있어요.
저희 집에 12시까지 와주세요.
• Who are you?(당신은 누구시죠?)
• What do you want to be?(당신은 무엇이 되고 싶나요?)
• How often do you clean the room?(당신은 얼마나 자주 방 청소를 하나요?)

정답 15. ③ 16. ④

17 다음 대화에서 알 수 있는 것은?

A : What's your favorite fruit?
B : My favorite fruit is a melon.

① A가 가장 좋아하는 과일
② B가 가장 좋아하는 과일
③ A가 가장 좋아하는 계절
④ B가 가장 좋아하는 계절

해 설 A : 네가 가장 좋아하는 과일은 뭐니?
B : 내가 가장 좋아하는 과일은 멜론이야.
• favorite : 마음에 드는, 매우 좋아하는

18 다음 대화에서 빈칸에 들어갈 B의 대답으로 가장 적절한 것은?

A : What time do you have dinner?
B : ______________________.

① I get up at 8
② I go to bed at 9
③ I have dinner at 6
④ I play soccer at 10

해 설 A : 저녁식사는 언제 하세요?
B : 저는 6시에 저녁을 먹어요.
• I get up at 8.(나는 8시에 일어나요.)
• I go to bed at 9.(나는 9시에 자러가요.)
• I play soccer at 10.(나는 10시에 축구를 해요.)

정답 17. ② 18. ③

19 다음 대화에서 빈칸에 들어갈 A의 질문으로 가장 적절한 것은?

A : ____________________?
B : I'm in the third grade.

① What day is it
② How's the weather
③ What grade are you in
④ May I take your order

해 설 A : 너는 몇 학년이니?
B : 저는 3학년입니다.
• What day is it?(무슨 요일이니?)
• How's the weather?(날씨는 어때?)
• May I take your order?(주문하시겠어요?)
• grade : 등급, 학년

20 다음 대화에서 B의 여동생에 대한 설명으로 알맞은 것은?

A : What does your sister look like?
B : She has brown eyes and long straight hair.

① 눈이 갈색이고 긴 생머리이다.
② 눈이 갈색이고 짧은 곱슬머리이다.
③ 눈이 파란색이고 긴 생머리이다.
④ 눈이 파란색이고 짧은 곱슬머리이다.

해 설 A : 당신의 여동생은 어떻게 생겼나요?
B : 그녀는 갈색 눈과 긴 생머리를 가지고 있어요.
• brown : 갈색의
• straight : 직선의, 곧은

정답 19. ③ 20. ①

술술 풀리는 ________.
초졸 검정고시
기출문제집

2025년 1월 13일 개정판 발행
2016년 6월 8일 초판 발행
편 저 자 검정고시 학원연합회
발 행 인 전 순 석
발 행 처 정훈사
주 소 서울특별시 중구 마른내로 72, 421호 A
등 록 2-3884호
전 화 (02) 737-1212
팩 스 (02) 737-4326